本书受到云南省哲学社会科学学术著作出版专项经费资助

赵善庆

著

形塑滇商

变动社会中的
近代云南商会（1906—1950）

THE MODERN YUNNAN
CHAMBER OF COMMERCE IN
THE CHANGING SOCIETY (1906-1950)

社会科学文献出版社
SOCIAL SCIENCES ACADEMIC PRESS (CHINA)

雲南總商會佈告

為布告事查本總商會奉
令設所代催公用馬匹原為剔除流弊維護商業體
政府恤民本旨以釋一般馬戶疑懼趨避之誤會對于民生一方面所
有馱運油鹽柴米糧來柴炭馬匹及一人一馬之零星馬匹一概不催募對於
馬戶一方面遇公家運輸必要時接奉
政府通知始行派丁催募是本總商會體恤商艱維持馬戶已屬無微
不至万近來訪聞有不肖之徒乘間假冒本總會公馬所巡丁在外苛
索當即由會一面派員查一面另行公議改定催馬辦法如下(一)以
前本總會公馬所訂催馬證書一律繳銷無致(二)此後遇有
政府需用馬匹接奉通知後須即行催繳(三)所有應催馬戶
所派丁持往催募候馬數催足即行繳銷以杜流弊(三)所有應催馬戶
務須認明本總會所給證書照數催送冒充募馬
不肖之徒以及本總會公馬所巡丁確有苛索情弊者均准扭送報本
以憑辦送

憲兵司令部按律懲辦以儆效尤以上三條自公布日實行除函請
軍政
憲兵司令部同
憲兵司令部查照備案外合行布告商農界及馬戶人等一體週知切
切此佈

中華民國十二年 三 月 廿二 日

1923 年云南总商会为维护市场商业秩序发布的布告（由杨韧先生供原件照片）

云南商务总会第一届协理、第二届总理王鸿图故乡虹溪的魁星阁（摘自罗群著《滇商巨子：王炽》）

1908 年，由云南商务总会总理王鸿图募股筹建的中国第一座水电站——石龙坝水电站（著者拍摄）

云南省内外建于清末的滇商议事娱乐住所——会馆（著者拍摄于昆明市档案馆馆藏资料）

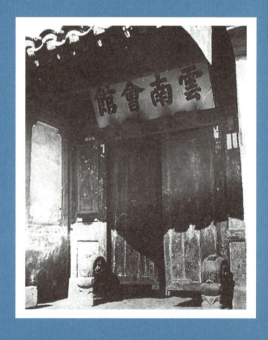

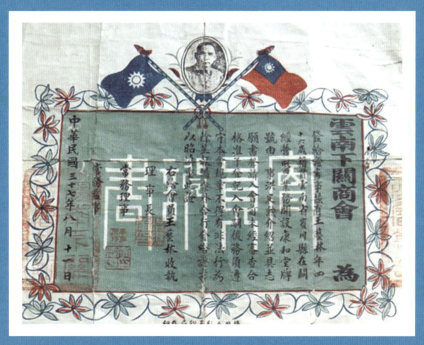

上左图：云南总商会致墨江商会的函件

上右图：新中国成立初期颁布的昆明市工商业同业公会初步整顿报告书

下图：云南下关商会为会员颁布的入会证明

（以上三图均由杨韧先生供原件照片）

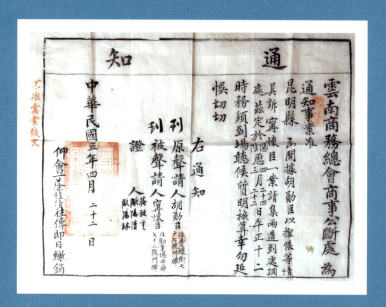

上图：1916 年云南商务总会商事公断处发布的通知
下图：1921 年云南总商会第三届全体职员撮影
（以上两图均由杨韧先生供原件照片）

序　言

中国商会，产生于 20 世纪初期。虽较欧、美、日等国家和地区的商会出世晚，但发展迅速，不到十年的时间，几乎遍布中国各地，并逐渐成为当地最有力量、最具影响的社团之一。在中国近代历史上，商会有着不同寻常的意义，其产生、发展和演变，与政治、经济、社会、文化等密切相关，一定程度上是中国从传统社会向现代社会转型的"缩影"，甚至从一个侧面反映了中国近代社会经济融入世界体系的艰难历程。

因此，中国商会自产生之日起，不但为国内社会各界所瞩目，而且引起外国在华势力和机构的注意。早在清末，日本商会及其他机构对中国商会就开始调查。20 世纪二三十年代，这些调查进行得更系统、全面。据不完全统计，仅日本商会（含在华日本商会）编印的与中国商会相关的调查报告就多达数百种。在这些调查的基础上，欧、美、日学者对中国商会展开了初步分析，但鲜有专题的研究成果。六七十年代，他们在前人的基础上开展了更为深入的研究，发表了一系列以商会为主要考察、举证对象的专题性成果。尽管他们的研究只是零星的，未能在西方史学界形成潮流，但为中国商会史研究的纵横拓展奠定了基础。

与之相比，中国学术界对商会的专题研究起步较晚，却发展迅速，以至于后来居上。改革开放以后，商会正式进入中国学者的研究视野。但早期中国商会史的研究，多是作为辛亥革命史的分支加以拓展的，考察的主要是商会的政治态度及表现，时段也多集中于清末民初，地域则以上海、天津和苏州为主。随着早期现代化、新制度经济学等理论和方法的引入和运用，中国近代商会研究的内容和主题也不断向纵深拓展，商会的经济功能和社会活动尤其受到重视，研究时段亦相继延长，地域突破更加显著，几乎不同历史时期和不同地域的商会均有涉及。在学者的共同努力下，中国商会史研究逐渐成为中国近现代史学科中一个成果多、起点高的重要领域，并在一定程度上推动了中国经济史、社会史、城市史等领域的进展，甚至体现了中国近现代史研究范式的转换。

2015 年，《中国近代商会通史》得以付梓。这是中国商会史研究取得的一项标志性成果，意味着中国商会研究迈向了一个新阶段，同时也预示中国商会史的进一步研究将会面临更多的挑战。其中，如何结合当前日益兴盛的区域史研究和全球史研究，探寻中国近代商会的同质性和异质性，从不同的视角和维度去认识历史与理解历史，就是一个重要的命题。所谓同质性，就是关注某个地方商会与其他地方商会的相同之处，这在一定程度上是国家视角在地方的投射或聚焦。异质性则是注重某个地方商会与其他地方商会的不同之处，也就是加强分析商会的区域性特征。

在近代中国，可能除西藏之外，其他省份无论是大中城市还是主要集镇，几乎都成立了商会。因政治经济和教育文化发展程度的不一，各地商会的性质、运行、活动及角色功能势必不尽相同。因此，希冀以一地商会的剖析来窥视中国近代商会的整体概貌是相当危险的。换言之，尽管不少成果对内地、边疆等地商会进行了具体且详细的考察，但概括分析出来的商会性质、结构、功能及特征大同小异，甚至仅根据一地商会活动得出对中国近代商会的整体看法。这种"同质同构"的推导分析，很容易陷入"总体论"的倾向。"总体性"研究虽然容易得出"典型性"结论，但相对忽视了商会组织的复杂性和区域性，进而影响对中国商会的"整体性"认识。

基于此，近年来我们以"商人团体与区域社会"的研究视角，相继对汉口、广州、重庆和云南与东北地区的商会展开了初步研究。赵善庆博士的《形塑滇商：变动社会中的近代云南商会（1906—1950）》，就是其中的一项重要成果。

中国区域众多，各区域在政治制度、经济演进、社会结构和地理条件等方面均存在一定的差异，差异最显著的无疑又是边疆地区。云南是人口最多的边疆省份之一，更是民族种类多、人文地理环境较为独特的省份，因此也是区域史研究最佳的举证对象。那么，这些特殊的社会历史土壤是否造成云南商会的兴起、组织活动和社会角色，以及其与地方政府乃至中央政府的关系有着不同于东部沿海地区的特点？省内各处商会的组织与活动又有哪些异同？带着这些问题，作者运用经济地理学和区域社会史研究的相关理论方法，在国家历史和地方历史相结合的宏观背景下，对近代云南商会在区域社会变动中的真实样态与历史图景进行了剖析。例如，作者对比分析了全面抗战爆发前后云南商会与央、地两级政府关系的不同面相，认为独特的政治经济生态是边陲地带商会发展的内部动因；此外，还结合民族多元化的结构分析了云南商会的区域性特征及其在民族经济融合和发展过程所扮演的角色，认为边陲地带的新式商人团体不仅是重塑地方社会权力体系和社会结构的重要因素，也为民族地区的社会治理提供了新的路径和媒介。这些论述和观点立足于系统丰富的档案资料，具有较强的说服力。

当然，我并不认为书中的所有论述和观点均已成熟且无差错。若是作者能进一步突破事件、制度与结构的框架，加强对商会领袖人物或代表性商人生命历程的关注和分析，而不仅仅将他们作为"类"（群体或组织）的存在或附属物，则可弥补中国商会史研究的不足，也可将区域史研究引向深入。

郑成林

二〇一九年十二月十六日

前　言

　　改革开放四十多年以来，随着学术风气的开化，"社团、社群与近代中国社会转型"这一议题备受国内外学界的关注和重视。商会作为近代中国极为重要且有广泛影响的社会经济组织，是在清政府推行"新政"的时代背景下，在内外多重因素合力下应运而生的。中国近代商会跨越了晚清、北洋政府和南京国民政府三个时期，共存续半个世纪之久，在中国社会由传统向现代演进的历程中发挥了重要的作用。关于商会组织的研究，已成为中国近代史研究领域的一大焦点问题，其研究时限已长达三十余年。但是，大量关于近代中国商会的研究，主要集中于对中东部大城市商会的考察，而西部地区，尤其是边疆民族地区的商会组织研究并未引起学界足够多的关注，研究较为薄弱，少数研究成果也并未深入，亦未突破既往商会史研究的框架和路径。从问题意识的角度而言，对商会史的研究似乎遭遇到难以突破的瓶颈。因此，如何"走出商会"研究商会，进一步拓宽商会史研究的领域成为亟待解决的问题。

　　云南僻处中国西南边陲，是一个自然地理环境较为独特的多民族、多宗教的边疆省份，民族成分复杂，宗教信仰与地方文化呈现出多元化的格局。由于近代以前，中央政权与云南地方政权之间关系的微妙与复杂性，加之各民族在政治、经济、文化等方面的差异，云南成为一个具有相对独立性的区域。晚清之际，云南地区面临严重的边疆危机，此后，"五口"〔蒙自、河口、腾越、思茅（今普洱）、昆明〕相继开埠通商，同时，滇越铁路开通运营。此时，各地、各民族的商人群体和商人组织崛起壮大，因而云南的区域市场格局和商业环境也发生重要转变。近代云南地区的商人团体是一个见证西南边疆社会变迁的时代产物，他们在外力冲击和传统羁绊的双重作用之下，不断发展壮大，对区域社会经济结构的变动有不同程度的冲击与突破，在云南向近代社会转型的过程中产生了深刻的影响。

围绕"变动社会"这条主线，对于云南商会的探究，应该置于国家历史和地方历史相结合的宏观背景下，以大量历史档案和报刊史志资料为史料依据，综合考察云南商会在不同历史阶段的演进历程、组织架构、运行机制及生存样态，并重点剖析云南商会在地方政治变局中的重要影响和以商人团体为主体的地方商政关系在地方社会发挥的重要作用，进而凸显云南商会嬗变的地方性特征和地域差异性，最后落脚点在于如何在西南边疆这样特殊的地域环境和地方政治变局中实现自身形象的塑造。当然，对于云南商会的研究框架和方法，并非拘泥于固定的组织史研究模式，还可以运用经济地理学和区域社会史研究的相关理论方法，在地方性视野下来探讨近代云南商会在长达四十多年时间里的嬗变轨迹和多元样态。通过透视活跃在其背后的人物及事件，进一步全面展现云南商会在区域社会变动中的真实样态与历史图景，管窥近代中国从传统社会向现代社会转型过程中处于边缘区域社会艰难历程的一个侧面。基于云南所处地理位置和社会经济结构的特殊性，云南商会无论是在成立缘起上还是在以后所经历的重重政治变局中，都具有明显的特殊性，而这也恰恰反映了中国近代商会嬗变的多元图景，进而展现近代中国商人组织的复杂面相。

较之于中国内陆中东部地区商会组织的发展轨迹和治理机制，云南商会由于其所处的场域极为特殊和典型，因此，其组织架构和呈现的面相有一定的地方特质。具体而言，清末民初云南商人群体力量发展壮大，亦热衷于建立新式商人组织，因此，其组织机制呈现出会董和帮董共同治理的局面，帮董在具体商务事宜中发挥较大的能量。在政体变更之际，云南商务总会奉行云南都督"军政一体"的治理方略，改称为云南商务总局，名似行政机构，实质仍为社会团体。同时，各地商会相继创设，尤其是社会经济环境独具特点的地区，如下关、鹤庆、个旧、中甸、河口等地，其商会的设置彰显出云南僻处边陲和多民族的典型地域特点。在西南军阀政争时期，云南商会组织历经从"无序"到"有序"的转变，军、政、商三方之间既有冲突，又有"利益"合作，这在地方派系的内争和鸦片贸易中表现得淋漓尽致。"云南王"龙云统治云南以后，由于地方政权的独立性，云南商会组织的发展呈现"马鞍形"的态势，在组织结构上形成"五科一处"的常态化格局。这一时期，商会成为云南边疆民族地区重要的社会组织，对地方社会的治理产生了重大影响。抗战时期，云南商会呈现出突飞猛进的发展态势，省级商会联合会得以筹组。在战时统制体制下，云南商会积极应对战时事务，回应了中央权威的渗透，因而形成了超稳定的组织治理体系。在抗战胜利后，云南商会在多重政治势力角逐的政治环境中，其生存空间和职能运作呈现出衰微的态势，并未实现如沦陷区商会组织的有序整顿和重组。新中国成立后，云南商会组织的改造相对滞后，商业联合总会作为过渡组织，在工商联筹组之前着手从事接收改造事宜。

目　录

绪　论 ……………………………………………………… 001

一　选题缘起 …………………………………………… 001

二　学术史的回顾与认识 ……………………………… 003

三　研究思路与方法 …………………………………… 039

四　研究对象与时空范围的界定 ……………………… 043

第一章　清末民初云南商会的创设与更迭 …………… 045

一　中法战争后云南的社会经济与传统商人组织的嬗变 … 045

二　清末新政时期云南商务总会的创设 ……………… 067

三　民初云南商会的更迭 ……………………………… 084

四　地方商会的创设及其多元面相 …………………… 095

第二章　军阀政争时期云南商会的变动与运行 ……… 111

一　军阀政争时期云南商会的改组与整顿 …………… 111

二　云南商会的组织运行和区域商会网络的建构 …… 133

三　云南商会与区域商业秩序的运行 ………………… 162

四　军阀政争中商会的权衡应变与利益合作 ………… 180

第三章　"新云南"建设时期云南商会的治理与调适 … 195

一　云南商会的发展格局与治理体系 ………………… 195

二　云南商会的经济事务参与 ………………………… 216

三　云南商会在边疆民族地区社会治理中的参与 ·········· 243

第四章　抗战时期云南商会的组织嬗变与因应 ·········· 255
一　抗战时期云南商业的凸兴和商人组织的演进 ·········· 255
二　云南省商会联合会的筹组与运行 ·········· 269
三　战时统制之下云南商会的因应 ·········· 287

第五章　多方权势博弈时期云南商会的式微与转轨 ·········· 305
一　战后云南商会的衰变 ·········· 305
二　战后云南商会的式微与运营困境 ·········· 319
三　变革之际云南商会的因应与抉择 ·········· 333

结　语 ·········· 358

附　录 ·········· 367

参考文献 ·········· 381

后　记 ·········· 396

表目录

表 1-1　辛亥革命后云南各地增设商务分会区域分布情况 ………… 088

表 1-2　1911 年云南下关商务分会会董名册 ……………………… 097

表 1-3　1910 年鹤庆商务分会总理会董名册 ……………………… 098

表 1-4　1910 年维西属阿墩子商务分所会董名册 ………………… 099

表 1-5　1911 年丽江商务分会职员清册 …………………………… 099

表 1-6　1914 年中甸县商务分会职员履历表 ……………………… 104

表 2-1　1924 年云南各地商会一览表 ……………………………… 139

表 2-2　1917 年云南总商会第一届职员一览表 …………………… 149

表 2-3　1921 年云南总商会第三届职员一览表 …………………… 151

表 2-4　1924 年云南总商会第四届职员一览表 …………………… 151

表 2-5　1926 年云南总商会第五届职员一览表 …………………… 151

表 2-6　1927 年日本东亚同文书院统计之"云南各地商会
　　　　一览表" …………………………………………………… 154

表 2-7　1927 年日本东亚同文书院统计之"云南各地商会
　　　　时空分布统计表" ………………………………………… 156

表 2-8　云南各道商会总数及普及率统计表（商会数/总县数）…… 158

表 3-1　1936 年云南各地商会一览表 ……………………………… 199

表 4-1　1943 年下关商会第一届当选理监事名册 ………………… 266

表 4 - 2 1942 年云南全省商会联合会第一届当选理监事名册………… 275

表 4 - 3 1943—1945 年云南省商联会工作实绩……………………… 280

表 5 - 1 昆明市商会第四届第二任理监事一览表 ………………… 311

表 5 - 2 1948 年滇西北各县署局商人团体概况……………… 316

绪　论

一　选题缘起

云南地处祖国西南边疆，是多民族聚居的区域之一，毗邻东南亚、南亚，与周边国家和地区有着悠久的贸易往来。近代前期，随着西方殖民者侵略的步步推进，云南对外贸易发生了重大的转变，传统自然经济占主导地位的云南经济直接与近代世界市场对接。在世界市场的影响下，云南城乡市场商品流通、市场网络和商人阶层都发生了重要变化，商业贸易也逐步地向近代转型。随着社会经济结构的变动，云南的商人组织开始从亲缘到地缘，再到业缘演变。清代中叶，省外商人在云南的活动十分活跃，在云南商品流通中占据主导地位。中法战争以后，这一局面发生了重大改变，不仅云南本土商人队伍迅速壮大，实力明显增强，还出现了洋商和买办商人。鸦片战争以后，云南地区仍以旧式的会馆、商帮和行帮等传统商人组织为主。中法战争以后，云南社会经济结构发生显著变化，新式商人不断成长，旧式商人组织的结构和功能也逐渐发生变化，行帮逐渐没落，清末之际出现了新式的商人组织——商会。

1906 年，云南省按照清政府劝办商会的谕令，由马启元、王鸿图、董润章、祁奎、王连升、施复初等发起筹备，以"振兴商务、开通商智、扶持商业"为宗旨，正式成立了云南省垣商务总会。在昆明的 58 个原有商业行帮加入商务总会。省内商业较为发达、商号较多的下关、蒙自、腾冲等地，也相继设立了地方商会组织。1916 年，云南商务总会改称云南省总商会。云南商务总会和后来的云南省总商会建立后，开展了商务仲裁、公断，设立商团，进行人员培训，组织参加各种商品赛会等活动，在一定程度上发挥了近代商人团体的作用。同时，各地商会相继创设，在 20 世纪 20 年代形成了区域商会网络。省内各地商会在组织上具有相对独立性，互不统属，但在区域商业网络和市场格局中协调行动，在履行各种社会事务时遥相呼应，从而使云南地区的商人群体形成一个多边网络。总之，云南商人组织的不断崛起和快速发展，从不同层面推动了云南社会经济迈向近代化的发展进程。

改革开放以来，社会经济组织的研究备受国内外学者的重视和关注，商会作为近代中国重要且影响极为广泛的社会经济组织之一，不仅成为中国近代史研究的热点领域，还对中国近代社会经济史和中国现代化史等领域的研究产生了重要的影响。关于商会组织的研究在 20 世纪 80 年代初就引起了学界的注意，但是，大量关于近代中国商会的研究，主要集中于对中东部大城市的商会的考察，而西部地区，尤其是边疆民族地区的商会组织研究并未引起学界足够的关注，研究较为薄弱，少数研究成果也并未深入，亦未突破既往商会史研究的框架和路径。从问题意识的角度而言，对商会史的研究似乎遭遇到难以突破的瓶颈，因此，如何"走出商会"研究商会，进一步拓宽商会史研究的领域成为亟待解决的问题。具体到各个地区而言，边疆民族地区的商人组织之于本地区的意义未必就不及中东部的各大城市，而对边疆地区商人组织研究的滞后，不仅使商会史的研究向深度和广度的推进受到一定程度的限制，还制约着对中国近代商会发展势态的整体认知。因此，本选题的研究虽然谈不上创新，但对区域商会的比较研究和差异性的探讨无疑起到了一定的补充、完善作用。

就社会经济史的研究路径而言，区域性视角也是使其研究推进和深入的可行性选择。自社会人类学家施坚雅提出区域体系理论后，学界也逐步认识到区域间存在显著的差异性。作为中国内部区域研究的重要组成部分之一，在学界被一度忽视的边疆民族地区的历史研究再度发掘其学术价值。云南属于中国西南边疆的重要省份之一，对其近代社会经济变迁的研究应是题中应有之义。除此之外，以往的研究多局限于"中心"与"边缘"二元对立的理论解释框架之中，以往的解释框架基本是局限于"从'中心'看'边缘'"和"'中心'与'边缘'的互动"两种模式，这显然是有其不妥之处的。只有将研究的视野转向地方之后，我们才能清晰地认识到近代云南社会变动的关键节点，这既是出于对区域研究和地方性特征所凸显的重要意义的权衡，也是对"边缘"的地方能动性的肯定。这也是将"地方性视野"（即"从'边缘'看'主流'"）的分析路径贯穿于本书的主要原因。

从"地方性视野"的分析路径入手，在本书的行文叙述上，需要为一系列影响商会与云南近代社会变动的事件提供相关的地方史背景，否则就很难对近代云南商人组织的嬗变进行准确的描述和阐释。在研究过程中，需要突破以往二元对立的诸多研究视角，如民族与国家、中心与边缘、中央与地方等。这些对立面对诸多社会经济问题的研究是有很大局限的。就云南省而言，不同族群、不同历史阶段的政治形态和不同商业区域的衔接也呈现出迥异于中东部地区的独特景象。对此，为了能更好地揭示并阐述商会在云南地区的特殊历程，本书在具体的叙述方式上，特意选取能够充分展现近代云南社会变迁的典型地域作个案考察。

二 学术史的回顾与认识

（一）近十年国内商会史研究的宏观认知

国内外对中国近代商会的研究有不同的发展轨迹，国外的研究早于国内。20世纪80年代后期，随着学术风气的开化，近代商会研究成为国内中国近代史研究的一个热门领域并开始起步。20世纪90年代中期，随着社会主义市场经济体制的确立，商会的作用和功能被重新认识，近代商会研究开始兴起，商会研究的主题逐步呈现出多元化的发展态势，推动了商会史研究向纵深发展。尽管如此，商会史研究在近代史研究界的影响似乎在无形地衰退，给人的第一感觉是商会史研究已经没有什么值得拓展的空间，对一些热点问题的讨论也比较难以深入，商会史研究也亟待突破这样的"瓶颈"和"藩篱"。在近十余年持续的研究进程中，学界也在对学术史的回顾中不断地反思这一问题，在看到问题的同时，也有一些共识和真知灼见。①

近十年来，随着上海、苏州和天津等地的商会档案先后公开出版，大量的报刊史料也得到挖掘，这为开展商会史研究提供了较为丰富、可靠的史料依据，从而推动国内商会史的研究进入了一个热潮，一批较有分量的学术著作先后出版。② 这些专题论著都从不同的层面体现了学界高度的理论自觉，它们不同程度地运用相关理论，比较深入地探讨了近代中国商会研究领域中的一系列重要问题，促使近十年来的中国商会史研究呈现出一些新的气象。

2015 年，作为中国商会史研究领域中的里程碑式的标志性学术成果，由华中师范大学马敏教授主编的《中国近代商会通史》四卷本正式出版。③该部《通史》以商会与近现代中国社会变迁中的重大问题为中心，探讨商会制度的演进，商会与政府的关系，商会的政治参与，商会与市场经济的孕育、兴起和演变，商会与国家形态间的复杂关系等问题，尤其是借鉴和运用政治学、社会学等学科的理论与方法，对商会存在的社会与法理基础、商会的组织与运作原则以及其与经济市场化、政治民主化的关系等问题进行了深入研究。该书具有"从现实中找问题，在历史中找答案"的显

---

① 冯筱才：《中国商会史研究之回顾与反思》，《历史研究》2001 年第 5 期；马敏：《商会史研究与新史学的范式转换》，《华中师范大学学报》（人文社会科学版）2003 年第 5 期；应莉雅：《近十年来国内商会史研究的突破与反思》，《中国社会经济史研究》2004 年第 3 期；张芳霖：《中国近代商人、商会组织研究的问题意识与阶段性特点》，《江西社会科学》2004 年第 7 期；赵洪宝：《近几年来大陆学者关于中国商会史研究综述》，《近代中国史研究通讯》（台北）1993 年第 16 期；胡其瑞：《中国近代商人研究之回顾——以台海两岸之论著为中心的探讨》，《中国历史学会史学集刊》（台北）2000 年第 32 期；朱英：《中国商会史研究如何取得新突破》，《浙江学刊》2005 年第 6 期；冯筱才：《最近商会史研究之刍见》，《华中师范大学学报》（人文社会科学版）2006 年第 5 期；马敏、付海晏：《近 20 年来的中国商会史研究（1990—2009）》，《近代史研究》2010 年第 2 期；谈萧：《转型社会中的商会研究：一个多学科的回顾与展望》，《社团管理研究》2010 年第 12 期。

② 应莉雅：《天津商会组织网络研究（1903—1928）》，厦门大学出版社，2006。张学军、孙炳芳：《直隶商会与乡村社会经济（1903—1937）》，人民出版社，2010。陈海忠：《近代商会与地方金融——以汕头为中心的研究》，广东人民出版社，2011。张芳霖：《市场环境与制度变迁——以清末至民国南昌商人与商会组织为视角》，人民出版社，2013。王仲：《民国苏州商会研究：1927—1936 年》，上海人民出版社，2015。李华婷：《商会与商业行政：北洋政府时期的政商关系（1912—1927）》，经济管理出版社，2015。

③ 马敏主编《中国近代商会通史》（四卷本），社会科学文献出版社，2015。

著特色，充分吸收学界已有的研究成果，全面爬梳了中国近代商会发展的历史轨迹，具有重要的学术价值和开拓性意义。在注重贯通研究的同时，朱英教授对近三十余年近代商会史研究的学术理路进行了系统、深刻的检视，他指出，商会史研究的拓展深化需要在马克思主义唯物史观的指导下不断进行创新，也要避免在借用西方学界的新理论、方法时出现生搬硬套与削足适履的偏差，这对商会史研究的深入具有重要的启迪意义。①

不同观察视角下的近代商会是多面的、立体的、动态的，研究者重新定位商会不同层面的主体在近代社会变迁中的角色，当然，值得重视的是，目前的研究过分关注本体和个体，忽略了"总体史"的研究趋向。近十年来，在吸收以往研究成果的同时，随着大量商会档案的整理出版和新资料的运用，商会史研究在主题和对象上呈现出多元化和立体化的显著特点。就研究内容而言，主要表现在商会组织结构变动与演进、商会人事与选举问题、商会法的修订颁布和商事公断、商会的经济社会活动、商会与政府间的关系等方面。

对商会组织结构变动的研究，主要聚焦于 20 世纪 20 年代商民运动之际的商会存废之争和总商会的改组。对此问题，朱英作了较为深入的专门探究，将 20 世纪 20 年代商会的存废之争置于"革命"与"反革命"的政治话语之下，对商民运动时期的商会政策、商会与商民协会的纠纷、商会的存废等问题进行了详细的阐述。② 乔兆红以上海总商会风潮为个案，对商民运动中商会与商民协会的纠纷、商会改组整顿作了探讨，她认为，南京国民政府成立后，虽然商民协会被撤销，但不能据此认为商民协会的斗争和商民运动是失败的，只能说是其历史使命的完成。③ 此外，对商会的组织结构也有更为系统的研究，朱英对民初苏州商会的演变作了考辨和爬

---

① 朱英：《近代商会史研究的缘起、发展及其理论与方法运用》，《近代史研究》2017 年第 5 期。

② 朱英：《商民运动期间国民党对待商会政策的发展变化》，《江苏社会科学》2010 年第 1 期；《论 1928 年上海地区的商会存废之争》，《史林》2010 年第 3 期；《商民运动时期商民协会与商会的关系：1926—1928》，《中国经济史研究》2010 年第 3 期；《国民党"三大"前后的商会存废之争与商民协会的解散》，《华中师范大学学报》（人文社会科学版）2010 年第 5 期；《国民革命时期武汉地区商民协会与商会的冲突及合作》，《江汉论坛》2010 年第 11 期；《"革命"与"反革命"：1920 年代中国商会存废纷争》，《河南大学学报》（社会科学版）2012 年第 5 期。

③ 乔兆红：《论 1929 年的沪总商会风潮》，《社会科学研究》2007 年第 4 期；《中国商民运动的历史命运》，《中国经济史研究》2008 年第 1 期。

梳，王仲在此基础上以实证方法考察了南京国民政府时期商会组织系统的变迁，并证实了国民党强势控制的现状与商会从权应变的特征。① 汤可可等探讨了近代无锡商会的治理结构，认为商会的组织结构是一种自下而上的民主参与体制，商会组织在近代政治—社会条件下面临管制治理，与政府之间存在控制和抵制控制的矛盾冲突。②

选举制度作为商会组织运行的核心制度之一，近年来对此问题有更为深入的探讨。朱英深入探讨了近代中国商会领导群体研究须注意的问题，他认为，商会选举的确在一定程度上反映了新旧变化的趋势。③ 对此问题，有论者通过对衡阳商会领导层群体的专门论述，探究了商会领导群体在向现代转化的趋势中呈现出来的过渡特征。④ 谢放对商会选举制度的研究关注较早，他以清末苏州商会为个案，深入探讨了商会选举制度及其发展变化。⑤ 朱英有关天津商会选举舞弊案的研究，表明天津商会在实际操作过程中受各种因素的影响而不能很好地实行投票选举制度，清末民国时期天津商会从"公推"到"票举"的曲折演进历程表明，清末民初各地商会对现代投票选举制度的认识并不完全一致。⑥ 朱英还以上海商会为个案对商会选举制度作了深入探讨。他认为，具有近代特征的选举制度，最早实行于新式社团商会之中，而并非出现于政治生活领域。⑦ 此外，朱英也关注到了商会改选既与不同时期的政治形势和地方势力，乃至外国势力的发展

---

① 朱英：《民初苏州商会的发展演变》，《华中师范大学学报》（人文社会科学版）2006 年第 5 期；王仲：《民国时期苏州商会组织系统的变迁 （1927—1937）》，《江苏社会科学》2009 年第 5 期。

② 汤可可、蒋伟新：《近代无锡商会的治理结构》，《近代史学刊》第 3 辑，华中师范大学出版社，2006。

③ 朱英：《关于近代中国商会领导群体几个问题的再探讨》，《江汉论坛》2006 年第 8 期；朱英：《五四时期无锡商会选举风波》，《江苏社会科学》2007 年第 1 期。

④ 彭平一、吴小珍：《清末民国时期衡阳商会领导群体构成探析》，《文史博览》2007 年第 12 期。

⑤ 谢放：《清末民初苏州商会选举制度》，《近代史学刊》第 3 辑，华中师范大学出版社，2006。

⑥ 朱英：《从"公推"到"票举"：近代天津商会职员推选制度的曲折演进》，《近代史研究》2007 年第 3 期；《民国时期天津商会选举的两次风波》，《浙江学刊》2007 年第 4 期；《南京国民政府初期天津商会的改选及其困境》，《华中师范大学学报》（人文社会科学版）2008 年第 6 期。

⑦ 朱英：《近代中国商会选举制度之再考察——以清末民初的上海商会为例》，《中国社会科学》2007 年第 1 期。

变化也多有联系，也与各地商会的时代处境和自身运作息息相关。①

　　商会的立法和法制化建设是近几年来持续关注的研究热点。朱英深入考察了 20 世纪 20 年代中后期商会法的修订，认为南京国民政府建立之后，从"革命的破坏"进入"革命的建设"新阶段，对商会性质与作用的认识也有所改变，最终于 1929 年 8 月颁行新商会法，商会随之安全渡过政治危机而得以继续合法存在，此次商会法的修订不但动因独特，而且进程复杂，商会主导参与的程度也较深。② 赵颖对 1914 年的商会法之争也作了专门的探讨，王红梅详细研究了商会与中国法制近代化的互动关联机制，李姣考察了近代商会在不同时期的不同立法理念下形成的商会组织结构和运行机制以及所呈现的政府与商会多元化的关系。③ 此外，王静认为，中国近代商会法的演进过程既具有近代意义商人身份确立的过程，也是商人组织有序化的过程。④ 此外，有论者从法学的角度专门探讨了商会制度的创立，但从长时段而言，仍需要进一步加强对近代商会法制史的研究。⑤

　　商事公断和商事仲裁是近年商会研究中的热点和焦点话题。郑成林等对南京国民政府时期商会的商事仲裁制度作了深度的探讨，认为南京国民政府成立后，商会的商事仲裁空间及权威在一定程度上萎缩，但由于抗战前的党政、司法职能扩展囿于一定范围，商会与政府之间呈现出"控制与依赖"的双重特性。⑥ 赵珊通过档案透视了天津商会在商事纠纷中的运作实践，提出在法庭诉讼和民间调解之间形成半正式性的"第三领域"，并

①　朱英：《1934 年天津商会改选纠纷与地方政府应对之策》，《武汉大学学报》（人文科学版）2015 年第 1 期；《维护国权与商权：天津商会抗议日本领事干涉会长选举》，《史学月刊》2015 年第 12 期；《论 1924 年上海总商会换届改选纷争》，《江苏社会科学》2016 年第 2 期；《论 1926 年上海总商会换届改选风潮》，《江苏社会科学》2018 年第 4 期。
②　朱英：《二十世纪二十年代商会法的修订及其影响》，《历史研究》2014 年第 2 期。
③　赵颖：《1914 年商会法之争研究》，硕士学位论文，中国政法大学，2010；王红梅：《商会与中国法制近代化》，博士学位论文，华东政法大学，2010；李姣：《中国近代商会立法与商会治理》，硕士学位论文，华中师范大学，2013。
④　王静：《中国近代商会法的演进与影响》，《天津社会科学》2012 年第 5 期。
⑤　王煜宇：《中国社会转型期商人法律制度研究》，法律出版社，2008；李学兰：《中国商人团体习惯法研究》，中国社会科学出版社，2010；肖海军：《商会法律制度研究》，中国人民大学出版社，2010；王红梅：《商会与中国法制近代化》，南京师范大学出版社，2011；魏静：《商会法律制度研究：以商会自治为视角》，法律出版社，2012。
⑥　郑成林、张世慧：《控制与依赖：南京国民政府时期商会商事仲裁制度述论》，《江汉论坛》2015 年第 5 期。

且趋于制度化，这为认识国家力量与民间力量交搭互动的合理性及价值提供了新的路径和视角。① 张启耀对清末商会经济纠纷调理权的产生、性质与作用有专门的讨论，张松对清末民初商会裁判权的确立与发展作了深入的考察，这些探讨对清末民初商会的商事仲裁职能都有独到的见解。宫宝芝对清末商会商事公断得以有效运行的因素作了深入探讨。② 此外，有些论者从商会法制理案职能的不同层面也予以探究，从不同的视角对商会在诉讼、纠纷、仲裁等方面发挥的作用有深入的认识。③

商会和政府的关系与政治参与问题是商会史研究中持续关注的议题。近年来，除了对以往研究观点的深化以外，主要集中于以个案为例来探讨地方商会与政府或地方政权之间的关系，诸多内容也涉及商会的政治参与职能。

对不同历史阶段政府商会政策的研究也是近年来商会研究逐步深化的重要关注点之一。宫宝芝认为，晚清之际，清政府在大力扶持商会的同时，亦通过《商会简明章程》等法律规范建立了相对较为严格的商会管制体系。晚清政府实行扶持与管制并行的发展策略，从而使政府与商会之间形成相对密切的协作关系。虽然二者之间亦会因管制而发生争执乃至冲突，但总体而言，晚清时期中国商会在政府的有力支持下不但增长迅速，而且在经济领域发挥了重要的作用。④ 郑成林认为，抗战爆发后，国民党将商会指导管理权移至政府，但同时颁布一系列法律规章加强对商会的监管，又采取多种手段对商会的组织和活动进行渗透，逐步建构起组织管理

① 赵珊：《塑造与运作：天津商会解纷机制的半正式实践》，《开放时代》2019 年第 1 期。
② 张启耀：《清末商会经济纠纷调理权产生原因探析》，《历史教学》2008 年第 14 期；张启耀等：《清末商会调理经济纠纷的性质及评价》，《安庆师范学院学报》（社会科学版）2008 年第 1 期；张松：《清末民初商会裁判权的确立与发展》，《求索》2010 年第 6 期；张松：《从公议到公断：清至民国民间商事解纷形式的嬗变》，《政法论坛》2014 年第 5 期；宫宝芝：《清末商会商事公断的有效运行及其启示》，《求索》2017 年第 7 期。
③ 陈海忠：《民国商人、商会与政权力量——基于汕头商会档案中一个商人与商会诉讼案例的讨论》，《汕头大学学报》（人文社会科学版）2011 年第 3 期；段宝玫：《民国时期破产规范在实践中的表达——以商会个案裁断为视角》，《学术探索》2014 年第 5 期；尹萍：《清末民初商会在商标纠纷调处中的居间作用——以苏州总商会为样本》，《江西社会科学》2015 年第 5 期；李华武：《商会与审判机构：清末民初商事纠纷调解关系考》，《江西社会科学》2016 年第 1 期；颜志：《论清末官商权力的共进——以清末山会商务分会的"理案"为中心》，《西南大学学报》（社科版）2017 年第 2 期。
④ 宫宝芝：《扶持与管制并行：晚清中国商会发展策略》，《贵州社会科学》2014 年第 9 期。

与业务管理相结合的双重管理体制，这一体制也保证了国民党对商会的领导地位。但是，这一体制本身过于偏重监管，忽视了商会能动性的发挥，也制约着国民党通过商会等团体实现改造、建设社会的目的。①

　　商会与政权或政府之间的关系是长年以来探讨的话题之一，近年来在不同层面又渐趋加强，研究思路也在不断转换。李娟婷以商会与商业行政为主题，重点考察了北洋政府时期政府与商会在相关商业行政上的合作和对立关系。② 罗萍运用国家—社会关系的理论，考察了清末民初宜昌商会与政权集团的合作关系。③ 葛宝森对保定商会、同业公会与国民政府的关系进行了考察，他认为，1928 年之前，国民政府在保定商界并没有组织基础。为完成对保定商会、同业公会的组织、改组，国民政府充分借助于保定商会的影响和作用，保定商会也发挥了"上传下达"的作用；满 7 家以上同业商户组织同业公会，在同业公会的基础上组织商会，因而保定同业公会是保定商会的基层组织，两者密不可分；国民政府通过立法，给予保定商会、同业公会以制度性空间，保证了其自主性和独立性。④ 张芳霖等通过对南昌商会与政府之间往来公文的动态分析，认为讨论商会与政府间的关系，应该重点关注商会的相关法规及公文程式，从而探讨不同时期彼此间内在的关系。⑤ 方秋梅以汉口商会为例，探讨了民国中期汉口商会权力、地位的变化与市政角色的转变。⑥ 此外，有论者开始关注和探讨政府领导、人事变动与商会之间的内在关系，体现出国民党政府内部不同派系

---

① 郑成林：《抗战时期国民党对商会的管理与控制》，《华中师范大学学报》（人文社会科学版）2011 年第 6 期。

② 李娟婷：《商会与商业行政——以北洋政府时期为中心（1912—1927）》，经济管理出版社，2015。

③ 罗萍：《浅析清末民初宜昌商会与政权集团的合作关系——以国家—社会关系为视角》，《三峡大学学报》（人文社会科学版）2012 年第 3 期。

④ 葛宝森：《保定商会、同业公会与国民政府关系探析（1928—1937）》，《河北工程大学学报》（社会科学版）2012 年第 4 期；《保定商会、同业公会改组及其与国民政府的关系（1928—1937）》，《唐山师范学院学报》2013 年第 1 期。

⑤ 张芳霖、李大鹏：《政府、商会、同业公会关系研究——以 1906—1937 年江西南昌为例》，《江西社会科学》2013 年第 1 期。

⑥ 方秋梅：《民国中期汉口商会权力、地位的变化与市政角色的转变》，《人文论谭》2009 年第 00 期。

与商会组织变动的错综复杂的关系。[①] 李平亮等以吉安商会整理委员会为个案，探讨了商会在抗战胜利后地方社会秩序的重建中发挥的作用及其与政府的互动关系。[②] 亦有论著从商会现代化的视角探讨了清末民初的政商关系演进。[③]

商会的政治参与职能是商人组织得以发挥政治能量和体现政治地位的重要标杆。郑成林对抗战前夕商会的政治参与活动进行了深入考察，他指出，南京国民政府成立后对全国商会进行整顿改组，从表面上看，中国商会的参政热情和政治活动与民国初年相比有所削弱，但改组后的中国商会没有完全丧失政治自主性，对经济民主乃至政治民主依然有着强烈期盼。[④] 敖凯以京师总商会为研究对象，探讨了民国初年总商会在政治参与中所呈现出来的"趋新"与"保守"的两面性。[⑤] 有部分论者通过以商会与民初重大政治事件的关系为问题，探讨了商会在政治事件中的活动与角色及其影响，这对考察商会在政治变局中的历史实态有很大臂助。[⑥]

商会的经济社会活动是近年来商会研究范畴拓展最为丰富的内容，多角度的探讨也体现出商会在社会经济方面的职能的显著地位。其中，商会与社会经济的互动是目前学界探究的热点。商会如何推动社会经济的发展与商会对政府金融财税政策的调适是两大主体研究对象。

商会在社会经济发展中的作用突出表现在对政策制定与调整、地方产业、农业、交通、城市与社会变迁的影响等方面。郑成林、史慧佳对南京

① 李英铨、盛雷：《抗战胜利前后李先良与青岛市商会关系的演变》，《东方论坛》2008 年第 3 期。
② 李平亮、曾忠轩：《商会与抗战胜利后地方社会秩序的重建——以吉安县商会整理委员会为例》，《江西师范大学学报》（哲社版）2018 年第 3 期。
③ 黄建：《清末民初政商关系与商会的现代化》，《贵州社会科学》2018 年第 8 期。
④ 郑成林：《抗战前夕中国商会的政治参与》，《河南大学学报》（社会科学版）2012 年第 1 期。
⑤ 敖凯：《浅析民国初年京师总商会的政治参与》，《首都师范大学学报》（社会科学版）2011 年增刊。
⑥ 付海晏：《无锡商会与1929年国民救国会被捣毁风潮》，《华中师范大学学报》（人文社会科学版）2006 年第 5 期；罗萍：《宜昌商会的"柔性社会权力"与辛亥宜昌"有序革命"》，《社会科学辑刊》2009 年第 2 期；罗萍：《宜昌商会与辛亥革命在宜昌的"有序失败"》，《兰州学刊》2009 年第 1 期；许冠亭：《上海总商会在华盛顿会议前后收复国权的主张和活动》，《史林》2009 年第 3 期。

国民政府时期商会在度量衡改制中的参与及其所反映的多维关系有深度的研究。他们认为，在抗日战争爆发前的度量衡的改制中，如何调适习惯、科学与法理，拟定完善的制度，是政府、商界和知识界需要共同面对的难题。[①] 孙炳芳、张学军注意到了直隶商会在推动近代棉业改良与发展、直隶地区交通网络形成过程中所起的作用。[②] 王仲以南京国民政府时期的苏州商会为研究对象，考察了商会以其组织性力量在农资、农产品、抗灾、金融等方面给予农业的积极支持，他认为商会作为一种民间组织，对当时城乡社会的良性运行有一定的积极作用。[③] 侯宣杰以天津商会为个案，探讨了商会与城市粮食管理之间的互动面相。[④] 此外，还有部分论者以地方商会为个案，论述了商会对城市和地方社会经济发展的重要作用。[⑤] 部分研究开始关注县、镇基层商会与地方社会变迁之间的内在关联性，如对华北市镇商会、景德镇商会等的初步探究。[⑥]

---

① 郑成林、史慧佳：《南京国民政府度量衡改制中的商会参与》，《历史研究》2017 年第 4 期。

② 孙炳芳、张学军：《直隶商会与近代棉业的发展（1903—1937）》，《河北学刊》2008 年第 4 期；《直隶商会与近代交通发展》，《石家庄铁道学院学报》（社会科学版）2007 年第 2 期。

③ 王仲：《民国时期商会对农业的扶持——以苏州商会为例（1927—1937）》，《中国农史》2011 年第 1 期。

④ 侯宣杰：《清末商会与城市粮食管理——以天津商会为个案研究》，《华南农业大学学报》2006 年第 1 期。

⑤ 宋美云：《论城市公共环境整治与非政府组织参与——以近代天津商会为例》，《天津社会科学》2006 年第 4 期；曲春梅、张启社、杨宁：《汉口市商会与抗战前武汉社会经济的发展》，《近代史学刊》第 4 辑；《近代胶东商人与地方公共领域——以商会为主体的考察》，《东岳论丛》2009 年第 4 期；赵良宇：《近代商业组织的嬗变与城市社会变迁》，《河南师范大学》（哲学社会科学版）2010 年第 4 期；张春慧：《民初工商业自治活动对城市现代化的影响——以泰安县商会为例》，《洛阳师范学院学报》2012 年第 12 期；佟银霞、刘会军：《商会与清末民初奉天省城市化进程》，《贵州社会科学》2014 年第 10 期。

⑥ 熊亚平：《华北铁路沿线市镇商会初探（1904—1937）》，《社会科学战线》2009 年第 4 期；《市镇社会变迁研究的一个新视角：华北铁路沿线市镇商会会员初探（1904—1937）》，《兰州学刊》2012 年第 3 期；《华北市镇管理体制的变迁（1902—1937）——以警政、商会、自治为中心》，《史学月刊》2015 年第 2 期。付火水：《在传统与现代之间的内地传统工商业城市商会——以景德镇商会为中心的考察》，《华东理工大学学报》（社会科学版）2011 年第 2 期。苏永明、洪子雅：《清末民初景德镇商会与城市社会》，《江西科技师范大学学报》2015 年第 2 期。谢庐明、林康：《塘江：一个赣南农村墟镇的商会与社会变迁（1912—1949）》，《农业考古》2015 年第 4 期。

近年来，学界也从税政的角度对其与商会的互动有一定程度的探讨。魏文享从工商团体参与税政的角度探讨了南京国民政府时期工商团体参与营业税包征的具体实态，以及税收开征过程中商会与商人在官民交涉中的诉求和因应。① 此外，他从微观层面关注到了商会在沦陷区税收体系中的角色问题，亦从所得税稽征的视角探寻了商会与政府的复杂关系。② 陈永忠考察了商会在捐税抗争中对发展近代民族经济所起的历史作用。③ 李金铮、吴志国通过对 1908—1911 年天津商会和商界反对开征印花税事件的考察，展现了官方与民间社会的利益冲突及双方的表达。马涛、迟慧以民国初年天津商会缓办印花税来分析中央政府与民间社会的互动关系，重点对官方和民间社会利益发生冲突时双方的交涉和沟通，以及根据对方行动不断调整自己的立场并予以回应进行考察，从而探究国家政权与民间社会的互动关系。④ 邱澎生就苏州商会代收捐税一案深入论析了商人团体的"代表性"问题，他指出，清末商会参与抗争税收的过程反映了重要的历史转变：商人团体由原来会馆、公所时代作为实际上保护商人权益的"代表"，演变为商会时代能同时在实际上与名义上保护商人的"代表"。⑤ 朱英、夏巨富主要考察了 20 世纪 30 年代广州市商会如何参与营业税制定与征缴，以及如何应对和调解营业税风潮的具体进程，探讨了广州市商会在改组后继续发挥制衡官府的作用。⑥

在商会的社会活动参与方面，部分论者探讨了上海、天津、青岛、杭

---

① 魏文享：《工商团体与南京国民政府时期之营业税包征制》，《近代史研究》2007 年第 6 期；《国家税政的民间参与——近代中国所得税开征进程中的官民交涉》，《近代史研究》2015 年第 2 期。
② 魏文享：《沦陷时期的天津商会与税收征稽——以所得税、营业税为例》，《安徽史学》2016 年第 4 期；《抗诉与协征之间：近代天津商人团体与所得税稽征》，《中国经济史研究》2017 年第 4 期。
③ 陈永忠：《民国时期商会的抗税斗争——以厦门商会为中心（1927—1937）》，《社会科学家》2013 年第 3 期。
④ 李金铮、吴志国：《清末官方与民间社会互动之一瞥——以 1908—1911 年天津商会反对印花税为中心》，《江海学刊》2006 年第 6 期；马涛、迟慧：《民国初年天津商会反对印花税之研究》，《兰台世界》2014 年第 7 期。
⑤ 邱澎生：《由代收捐税看清末苏州商会的"代表性"问题》，《四川大学学报》（哲学社会科学版）2014 年第 1 期。
⑥ 朱英、夏巨富：《广州市商会与 1937 年营业税风潮》，《河北学刊》2015 年第 6 期。

州等地商会的慈善活动。① 曾桂林探讨了苏州商会参与慈善事业的举措，他认为，清末及民国前期，苏州商会在义与利的角逐中尝试达到某种均衡与协调，既承担起一定的社会责任，也改善了商业的经营环境，实现了义利关系的最佳化。② 部分研究还探讨了近代商会在商业教育和实业教育方面的举措。③ 还有相关研究对商会组织、参加国内外博览会与国货展览会作了深入的探究。④ 此外，商会在对外交往中的策略与外交活动也是部分论者关注的一个焦点。许冠亭以上海总商会为例，探讨了商会在国民外交活动中的策略；贾中福考察了1905—1927年中美商人社团参与的国民外交活动；水海刚以厦门商会为例，考察了厦门商会与海外华商总会之间的联系与影响。⑤

① 任云兰：《论华北灾荒期间天津商会的赈灾活动（1903—1936）——兼论近代慈善救济事业中国家与社会的关系》，《史学月刊》2006年第4期；许冠亭：《20世纪30年代上海市商会的慈善救济活动》，《苏州大学学报》2008年第4期；许冠亭：《论商会的互益性质及其对公益慈善事业的参与》，《南京邮电大学学报》（社会科学版）2008年第2期；王春霞、刘惠新：《近代浙南与慈善公益事业研究1840—1938》，中国社会科学出版社，2009；李烈、蔡勤禹：《试论近代青岛商会及其慈善活动》，《青岛行政学院学报》2009年第12期；张佳佳：《近代商会与天津慈善救济事业》，《湖北经济学院学报》（人文社会科学版）2012年第6期；黄彩霞：《从杭州商会的公益善举看社会的变迁——兼与在杭徽商商会馆比较》，《安徽师范大学学报》（人文社会科学版）2012年第5期；张学军等：《清末民初直隶商会的乡村赈灾活动述略（1903—1928）》，《河北大学学报》（哲学社会科学版）2014年第6期。

② 曾桂林：《义利之间：苏州商会与慈善公益事业（1905—1930）》，《南京社会科学》2014年第6期。

③ 李忠：《近代中国商会谋求实业与教育互动的原因分析》，《河北师范大学学报》（教育科学版）2007年第6期；常国良：《近代上海商业教育研究》，黑龙江大学出版社，2008；杨艳萍：《近代中国商学兴起研究》，经济科学出版社，2012；张学军、孙炳芳：《商会与近代中国教育的实业转向——以清末民初直隶商会的实业教育活动为探讨中心》，《河北学刊》2015年第6期。

④ 付海晏：《无锡商会与1935年国货流动展览会纠纷调处之争》，《近代史学刊》第4辑，华中师范大学出版社，2007；虞和平、洪振强：《商人与1928年中华国货展览会》，《华中师范大学学报》（人文社科版）2008年第6期；朱英：《商会、博览会与近代中国社会变迁》，《华中师范大学学报》（人文社科版）2008年第6期；乔兆红：《上海商会与中国近代博览会事业》，《史林》2010年第2期；马敏、付海晏：《晚清商会与近代博览会》，《华中师范大学学报》（人文社科版）2015年第3期。

⑤ 许冠亭：《商会在官、民、洋三元互动中的角色和作用——以1905年中美工约交涉及抵制美货运动为例》，《史学月刊》2007年第12期；《论中国商会在20世纪早期的国民外交活动》，《南京社会科学》2009年第12期；《五卅运动期间上海总商会的外交策略》，《史林》2012年第6期。贾中福：《1905年至1927年中美商人社团与国民外交的考察》，《湖北行政学院学报》2007年第3期。水海刚：《中国近代商会的海外联系及其影响——以厦门商会为例》，《历史教学问题》2010年第3期。

随着史料的不断发掘、整理和研究视角的拓展，商会史研究的多元化、立体化倾向还一直会得到延续。当然，上述成就的取得不仅依靠新史料的发掘和研究主题的拓展，还归功于研究方法和理论运用的不断创新。新的研究范式也不断地被提出来，研究者不断突破既定研究的惯性思维，从革命史范式下的阶级分析方法，以及结构功能理论、现代化理论、市民社会理论、网络结构理论、经济学的中介与交易成本理论和利益团体理论等路径入手，来诠释近代中国社会变迁过程中的商会的一些具体活动，从而促使商会研究不断推向新的高潮，也推动着史学研究不断进步与创新。在研究范式的转化和创新上，学界也曾作过探讨，为商会史研究"本土化"路径的开拓提供了借鉴。① 由于一些主要理论均来源于西方，其于中国本土情景的适用性需要经过严格的考察，诚如章开沅先生所说："在中国商会史研究中借用西方的理论或方法无可厚非，但首先应该对照本土情景，对其作适当的调适，使之适合中国自身的历史实际，而不能全盘照搬，更不能挖空心思地寻找中国的史实去印证某个西方的理论。"② 基于此，一些学者已开始主张从中国社会内部自身的发展入手来建立研究模式。马敏提出"总体史"的新史学，作为商会史研究的方向。作为新史学研究范式的"总体史"，主张对历史进行"全景式"和"全幅式"的把握，但并不排斥微观的、具体的研究，"将宏观历史研究和微观历史研究、长时段研究和短时段研究有机地结合在一起，从而形成一种新的史学风格"③。总的看来，无论是借鉴外域的理论范式，还是创建本土的话语体系，商会史研究还留有很多进一步拓展的空间。

（二） 由"个案"到"区域"研究的探索

近代以来，随着中国经济布局发生巨大的变化，区域经济中心发生转移，近代经济区形成，区域经济差距明显发生改变，由此，近代经济地理

---

① 马敏：《商会史研究与新史学的范式转换》，《华中师范大学学报》（人文社会科学版）2003 年第 5 期；王永进：《商会研究范式的回顾与反思》，《兰州学刊》2006 年第 11 期。

② 郑成林：《商会与近现代中国国际学术研讨会》，《历史研究》2004 年第 6 期。

③ 马敏：《商会史研究与新史学的范式转换》，《华中师范大学学报》（人文社会科学版）2003 年第 5 期。

格局最终形成。① 在此大趋势下，近代的商业贸易格局也呈现出明显的地域差异，商人和商人组织的嬗变也因而呈现出显著的区域差异。近十年以来，商会史研究空间在地域拓展上有了显著的突破。中国内地中小城市及基层市镇的商会开始受到关注，并渐次有了较多的成果。当然，以往多数的研究成果只是以个案的方式来呈现，如何实现真正意义上的区域商会史研究也是值得思索的问题。按形成特点，中国经济地理格局分为东北、华北、华中、华东、华南、西北、西南七大区，以下分别对各区域商会的研究概况作初步梳理，以便能够让我们从区域经济地理的视角去认识中国近代商会的演进历程。

1. 东北地区

对东北地区商会的研究起步较晚，主要集中于对奉天商会的探讨，但也有论者初步对东北商会作了整体的探究。单美丽对"九一八"事变前的东北商会作了初步考察，董瑞军对日寇入侵以前的东北商会的结构和运行、与政府的互动、对民间的助益等方面作了深入的阐述。② 此外，对清末民初的营口商会、奉天商会、哈尔滨商会和日据时期的大连商会也有一定程度的研究。③ 综观之，东北地区商会的研究主要立足于1931年"九一八"事变前，对伪政权时期商会的研究还较为薄弱，也并未结合地域特点进行探讨。

2. 华北地区

天津作为国内商会史研究较早的重镇之一，《天津商会档案汇编》的出版将天津商会的研究推向了一个新的高潮，现已有一批显著的成果

---

① 吴松弟：《中国近代经济地理格局形成的机制与表现》，《史学月刊》2009 年第 8 期；吴松弟、方书生：《起源与趋向：中国近代经济地理研究论略》，《天津社会科学》2011 年第 1 期。相关研究的具体论述可参见吴松弟总主编的《中国近代经济地理》九卷本（第一卷为绪论和全国概况，其余 8 卷为分区域论述），华东师范大学出版社，2015。

② 单美丽：《近代东北商会研究（1906—1931）》，硕士学位论文，辽宁大学，2009；董瑞军：《近代东北商会研究（1903—1931）》，博士学位论文，吉林大学，2013。

③ 陈哲：《清末民初营口商会活动的历史透视》，硕士学位论文，辽宁大学，2018；于季红：《奉天商会研究》，硕士学位论文，辽宁大学，2009；刘娇：《日据时期大连地区的商会研究》，硕士学位论文，辽宁师范大学，2011；孟慧敏：《民初奉天商事公断处研究》，硕士学位论文，辽宁大学，2012；李兴龙：《民国前期哈尔滨商会初探（1912—1931）》，硕士学位论文，哈尔滨师范大学，2013；王承霞：《伪满时期奉天商会研究》，硕士学位论文，辽宁大学，2015。

呈现。① 围绕近代商会组织的发展与演变，商会与商事纠纷理断，商会与国家政权、商会与近代城市发展、商会与近代市场的发育和调控、商会与慈善等议题也有专题的微观研究。② 此外，台湾的郭耀力从"商战"的视角出发，将津、沪两地商会相结合进行了探讨，这对天津商会的研究具有一定的启发意义。③ 从现有研究进展来看，对天津商会的研究应当是走在商会史研究的最前列的，对诸多问题的探讨也是属于"开山"之作。

随着《保定商会档案》的整理、出版，学界对保定商会的研究逐渐兴起。有关论著既有对不同时期的保定商会进行阶段性的研究，也有对保定商会具体问题的研究，对保定商会的研究和认知也趋于成熟。④ 马丽霞对清末民初直隶商会与区域社会变迁作了初步探讨，张学军、孙炳芳等从社

---

① 较有代表性的成果有：宋美云《近代天津商会》，天津社会科学院出版社，2002；庞玉洁《开埠通商与近代天津商人》，天津古籍出版社，2004；应莉雅《天津商会组织网络研究（1903—1928）》，厦门大学出版社，2006。

② 赵洪宝：《1903—1928 年天津商会研究》，博士学位论文，南京大学，1995；曹莉萍：《清末民初天津商会与津直社会变迁》，博士学位论文，南开大学，2004；刘红娟：《市场经济体系下近代天津商会组织和职能研究》，博士学位论文，南开大学，2006；赵珊：《清末民国天津商会商事纠纷理断型式研究》，硕士学位论文，天津商业大学，2018；魏国栋：《天津商会与北洋政府对日交涉山东、旅大》，硕士学位论文，河北大学，2005；陈峰：《七七事变前走私与反走私中的天津商会》，硕士学位论文，河北大学，2017；吴志国：《清末至民国前期商会与官府的互动关系——以 1908—1928 年天津的印花税征收为中心》，硕士学位论文，河北大学，2006；宋瑞琴：《天津商会与清末民初天津城市社会生活》，硕士学位论文，河北师范大学，2006；陈雪芳：《沦陷时期的天津商会》，硕士学位论文，华中师范大学，2009；翟志鹏：《天津商会与天津交通运输业的近代化》，硕士学位论文，天津师范大学，2009；迟慧：《民国前期天津商会与北京政府税收政策的抗争》，硕士学位论文，天津师范大学，2011；陈楠：《民国时期天津商会的慈善救济活动研究》，硕士学位论文，吉首大学，2015。

③ 郭耀力：《商战与大同在进步的时代——清末民初沪、津的商会（1904—1927）》，博士学位论文，台湾大学，2004。

④ 葛宝森：《保定商会研究（1907—1945）》，博士学位论文，河北大学，2011；史佳：《1907—1927 年保定商会研究》，硕士学位论文，河北大学，2009；左海军：《沦陷时期保定商会研究》，硕士学位论文，河北大学，2011；王宏杰：《保定商会中"外地人"若干问题研究》，硕士学位论文，河北大学，2012；郝娇娇：《1945—1949 年保定商会研究》，硕士学位论文，河北师范大学，2012；尹晓敏：《保定商会与近代保定城市社会变迁（1907—1928）》，硕士学位论文，郑州大学，2014；黄韬：《保定商会与保定区域市场研究（1907—1927）》，硕士学位论文，河北大学，2019。

会变迁和乡村经济的角度深入探讨了直隶商会的发展与演变。① 顾琳、李小东初步研究了直隶高阳商会,从多角度探讨了高阳商会对高阳地方社会经济起到的推动作用,特别是对其织布业的发展作了深入的论析。② 此外,对北京商会和绥远商会也有初步的研究。③

对近代济南、青岛商会的发展历程也有初步的研究成果涌现。④ 叶汉明以山东潍县商会为例,阐述了地方商人力量的兴衰和演变轨迹,并对商会的领导层进行了深入的论析。⑤ 马德坤对济南同业公会进行了较为全面、细致的论析。⑥ 此外,行龙、韩晓莉、张正明、张玉莲对山西商会的研究也取得了初步的成果。⑦

3. 华中地区

对华中地区的研究主要集中于汉口商会和南昌商会。郑成林、张启

---

① 马丽霞:《清末民初直隶商会与社会变迁》,硕士学位论文,河北师范大学,1999;张学军、孙炳芳、王甲成:《直隶商会与直隶社会变迁》,西南交通大学出版社,2002;张学军、孙炳芳:《直隶商会与乡村社会经济(1903—1937)》,人民出版社,2010。

② 〔日〕顾琳:《中国的经济革命:二十世纪的乡村工业》,王玉茹等译,江苏人民出版社,2009;李小东:《高阳商会与近代高阳织布业研究(1906—1937)》,硕士学位论文,华中师范大学,2013。

③ 白玉:《北京商会研究(1903—1919)》,硕士学位论文,北京师范大学,2008;郭妍:《沦陷时期北京商会和日伪政权关系简论》,硕士学位论义,中国社科院,2017;放凯:《京师总商会研究(1906—1928)》,硕士学位论文,首都师范大学,2011;李安琪:《民国时期绥远地区商会研究》,硕士学位论文,内蒙古师范大学,2010;孙向群:《论旅京鲁商在近代北京商会中的地位》,《北京社会科学》2010年第3期;郭娟娟、张玮:《旅蒙晋商与内蒙古城市近代商会职能转变——以民国时期归绥、包头为中心的考察》,《民国档案》2015年第1期。

④ 杜晓亮:《济南商埠研究(1911—1928)——以商埠商会为例》,硕士学位论文,山东师范大学,2007;王婷:《中间团体与近代地方自治研究(1900—1928)——以济南商会为例》,硕士学位论文,山东师范大学,2012;盛雷:《"二衙门"的最后时光:1945—1949年的青岛市商会研究》,硕士学位论文,华中师范大学,2009;金婷:《北洋政府时期的青岛市商会研究(1922—1929)》,硕士学位论文,中国海洋大学,2013;张树枫:《近代青岛的三大会馆与青岛商会》,载李长莉、左玉河主编《近代中国的城市·乡村·民间文化》,社会科学文献出版社,2006。

⑤ 叶汉明:《商会与民国时期的地方领袖:山东潍县的例子》,"第三届中国商业史国际学术研讨会"会议论文,香港,2000。

⑥ 马德坤:《民国时期济南同业公会研究》,人民出版社,2014。

⑦ 行龙:《山西商会与地方社会》,《华中师范大学学报》(人文社会科学版)2005年第5期;韩晓莉:《新旧之间:清末民初的山西商会与行会》,《山西大学学报》(哲学社会科学版)2005年第1期;张正明:《晋商会馆、公所与近代山西商会》,《晋阳学刊》2005年第3期;张玉莲:《沦陷时期山西忻县商会研究(1937—1945)》,博士学位论文,厦门大学,2010。

社、傅威、邓晶、李银丽、杨宁从不同阶段和各自的问题意识出发，对汉口商会的发展历程进行了深入探讨。[①] 刘杰着重探讨了汉口商会关于地方社会经济治理和区域市场治理的举措和效应。[②] 此外，就湖北其他地方商会的研究情况而言，陈竹君对武汉商会进行了简要论述，徐凯希对沙市商会也作了初步探讨，罗萍对清末民初宜昌商会也有相关的研究，向洁着重探讨了抗战胜利后恩施商会的生存样态问题。[③] 张芳霖以清末民国南昌商人和商会组织为视角，从市场环境和制度变迁的历史维度出发，探讨了南昌商人及商会组织的时代特征与演变趋势，进而揭示了中国近代市场环境与制度变迁的内在机制。此外，李平亮、陈晓鸣也在相关层面对南昌商会有一定的探讨。[④] 近年来，随着江西各地方商会档案文献的发掘，县镇商会的研究有了逐步的进展。[⑤] 此外，还有研究关注到了湖南衡阳商会和岳

① 郑成林：国家社会科学基金项目"近代汉口商会研究"（09BZS022）相关成果；张启社：《民国时期的汉口商人与商人资本（1912—1936）》，博士学位论文，华中师范大学，2009；傅威：《晚清汉口地方社会中的商人和商人组织》，硕士学位论文，武汉大学，2009；邓晶：《近代汉口总商会研究（1916—1931）》，硕士学位论文，华中师范大学，2012；李银丽：《浅论沦陷时期的汉口市商会》，硕士学位论文，华中师范大学，2008；杨宁：《20世纪30年代汉口商会特点论析》，《华中科技大学学报》（社会科学版）2004年第1期。

② 刘杰：《近代汉口商会与汉口地方经济社会治理》，《学习与实践》2018年第8期；《商人组织与地方市场秩序——抗战前汉口商会与区域市场的治理》，《湖北大学学报》（哲社版）2019年第1期。

③ 陈竹君：《近代武汉商会的兴起与发展述略》，《文史博览》（理论）2013年第3期。徐凯希：《略论近代荆州商人团体的发展和演变》，《荆州师范学院学报》2003年第4期。罗萍：《宜昌商会与辛亥革命在宜昌的"有序失败"》，《兰州学刊》2009年第1期；《宜昌商会的"柔性社会权力"与辛亥宜昌"有序革命"》，《社会科学辑刊》2009年第2期；《近代宜昌商会的建立及其特点》，《湖北社会科学》2009年第1期；《浅析清末民初宜昌商会与政权集团的合作关系——以国家—社会关系为视角》，《三峡大学学报》（人文社会科学版）2012年第3期。向洁：《抗战胜利后的恩施商会研究（1945—1949）》，硕士学位论文，华中师范大学，2018。

④ 张芳霖：《市场环境与制度变迁——以清末至民国南昌商人与商会组织为视角》，人民出版社，2013；李平亮：《晚清至民国时期南昌的地方精英与社会权势转移》，博士后研究工作报告，中山大学，2006；陈晓鸣：《中心与边缘：九江近代转型的双重变奏（1858—1938）》，博士学位论文，上海师范大学，2004。

⑤ 梁洪生：《吴城商镇及其早期商会》，《中国经济史研究》1995年第1期；付火水：《景德镇商会早期活动述略》，《沧桑》2009年第5期；倪骏：《近代江西商会组织的演变与转型》，硕士学位论文，江西师范大学，2016；董树瑞：《民国时期唐江商会档案整理与研究》，硕士学位论文，江西师范大学，2016；刘峥：《民国后期樟树镇商会研究（1941—1949）》，硕士学位论文，江西师范大学，2016；曾忠轩：《抗战前后吉安县商会档案整理与研究》，硕士学位论文，江西师范大学，2017。

阳商会。①

4. 华东地区

　　学界对上海商会的研究总体上呈现出较为成熟的发展态势，对其研究也不断向纵深方向拓展。② 从诸多的研究成果可以看出，对上海商会的探讨主要集中于清末民初和国共内战时期两个阶段，对南京国民政府前期和沦陷时期的论述还较为少见，但对相关问题的探讨是较为深入的，对上海商会的认识也相对具有普遍性，是中国近代内地商会的"样板"。除个案探讨外，有部分论者还从商人自身角度出发，针对上海商业联合总会和中日战争时期商人与统制经济的关系阐述了商会的应对态度与举措。③

　　对江浙地区而言，商会史研究取得了初步的成果，还有较为充分的研究空间可以拓展。目前，学界主要对苏州商会进行了较有深度的研究。④ 对苏州商会的探究在中国商会史的研究进程中应该是启动最早、最具有开创性的个案之一，在历史学家章开沅教授的倡导下，华中师范大学从对苏州商会档案的整理着手，开展了一系列卓有成效的研究，在学界产生了广

① 吴小珍：《近代衡阳商会研究》，硕士学位论文，中南大学，2008；余洋：《1946—1949年岳阳县商会研究》，硕士学位论文，湘潭大学，2018。

② 徐鼎新、钱小明：《上海总商会史（1902—1929）》，上海社会科学院出版社，1991；张恒忠：《上海总商会研究：1902—1929》，知书房出版社，1996；李达嘉：《商人与政治——以上海为中心的探讨（1895—1914）》，博士学位论文，台湾大学，1994；孙爱民：《近代上海商总联会研究》，硕士学位论文，上海师范大学，2004；王志华：《民国初年商会商事公断研究——以上海总商会商事公断处为例》，硕士学位论文，复旦大学，2005；李勇军：《南京国民政府后期上海市商会研究（1945—1949）》，博士学位论文，华中师范大学，2007；王兰波：《上海总商会与辛亥革命》，硕士学位论文，湖南师范大学，2009；黎秀芳：《南京国民政府时期上海商会与国货运动研究（1928—1937）》，硕士学位论文，华中师范大学，2011。此外，朱英教授从不同角度对上海总商会和上海市商会的相关问题进行了较为深入的探讨，在此不作赘述。

③ 王永进：《变局中的商人抉择——上海商业联合会研究》，博士学位论文，复旦大学，2007；王春英：《"统制"与"合作"：中日战争时期的上海商人（1937—1945）》，博士学位论文，复旦大学，2009。

④ 马敏、朱英：《传统与近代的二重变奏——晚清苏州商会个案研究》，巴蜀书社，1993；屠雪华：《1905—1928年苏州商会研究》，博士学位论文，南京大学，1996；马敏、朱英：《辛亥革命时期苏州商会研究》，华中师范大学出版社，2011；王仲：《民国苏州商会研究（1927—1937）》，上海人民出版社，2015；聂良亭：《历史剧变下的苏州商会的抉择（1945—1954）》，硕士学位论文，华中师范大学，2011；乔洁：《浅论沦陷时期的苏州商会研究》，硕士学位论文，苏州科技大学，2017；薛丽花：《清末民初苏州商会与地方教育的现代化》，硕士学位论文，苏州大学，2017；邱澎生：《商人团体与社会变迁——清代苏州的会馆公所与商会》，博士学位论文，台湾大学，1995。

泛的影响。

此外，袁晓霞对苏中地区近代商会产生及发展的历程作了整体的论析。① 对江、浙、皖重要城市的商会组织的研究也有显著的成效，无论是资料整理还是个案研究，都还有较大的挖掘空间。尤其是近年来对绍兴商会资料的整理和挖掘，推进了地方商会研究向深度和广度延展，产生了一批重要的成果。② 另外，对杭州商会③、宁波总商会④、无锡商会⑤、永嘉商会、湖州南浔镇商会、柯桥镇商会、武进县商会、丹阳商会和安徽商会⑥也有初步的研究。从中也可以窥见，对江、浙、皖地区县镇基层商会的研究呈现新兴的态势，而且可以将立足于该地域独特的社会经济生态作为一个整体来作探讨，这对推动"小区域"商会史的研究会有所助益。

5. 华南地区

近代以来，商会成为华南地区推动社会变革的重要力量，也成为地域社团网络的中心。从研究地域来看，主要集中于对广州商会、汕头商会和厦门商会的探讨。

① 袁晓霞：《近代苏中地区商会研究》，硕士学位论文，扬州大学，2005。

② 汪林茂：《当地报刊中的绍兴商会史料》，上海古籍出版社，2019；李建华：《民国绍兴县商会公益事业研究》，硕士学位论文，浙江大学，2009；彭雅琴：《协作与抗争——地方税捐事务中的绍兴县商会与政府（1945—1949）》，硕士学位论文，浙江大学，2013；刘伟彦：《绍兴县商会自治权研究（1945—1949）——以稳定物价为中心》，硕士学位论文，浙江大学，2014；张慧：《法币改革中的绍兴县商会研究》，硕士学位论文，杭州师范大学，2018。

③ 冯筱才：《在商言商：政治变局中的江浙商人》，上海社会科学院出版社，2004；赵婧：《杭州市商会研究（1945—1949）》，硕士学位论文，杭州师范大学，2013；潘标：《民国杭州商业与商人研究》，博士学位论文，华中师范大学，2014。

④ 胡新建：《宁波商会组织发展变迁史研究》，浙江大学出版社，2016；马玉婵：《宁波总商会研究——以20世纪20年代为中心的考察》，硕士学位论文，宁波大学，2018。

⑤ 汤可可主编《无锡商会史（1905—2015）》，中华工商联合出版社，2017；付海晏：《无锡商会与1935年国货流动展览会纠纷之调处》，《近代史学刊》2007年第00期；付海晏：《无锡商会与1929年国民救国会被捣风潮》，《华中师范大学学报》（人文社会科学版）2006年第5期。

⑥ 曹一宁：《永嘉县商会述论》，硕士学位论文，浙江大学，2007；潘中祥：《近代江南市镇权力中心的演变——以湖州南浔镇为例》，硕士学位论文，上海师范大学，2011；李明东：《沦陷时期武进县商会研究》，硕士学位论文，杭州师范大学，2016；陈杰：《柯桥镇商会与地方社会（1931—1937）》，硕士学位论文，杭州师范大学，2017；谢磊：《战后丹阳县商会研究》，硕士学位论文，苏州科技大学，2017；胡锋：《近代安徽商会研究（1905—1938）》，硕士学位论文，安徽大学，2017。

对于广州商人与商人组织的研究，在十年之前，邱捷、张晓辉、敖光旭等人就有不同角度的深入探讨，此处不作详述。近年来，部分较为年轻的论者从不同层面和不同阶段对广州商会进行了专门的探讨分析，[①]这类研究主要从相关重大事件和经济社会事务来探讨商会组织的活动面相，对相关问题的探讨较为深入。胡其瑞从"商人与政治"的角度探讨了广州商会的政治参与问题。[②]

黄挺、陈景熙、陈海忠等从金融货币史的角度对汕头商会进行了研究。朱庆借鉴网络理论对汕头商会与潮汕网络进行了个案研究，他指出，汕头商会构建起既跨界又跨域的组织网络，并凭借其组织及人际网络维系并拓展潮商的商业贸易网。[③]

此外，对厦门商会、香山县商会和曲江商会也有一定层面的研究，如麻健敏、邹明贵对近代福州商会也作了较为全面的探讨。[④]当然，从现有研究来看，对华南地区商会的探讨，最突出的一点就是本地商会在对外贸易网络中扮演重要的角色，商会的对外联系与活动比其他区域更频繁，本

① 杨茂玲：《战后广州市商会研究（1946—1949）》，硕士学位论文，暨南大学，2006；马木池：《国民政府控制下商人的分化与冲突——1924—1934 年间广州商会整合之背后》，博士学位论文，中山大学，2007；刘楠楠：《"宁粤对峙"时期的广州市商会——以二次广州国民政府和两广事变为例的考察》，硕士学位论文，暨南大学，2008；赵莎：《省港大罢工时期的广州市商会》，硕士学位论文，暨南大学，2008；罗攀：《抵制日货运动中的广州商会——以济南惨案后的反日运动为例》，硕士学位论文，暨南大学，2010；高巧：《广州市商会在经济领域的举措研究（1930—1937）》，博士学位论文，南开大学，2013；夏巨富：《近代广州商人团体组织变迁研究（1903—1949）》，博士学位论文，华中师范大学，2017。另外，有论者专门对广州同业公会作了初步研究，参见曾洁莹《1929—1938 年广州同业公会研究》，硕士学位论文，中山大学，2006。

② 胡其瑞：《近代广州商人与政治（1905—1926）》，硕士学位论文，台湾政治大学，2002。

③ 黄挺：《1933—1934 年金融危机中的汕头商会》，《汕头大学学报》（人文社会科学版）2002 年第 3 期；陈景熙：《官方、商会、金融行会与地方货币控制权——以 1925 年"废两改元"前后的汕头为例》，硕士学位论文，汕头大学，2002；陈海忠：《近代商会与地方金融——以汕头为中心的研究》，广东人民出版社，2011；朱庆：《论汕头商会对潮汕网络的影响（1904—1949）》，硕士学位论文，华中师范大学，2014。

④ 水海刚：《厦门商会与政府关系探析（1928—1949）》，硕士学位论文，厦门大学，2003；周子峰：《近代厦门城市发展研究（1900—1937）》第五章"商人与厦门社会：以厦门商会为个案考察"，厦门大学出版社，2005；陈波：《清末民初香山县商会研究》，硕士学位论文，中山大学，2010；董秋娉：《官商互动与地方权势：1945 年至 1949 年的曲江县商会》，硕士学位论文，中山大学，2008；麻健敏：《福州商会史》，福建人民出版社，2016；邹明贵：《近代福州商会研究》，硕士学位论文，福建师范大学，2008。

地商会与海外华商会、华侨华人的研究相互融合，彰显出鲜明的地域经济特点。

6. 西北地区

目前，对西北地区商会的研究是最为薄弱的，学界仅对陕西商会和新疆商会有过初步探讨，还未见有力作出现。张爱娇对近代陕西商会的产生及演变过程进行了全面考察，她认为，近代陕西商会是陕西商业近代化的重要标志，是陕西近代经济社会发展的必然产物。李刚也认为，陕西商会的设立既是对会馆的继承，又具有超越会馆的时代新特征。[1] 有论者还初步考察了民国时期以咸阳为中心的陕西地区同业公会组织。[2]

甘、宁、青地区由于近代以来政治生态的特殊性，诸马军阀集团长期割据，导致该地区的贸易情形与内地有很大差异。目前对该地区的商会组织尚未有专门论述，但对该地区回族商人和特有的回族商会则有较为深入的探究。[3] 有论者专门对抗战时期陕甘宁边区商会的发展和贡献进行初步梳理，研究认为，作为新民主主义经济的重要组成部分，私营商业得到了中央的鼓励和支持，这极大地推动了陕甘宁边区商会的建立和发展，同时，商会为边区的建设和抗日战争的胜利也作出了重要贡献。[4]

夏晨茹通过对清末民国时期新疆商会的研究，认为新疆商会的公益活动是其各项活动的闪光点，新疆商会在特定的历史背景下，在某些领域开创了新疆民族工业的先河，在抗战期间高举爱国主义的旗帜，同时，它又是坚定的物价监管者，维持了地方金融秩序和市场物价的稳定。[5] 陈剑平探讨了商会对新疆工业的推进作用。[6]

7. 西南地区

目前，学界对于西南地区商人组织的研究还比较薄弱，较有深度的、

---

① 张爱娇：《近代陕西商会研究》，硕士学位论文，西北大学，2011；李刚：《明清时期陕西会馆和近代陕西商会的"市场化"基因》，《中国社会组织》2014年第2期。

② 雷蕾：《民国时期陕西同业公会研究（1927—1949）——以咸阳为中心的考察》，硕士学位论文，四川师范大学，2014。

③ 李晓英：《文化·网络与羊毛贸易：近代甘宁青回族商人（1894—1937年）》，博士学位论文，厦门大学，2007；王正儒：《民国时期西北回族商业研究：以甘宁青为中心》，博士学位论文，宁夏大学，2010。

④ 张光日：《抗战时期陕甘宁边区商会的发展和贡献》，《经营管理者》2015年第2期。

⑤ 夏晨茹：《清末民国时期新疆商会研究》，硕士学位论文，新疆大学，2007。

⑥ 陈剑平：《试述商会对民国新疆工业的推进作用》，《新疆地方志》2007年第2期。

系统的研究力作也很少见。以往对各地商人群体的发展状况与商人资本的运作、各地近代市场和商业贸易格局的发展、商人与民族商品经济的互动发展等问题有专门的探讨，这些研究为近代商人组织的研究奠定了重要基础，也隐含了开展商人组织研究的新思路。当然，多数研究还停留于经济领域的相关描述和考察，较少有人作具体、深入的全面研究。近年来，有论者也提出一些思考，从历史人类学的研究路径出发，对于探索西南民族地区商会的研究范式与思路也有很大的启发。[①] 有论者从区域的整体视角出发，探讨了"二战"前期西南地区商会在解决中国与法属越南间过境纠纷中的举措和作用，突出了西南地区商会在国际事务中捍卫国家、民族、自身权利的路径和作用。[②] 爬梳西南地区近代商人组织的演变历程，厘清这些商人和商人组织与近代西南地方社会间的多面相关系，也为探讨近代中国西南地区社会发展的历史提供了一个独特的视角。

对四川地区近代商人组织的研究，主要集中于对成都商人组织的研究上。隗瀛涛主编的《辛亥革命与四川社会》中，由王笛撰写的第四章专题讨论了清末四川工商组织的变化，内容包括行会和行帮、商行、商会的设立、商会的政治经济倾向及活动等方面，论证的史料大多以重庆为主，其中涉及成都市商务总会的成立经过，这也是较早的对商人组织进行研究的成果。[③] 此后，王笛在对长江上游区域社会进行研究时，专章探讨了该区域的商会组织；[④] 还在论述政府设立商会的动机及其主导作用时，对成都商务总会进行了个案例证。[⑤] 何一民在研究成都现代化问题的专著中，专章论述了成都的"商业组织与制度"。[⑥] 后两本专著较隗书虽然内容有所增加，涉及成都商会较多一些，但仍只局限于清末时期，基本内容无大的变动，主要论述了清末成都工商业的发展状况、成都商务总会成立的过程及章程规定，缺乏对商会及行会组织的深入探析。孙利霞对成都商会作了整

①　张原：《历史人类学与西南民族地区商会史研究范式的构建》，《中央民族大学学报》（哲学社会科学版）2015 年第 2 期。
②　王建：《"二战"前期西南地区商会与中国在法属越南过境权》，《贵州社会科学》2018 年第 11 期。
③　隗瀛涛主编《辛亥革命与四川社会》，成都出版社，1991。
④　王笛：《跨出封闭的世界——长江上游区域社会研究（1644—1911）》，中华书局，2001。
⑤　王笛：《试论清末商会的设立与官商关系》，《史学月刊》1987 年第 4 期。
⑥　何一民主编《变革与发展：中国内陆城市成都现代化研究》，四川大学出版社，2002。

体的探讨，她认为，成都商务总会不但成立比较早，而且在组织形式上颇有创新。成都商会的重要特点就是它长期处在地方实力派的统治范围之内，商会在中央与地方实力派的斗争中，作为地方上的重量级社会团体，处在一个微妙的位置上。① 对于成都工商同业公会，李柏槐作了系统全面的研究，成果具有一定的代表性。② 他认为，民国时期的成都工商同业公会是在"变"的过程中更多地保留了"不变"的层面，总体上讲没有发生"质变"的飞跃，可以说，实际上就是现代性制度外衣下的传统组织。但是，李的这一观点还需要进一步的深入论证。张可欣以成都市商民协会为个案，着重探讨了成都商人、商帮与地方社会之间的多维复杂关系，同时也对商民协会在总商会分立前后的多方面纠葛有深入的考察、探究，透视了商民运动在全国范围内呈现出的多样化形态。③

在对清末民初成都的工商同业组织的认识上，席萍安认为，清末民初的四川商会组织，对于近代四川民族工商业的初步发展起到了积极的促进作用。邓小林认为，清末四川商会组织和社会之间是一种互动关系。④ 对于军阀割据时期的商人组织，徐萍认为，20 世纪 30 年代初，军阀控制的地方政府对各地商会及各业公会进行改组，以达到控制、利用的目的，使商会和各业公会不能按照本身的意愿自由发展。到 30 年代后期，各业公会和商会逐渐被地方政府所控制。同时，混战也加深了各业公会与地方政府的矛盾。其文论述虽然较为粗浅，但也揭示出军阀割据政治格局下的商人

① 孙利霞：《成都市商会研究》，硕士学位论文，四川大学，2004。
② 李柏槐：《论清末民初成都工商同业组织》，《历史档案》2005 年第 1 期；《民国时期成都同业公会的行业管理》，《四川大学学报》（哲学社会科学版）2005 年第 2 期；《民国商会与同业公会关系探析——以 1929—1949 年的成都市为例》，《四川师范大学学报》（社科版）2005 年第 2 期；《现代性制度外衣下的传统组织——民国时期成都工商同业公会研究》，四川大学出版社，2006；李柏槐：《成都市工商同业公会的组织管理（1929—1949）》，《社会科学研究》2007 年第 1 期。
③ 张可欣：《商人、商帮与地方社会：成都市商民协会研究（1925—1931）》，硕士学位论文，华中师范大学，2018。
④ 席萍安：《清末四川商会与四川民族工商业》，《四川师范大学学报》（社科版）1999 年第 1 期；《商会与近代四川的民族资本》，《文史杂志》1999 年第 3 期。邓小林：《略论清末四川总商会的建立及其意义——兼与上海总商会作比较》，《涪陵师范学院学报》2004 年第 1 期。

组织生存的多重困境和曲折的发展轨迹。① 在对同业公会与城市政府关系方面的探讨上，李德英认为，民国时期成都同业公会具有两大特点：一是二元经济特色显著，二是对政府的依赖性。该文在观点的认识上已经触及了问题的实质，虽然对许多问题缺乏具体、深入的论证，论据也较为薄弱，但揭示出了同业公会的诸多面相，为其他区域的研究提供了相关借鉴。②

与其他地区相比较，贵州地区商会史研究极其薄弱。尽管部分成果涉及贵阳商会或遵义商会的相关论述，但大多过于简略。《贵州通史》第3卷仅对贵州早期会馆行会的形成、贵州商务总会的主要职能和职员的任免作了简要介绍，第4卷亦只列举出了抗战时期贵州同业公会的具体数字和名称。③ 张子正对遵义商会也作了简要的宏观论述，从遵义商会的沿革和认识演变、商会的政治活动和社会活动、商会以及下属各行业公会的组织情况等方面作了编年式的叙述。④ 此外，王羊勺对民国时期贵阳商会的发展、组织沿革以及商会对下属同业公会的监管作了较为详细的介绍。⑤ 对于抗战时期贵阳商会的探究，周石峰认为，抗战时期的贵阳商会呈现出貌似相悖的双重面相。"国权"与"商利"的双重考量，是近代民族主义运动中的中国商会的历史实态。⑥ 蒋婵和王建对贵州商会作了专门探究。蒋婵认为，贵阳商会对商人阶层政治诉求与经济意愿进行了有效和顺畅的表达，对政府制定政策产生了重大的推动作用。贵阳商会在1937—1949年这一关乎民族存亡与国家兴衰的特定历史阶段，显得尤为突出。她还对贵阳商会的改造进行了初步的探讨。⑦ 王建从宏观方面出发，探讨了民国贵州商会的发展和完善及运行、功能、在地方社会中的作用、对贵州经济建设的贡献等。他认为，民国贵州商会是现代经济组织。自愿入会、民主选举

① 徐萍：《试论军阀混战对工商同业公会的影响——以20世纪30年代的四川为例》，《科技信息》2011年第12期。

② 李德英：《同业公会与城市政府关系初探——以民国时期成都为例》，《四川师范大学学报》（社科版）2005年第2期。

③ 本书编委会编《贵州通史》（第三、四卷），当代中国出版社，2002。

④ 张子正：《遵义商会述略》，《贵州文史丛刊》1987年第2期。

⑤ 王羊勺：《民国贵阳商会沿革与同业公会之组织》，《贵州文史丛刊》1998年第1期。

⑥ 周石峰：《国权与商利：抗战时期贵阳商会初探》，《浙江万里学院学报》2007年第6期。

⑦ 蒋婵：《义利纠葛——贵阳商会研究（1937—1949）》，硕士学位论文，贵州师范大学，2009；《商会"改造"与商人"新生"——以贵阳市工商联为例（1949—1956）》，《经济研究导刊》2008年第15期。

制及任期制、会议制及集体决策制是它的现代性特征。在贵州商会成立后，贵州近代企业得到全面发展。商会领导人成为贵州近代企业的奠基人。[1] 程鹏飞认为，贵州商会是贵州商人作为一个社会主流阶层存在的标志，它有力地推动了经济活动中的市民化进程。[2] 郑猛运用比较的方法，对比分析了上海和贵阳两地商会在抗争活动中发挥的积极作用。他认为，贵阳等内地的商会由于自身力量很弱，容易受政府的控制，对抗的时候不多，但也有一定的斗争。贵阳商会开展的一系列抗争活动还是激发了商人和民众的爱国热情，支援了沿海、沿江通商口岸商会的抗争活动，有一定的积极意义。[3]

对广西商会整体性的研究而言，蒋霞的成果较有代表性。蒋霞认为，近代广西商会发挥了"言商""联商""护商"的积极作用，也促进了省域经济的发展。虽然广西商会的作用和影响明显落后于中东部省区，但它的创建亦是近代社会进步的标志之一。当然，在 20 世纪三四十年代的广西，新桂系为了加强控制地方经济，对广西工商企业及团体实施严格监控，一定程度上钳制了商会的自由发展。[4] 陈炜、杨辉对近代广西城镇商会的网络结构也进行了一系列较有深度的研究。他们认为，近代广西的城镇商务总会与商务分会之间形成了一种纵向垂直的组织网络，因而商会势力有效地延伸到区、乡的广阔区域，密切了城乡之间的联系。[5] 廖建夏也对广西商会作了一些初步的探讨，她认为，梧州商会推动了传统市场向近代市场的转变，从一定程度上推动了城市近代化发展。她也关注到了新桂系与广西商会的复杂关系，她认为，新桂系不可能对商会组织视而不见或完全取消其生存，而是采取扶持与限制的办法，双方之间形成一种协调互补的互动关系。[6] 对于抗日战争时期广西商会的发展情况，刘菊香认为，广西商

① 王建：《民国贵州商会初步研究》，硕士学位论文，云南大学，2009。
② 程鹏飞：《十九世纪末二十世纪初贵州商人阶层的崛起》，《贵州文史丛刊》2007 年第 3 期。
③ 郑猛：《简论清末民初中国商会的抗争活动——以上海和贵阳两地为例》，《重庆三峡学院学报》2013 年第 5 期。
④ 蒋霞：《近代广西商会述论》，硕士学位论文，广西师范大学，2000。
⑤ 陈炜、杨辉：《近代广西城镇的商人组织及其网络结构——近代广西商人组织系列研究之一》，《柳州师专学报》2008 年第 1 期。
⑥ 廖建夏：《商会与近代梧州市场发育》，《经济与社会发展》2004 年第 11 期；廖建夏：《新桂系与广西商会述论》，《经济与社会发展》2006 年第 6 期。

会在抗日战争中，在鼓励商人投资、协助政府推行政令、开展献金活动、外争国权、兴学育才等方面都作出了较大的贡献。正因如此，商会才获得政府较有力的政治和法律保障。[①] 从西南边疆城市史研究的路径出发，侯宣杰考察了近代广西民间商业团体的嬗变轨迹，他认为，近代广西商会具有较大的包容性、规范性，清末以来广泛建立的商会在更高程度上促进了广西城镇经济与社会的整合。同时，广西商会治理对促进省域经济的有序化发展具有重大作用。[②] 侯宣杰对广西工商同业公会有专门的研究，他认为，工商业者通过同业公会整合行业力量，借助商会实现跨行业联合，努力促进城镇市场经济的规范有序。[③] 闫冰华认为，近代广西商会具有明显的网络化特征，既包含了以广西各地商会为节点的地域空间网络，又涵盖了与不同社会主体之间建立的广泛的社会关系网络。[④]

就对作为西南地区的重要节点城市——重庆的商会组织的研究而言，目前所见还未有较为详尽、深入的探讨，仅见之于部分通论性著作中的零散介绍。周勇《重庆通史》中的第二、三章简述了抗战时期重庆市商会的基本概况及其与政府的关系。何一民所编《抗战时期西南大后方城市发展变迁研究》简略提及抗战时期重庆市商会的贡献与影响。袁文琪以重庆市商会为研究对象，着重探讨了抗战时期重庆市商会在经济生活、社会生活以及协调与政府的关系中发挥的作用。[⑤] 应该说，近代重庆商会虽有较为丰富的档案文献和报刊资料，但研究是较为薄弱的，并且集中于抗战时期，还未见到较有深度的探讨，因而学界在重庆商会组织演变、职能运行及政会关系等方面的研究还有很大的挖掘空间。

综观之，从现有区域商会的研究成果来看，考察地方商会的为数不少，而从整体上对区域商会进行探究的成果却鲜见。从以往的研究结论来

---

① 刘菊香：《广西商会在抗日战争中的作用》，《广西社会科学》2003 年第 2 期。
② 侯宣杰：《从会馆到商会：近代广西民间商业团体的嬗变》，《广西师范学院学报》（哲学社会科学版）2014 年第 6 期；《近代广西商会与省域经济治理》，《桂海论丛》2015 年第 5 期。
③ 侯宣杰：《工商同业公会与近代广西城镇市场经济的发育——基于原始档案之实证研究》，《广西民族研究》2006 年第 3 期。
④ 闫冰华：《近代广西商会网络的结构及影响力研究》，硕士学位论文，广西师范大学，2016。
⑤ 周勇：《重庆通史》，重庆出版社，2014；何一民主编《抗战时期西南大后方城市发展变迁研究》，重庆出版社，2015；袁文琪：《重庆市商会研究（1931—1945）》，硕士学位论文，重庆师范大学，2018。

看，主要还是基于对上海、天津、苏州、广州四地即所谓近代中国商会的
"四大天王"商会的探讨而形成的，对专门问题的提出都有深度的探讨。
由于中国幅员辽阔，地域经济发展水平也有显著的差异，由此而来，商
人、商会与商业经济活动都会呈现出明显的地域特性。对商会进行专题
性、区域性研究很有必要，也很重要，但如果仅仅局限于对几个重要地区
的商会进行考察，而不对其进行综合、整体的论析，难免会得出以偏概全
的论断，这是我们在今后的研究中需要重视的。此外，区域商会研究中还
存在两方面薄弱的环节：一是多数成果偏重于对商会本身的探讨，对其在
特定区域内与社会的互动缺乏较有深度的探讨，商会的地域性特征还没有
明显地得到体现；二是对非沦陷区和边疆民族地区的商会还未有较为全面
的研究论著，这就导致在以往对商会的认识上，有些观点失之偏颇。这两
方面都是在以后商会史研究中亟须解决的问题。

（三）近代云南地区商人组织的研究现状

1. 海外研究状况

目前，海外对云南商会的相关探讨仅见于日本东亚同文书院大旅行的
调查报告和《支那省别全志》。目前，在国内，东亚同文书院调查报告及
日志材料保存于北京国家图书馆中。其中完整的保存有 1907—1944 年的调
查报告和日志，但目前尚未公开查阅使用。此外，复旦大学图书馆理科书
库和上海市图书馆保存有《大旅行志》《支那省别全志》《新修支那省别
全志》《支那经济全书》等出版刊物，但上海市图书馆尚未将其公开。这些
专属日本学者的相关研究概况，对本选题研究的展开是颇具史料价值的。

东亚同文书院大旅行的调查报告中涉及云南商会的有如下几次：对云
南省商业机关的调查有 1910 年第 4 次、1923 年第 17 次、1927 年第 21 次
和 1928 年第 22 次；对云南省会馆公所的调查有 1927 年第 21 次和 1928 年
第 22 次。主要调查对象为新式商业机关（商务总会、商店等）和旧式商
业机关（牙行、帮）。[①] 值得一提的是，东亚同文书院大旅行是在根岸佶的

---

① 冯天瑜、刘柏林、李少军选编《东亚同文书院中国调查资料选择》（上、中、下三卷），
李少军译，社会科学文献出版社，2012；〔日〕薄井由：《东亚同文书院大旅行研究》，上
海书店出版社，2001；〔日〕沪友会编《上海东亚同文书院大旅行记录》，杨华等译，商
务印书馆，2000。

筹议下开始的，在他的著作《支那基尔特之研究》中，他使用了学生在中国各地进行调查的结果，因此，学生的这些调查一定受到根岸佶的严格指导，资料较为翔实可靠。可见，历次同文书院关于商会、会馆等商业机构的调查是较为珍贵而丰富的资料。此外，在昆明市档案馆也保存有当时对商会的一些调查，如 1937—1948 年昆明市商会进行物价调查的文件，1912—1948 年云南各地商会的章程、指令等文件。

《支那省别全志》是根据同文书院内陆大旅行调查报告整理、编纂而出版的。第三卷《云南卷》是根据 1910 年第 8 期学生和 1914 年第 12 期学生的调查报告编纂的。[①] 其中第九编"商业及商业机关"部分收录了云南商会相关情况的调查报告。这是同文书院学生们在调查大旅行路线上对各省会或县城的商会活动进行调查后的实况记录。因为这是实地调查的结果，因此，除了各商会章程以外，还能据此查明实际的活动情况，而且由于旅行范围比较广泛，还能够了解到除了沿海商业城市或各省会以外的各省商业发达或较落后的县城的商会的各种情况。此外，还有 1925 年 8 月28 日上海出版协会调查部编的《支那同业行会及商业习惯》和 1941 年 5月 31 日高田源清先生的《满州及支那的行会制度》等专著。二者都是根据当时清政府或民国政府发布的章程及有关法令，对于商会形成的背景、商会的创办及目的、商会兴办的主要事业等问题进行讨论的。

2. 改革开放以前国内的研究状况

改革开放以前还未涉及云南商会的相关研究，就目前的文献来看，在新中国成立后，全国人大民族委员会和国务院民族事务委员会专门开展了对少数民族社会历史的调查研究。具体而言，《民族问题五种丛书》之一的《中国少数民族社会历史调查资料丛刊》中涉及了商会的相关情况描述，但囿于阶级分析方法的局限，对商会的描述是失之偏颇的，但也可以从中了解到一些商会在地方社会的活动情况。[②]

对同业公会而言，1941 年，西南联大的萧远浚、全慰天、白先猷三人在李景汉教授的指导下，对昆明的 105 个同业公会进行了调查研究，他们

① 支那省别全志刊行会编纂《支那省别全志·第三卷》（云南省），东亚同文会，1917。
② 《民族问题五种丛书》编委会：《白族社会历史调查》《纳西族社会历史调查》，民族出版社，2009。

对昆明市 28 个同业公会的历史沿革、任务与职能、组织机构、财产与经费、营业情况及人员生活等方面进行了详细调查和记述，这些材料是研究昆明市同业公会组织发展情况的重要史料依据。[①]

3. 近二十年来国内的研究概况

20 世纪八九十年代，学界还并未涉及对云南商会的研究，仅在省市各地方政协编纂的文史资料中有相关描述性的记载。这些描述虽也从宏观上反映了云南商会发展的大致历程，但均为当事人的回忆或口述，观点上也带有一定主观色彩，部分事实也并不准确，但也有一定的史料价值。

对云南商会进行专门研究始于陈征平的《云南早期工业化进程研究（1840—1949 年）》，陈征平系统阐述了商人力量在云南早期工业化中的作用以及官商互动。[②] 首先，该著论析了近代云南商会得以产生的历史条件，并从理论上总结了云南商会的自身组织特征；其次，探讨了商会在云南早期工业化中的作用和表现；最后，分析了官商博弈中的云南商会的应变轨迹。陈征平认为，20 世纪初以来云南各商会的组织与运转，基本是一种政府行为，而不是出于经济发展的内在需求由商人自发组织产生的。清末民初的云南商会积极推进工商矿业生产活动的制度化与规范化建设，商会于早期工业化进程中也曾作出了积极的探索和努力。由于地区社会经济条件与内地的差异，云南商会在具体的行为方式或运作上与沿海地区有所区别。云南商会组织也在经济运行轨道上渐趋完善和发展。陈著的上述观点对之后开展的一系列与云南商会相关的研究都具有重要的启发、借鉴意义，但由于思维定式和材料占有的局限，对云南商会还并未展开深度的考察和探究。

对云南商人和商人组织作出深度探究的力作，当数周智生的《商人与近代中国西南边疆社会——以滇西北为中心》。该著极具地域特色，以滇西北各民族商人为主要研究对象，探讨这些民族商人对这个多民族聚居的滇西北地区社会变迁的具体互动关系所产生的历史影响。他认为，近代滇西北地区的商人群体和商会组织对区域社会经济发展有显著而又深刻的影

---

① 李文海主编《民国时期社会调查丛编·社会组织卷》，福建教育出版社，2005。

② 陈征平：《云南早期工业化进程研究（1840—1949 年）》，民族出版社，2002；《中国近代商会在官商互动中的组织形变及意义——云南商会的个案分析》，《近代史学刊》第 1 辑，2001。

响。他较为具体地介绍了商人和商会组织在特殊的历史条件下，广泛投资于近代工业、农业、交通运输业、公用事业和新式银行业等社会事业，对滇西北地区近代社会的变迁和转型有重要的推动作用。该著主要着力于表现商人和商人组织的商贸活动、社会活动，深入阐释了滇西北地区商人群体构成的复杂性和商人群体自身的地域文化差异。周著就是以此为切入点来审视近代滇西北商人在西南边疆社会中的作为和影响的。[①] 可以说，此著对云南商会的整体研究和区域差异性的凸显有极为重要的意义。在该著的基础上，他也通过对滇西北商人活动的进一步深入探究，认为滇西北地区商会的建成与运转标志着边疆民族地区的商人阶层已经正式登上历史舞台，开始逐渐在民族社会生活中成为一个重要的社会群体。[②] 另外，周智生对近代纳西族妇女的经商活动，滇西北地区不同民族商人群体的崛起和他们的商贸活动、社会活动等问题都作了研究。[③] 而在对民国时期滇川藏毗连地区治理开发的研究中，周智生也详细论述了民间商人力量的崛起及影响，充分肯定了民间商人群体在区域治理中的推动作用。[④]

从区域市场的发展和商人资本演变的角度，刘云明和罗群的研究也观照到了商人组织的转型和商会的创设。刘云明从市场发展轨迹的脉络中进一步探究了清末商会的出现，他认为，清末云南开埠通商后，在贸易对象、商品种类、运销规模等方面变化显著，此时期云南省内的商人力量有显著成长，云南地区的省内外商人经历了从心理到组织的一次次整合，商人不断以新的群体出现于社会舞台，昆明、下关、蒙自、腾越等地纷纷成立了商会组织，通过商人组织的整合促使商人群体的能量得到巨大发挥。[⑤] 罗群对近代云南商人和商人组织的嬗变也作了宏观的探讨。罗群认为，近代云南商会的建立，将分散的商人凝结成一个相对统一的整体，并通过各

① 周智生：《商人与近代中国西南边疆社会——以滇西北为中心》，中国社会科学出版社，2006。
② 周智生、王玉惠：《边疆与民族之间：近代边疆社会转型中民族商人政治参与的地方性轨迹——以滇西北为例》，《西南民族大学学报》（人文社科版）2018 年第 9 期。
③ 周智生：《云南商人与近代中印商贸交流》，《学术探索》2002 年第 1 期；《云南商人与近代滇藏商贸交流》，《西藏研究》2003 年第 1 期；《抗日战争时期的云南商人与对外民间商贸》，《抗日战争研究》2009 年第 2 期。
④ 周智生：《晚清民国时期滇川藏毗连地区的治理开发》，社会科学文献出版社，2014。
⑤ 刘云明：《清代云南市场研究》，云南大学出版社，1996。

地区的下属分会和分所层层联结渗透，改变了省内各地商人互不联系的分散孤立状态，从而使全省商人形成一个整体网络，云南地方商人由此得以改变以往的行帮、商帮或其他集团与个人的形象，发挥更大的政治能量，产生更大的社会影响。① 昆明市档案馆从近代商业发展的角度出发，从宏观层面考察了昆明商会的沿革与近代商业发展的关系。该研究认为，昆明商会组织在推动云南、昆明区域市场经济的增长和经济贸易的发展，促进云南、昆明区域文化的交融，增强商人的共识等方面发挥了它应有的作用，对发展云南民族工商业有很大的促进作用。该课题并未对昆明商会作深入、细致的探究，但对今后的研究起到了抛砖引玉的启发作用。② 谢本书等从"商业与城市化"的角度探讨了云南商会的创始与城市经济发展的相互关系，认为云南光复后，云南全省商务总会改组为云南总商会，成为当时的法团之一，负责全省商业组织工作。此后昆明市商会的成立促使昆明的商业管理得到加强，从而克服了商业中放任自流的积弊，对城市经济由传统向近代转型起到了积极的促进作用。此外，商会在市政管理方面也作出了一定贡献，对城市近代化起到了推动作用。③

从商业格局的演变和经济地理研究的视角出发，薄井由以东亚同文书院的支那调查报告为素材，对云南商会的分布、规模、活动内容等作了探究。④ 薄井由认为，当时云南商业人士对于设立商会的积极性和自发性，与沿海、沿江的商业大城市相比，显得比较微弱。商会创办自发性的微弱还表现在云南商务总会创办时期的活动情况方面。他指出，云南商会在创办和重建时都得到了官方的干预和帮助。这与有些研究者的"商会是商人自发自组织的民办商会"的说法有一定的距离。他进一步得出云南商会分布的三个显著特征：一是分布于矿业产地；二是主要分布于当时通到省外、国外的大道沿线上；三是商会普及率及增加幅度有明显的地方差异。他认为，在当时云南，交通运输情况非常特殊是引起云南商业兴衰地方差

① 罗群：《近代云南商人与商人资本》，云南大学出版社，2004；罗群：《从会馆、行帮到商会——论近代云南商人组织的发展与嬗变》，《思想战线》2007年第6期。
② 李蔚主编《昆明商会的沿革与近代商业的发展》，云南人民出版社，2009。
③ 谢本书、李江主编《近代昆明城市史》，云南大学出版社，2009。
④ 薄井由：《清末民初云南商业地理初探——以东亚同文书院大旅行调查报告为中心的研究》，博士学位论文，复旦大学，2003。

异的最主要原因之一。在商业较落后的云南省内，无论是云南总商会还是各地县商会都开展了商事裁判、组织保商团、调查商情、开办学校、改良度量衡等许多事业，对于商业的近代化、法治化、统一化都起了一定的作用。此外，在抵制洋货运动方面，云南商会也作出了诸多贡献，维护了云南民族工商业的正常发展。薄文从经济地理学的视角为今后商会研究的拓展提供了较好的范例。

刘鸿燕对云南商务总会和云南总商会作了整体考察，她认为，晚清云南商会的设立，一方面包含了云南商人的愿望、要求和行动，另一方面又与以"官"为代表的上到封建国家政权、下到各级地方政府的提倡、督促有密切关系，尤其在最初的创始阶段，官方作用是主导性的。云南商会的建立，标志着云南地方商人群体的整合又有了一次更为重要的发展，亦使云南商人改变了以往行帮、商帮或其他集团与个人的形象，并开始以社团"法人"的新姿态活跃于清末的历史舞台，并产生了巨大的政治能量和社会影响。此外，该文也指出，近代云南商会由于在形式上赋予了商人组织一种开放性的特质，就为商人阶层形成一种开放的、国际化的商品经营意识提供了前提，云南商会也在云南近代化的进程中发挥了重要的历史作用。[①] 郝儒梁从制度因素出发，探讨了近代云南商会（研究时段在清末民初和北洋政府时期）在制度建设中起到的积极作用，他也认为，近代云南商会通过积极参与各种商务事宜，成为沟通商人与政府、商人与商人之间关系的中介组织。[②] 从时间断限上来看，二人的研究主要立足于清末至民国前期（抗战前）的探讨，均未涉及抗战爆发后云南商会的发展状况，亦未与其他地区的商会作对比研究，因此，诸多研究结论还是趋于共性的认识，尚未挖掘出云南商会演变的地方性特质。

以云南商会的商事公断、社会治理、推动社会风俗变革和政治参与等职能为问题着眼点，部分论者分别从各个角度对云南商会在地方社会中的作用和角色进行了更加深入的探究。时攀对云南商会的商事公断职能作了整体的研究。他认为，云南总商会自其成立便将商事公断作为其主要职

---

① 刘鸿燕：《近代云南商会研究——以云南商务总会为主体的考察》，硕士学位论文，云南大学，2006；《试论云南商会的社会经济功能》，载杨福泉主编《2012 中国西南文化研究》，云南科技出版社，2013。

② 郝儒梁：《近代云南商会的制度分析》，硕士学位论文，云南师范大学，2007。

能，在当地扮演着商业社会有效治理者的角色。商事纠纷调处不仅应看作商会的主要职能，更重要的是要探究在行使这一职能的过程中体现出的商会组织本身、商会与社会、商会与国家间的关系等问题。云南总商会的商事公断职能具有履行商会职责及执行政府政策、处理商事纠纷、辅助司法及协调各方关系、实现"免讼累、息纷争"的职能宗旨四种职能特性。同时，云南总商会地处边疆的地理状况决定了其既有与其他地区商会的普遍共性，又有其特殊性。通过将云南总商会与其他地区商会进行对比研究，可以得出其在履行商事公断职能时在理案地域、受诉条件、传统行规、理案原则与依据上的个性与共性。① 胡兴东从社会秩序治理的角度出发，探讨了云南商会的社会控制功能。他认为，云南边疆民族地区的商会组织作为一种社会控制力量，在边疆民族地区产生重要影响，这成为一种重要的社会现象。商会成为新兴的社会控制力，每个商会都有自己的规章制度，有解决会员之间纠纷的机制。同时，商会为了保证自己所在地区的社会秩序，还参与整个地区的社会管理，成为当地社会控制的力量。商会作为民国时期云南边疆民族地区社会控制的一种力量，主要分布在迪庆、腾冲、蒙自、文山、河口等地。② 吴兴帜以河口商会为个案，将其置于滇越铁路与边民社会变迁的视角下，探讨了商会作为现代性的元素，在帝制中国向民族—国家转型的过程中呈现出来的"国家—社会"互动的多元复杂关系。③ 赵晓荣用历史人类学的研究方法考察了商会组织与中国第一座水电站——石龙坝创建的互动关系，以文化自觉的视角揭示了中国早期水电事业的发展动因。④ 盛美真从社会观念变迁的角度探讨了云南商会的出现。她认为，1906 年云南全省商务总会——联系各业商人的新型社会团体的成立，促使近代云南商人相互之间的联系日趋密切，至此具有现代经营理念的近代云南新式商人群体初步形成。而在近代云南社会风尚变迁的历程中，这一新式商人组织在商品意识、消费观念和新风尚的倡导上起到了重

---

① 时攀：《近代云南总商会商事公断机制探析》，硕士学位论文，云南大学，2011；《民初云南总商会商事公断处初探》，《云南档案》2011 年第 1 期。
② 胡兴东：《治理与认同：民族国家语境下社会秩序形成问题研究——以 1840—2000 年云南边疆民族为中心》，知识产权出版社，2013。
③ 吴兴帜：《延伸的平行线：滇越铁路与边民社会》，北京大学出版社，2012，第 78—84 页。
④ 赵晓荣：《物以载志：中国第一座水电站的历史人类学考察（1910—2012）》，社会科学文献出版社，2016，第 79—91 页。

要的推动作用。①

　　此外，温益群考察了"片马事件"中的云南商会的爱国义举，充分印证了偏居祖国西南边疆、实力弱小的云南商业阶层，曾经在民族危机四伏之际为国家而牺牲着、奉献着微薄的利益。② 李辉源等考察了下关商会倡办商人节的史实，认为下关商会举办庆祝商人节的活动是其在近代化过程中所做的突破传统商业庆典的尝试，增强了商人的自我心理认同，并且在社会各界中产生了一定的积极影响，在一定程度上有利于滇西多民族地区商人公共形象的提升和商业的稳定发展。③ 苗艳丽在探究北洋政府时期云南民间社团参与灾荒救治活动时也有对商会如何参与救灾活动的论述，体现出商会广泛参与赈灾和社会救济的功能。④

　　从个案研究的方法而言，黄沛峰对昆明市商会作了整体性的探讨。他认为，近代昆明市商会对内强化对成员的管理，维护商人利益，开展有利于商业发展的行业活动；积极投身社会活动，支持抗战，举办慈善公益活动，体现了商会作为当时云南较大的社会团体的价值。通过研究认为，昆明市商会在近代云南区域历史上起过重要作用，促进了社会经济的发展。⑤ 张思媛对抗战时期昆明市商会在地方社会中的职能发挥和作用有更为深入的探讨，她指出，抗战时期的昆明市商会在地方政治、经济及社会事业的互动中呈现出了商会参与的主动性和地方政府主导性的特点，同时商会领导人的二重构成原则又使商会在地方事务中缺乏广泛参与度和积极的活力。⑥ 尹礼艳对腾冲商会也作了个案探讨，她认为，腾冲作为一个边境小城，腾冲商会的出现，不仅加强了腾冲商人之间的联系，保护了商人自身的利益，而且对经济纠纷和一些社会活动也产生了很大影响。此外，腾冲商会也积极参与各种社会活动，其影响逐步突破工商界的范围，日益深入

①　盛美真：《近代云南社会风尚变迁研究》，中国社会科学出版社，2011。
②　温益群：《"片马事件"中的云南商会》，《云南史志》2004 年第 1 期。
③　李辉源、李云雀、陶晓东：《突破传统的尝试——民国时期云南凤仪县下关镇的商人节》，《西南民族大学学报》（人文社会科学版）2014 年第 8 期。
④　苗艳丽：《北洋政府时期云南民间社团灾荒救治研究》，博士学位论文，云南大学，2013。
⑤　黄沛峰：《昆明市商会研究（1931—1949 年）》，硕士学位论文，云南民族大学，2011。
⑥　张思媛：《抗战时期的昆明市商会与地方社会（1937—1945）》，硕士学位论文，云南民族大学，2016。

到腾冲地方民众的日常生活中。①

目前对云南近代同业公会的研究还较为薄弱。李涛以下关同业公会为个案对近代工商同业公会的组织架构和治理进行了考察，他认为，近代工商同业公会是商业行业民间社团组织的一种新形式，其组织性质是独立的法人社团，与商会保持着独立、平行，却又是领导与被领导的关系。从委员会制到理、监事制的转变中，近代同业公会创立了比较完善的组织架构，制定了包括准入、会议、财经、定价和维权等在内的多种制度，使组织内部得到了较好的治理，在商人组织的近代转型期间起到了承上启下的作用。② 刘正聪综合论述了民国昆明同业公会的发展状况以及同业公会的组织机构和行业管理，对昆明同业公会与政府和商会的关系有了初步的认识，但存在诸多的史实错漏，相关认识的表述有很大偏颇，史料也较为单薄。③ 王喆对昆明银行业同业公会作了整体的考察，重点探讨了银行业同业公会的中间组织功能。他认为，昆明银行业同业公会的产生和发展具有自身的特殊性，它是在战时体制下产生的，因而服务抗战成为地处大后方之一的昆明银行业同业公会的重要职能之一，战时服务色彩浓厚成为其重要特征。他也认识到，昆明银行公会的中间组织功能的发挥具有潜在的合理性支持，是历史长期积淀的产物；也初步总结了昆明银行公会的自组织性、民主、开放、公平、竞争以及先制度后成形等特点。④

总而言之，从以往对云南商会的研究成果可以看出，目前的研究还存在一些亟待解决的问题。其一，在研究时段上，侧重于对云南总商会的研究，对南京国民政府时期和抗战这一特殊历史阶段的研究还没有具体涉及；其二，对地方商会的研究，除了宏观论述中有零星史实的涉及以外，还没有专门的对某个地方商会的全面探讨，也未涉及商会或同业公会在云南区域市场网络和经济地理格局中起到的重要作用，这是应该加强研究的薄弱环节；其三，对于商会档案资料的整理还没有引起足够重视。因此，

---

① 尹礼艳：《民国时期云南腾冲商人研究》，硕士学位论文，云南大学，2011。
② 李涛：《近代工商同业公会组织治理探析——以云南下关同业公会为例》，《经济问题探索》2009 年第 2 期。
③ 刘正聪：《民国时期昆明同业公会研究》，硕士学位论文，云南大学，2014。
④ 王喆：《民国时期昆明银行同业公会的中间组织功能研究》，硕士学位论文，云南大学，2011。

在考察商会这一研究对象时，应该承认除了商会共性特征之外，各地的商会也具有丰富多彩的个性特点，这与各地不同的社会环境和历史境遇有很大的关系。当然，我们不可忽略的一点是，商会的设立、发展、变化是在国家甚至国际大环境和地方小环境交互作用的背景中发生的。基于此，如果能够把商会史与地方史的研究结合起来，把商会作为透视区域社会变动的一个着眼点，在区域社会变动的历史脉络中诠释商会的功能和角色以及所处的地位，对于更加全面、深刻地理解近代云南社会是大有裨益的。透过这个窗口也可以进一步讨论近代中国政治与经济文化、国家政权与社会力量、整个国家的宏观"大历史"与地方"小历史"之间的辩证关系。

（四）学术史的认知与展望

通观目前中国近代商会史研究的概况，对于今后应如何突破商会史研究的瓶颈，从而取得新的进展，这是我们应当去关注和思考的。基于既往的研究成果，以后将从时空格局的拓展、研究主题的深化、地方性知识和新史料的挖掘运用等多方位的路径入手，从而达到商会史研究的新高度。

第一，时空格局的拓展。

目前，从研究对象的时空格局而论，其格局分布不太合理，时间视线多集中于清末民初和抗战之前，空间上多集中于苏州、上海、天津、广州、武汉等几个特定区域或大城市。这种现象直接与该地商会档案资料的整理运用有关，但如果仅依靠对部分中东部沿海、沿江大城市的考察就一概而论，有些立论未必具有代表性，也不能完全认识到近代商会与中国社会变迁的多元历史图景。

首先，从研究时段的延伸而论，更应该从长时段的视域出发来对商会作整体考察，不能只根据某一时段就得出泛化的结论或认知。抗战时期的商会研究应值得重视，尤其是目前对非沦陷区商会还有诸多问题未涉及，更应该加强对非沦陷区（尤其是抗战大后方地区）商会的研究，弄清商会在不同时局下的生存实态。抗战时期的商会史研究还基本处于较为薄弱的状态。对于抗战时期商会的组织演变状况和功能作用，以及与政府和各方政治力量之间的互动关系都缺乏探究。由此可见，商会史研究在时段上存在畸轻畸重的现象，抗战时期商会的实态还有待进一步研究。

其次，从研究地域的拓展而论，县镇基层商会、内陆中小城市商会和边疆民族地区商会也应该逐步进入我们的研究视野。以往的商会研究成果大多集中在苏州、上海、天津三地，即使是较宏观的专题探讨，也主要以上述三地为考察对象。这一状况对继续全面、深入的研究相当不利，影响对中国商会的整体认识，也就无法对学界所提倡的"小区域大历史"的研究路径有所突破。此外，近年来虽在研究的地域上有所突破，学界对北京、无锡、杭州、贵阳、山东济南和青岛、保定和直隶高阳、南昌等地的商会进行过个案研究，但相对而言，对内陆中小城市商会的研究和对区域商会的整体性研究仍然是滞后的，这是一个需要进一步突破的问题。

第二，研究主题的深化。

在加强个案研究的同时，我们也更应该注重微观考察。从研究主题的深化上下功夫。我们不仅要继续研究商人与商会的组织治理和具体活动，还应重视对商会法制建设、商会的民间外交活动、商会与地方社会等方面的探讨，特别是要关注商会对市场的推动作用和对近代商业转型所起的作用。商会与地方社会的互动、商会发展与地方政治格局变动的关系、商会与商业文化等专题性的探讨也应该值得我们进一步去思考和探索。

此外，目前还未见到有人尝试用区域经济分析方法或从经济地理研究的路径去研究商会，如各地商会的地域性特征、商会网络对区域社会经济发展的作用、商会与区域内外资源结构和特点的关系以及各地商会的比较研究等。就商会作为近代历史中影响最大的一个社会团体而言，从社会治理和国家治理的层面出发，我们更应该从商会的组织治理及治理规则的变迁去探讨，这样才能在更加开阔的视野中去认识商会的特殊历程，这些都是值得深入思考和探索的问题。以此为突破口，我们才能够真正做到"透过商会看社会"。

第三，地方性知识和新史料的挖掘运用。

纵观近三十年来的商会史研究，学界在借鉴和运用各种西方理论与解释模式的同时，结合本土的原生态史料来构建中国式的商会史研究理论体系在目前显得特别重要。因此，我们更应该在今后的商会史研究中注重对地方性知识的运用，从地方性视野的研究路径中寻找中国商会史研究的本土化理论与方法。

另外，在史料的挖掘方面，还要在时间段上进一步地下延，同时，史料编辑的范围也须进一步拓宽，应将内陆更多的中小城市商会的档案纳入整理范围。挖掘和利用各个历史阶段涉及商会的报刊资料，发掘地方商会的自办报刊和地方史志、人物日记文献等零散资料，对商会史研究的深入发展具有重要意义。其他像商会相关研究文献索引的编制、商会档案数据的统计等工作也有待开展。总之，为推动商会史研究的进一步发展，还有必要广泛地发掘和利用全国各地的大量新史料。

　　基于以上所论，我们今后开展区域商会的研究有以下两点启发：一是运用经济地理学和历史人类学的相关方法和理论，来开展个案研究和区域商会的整体研究，以此来凸显地区商会发展演变的区域差异性；二是在商会史的研究中突出"人"的作用，商会的发展及其活动离不开商人和重要人物，在研究过程中我们既要见到组织，又要见到人，这样才会使研究对象具象化，才能让商会史研究真正做到"有血有肉"，展现商会在近代历史发展进程中"活"的场景。

三　研究思路与方法

（一）总体思路

　　本书以近代云南商会（1906—1950）为研究对象，从长时段的视角出发，通过对云南商会演进历程的研究，对近代云南商会在各个特定历史阶段的演变轨迹、组织架构、运行机制、与地方政权的关系等方面进行了阐述，凸显了西南边疆民族地区商会自身的一些特质。通过对其组织形态和治理机制的分析，进一步全面展现云南商会在区域社会变动中的真实样态与历史图景，管窥近代中国从传统社会向现代社会转型过程中处于边缘区域社会艰难历程的一个侧面。基于云南所处地理位置和社会经济结构的特殊性，云南商会无论是在成立缘起上还是在以后所经历的重重政治变局中，都具有明显的特殊性，而这也恰恰反映了中国近代商会嬗变的多元图景，进而展现近代中国商人组织的复杂面相。

　　本书以"变动社会"为主线，在国家历史和地方历史相结合的宏观背景下突出云南商会的地方性特征，把商人、商会、地方政治三者的关系融入区域社会变动的历史轨迹中，重点探讨：在面对政权更迭和政治变局时，商会组织是怎样改组和演进的？其功能和角色发生了怎样的变化？其变化背后的原因是什么？在地方实力派统治下，商会与地方政权的关系如何？二者怎样互动？其动机又如何？尤其是抗战时期的云南商会又呈现出什么样的发展态势？商人与商会又如何在区域市场体系构建和边疆民族社会中运作？这都是本书要探讨的主要问题。带着对这些问题的考察、探究，我们不能作笼统的概括，应当针对不同的个案进行具体细致的论析，这样有助于接近云南商会的历史原貌，走向商会研究的"原生态"。基于此，本书将结合云南特定的社会经济环境和时代背景，对云南商会在不同历史阶段的演进历程作宏观论述，重点剖析云南商会在地方政治变局中的角色扮演和重要影响、以商人团体为主体的地方商政关系和在地方社会发挥的重要作用，进而凸显云南商会嬗变的地方性特征和地域差异性，最后落脚点在于如何在西南边疆这样特殊的地域环境和地方政治变局中实现自身形象的塑造。本书的研究框架和方法没有拘泥于固定的组织史研究模式，而是从地方史的角度出发来探讨近代云南商会在长达四十多年时间里的嬗变轨迹和多元样态。通过透视活跃在其背后的人物及事件，以进一步全面展现云南商会在区域社会变动中的真实样态与历史图景。

本书将以近代云南商会组织演进的脉络和阶段特性为切入点和展开点，在对其组织形态进行剖析的基础上，提炼出云南商会最为独特的团体"性格"，把近代云南地方社会变动的历程和商会的演进轨迹紧密结合起来，力求做到"大历史"和"小历史"的统一，从而以更开阔的视野推进商会史的研究。具体而言，第一章主要是对云南地区近代以来的社会经济生态和传统商人组织的嬗变历程作粗描式勾勒，在此基础上对清末民初云南省商务总会的创设和组织架构进行论述，揭示出在政权更迭中商会是如何演进的以及其初期的职能运作。同时，结合各地方独特的社会经济环境，对较为典型的地方商会所展示的独特样态进行个案考察。第二章主要阐述了军阀政争时期云南商会在动乱政局下的抉择与活动，以及军阀混战中商会的态度与应变，进一步说明云南商会与地方政治势力之间的博弈关系。此外，进一步考察云南区域商会网络的形成，着重分析商会在军阀政争中的复杂面相。第三章主要论述龙云"新云南"建设时期云南商会的发展格局和治理形态。在这一阶段，云南商会形成了常态化的发展格局和规范有序的组织治理体系。在龙云"独立"政权的强势推动下，商会更彰显出其"独立性"的一面，在区域社会经济的运行和社会治理中也起到了显著的作用。同时，商会作为边疆治理的新元素，以新兴的面貌介入边疆民族地区的社会治理体系之中。第四章主要阐述抗战时期云南商会的组织研究态势与战时社会经济活动。在战时统制经济体制下，此时云南商会组织呈现出明显的变动趋势，省级商会联合会得以筹组，地方商会的经济社会活动也较为频繁，积极应对战时事务和回应中央权威的渗透，推动了战时经济的发展。第五章主要阐述卢汉主政期间云南商会在多重政治势力角逐的政治环境中的生存空间和职能运作均呈现出衰微的态势，在国共政权交替之际，工商业者纷纷筹谋应变之策，企求保全自身财产。同时，中共也加紧争取、团结有群众基础的工商界代表，力求和平解放云南。新政权建立后，中共立即着手对昆明市商会、云南省商联会和各地商会进行接收与改组，成立昆明市商业联合总会作为过渡组织，至此商会退出云南的历史舞台。结语部分探讨云南商会在政治变局和独特的"场域"中所呈现出来的特殊样态，探究云南商会如何在多重关系的博弈中形塑自己的历史角色。

（二）研究的创新点、难点

第一，研究的创新点。

一是本书将利用较为丰富的商会档案和报刊资料对云南商会作整体、深入的探讨，力图重构近代云南商人与商会组织发展的历史脉络，用新的视角去审视商会发展的多元样态，初步探讨近代商人组织在边疆民族地区发展的异质性。

二是云南商人组织的嬗变本身就是一个动态的过程，目前学界已有的研究成果只是从静态的角度对其组织自身进行了描述，但从微观的视角将其细致地描绘出来，目前学界对此还是缺乏研究的。尤其是在地方政局于不同阶段变动的历程中，云南商人与商会组织是如何演化的，这是在研究中应重点突破的。

第二，研究的难点。

一是云南商会研究的主体资料是档案资料、地方史志资料，其他如报刊资料、时人的回忆等尚未得到全面的发掘与利用，如何搜集、整理相关的资料，并在卷目较多的省商会、昆明市商会档案和分散的地方商会档案中提炼有效信息是笔者必须下苦功夫去做的首要大事。此外，商会档案中有大量的章程和制度文本，但商会的实际运作与相关"规章"之间又存在一定差距。因此，在史料选取上也要注意寻找和推断其实践层面的"真相"，这将会避免陷入既往商会史研究中的普遍性"立论"，尽可能发掘云南商会的地方性特质。

二是"变动社会中的近代云南商会"是丰富云南近代史和地方史研究的一个现实选题。就笔者目前有限的学识基础而言，如何对这一选题作出相对真实的还原和合理的阐释，也是一个重大的考验。尤其是如何透过商会的具体事务或活动，来阐释、揭示"政会关系"、"政商关系"与中央和地方的关系等是本书的一大难点。当然，本书也力求在吸收前人研究的基础之上，在切入的视角和解释框架上能有所创新和突破。

（三）理论方法的运用

第一，实证研究是历史研究的基本方法。早期的许多组织研究多醉心于形态分析，侧重于组织"传统性"与"现代性"的类比，而往往忽视其具体的"实态"。笔者认为"据之以实情"，以期通过丰富的第一手材料对云南商人组织作更为深入的探讨和阐释，进一步拓宽近代西南区域社会史的研究视野。

第二，长时段理论的运用。布罗代尔的长时段理论扩展了人们对历史时间的认识。长时段理论确立了"时间"与"结构"两个重要概念，并以此构建其理论框架。布罗代尔提出，"长时段是社会科学在整个时间长河中共同从事观察和思考的最有用的河道"[1]。长时段理论的多元历史观，使历史总体的研究对象可以在不同的时间观中得到更加深刻的说明。[2] 云南商会在形成和嬗变的过程中经历了不同的政治变局，本书拟尝试运用长时段理论对其进行解析，力图勾勒出云南商会在区域社会变动中的多样态的历史场景。

第三，区域经济地理学是区域地理学的重要分支，其主要研究区域生产布局和结构、地域生产综合体的形成和发展规律，以及区域间的经济联系。地方性组织实态一定程度上反映了地方性发展面貌，在对地方性组织进行考察时，亦离不开对全国性组织的观照。考察近代云南商人组织的发

---

[1] 布罗代尔：《历史和社会科学：长时段》，《史学理论》1987 年第 3 期。

[2] 孙晶：《布罗代尔的长时段理论及其评价》，《广西大学学报》（哲学社会科学版）2002 年第 3 期。

展，可以更好地定位其在区域社会变迁中的作用与地位，更重要的是可以透视边缘地区商人组织发展的特殊历程和区域差异。

四　研究对象与时空范围的界定

（一）"云南商会"及研究地域的界定

云南商会在概念上不是特指，而是泛称。它是对清末民国时期云南省域内各县市商会的统称，包括云南省总商会和云南全省商联会在内。在本书研究的某些时段内，云南省商务总会、云南省总商会、昆明市商会和云南全省商联会发挥着实际上的引导作用，是全省各地商会依附的中心。

区域是在一定程度上有共同性的地方，但它不是固定的，而是随着社会经济变迁的进程在不断地收缩或延展。云南是地处西南边陲的山地省份之一。19 世纪末 20 世纪初，蒙自、河口、腾越、思茅、昆明等通商口岸"约开"或"自开"，改变了云南长时期的封闭状态。由于云南省内外的贸易进一步扩大，区域市场进一步拓展，云南逐渐形成了以昆明为中心的统一市场。因此，清末民初时的云南在经济地理格局上就形成了一个有机整体，成为影响社会经济变迁的一个历史性区域。基于此，随着近代以来社会经济变迁程度的加深，明清以来在云南自然形成的迤东、迤西、迤南三大片区①，就是分别以昆明、大理与腾冲、蒙自、思茅为中心的滇中道、腾越道、蒙自道和普洱道四大经济地理单元的雏形②，即所谓的"三迤四道"。

本书研究区域的界定就是基于清代以来云南省行政区划建置、市场间的有机联系与商贸格局的综合考虑，目的在于通过选取具有典型性的地方商会作为个案来透视各个经济地理单元中的商会发展的样态。基于此，在具体问题的论述中，本书主要选取较具代表性和特殊性的昆明、下关、鹤庆、个旧、河口等地的商会组织，如昆明市商会、下关商会、鹤庆商会、个旧商会、河口商会等来例证。

---

① 杨永福、马亚辉：《清代云南"三迤"设置考述》，《文山学院学报》2014 年第 1 期。
② "道"为民国前期云南行政区划单元，设置于 1912 年，于 1927 年废除，"道"下设县、市、设治局等。

（二）时间断限和研究阶段划分

本书是立足于"变动社会"，从宏观上对云南商会作出长时段考察，因而将其存在的始终作为研究时限，即从 1906 年至 1950 年。主要依据如下：其一，1906 年云南省垣商务总会的成立，揭开了云南地区创办商会的序幕；其二，1950 年 1 月，云南全省商联会结束了会务，由昆明市商会改组成立"昆明市商业联合总会"代为领导全省工商界的事务，由此也正式标志着近代商会历史使命的终结；其三，这一时段跨越了云南商会发展的四个重要阶段，即清末"新政"时期、北洋政府时期、南京国民政府时期和新中国成立初期，经历了云南地方政局变动演进的六个历史时段，即清末云贵总督、辛亥云南军都督府、滇系军阀唐继尧统治、"云南王"龙云政权、卢汉主政和云南和平起义初期。

本书在遵循"历时性"原则的前提下，并未延续既往商会史研究时段的划分方法①，而是综合考量了近代云南政权变动、商会沿革与嬗变的历史轨迹、区域社会经济的转型等多重因素，将近代云南商会的发展脉络划分为五大阶段：清末民初时期（1906—1916）、军阀政争时期（1917—1929）、"新云南"建设时期（1930—1936）、抗战时期（1937—1945）、卢汉主政时期（1946—1950）。

---

① 在近代商会史研究中，习惯上是划分为晚清时期、北洋政府时期、南京国民政府时期，新中国成立初期则是作为旧商会改造与新型工商联成立的过渡时期。南京国民政府时期又划分为三个阶段，即初期十年、抗战八年及国共内战时期。参见马敏主编《中国近代商会通史》（第四卷）"结语"，社会科学文献出版社，2015，第 1954 页。

第一章

清末民初云南商会的创设与更迭

云南地处偏远的边疆民族地区，边境线绵延千里，交通落后，商品流通困难，远距离贸易滞后，中心城市发展较为缓慢，区域经济发展极端不平衡。就是基于这样的经济条件和人文背景，近代云南商业在其发展过程中呈现出与江南等内地迥异的特点。近代由于对外贸易和省际贸易的发展，蒙自、思茅、腾越、河口、昆明等相继开辟为商埠，1910 年滇越铁路通车，云南各地商务始兴。伴随着社会经济的发展，特别是区域市场的发展和成熟，新式商人组织——商会也应运而生。而商会的成因与演进历程受地区社会环境的影响很大，是不能一概而论的。各地在成立与改组商会一事上，进度往往不尽一致，各地商会的演进有更多的复杂因素在起作用。这一核心问题需要我们立足于云南社会本土去挖掘，从而对清末民初云南商会的创设与演进有更加全面的认识。

一　中法战争后云南的社会经济与传统商人组织的嬗变

鸦片战争以后，中国逐渐演变为半殖民地半封建社会。在这个历程中，云南的演进较沿海地区要缓慢一些，但由于其地处西南边陲的特殊性，云南与英、法殖民地缅甸、越南相邻，是列强入侵中国的"后门"，因而演化为半殖民地半封建社会的过程较内陆地区又要快速一些。随着云南社会经济结构的变动，商业环境也面临向近代的转型。

（一）中法战争与云南近代经济的转型

近代，地处祖国西南边疆门户的云南也成了外国侵略者窥伺的目标。

云南介于法属印度支那和英属印度、缅甸两大殖民地之间，成为英、法殖民者入侵中国的"后门"。[①] 就边疆局势而言，19世纪七八十年代，中国面临着严重的边疆危机，而中法战争就是这一系列危机发展的最高峰。它的主要战事发生在1883年12月至1885年4月（4月以后，中、法两国进行了为期两个多月的外交谈判）。在这场战争中，云南处于战争的最前沿，也是援越抗法的主要基地之一。战争对云南近代史的发展进程产生了重大影响，是云南近代史的重要转折点。《中法新约》的签订打开了中国西南的门户，英、法随后加快了侵略、渗透的步伐。在这种形势作用下，云南的近代社会经济经历了一个转型阶段。在西方外力催逼作用下的经济转型，是一个封建自然经济解体与半殖民地化经济形态的形成相互交织在一起的过程。一方面，法国发动战争的侵略目的之一就是要打开西南的商品市场，掠夺原料、推销商品，以获取最大限度的经济利益。同时"把中国西南地区市场广阔、资源丰富的优势同越南临海、利于航运的优势结合起来，在亚洲东南部建立起自己强大的霸权，以便同英国人在亚洲的霸权一争雌雄"[②]。这种强势的经济侵略，严重地冲击了云南地区传统的自然经济形态。另一方面，在外力作用下，云南的地方经济日益被外国势力控制和操纵，丧失了经济自主权，成为帝国主义经济的附庸，逐渐被卷入西方世界资本主义市场。甲午战争后，中国国内城乡之间、工业和农业之间、不同地区之间原有的经济联系已经被削弱或割断，以至于"南中国与中国北部及中部之贸易，乃经过了香港、云南与印度支那之关系，比对广东的关系要密切得多"[③]。这表明，云南近代经济形态所表现出的外贸重于内销的贸易格局，正是其经济半殖民地化发展的趋势不断在强化。

中法战争后，中国西南的门户被打开，这种冲击在云南迅速地扩大并渗透到经济生活的各个领域；并且在渗透的过程中，外交手段打头阵，继续强迫清政府签订了新的不平等条约，再次把侵略要求扩大到开辟口岸上，通过开埠来为其侵略活动提供桥头堡，为下一步的经济侵略排除前进的阻碍。如1887年法国强迫清政府签订的《中法续议商务专条》正式指

---

① 〔英〕伯尔考维茨：《中国通与英国外交部》，江载华、陆衍译，商务印书馆，1959，第124—125页。

② 于乃仁、于希谦编著《马嘉理事件始末》，德宏民族出版社，1992，第19页。

③ 汪敬虞主编《中国近代经济史：1895—1927》（中），人民出版社，2000，第935页。

定广西龙州、云南蒙自开辟为商埠，并在这些地区设立领事馆。在该条约正式签字前，清廷的上谕就表明了法国在此问题上的态度之坚决："已饬总理衙门、北洋大臣反复熟商，分别准驳，与法使定约。龙州、蒙自两处准其通商，势在必行，绝无更改。"[①] "势在必行，绝无更改"的言辞表述道出了清政府的无奈与法国人的专横。更为恶劣的是，该专条进一步规定，进口洋货，按值百抽五的海关税则减30%收纳正税，出口货则减40%收纳正税。这种规定的用意就是要使中国的土货在云南无法形成对洋货的竞争力，便利洋货在云南市场上迅速扩大市场份额，挤垮中国的民族工商业。这些条约的签署，在事实上表明了法国已经把云南强行划入了它所谓的势力范围中。

除了协定关税、强辟商埠外，外国势力还在矿权、路权等方面展开对云南的经济掠夺。比如，在路权方面，最有代表意义的就是滇越铁路的投资修建。这条铁路是《中法新约》的产物，它和中法战争的关系就是前因与后果的关系。《中法新约》第七款规定："由法国在北圻一带开辟道路，鼓励建设铁路。彼此言明，日后若中国酌拟创造铁路时，中国自向法国业此之人商办，其招募人工，法国无不尽力勤助。"[②] 这项规定以看似柔和的外交辞令指明了法国拥有在云南修筑铁路的优先权，并且这种权力将由法国所独享，而不得有其他国家来分享。后来历史的发展也证明了法国人拥有了这项优先权。从19世纪七八十年代开始，也是主要资本主义国家由自由竞争发展到垄断帝国主义的阶段，列强纷纷掀起瓜分世界的狂潮。在瓜分世界的过程中，法国的大东南亚计划也在付诸实施，沟通中国西南与越南沿海的最佳办法就是修建连通两地的铁路。并且对于法国这个以高利贷帝国主义著称的国家来说，殖民地的获得与资本的榨取尤其显得至关重要，所以修建滇越铁路所需要的巨额投资，以及铁路建成后所能带来的丰厚的利润回报，是法国过剩资本的最佳出路。这条铁路的建成使法国更能以最便利的方式直接将商品从越南大量地输入云南，从而更加打击了云南脆弱的民族工商业，加速自然经济的解体进程。

---

① 云南省历史研究所编《清实录有关云南史料汇编》（卷四），云南人民出版社，1986，第190页。

② 周钟岳纂，牛鸿斌等点校《新纂云南通志》卷七，云南人民出版社，2007，第550页。

当然，不可否认的是，帝国主义的侵略在客观上对晚清以来云南社会经济的发展有着促进作用，它从反面的角度加速着云南社会的近代化进程。如滇越铁路，至少它是中国西南地区第一条近代化的铁路交通线，提供了先进的交通运输手段。在它通车后，云南的矿业发展突飞猛进。个旧的锡矿业在滇越铁路通车后，大锡的产量由 1890 年的 1315 吨猛增到 1911 年的 6347 吨，二十二年内增加了 3.8 倍。① 这样的发展速度应该和法国的经济侵略关系不大，是交通方式的先进本身在起作用，这种先进性是不可能不对云南社会的近代化进程产生影响的。

（二）晚清之际云南"五口通商"与商业环境的转变

云南地区五个通商口岸的开放与英、法势力的殖民扩张和相互争夺是不可分割的。在 18 世纪中期，英国人就通过搜集相关商业情报较早发现了通过缅甸沟通中国西南的重要性，英国人认为，"云南矿产丰富，人口众多，对制造品有无限购买力"②，可见，英法对缅甸、越南等国的侵略既是为了平衡利益而展开的一场争夺，又是以侵略云南来打开中国西南市场为共同目的。由于交通条件与地理环境的限制，法国首先关注云南的东南部，英国首先关注的是以缅甸八莫为中转的滇西地区，两国都希望凭借各自有利的条件开辟商埠，争夺中国西南市场。

云南地区开辟的商埠又有"约开商埠"与"自辟商埠"之别。"鸦片战争以还，国际通商继长发达，基于履行条约被迫而开放者，为约开商埠，如蒙自、思茅、河口、腾越是人口众多、交通便利、商业繁兴之区，自行开放以杜外人之觊觎者，为自开商埠，如昆明是。"③ 率先开埠的是蒙自口岸，1889 年经云南巡抚兼署云贵总督谭钧培奏准开关。1897 年 7 月，河口分卡升为分关。蒙自是滇南地区重要的经济中心城市之一，由于拥有重要的商业地位和在滇越交通线中的区位优势，因此被法国觊觎后开辟为商埠。思茅是继蒙自开埠后一系列条约的产物，1897 年 1 月 2 日经云贵总督崧蕃、云南巡抚黄槐森奏准开关。在云南的"约开商埠"中，腾越关是约开商埠中最晚开放的，1902 年 5 月 8 日正式开关。昆明是自行对外开放

---

① 陈吕范等编《云南冶金史》，云南人民出版社，1980，第 92 页。

② 姚贤镐编《中国近代对外贸易史资料》（第 2 册），中华书局，1962，第 687 页。

③ 周钟岳纂，牛鸿斌等点校《新纂云南通志》卷七，云南人民出版社，2007，第 91 页。

的商埠，1905 年，云贵总督丁振铎根据云南绅士陈荣昌、王鸿图、罗瑞图、解秉和等人的奏请，"云南省城商务日繁，请援照山东济南、湖南岳州等地自开商埠先例，就省城南门外得胜桥一带辟作商埠，设立商埠总局事"①。1907 年 8 月设立商埠清查局于省城东门外，委任官员，9 月正式开局办事。1910 年改为商埠总局。滇越铁路通车后，1910 年 4 月，蒙自正关在昆明设立云南府分关。

自洋货大量输入以后，云南地区商业贸易中增加了经营洋货的行业。如 1890 年昆明已有经营洋布、哔叽的新号铺，继之各地产生了百货业（洋杂）、五金业、新药业（西药）、钟表业等新兴行业。②外国洋行在蒙自、昆明开设后，出现了一批买办商人（洋行的华人经理），如安兴洋行廖建勋、歌胪士洋行马瑞卿、若利玛洋行李仕南等。③滇越铁路开通后，铁路沿线的昆明、呈贡、宜良、开远、碧色寨、河口等地商业渐渐繁荣起来。"铁路未通前，昆明的土货商店很多，洋货商店很少，自铁路通车后，土货商店便无形中被淘汰了。"④经营洋货的新式商店的产生和发展，是中国商业发展史上的一大转变，但是，由于当时经营的商品大多是洋货，因此，也更有利于外国商品的倾销，一时之间，各类洋货充斥云南市场。

这一阶段云南的商业贸易也逐渐以对外贸易为其主导。自 1889 年蒙自开关之后，云南的矿产品如大锡、钨砂、铅、锌、锡、锑等，农副产品如生丝、猪鬃、牛羊皮、桐油、茶、药材等成为主要出口商品。蒙自关贸易范围，外以安南、香港等地为主，而转运及于全省乃至川、黔等地。腾越关外以缅、印为主，而转运及于康、藏。思茅关则是贸易范围较小者。此其大较也。1889 年出口仅 8.7 万多两关平银。1895 年突破百万两，达到 103 万多两关平银；1912 年又突破千万两大关。出口商品品种，1910 年为 56 个，此后有增有减，最重要的出口商品是锡，占出口总值的 70%—84%；其次是丝、皮革、猪鬃、茶等。⑤从蒙自开关到辛亥革命，这个时

---

① 云南省地方志编纂委员会编《云南省志》卷十六《对外经济贸易志》，云南人民出版社，1998，第 32—33 页。
② 李珪主编《云南近代经济史》，云南民族出版社，1995，第 124 页。
③ 李珪主编《云南近代经济史》，云南民族出版社，1995，第 125 页。
④ 万湘澄：《云南对外贸易概观》，新云南丛书社发行部，1946，第 163 页。
⑤ 云南省地方志编纂委员会编《云南省志》卷十六《对外经济贸易志》，云南人民出版社，1998，第 46—47 页。

期的进口商品状况，可从 1910 年的进口商品统计中看出。这一年的进口总值为 668.4 万两关平银，商品品种有 150 多种，最大宗是棉纱，计 113502 担，值 3767267 两关平银。其他有棉织品和各种杂货。从商品结构上看，以生活资料为主，机电产品和工业原料等生产资料很少。辛亥革命以后，进口商品结构与之前大致相同，棉纺织品居第一位，仍以棉纱为最大宗商品，1916 年进口棉纱 137269 担，1917 年为 136392 担，其他有纸烟、化学产品、水泥、水海产品等。[①] 云南对外贸易有其自身的特殊性：其一，就省际贸易而言为入超，但就国际贸易而言则为出超；其二，云南毗邻缅、越，为西南边防重镇，亦为西南国际贸易要冲，故川、黔、桂等省货物皆以云南为转运之枢纽；其三，云南山脉绵延，交通不便，除滇越铁路外，货物运输多借马力，与交通便利省份迥异；其四，国际贸易受港汇防汇的影响，外人借此操纵金融，因而影响物价与币值平衡。故云南对外贸易数值虽不甚大，但在西南省份中占有重要位置。[②]

伴随着开埠通商和滇越铁路的通车，清末之际云南的商业环境发生了重大转变。云南省内与川、桂、黔接壤，外同缅、老、越毗邻，商业活动由赶场开始，逐渐发展为商业城市和对外商埠，私营工商业随之兴起。清中期，外省商人在云南省内贸易中占主导，最早为江西帮，四川帮主要经营丝绸、玻璃、烟叶，湖南帮经营笔墨庄、瓷器庄等。此后，两广帮、北京帮相继而来。今省会塘子巷、状元楼、南校场一带，皆昔日商业繁盛区域。晚清之际，云南省内商人崛起，有经营滇缅贸易的腾冲帮、鹤庆帮、大理帮，也有在香港经营的临安帮，而全省商业贸易则以省会为中心。营业之种类，大致有以下几类：一曰票号，亦称字号，经营存、放款及汇兑，或办外省、外地货，或运销本省出产之茶、盐、矿产于各地，均作批发交易；一曰典当业，则为陕西、山西帮所开设；一曰铺户，则棉布、纸张、金银首饰、百货等业，名目繁多，皆作门市之零星交易；一曰转运业，则马帮为多，以各地区为名，如丽江马帮、陆良马帮等；一曰堆栈业，附设旅店兼仓库。[③]

---

① 云南省地方志编纂委员会编《云南省志》卷十六《对外经济贸易志》，云南人民出版社，1998，第 41 页。

② 周钟岳纂，牛鸿斌等点校《新纂云南通志》卷七，云南人民出版社，2007，第 112 页。

③ 周钟岳纂，牛鸿斌等点校《新纂云南通志》卷七，云南人民出版社，2007，第 91 页。

清末以来,经营对外贸易者,以缅、印进出口业务为主的,有滇西的腾越、鹤庆、大理等商帮。以经营越南、香港出口业务为主的,则有滇南的临安(包括石屏、个旧)商帮。清代的临安府包括今建水、蒙自、个旧、石屏、通海、河西等广大地区,物产丰富,大锡最为有名,加上交通方便,是云南商业繁盛的区域。蒙自开埠以后,临安帮出现了有名的八大商号:泰来祥、运天昌、正顺昌、朱恒泰、万贸昌、东美和、豫顺隆、顺成号。其中周氏兄弟(周柏斋、周厉斋)的顺成号具有一定的影响,操纵滇南商业数十年。滇西的大理、腾冲等地,是通往缅甸、印度等国的一条古老的商道,英国侵占缅甸以后,滇缅之间的贸易迅速扩大,商业资本亦随之兴起,形成腾冲、大理、鹤庆等一批较大的进出口商,其中贸易业务大、有影响、有代表性的大商号有8家:福春恒、洪盛祥、茂恒、永茂和、永昌祥、恒盛公、信昌号、万通。[①] 可见,在清末之际,云南的商业结构和商业资本已经发生了重大的转型。

(三)商人群体的整合与传统商人组织的嬗变

如前所述,晚清之际,云南的社会经济生态发生重大转变,社会结构也呈现巨大的变动。与此同时,各种商人组织也应运而生。晚清民初之际,云南的传统商人组织既包括以地缘关系为纽带的商帮和会馆,又有以业缘关系为基础的各业行帮。此外还有地域性较为显著的特殊商人群体。这几者之间虽不存在严格的时间递进关系,却在近代云南社会中交叉并存,甚至相互依赖和渗透。总而言之,真正对商会构成影响的,一是由商帮和会馆所体现的商人地缘组织或同乡组织,二是由行帮所体现的业缘组织或同业组织。

1. 域内同乡商帮和少数民族商帮的崛起

晚清之际,自蒙自、思茅、腾冲、昆明开为商埠和滇越铁路通车后,云南与内地及国外的贸易日益兴旺,在洋货的冲击下,手工业萎缩,民族工商业发展起来。此时,云南地区的商人多以商帮的群体力量参与竞争。随着云南省内各地商帮的崛起,云南地区商人群体的力量不断发展壮大。省内商帮可从地域和民族所属上来划分:以地域而论,可以划分为迤西商

---

① 云南省地方志编纂委员会编《云南省志》卷十六《对外经济贸易志》,云南人民出版社,1998,第61—64页。

帮、迤南商帮、迤东商帮；以民族而论，可划分为回族商帮、白族商帮、纳西族商帮。这些商帮大多数是以域内同乡关系和所属同一民族结成的，商帮的兴起预示着商人阶层在晚清之际的西南边疆就以团体的身份活跃于近代社会变迁的历史舞台。

第一，同乡商帮的形成与发展。

咸同以前，外省商帮就已入滇，并在云南市场中居于主导地位。清中期，外省商人在云南省内贸易中占主导，最早为江西帮，四川帮主要经营丝绸、玻璃、烟叶，湖南帮经营笔墨庄、瓷器庄等。此后，两广帮、北京帮相继而来。① 当时，四川帮、江西帮、湖南帮经营的行业最多，地域也广，"全省各县、市、镇，无处不有江西人之万寿宫与两湖会馆。自省城及各县城以达乡村市镇，轿夫、剃发匠、栈伙、厨役诸工，几无一而非四川人；裁缝及零星贩卖之流，几全操于江西、两湖之人之手"②。山西帮、陕西帮以经营票号汇兑存放款为主，有的从事典当业。广东帮、广西帮多经营洋杂货，并购买大锡、鸦片等运销外地。此外，西藏地区的藏商也结队入滇，从事药材、皮毛、茶叶、布匹等贸易，他们的经营活动密切了云南与西藏之间商品的流通。咸同之乱后，外省商帮受到很大冲击，经营矿产的富商大贾因没落而迅速销声匿迹。清末之际，滇省大吏虽想尽办法将他们召回，但始终未能奏效。③ 此时正值云南省内商人群体崛起之时，外省商帮在云南虽有复兴，但其势力已远不及本省商人。

清末云南地区商帮的崛起，最初是依靠对外贸易的规模经营，尤其是滇缅贸易和滇泰贸易占较大份额，地处迤西的下关、保山、腾冲等地区主要是对缅贸易，迤南的蒙自、建水等地主要是对越贸易，这些地方的商人群体整合的趋向更为显著，从而形成了规模较大的地域商帮，并在市场格局中占据主要地位。根据晚清之际云南地区的经济格局和商人的空间分布，可以将省内商帮划分为迤西商帮、迤南商帮和迤东商帮。迤西商帮有腾越帮、鹤庆帮和喜洲帮：腾越帮的代表商号是洪盛祥、永茂和、茂恒，鹤庆帮的代表商号是福春恒、兴盛和、复协和、恒盛公，喜洲帮的代表商

---

① 周钟岳纂，牛鸿斌等点校《新纂云南通志》卷七，云南人民出版社，2007，第91页。
② 《昆明市志长编》卷六，第385页。
③ 周钟岳纂，牛鸿斌等点校《新纂云南通志》卷七，云南人民出版社，2007，第91页。

号是永昌祥、锡庆祥、鸿兴源、复春和。迤南商帮有临安帮和蒙个帮，代表商号是朱恒泰、顺成号。迤东商帮则有昭通帮和曲靖帮。① 这些商帮多数是以同乡关系结成的，也有因经营业务相同或购销地域相近而组合的，但有些商帮的经营范围较广，并没有明确的行业界限。

迤南商帮主要包括建水、蒙自、个旧等地区的商号，主要经营业务是出口个旧大锡，进口外国棉花、棉纱、布匹和其他百货，转销临安府、普洱府、开化府、广南府和曲靖府等所属的县镇。清末之际，建水到个旧开矿的人增多，一些锡矿老板把资金投入流通领域，兼营商业，逐渐形成较大的商帮。"建水商人将个旧的大锡，用马帮经由蒙自、广南驮运至广西百色，再由水路运至香港，又从香港将棉纱、百货等物品运回来。由于个旧炼锡业的需要，建水出现了一批采购木炭至个旧出售的商会，号称建水帮。"② 其中，"朱恒泰"号和"正顺昌"号是建水帮的主力，在蒙自有总号，在昆明、个旧、建水、香港等地设有分号。③ 滇越铁路开通后，建水的中转地位被蒙自完全取代，建水帮逐渐衰落。蒙自开关后，因国际、省级贸易逐渐发达，商业日趋繁荣，出现了许多经营对外贸易的大商号，如司裕号、天德和、福顺昌、裕昌、顺成号等，均与香港有联系，进口棉纱、布匹、烟丝及各种机制用品，出口大锡、普洱茶、皮革、猪鬃、火腿等。④ 其中，顺成号是迤南商帮中的翘楚。在滇越线开通之前，该号已由蒙自、河口商道经营香港贸易。蒙自开埠通商后，外国洋行与该号联结，推销外国商品，还一度垄断了入口棉纱销售权和水火油销售权。⑤

1900 年，临安商帮因许多商号做大烟生意而被查收，亏本倒闭，迤西商帮乘机得到较大发展，又分成腾冲、鹤庆、喜洲三个商帮。腾冲商帮以洪盛祥、茂恒、中和记商号为最大商号，鹤庆商帮以兴盛和、福春恒、鸿兴昌、日心德、庆昌和商号为最大商号，喜洲商帮以永昌祥、锡庆祥、义

---

① 云南省地方志编纂委员会编《云南省志》卷十四《商业志》，云南人民出版社，1993，第49页。
② 杨枫：《建水县私营商业发展简史》，载政协文史资料办公室编《红河州文史资料选辑》第10辑，中国文史出版社，1988，第27页。
③ 杨枫：《建水县私营商业发展简史》，载政协文史资料办公室编《红河州文史资料选辑》第10辑，中国文史出版社，1988，第28页。
④ 蒙自县政协文史委：《蒙自商业的兴衰》，《红河州文史资料选辑》第2辑，第3页。
⑤ 吴能清：《我所知道的蒙自顺成号》，《云南文史资料选辑》第9辑，第107页。

盛源商号为最大商号。清末之际，腾冲、鹤庆两大商帮的实力较为强盛。民国元年之后，腾冲、鹤庆两大商帮中的许多商号因负债累累而纷纷倒闭，喜洲商帮得到迅速发展，一跃成为滇西地区资本最为雄厚的商业界巨头，控制和占据了滇西地区商业的贸易往来和整个区域市场。

鹤庆商帮以兴盛和、福春恒和日心德最具代表性。1875 年，鹤庆商人舒金和、舒卓然、舒程远三人合股在鹤庆开设兴盛和商号，开业初期主要是行商，先在滇西一带经营土特产品、药材、日用百货，随后扩展到四川的西昌、宜宾、乐山、会理、成都等地。即从四川运丝绸、布匹、日用百货到下关、大理、鹤庆销售，再把鹤庆、丽江等地的药材、土特产品运往四川销售。1900 年，兴盛和商号分伙，此后舒金和独资经营。1910 年以后，经营业务扩大到国外，在缅甸瓦城设分号，进口棉纱、布匹、棉花、大烟及各种洋货，出口金银、山货药材、火腿、黄丝等。① 福春恒商号是当时任腾越总兵的鹤庆人蒋宗汉与腾冲商人董益三、明树功合股在腾冲开设的，经营滇西与缅甸之间的土特产品、花纱、布匹、黄丝、金银等进出口贸易。随后，董、明两人退股，又有祁星阶、舒号烈、杨蕴三人入股，在下关设总号，在昆明及四川地区设分号。1911 年，祁、舒、杨三人又退股，当时福春恒经济实力骤减，另有一鹤庆商人周守正开设的福庆仁商号发展起来，经协商后，福春恒与福庆仁合并，仍沿用福春恒招牌，由周守正任总经理，时有资本百多万两。② 日心德商号为鹤庆商人李鸿康开设，清末民初之际为该商号的全盛时期，其先后在下关、昆明设总号，在鹤庆、丽江、巴塘、康定、拉萨、重庆、纱市、汉口、上海、香港以及缅甸瓦城、仰光开设分号，主要经营山货药材、金银、棉纱，每年仅大黄一项就外销千驮以上（每驮 60 公斤）。

腾冲位居西南丝绸之路的交通要冲，与缅甸毗邻，得地利之便，自古以来，腾冲就是商业重镇，是缅甸互利互惠的贸易伙伴。腾冲商帮是清末民初滇西最早形成的商帮，腾越关开埠之前，腾冲县城有大小商号 200 多户，财力雄厚的大商号如洪盛祥、茂恒、永茂和商号等就有十多家，其中

---

① 舒自志：《博南古道上的鹤庆舒姓商号》，载政协云南省委员会文史资料委员会等编《云南文史资料选辑》第 42 辑，云南人民出版社，1993，第 232—234 页。

② 施次鲁：《福春恒的兴衰》，载政协云南省委员会文史资料委员会等编《云南文史资料选辑》第 42 辑，第 45—48 页。

以洪盛祥最具实力，为腾越商帮的代表，称为"东董"。其创始人为董绍洪，该号经营的业务是批发兼零售，经营物资有棉花、黄丝、石璜、玉石、纺织品、大锡、猪鬃等商品。由于洪盛祥诚信经商、经营有方，资本不断积累，至1900年，洪盛祥资本已有缅甸卢比30万盾。辛亥革命之后，洪盛祥的贸易进入鼎盛时期，1915年，洪盛祥商号的利润达100万龙元左右。为了拓展业务，该号以腾冲为总部，先后在国内外设立了众多的分支机构，形成了庞大的商业网络。这一时期，洪盛祥的出口商品以石璜、生丝、茶叶为主，进口商品以棉纱、棉花、棉布、玉石为主。该号石璜远销南亚、东南亚，不仅满足了当地民众的需求，成就了自身的辉煌，也为云南的商品开启了外贸通道。当然，该号也因之而垄断云南的石璜对外贸易达二十多年，腾冲商帮的翘楚地位得到维持而不衰。① 与此同时，腾冲地区兴起的商号还有茂恒、恒顺祥、广茂祥、永生源等，这些商号也在缅甸曼德勒、腊戍、仰光设有分号，主要出口川丝、药材、茶叶、土产、石璜、黄金、白银、皮革等。其中，很多商号投身于滇缅间的丝棉贸易中，由此出现了"丝花行"，这是清末腾冲商人在当地和缅甸北部成立的行会。这个行会由腾冲经营棉花、棉纱和生丝的诸多商号组成，共有41家商号，洪盛祥、茂恒、永茂和等六家商号的资本在百万银圆以上，它们在丝棉贸易中扮演了重要的角色，执滇缅贸易之牛耳。

大理喜洲商帮为滇西商帮中的后起之秀，形成于20世纪初期。喜洲商帮以永昌祥、锡庆祥、复春和、鸿兴源为最大商号，号称"四大家"，其代表人物是严燮成、董澄农、尹辅臣、杨炽东。喜洲素以经商为传统，但直到清末民初之际，随着外国资本主义进入云南，进行商品倾销和原料掠夺，加之"五口"开埠通商，云南地区对外贸易急剧发展，尤其是滇缅进出口贸易激增后，有大批喜洲商人到腾冲、保山等地开设商号经营洋货进口，喜洲商帮因之逐渐兴起。永昌祥商号在1903年以后由严燮成经营，该号主要经营洋纱、布匹、茶叶、猪鬃、大烟、棉花、黄丝、金银、外汇、山货、药材等数十种业务。在国内，其经营地区遍及长江以南各省，并在武汉、成都、重庆、西昌、柳州、拉萨、昆明、保山、上海、广州、香港等地设立分号。在国外，缅甸的腊戍、仰光和印度的噶伦堡、加尔各答等

---

① 黄槐荣：《洪盛祥商号概况》，《大理市文史资料》第8辑，第134—136页。

地也设有分号。① 锡庆祥商号的创办人是董澄农，初期主要在下关经营棉纱、布匹，在昆明、成都等地设立分号，在国外的缅甸仰光设立分号，经营黄金、白银，从事商业活动。喜洲商帮是特定时代的历史产物，它的出现蕴含着天时、地利、人和等多重因素，"惟吾邑自咸同以前，初无所谓洋货。光绪初，洋货始渐输入，自越亡于法，缅沧于英，于是洋货充斥。近则商所售，售洋货；人所市，市洋货。数千年之变迁，未有甚于今日者"②。这表明了自缅甸沧于英、越南亡于法之后，英、法殖民主义者的商品大量进入大理市场，这样才刺激了地方商业，从而使大理喜洲商帮的商人在这一场殖民经济的竞争中也扮演了一个重要角色，他们自觉或不自觉地扮演了搬运工和推销员的角色。直至抗战中期，喜洲商帮才形成了"四大家""八中家""十二小家"的格局，与鹤庆商帮和腾冲商帮鼎足而立，垄断了滇西地区的经济与商业市场，对云南商业贸易和商人组织的嬗变起到了至关重要的作用。

第二，少数民族商帮的崛起。

"地域与民族，是一切经济活动中两大基本的主客体因素。"③ 这两种因素的融合形成一定的社会经济过程。对云南这样一个多民族地区的省份而言，商人群体的认同与整合，除了以地域同乡关系为纽带外，民族认同也是不可忽视的重要纽带。云南商人在经济活动不断扩展的进程中也对其民族形成了广泛的认同，在此条件下，云南地区的少数民族商帮日益兴起与发展，其中较为典型的有回族商帮、白族商帮和纳西族商帮，这些商人群体成为云南地区传统商人组织中的中坚力量，也共同推动了族际关系的融合与族际贸易的发展。

回族是一个擅长经商的民族，自元代大规模进入云南以来，外出经商成了他们世代相传的习俗，由此，对外贸易始终是回族商人经营的主要范围。晚清之际，云南地区的回族商人跨越国境，往来于东南亚、南亚的印度与内地、边疆之间，逐渐形成了一批资本额较大的回族商行、商号，从而成为规模较大的商帮。这些商帮不但开设对外贸易的行号，而且拥有马

---

① 杨克成：《永昌祥简史》，《大理市文史资料》第 8 辑，第 1—32 页。
② 张培爵等修，周宗麟纂《大理县志稿》卷三（建设部·交通），成文出版社，1917，第 48 页。
③ 陈庆德：《民族经济学》，云南人民出版社，1994，第 61 页。

帮作为从事进出口贸易的主要运输工具。在滇西地区，下关回族商人马名魁创办了"福春""裕顺""泰来"三个商号，又在昆明、四川宜宾及缅甸的仰光、曼德勒等地开设十三个分号，还拥有一个一百多匹骡马的马帮，往来于滇缅之间进行贸易。在滇中、滇南地区，主要有原信昌和兴顺和两大商号。原信昌的创办人是通海大回村的马同惠、马同桂、马子厚、马泽如等回族商民，总号设在昆明，先是经营远途马帮生意，与泰国、缅甸等东南亚国家有频繁的商业贸易往来。1910 年，为了发展思茅等地业务，其在墨江开设杂货店，从昆明驮运百货、布匹、棉纱及泰国、缅甸的商品到墨江销售，并在墨江收购紫胶、獭猫皮、牛羊皮，运销昆明及各地。经过数年的发展，原信昌商号的业务由昆明、元江、墨江、磨黑、思茅、江城发展到泰国、缅甸、老挝等国的边境各地，范围不断扩大。① 兴顺和的创办人是玉溪大营村回族商民马佑龄，光绪末年，他将商号交给儿子马启祥经营。该商号除经营布匹、草帽、洋靛外，还经营川盐，资本额达二十多万银圆，该号先后在昭通、曲靖、蒙自、个旧、下关、保山、玉溪、墨江、思茅和省外的汉口、上海、长沙、天津、北京、广州、香港等地设立分号。同时，该号与他人合股兴办个旧锡务公司，开采、冶炼大锡，运销香港。由于成功的商业、进出口贸易以及产销一体化，该号成为清末民初云南地区规模较大的商号之一，在本省商界有相当大的影响。② 由此可见，清末民初，回族商帮就已经在云南地区的对外贸易中占有举足轻重的地位，对商人群体力量的增强起到了巨大的助推作用。

白族商帮主要涵盖大理地区以白族为主的商人群体。鹤庆和喜洲两大商帮的形成，具有很明显的地缘优势，前文已从地域关系的角度对其同乡商帮的形成作了概述，在此主要从民族认同与聚合的角度作阐述。这两大商帮的崛起与壮大，除了拥有得天独厚的地理因素和区位优势外，还有两大商帮的亲缘、族缘等人缘优势。两大商帮的商人家族之间大多拥有婚姻往来，结成较为密切的姻亲关系，人缘优势十分明显。这些商人既是老乡，又是亲戚，彼此之间有着许多复杂的情感和血缘凝结点。由于有了这

---

① 马泽如、杨润苍：《原信昌商号经营泰国、缅甸、老挝边境商业始末》，《云南文史资料选辑》第 42 辑，第 159 页。

② 马伯良：《回族商号兴顺和》，《云南文史资料选辑》第 49 辑，第 206—211 页。

种独特的人缘优势，鹤庆商帮和喜洲商帮在发展和壮大时彼此相依、互相帮衬、团结协作、同舟共济、共赴灾难，有效地避免了恶性竞争、互相拆台的商业陋习，这是两大商帮能够抗御风险并迅速崛起的重要因素。更为突出的是，鹤庆商帮、喜洲商帮各商号的创始人与管理者都有密切的族缘关系，其中喜洲商帮作为民族商帮的色彩更浓。但是，两大商帮的创始人和民族族别是有一定区别的。鹤庆商帮的商号以兴盛和、福春恒等为代表，是汉族、彝族、白族商人兼而有之的本地商帮；喜洲商帮则是以永昌祥商号、锡庆祥商号为代表，几乎清一色是本地的白族商帮。[①] 可见，白族商帮的商人因为同乡、同族以及血缘关系而互相合作、关照，形成了共同发展的商人组织。

地处滇西北的纳西族从事商业贸易有着悠久的历史。纳西族主要聚居于丽江地区，而丽江是滇西北与川、藏、印的交通孔道，亦是滇藏贸易的中心和枢纽。由于丽江地理位置的优越性，各地商号都集中于其县城大研镇，如喜洲帮中的永昌祥、鸿兴源、复春和、锡庆祥等商号，鹤庆帮中的天成美、恒盛公、忠和号等商号，腾越帮中的茂恒、怡昌、永茂和等商号，均在此设立分号。[②] 在这些商号的影响和带动下，纳西族商人先是到鹤庆、喜洲、腾越等帮的商号中提货，开店零售，后又以"入伙分红"的形式投资到鹤庆、喜洲、腾越商帮中，成为股东。在投资经营获利后，因资本日趋增多，其便逐渐建立起自己的商号，自助经营，纳西族商帮由此形成。纳西族商帮主要是从事滇、藏、印三地之间的贸易往来，各个商号多设立于这一商道沿线，如昆明、下关、丽江、维西、德钦、永宁、昌都、雅安、康定、拉萨、成都、重庆和印度的噶伦堡等地。当地较为有名的纳西族商人有赖耀彩、李悦、李鸿耀、和幼臣等人。这些商人主要经营茶叶、山货、药材等，也经营粉丝、腊肉、火腿等土特产品。[③] 相较而言，纳西族商帮和回族商帮具有的共性和优势就是商号大多拥有自己的马帮，并依托马帮从事远途贸易；而与白族商帮相比较，纳西族商帮由于形成时

---

① 鹤庆商帮和喜洲商帮各商号的族源关系表，详见薛祖军《大理地区喜洲商帮与鹤庆商帮的分析研究》，云南大学出版社，2010，第66—69页。

② 许鸿宝：《丽江县大研镇解放前的商业情况》，载《纳西族社会历史调查》（一），云南民族出版社，1983，第27—29页。

③ 赖敬庵、杨超然：《丽江工商业资料》，《丽江文史资料》第3辑，第77—79页。

间较晚、存在时间短,其规模还相对较小,影响也较弱,但极大地推动了滇、藏、印之间的跨界贸易,也是云南地区较为活跃的商人群体之一。

2. 殊相:另类滇商群体的形成

近代云南地区商人群体由于其所分属的区域和民族的差异性,其构成是复杂而又独具特点的,其中有两类商人群体是值得关注的,即马帮商人群体和鸦片商人群体。这两类群体的出现与发展壮大,充分展现了云南作为多民族的边疆地区,区域社会从传统向近代转型的过程中所体现出来的特殊性和差异性。这些商人群体的社会影响并不逊于其他类别的商人,在特定的区域和社会环境中,他们的影响也深深地映照在商人组织嬗变的历程中。

第一,马帮商人群体。

明清之际以来,云南最具特殊性的一类商人群体就是马帮商人。由于云南多崇山峻岭,交通闭塞,其地区之间的贸易运输几乎全靠人畜之力。随着商品经济的日益发展,专业性马帮逐渐增多,经营的范围和规模也随之扩大。马帮活动的范围十分广泛,几乎包含云南全省和相邻省份以及东南亚各国,主要运输路线有四条:一是以昆明为起点的东路干线;二是以下关为中心的西路干线;三是分别以昆明和玉溪为起点的南路干线;四是以下关为起点的西北路干线。由此可见,云南马帮商人在晚清之际十分兴盛,这种情况一直延续到民国,据载,仅腾冲一个口岸,每年马帮的运量就达两万余驮。[①] 由此出现了一批专业经营马帮的大户,清末民初之际,云南地区的大马帮有丽江帮、中甸帮、凤仪帮、蒙化帮、保山帮、永平帮、云龙帮、顺宁帮、景东帮、思茅帮、磨黑帮、临安帮、迤西帮、石屏帮、沙甸帮、广南帮、开化(文山)帮、阿迷(开远)帮、寻甸帮、玉溪帮、通海帮、宣威帮、鲁甸帮、昭通帮、会泽帮等二十多个,成为担负云南各地对外交通贸易的主要运输力量。[②] 从民族成分来看,除以回族、汉族为主体的主要马帮队伍以及往返于北路的藏族马帮外,在白族、彝族、纳西族、普米族、哈尼族、拉祜族、景颇族、佤族等诸多少数民族中都形

---

① 中国社会科学院历史研究所第三所编《云南杂志选辑》,科学出版社,1958,第178—179页。

② 杨毓才:《云南各民族经济发展史》,云南民族出版社,1989,第307页。

成了一定数量的马帮。其中，尤以回族、纳西族、白族、藏族等民族的马帮商人最为典型。

云南地区的回族主要聚居在交通沿线的平坝地区或半山区，回民素有经商的历史传统。（民国）《大理县志稿》载："回回，长于服贾贸迁。"运用马帮进行长途贩运是回民经商的一种重要形式，回族马帮商人也因之而形成。至清代中期，回族马帮商人不断壮大，他们的商业贸易活动"不仅在多山地区交流物资，往来城镇之间，还有跨越边境，在国外远销者"①。由于地缘区位的优势所在，回族马帮商人把云南地区的茶叶、生丝、丝绸、食盐等物品经由骡马输入缅甸，又把缅甸的棉花、玉石输入省内、国内。清中叶，进入缅甸经商的尤以腾越商人为主。《腾越州志》载："今商客之贾于腾越者，上则珠宝，次则棉花，宝以璞来，棉以包载，骡驮马运，充路塞道。今省会解玉场甚多，磨砻之声，昼夜不停，皆腾越至。"② 晚清以来，滇中南地区的回族马帮商人大多赶马帮"走夷方"到泰国、缅甸进行贸易，其中玉溪地区的峨山和河西（今通海）占多数。峨山县的回族聚居地——文明村和大白邑村，有大量马帮商人从事与东南亚各国之间的商业贸易。清末民初之际，中缅边境贸易活跃，玉溪河西大小回村等地的马帮商人驮运河西黄烟、日用百货、羊毛毡、土布等商品，从普洱经西双版纳的打洛进入缅甸的景栋、大其力一带进行贸易；有的马帮商人还到泰国的清莱府、密赛、清迈等地进行贸易，返程时驮回蓝靛、鹿茸、象牙、虎骨、茶叶等商品销往昆明。③ 综观之，玉溪地区的回族马帮商人已然成为云南地区马帮商人群体的重要组成部分，无论是商业资本、发展规模、商户数量还是运营规模，都比清中期有较大发展，具有新式商人的特点。而近代云南回族马帮商人经由赶马经商致富之后，成为民族地区最具影响力的群体之一，他们不断参与地方社会事务，有的甚至亦官亦商，使绅商群体势力不断壮大。颇为典型的是玉溪大营回族马帮商人马佑龄的两个儿子。1894 年，次子马启华参加科举考试中举，弃商入官后，官至贵州大定府。过继子马启元在经营家族商号的同时，官至正一品"建威

① 杨兆钧：《云南回族史》，云南民族出版社，1994，第 101 页。
② 云南保山地方志编纂委员会编《保山地区志》中卷，中华书局，2003，第 431 页。
③ 杨兆钧：《云南回族史》，云南民族出版社，1994，第 356 页。

将军"，于 1906 年凭借其在云南商界的资望，担任云南省商务总会第一届总理。

丽江纳西族聚居区是云南西北与西藏、四川、印度的交通孔道，是滇藏贸易的中心。唐宋以来，内地商人因安全条件、语言、气候环境、生活及风俗习惯等不相适应，所以到丽江后就终止其贸易路线。与此情景相似，康藏商人对内地也较为陌生，到丽江后也不再继续向前。丽江所占的区位优势，就是与两地区的边界相连，在气候环境、语言风俗、生活习惯等方面基本可以融入与适应，因此，纳西族马帮商人在滇西北地区的族际贸易中起到了重要的中介、桥梁作用，促进和推动了汉族、白族、纳西族与藏族之间的商业贸易和经济文化交流。如曾担任丽江商会会长的赖耀庵之父赖耀彩就是丽江地区较为富有的纳西族马帮商人。赖耀彩开办仁和昌商号，清光绪初年到中甸设号，经营山货药材。后赖敬庵继承商号，设分号于下关、昆明、康定，赖家经营进口物资，自养驮马 180 多头，分为四帮，往来运输。民国时期，赖家的流动资金达滇半开银币 60 万元，因此，西藏人称之为"赖家昌"，是藏语"大资本家"的誉称。① 此外，还有一种叫"藏客"的纳西族马帮商人，他们自养马帮，一年进一次西藏。去的时候运茶、糖、土杂等各种日用品，回来时运西藏产品如氆氇、毯褥、毛皮、山货、药材等，薄利多销，有盈无亏；到了春天，赴思茅运茶，一路放马，回来时人壮马肥，到了五月又进西藏。② 这些都表明，马帮商人在清代以来云南地区的商业贸易和族际交流中占有重要的地位，也是民族经济发展中的内生动力。在马帮商人的推动下，云南的对外贸易格局也形成了以"滇川藏三角贸易圈"和"滇与东南亚南亚贸易圈"为主的商业网络，商人组织的嬗变也呈现出明显的地域性。

第二，鸦片商人群体。

鸦片是云南地区农作物商品化扩大过程中的特殊作物，它对云南地区社会经济的影响至深且巨。晚清之际，云南地区商业贸易的各行业中，资本最大、经营范围最广、获利最丰的当数经营鸦片（也称之为"云土贸易"）。由于云南的鸦片（即烟土）质量优、烟劲足，因而从近代以来就大

① 王明达、张锡禄：《马帮文化》，云南人民出版社，2008，第 112 页。
② 赖敬庵、杨超然：《丽江工商业资料》，《丽江文史资料》第 3 辑，第 85 页。

量流销于内地，云土贩卖给商人带来的利润也较为可观。在此过程中，鸦片商人也就成为云南边疆民族地区商人构成中的一个规模庞大、占据着特殊地位的商人群体。

清代后期统治者对鸦片实行"寓禁于征"政策之后，鸦片贸易合法化，政治上的风险消除，于是，大、中商人广泛地涉足烟土收购、贩运和批发等业务。为鼓励商人们经营烟土行业，使之有利可图，诸如岑毓英、刘岳昭等封疆大吏采取了轻征税收的方式，以鸦片的种植、贩运来带动云南社会经济的恢复和发展。由于云南是需要"协饷"补助的省份，1897年，云贵总督崧蕃等更是直截了当地上奏："滇省土药出产，难计其数，拟酌量加收厘金专款。"① 要仰赖鸦片收入为其主要财源。在这种社会环境之下，不仅是云南的商人积极地涉足烟土行业，一些省外的商人也来到云南坐地收烟，长途贩运。清末之际，云南的烟商主要由以下商帮构成：广帮（广东和广西）、两湖帮（湖北及湖南，亦为汉口帮）、常德帮、川帮、本省临安帮和迤西帮。② 可见，清末民初外省商帮在云南烟商中的数量和实力还较为强大。尽管大、中商人涉足鸦片的收购、贩运和经销，但也并不排除大量小商贩的活动，因为各类商人都有各自的活动空间、收购对象和销售渠道。有些小商贩直接深入各村寨向烟农收购烟土，再转手贩卖给大、中商人。小商贩的活动对大中土商的经营实际上起到了拾遗补阙的作用；大中商人又集中收购、批发或贩运，利用规模效应占领市场。大、中、小商人各有优势，互为补充，相得益彰，活跃于"云土贸易"的市场，将云南鸦片迅速地扩散到全国各地。

光绪、宣统之交，云南厉行禁烟。此后，鸦片的贩运受到一定的损失，其中，临安帮受损严重，退出了迤西市场，部分烟商被迫转向其他行业，外省的商贩也纷纷撤离。但在云南的商业经营中，鸦片的经营占有重要地位，烟商不仅人数较多，经济实力也较强。《云南地志》载："云南商业之出口者，土药为大宗，个旧锡次之，然皆贩运至香港，转售中国，实非出口销至外洋有所抵御也。"指出云土大部分销往他省，其次为自产自

---

① 云南省历史研究所编《清实录有关云南史料汇编》卷四，云南人民出版社，1986，第753页。

② 秦和平：《云南鸦片问题与禁烟运动》，四川民族出版社，1998，第81页。

销，输往国外的占少数。"相较而言，云南鸦片商人较集中地分布在下
关、昆明和滇东南等地。外省烟商除集中在昆明外，多是依据自己的经
营范围在有利的地区进行活动。如川帮多集中在滇东北的昭通等地，两湖
帮和常德帮多集中在滇东曲靖、罗平等地，两广帮多集中在广南、富宁
等地。"①

作为近代云南商人较为重视的一类贸易物资，鸦片一直与商人的产生
发展以至衰败密切相关。如较早的临安帮、腾冲帮、鹤庆帮等，无不与鸦
片贸易有密切的关系。鹤庆商帮中的舒金和在咸同年间，"家困去学为贾，
适烟禁大弛，是以贩烟往炉城间，获利殊厚"②。云南开埠通商后，滇西地
区各大商号"绝大多数都贩卖大烟，一般在缅宁、耿马一带或下关收购，
运销昆明、四川，甚至两广"③。从商人资本积累的状况来看，由于有烟土
贸易的刺激，各商号的资本增值都很快，在短短几年时间里，商人资本成
倍增长，这也是在"云土贸易"这样的特殊商业环境里出现的怪象，因
此，鸦片商人群体也成为云南地区商人群体整合趋向中畸形发展的一个
怪胎。

总而言之，晚清民初之际，云南地区各类商人群体的崛起，是云南地
区商人组织发展的一个重要阶段，也是云南边疆民族地区商人组织从传统
向现代过渡转型的重要节点。这种现象与明代至清中叶本省商人发展的迟
滞形成强烈对比，在历经咸同之乱后，省内商人的发展壮大有了诸多机
遇，随着清末重商思潮的兴起，清政府也实行了一系列重商的政策；开埠
通商后，对外贸易迅速发展，洋货大量涌入，矿产品、原料大量输出，鸦
片大量外销，区域市场不断拓展，商人的实力和资本迅速得到增强和增
多，这些因素都不断促进了省内商人群体的壮大和各类商人群体的兴起，
由此也造就了一批大商帮和大商号的形成。商帮和商号的增多，又促使商
人以各自的地域、族别和行业为中心，提携经商，互助互利，联络感情，
解决纠纷，规范行为，云南商人逐渐以区域性群体的形象登上近代的历史
舞台。当然，我们也应该认识到，商帮和商号的发展仍主要局限于一些交

---

① 秦和平：《云南鸦片问题与禁烟运动》，四川民族出版社，1998，第83页。
② 周钟岳纂，牛鸿斌等点校《新纂云南通志》卷九，云南人民出版社，2007，第348页。
③ 梁冠凡等调查、整理《下关工商业调查报告》，《白族社会历史调查》（一），民族出版
　社，2009，第127—128页。

通孔道沿线地带，如大理、丽江、腾冲、蒙自等地区，这表明云南地区商业的发展呈现出多层次、不平衡的特点，但各地方、各民族的商人通过广泛的商业经营活动，促使地处西南边疆的云南在晚清之际形成一个相对统一的社会经济体，商人群体的高度整合已成为云南商人组织向现代过渡、转型的前奏。

3. 渐变：商业会馆的设立与行帮的衰落

晚清民初之际云南商帮的迅速崛起为商业会馆的设立提供了可能。外出经商的商人，难免会遇到各种困难与纠葛，客居他地的地方商人便联系同一地方或同一行业的商人，组织成立带有同乡同业性质的会馆来维护自己的利益。商业会馆通过制定众多的规范来约束商业秩序，形成了一种定型的商业制度，并成为一种城市商业管理的重要组织形式。商业会馆的地理分布状况在一定程度上反映了区域社会经济，特别是商业经济的盛衰。

清代云南移民众多，经商的外地人便建立了众多的商业会馆，大小城市无不有之，特别是江西和两湖的商人会馆几乎遍布云南各城市。"全省各县市镇，无处不有江西人之万寿宫与两湖会馆，自省城及各县城以达乡村市镇，舆夫、慈发匠、栈伙、厨役诸工，几无一而非四川人，裁缝及零星贩卖之流，几全操江西、两湖之人之手。"[1] 清代，外地移民大多来云南经商，商业会馆的设立在云南各城市相当广泛，省城昆明更是会馆集中的城市。商业会馆的设置直接反映了外地商人在云南各城市的分布和城市商业的繁荣程度。除会馆集中的昆明城市外，云南其他城市也设有会馆，既有本区域内的商业会馆，如昆明和蒙自有建阳会馆、迤西会馆，保山有腾阳会馆、迤东会馆、大理会馆（双鹤观）、四川会馆，顺宁有太和会馆，他郎厅有新兴会馆、石屏会馆等；又有外地人建立的会馆，如四川会馆在云南宁洱、巧家、顺宁称惠民宫。湖广会馆在镇雄称楚圣宫，在巧家称三楚庙。江西籍会馆的常用名称是万寿宫，由于江西籍会馆在云南地区分布十分广泛，因而形成了许多地区性移民会馆，主要有江西吉安人会馆在云南蒙自吉安公所、江西抚州人会馆在秀山萧公晏公庙、云南新平萧公祠和云南永昌昭武祠。江西南昌人会馆也叫万寿宫，江西抚州人、瑞金人会馆

---

[1] 谢晓钟：《云南游记》，载沈云龙主编《近代中国史料丛刊》第 9 辑第 90 本，文海出版社，1967，第 101 页。

在蒙自水府庙,豫章会馆在云南镇雄。云南新平的江西人会馆,又叫萧公祠。云南永昌的江西吉安会馆,又叫二忠祠。顺宁县江西会馆又称江右会馆。① 在云南府县级城市中,江西会馆和四川会馆分布普遍,其他会馆也有诸多分布,但数量远远少于这两类会馆。这种情况的出现与江西人和四川人在云南的人数较多,商业发达密切相关。② 大理地区地理位置优越,商业发达,"北控吐蕃,西界骠国,东有若水,南扼昆弥,一大都会也。其商业以羊毛、毡毯及药材为大宗,药材一项,年约有一百余万元之出口,运销地点以香港、上海及湖北、湖南为多"③。但清初本地商人不善于经商,晚清这种局面有了诸多改变,大理形成了著名的喜洲帮,商业开始兴盛,在云南其他城市建立了诸多会馆,带动了全省商业的发展。据记载,大理会馆共有 13 处,遍布云南三迤各地。④ 可见,晚清云南大理商人实力雄厚,会馆成为外地商人和本地商人自发创建的一种重要的经济组织,在维护商人利益、方便商人贸易等方面起到了很好的作用。

商业会馆对晚清之际云南地区的商业经济发展产生了多重影响。会馆的创建,有效地降低了商人的交易成本。若从制度经济学的路径去审视商人会馆的话,正如诺思所言,商人会馆是一种民间自发创建的社会组织,可以把它看作一系列被制定出来的规则和行为规范。⑤ 其中制度变迁的主导力量是民间商人而非政府。出此看来,商人会馆是东方商人的一种制度创新,具有浓厚的乡土中国特色。⑥ 即使在近代商会出现以后,商业会馆也并没有迅速退出历史的舞台,足见其对云南商业发展的影响之深。当然,因为它们的封建性很强,门户观念根深蒂固,具有时代上的落后性,在一定程度上又阻碍了商品经济的正常发展。

---

① 蓝勇:《清代西南移民会馆名实与职能研究》,《中国史研究》1996 年第 4 期。
② 云南移民会馆的具体分布情况详见蓝勇《西南历史文化地理》,西南师范大学出版社,1997,第 526—527 页。
③ 徐珂编撰《清稗类钞》,中华书局,1984,第 2337 页。
④ 张培爵等修,周宗麟纂《大理县志稿》卷三(建设部·交通),1917,第 46—48 页。
⑤ 〔美〕道格拉斯·C. 诺思:《经济史中的结构与变迁》,陈郁等译,上海三联书店、上海人民出版社,1994,第 228—229 页。
⑥ 侯宣杰:《西南边疆城市发展研究——以清代广西城市为中心》,博士学位论文,四川大学,2007。

以会馆为依托，商业行帮有团结同业、提供住宿与仓贮、对同业实施救济等功能。同时，行帮在划分商贸范围、协调行内商人利益、控制商品价格、规范经营行为等方面有许多行规。当然，晚清之际云南的商业行帮多集中于昆明，其他地方的行帮组织相对偏少。如商业地位仅次于昆明的下关，光绪年间只有一个"丝花会馆"，是本地丝花贸易行帮的活动场所。这种状况从一定层面使昆明作为全省商业中枢的地位得到凸显，各行帮以昆明为中心，将业务延伸至省内各地。

作为同业商人组织，行帮不论同族同乡，只论同门同业，这已经超越了血缘与地缘的局限。清末以来，在商品经济快速发展的推动下，云南地区的商人群体从血缘与地缘观念中挣脱出来，为本行业的发展实现了高度的整合，依靠行业的力量从事商业活动，这是云南商人群体嬗变过程中的巨大进步。当然，行帮在保障同业商人利益的同时，又有禁锢商人展开竞争、僵化商人经营方式等负面作用。清末云南各业行帮分割过于细碎，对日益扩展的商业贸易有严重阻碍。有论者认为，"把行帮一概看成是阻碍经济发展的封建性组织，看不到它曾有过适应商品交换需求的一面，既不符合历史实际，也无法解释行帮长期存在的原因"[1]。各行帮都自行定有本业的行规或会规，而这些规约都带有不同程度的封建性、排他性和垄断性，在一定程度上起着限制自由竞争、阻碍商业发展的消极作用。如新户入会要捐大笔功德银两，内行加入小业要一二十两；加入大业要一二百两，外行人开店入会要加数倍收取功德；在布匹、药材、成衣等业还有"相距'上七下八'间铺面以内，不得开设同种营业店铺"的规定。[2] 行帮制定的不合理帮规，到清末受到了商人有悖于传统经营方式的不断冲击和突破，行帮组织渐渐失去了原有的约束力，由此逐渐瓦解。这种现象在清末的商务档案中都有记载，如绸缎行在1906年新订的行规中规定，"现因市风日坏，彼行而售此行之货，此行而乱彼行之规，至此已极"[3]。瓷器行的一份诉状中也说道，"而今各帮各行，自行沿街销售，其我铺之生意，

① 刘云明：《清代云南市场研究》，云南大学出版社，1996，第164页。
② 中国民主建国会云南省委员会、云南省工商业联合会编《云南工商史料选辑》第1辑，中国民主建国会云南省委员会，1988，第219页。
③ 《云南商务总会整顿市廛卷宗》，昆明市工商联存档，载《昆明市志长编》卷七，第204页。

实为艰难之至"①。在行帮瓦解的同时,云南地方商人群体的整合与转型又面临一次新的契机,在清廷"新政"浪潮的助推下,新式商人组织——商会应运而生。

二 清末新政时期云南商务总会的创设

清末是近代云南社会发展的重要转折时期。1901 年,为内忧外患重重危机包围的清政府为维持其摇摇欲坠的统治而被迫宣布实行"新政",内容主要有改革管制、编练新军、改革教育和修订刑律等。在"新政"时期,云南地方政府作为清朝政府的一级地方机构,在辛亥革命前的十余年间,除保留某些原有的机构外,又新增了劝业道、巡警道、高等审判厅、高等检察厅、洋务局、自治局、禁烟总局、咨议局、电报局、邮政局、矿政调查局、商埠清查局(后称商埠总局)等。随着晚清之际云南经济的发展,清末云南的社会结构发生了较为显著的变动。自明代就已经出现的市民阶层,到了清代,尤其是清末,力量空前壮大,商人、绅士等市民阶层逐渐地开始接受各种新思潮,市民意识有了觉醒和提高。因此,清末之际,云南省商务总会、云南省农会、云南省工会、云南省教育会及禁烟天足会等新式团体逐渐增设,这些团体虽在设立程序和某些活动上有一定的政治色彩,也兼办了一些政府机构的事务,但在推进云南的商业、工农业、教育实业发展及改良社会风气和陋习等方面起到了一定的积极作用。

(一) 商主官劝:云南商务总会的创设动因

清末商会之所以能成立,与商部政策的倾斜和大力推行有关,但各地商会的实际成立过程并非一帆风顺,形态也各有差异。基于一些现实困难及背后种种潜在因素的考量,商人在这个过程中常持被动态度。"官商之间的这种不同考虑,也预示着商会成立必然不会以一种划一的形式完成。"② 云南商会的创设绝非出于偶然,而是有它特定的历史条件与相应的

---

① 《云南商务总会一切来往信函卷宗》,昆明市工商联存档,载《昆明市志长编》卷七,第194 页。
② 王春英:《官商互动中的多元图景呈现——清末商会成立形式再探》,《华中师范大学学报》(人文社会科学版)2005 年第 5 期。

社会基础。1894 年中日甲午战争后，清政府为了巩固其封建统治，遂于之后实行新政。清政府在云南推行以编练新军、废科举兴学堂、改变官制、振兴实业为主要内容的"新政"，云南的政治体制有了新的变动。1908 年设立云南全省自治局，置官绅局长一人，下设考订、编查、文书、庶务四科和自治研究所。1909 年正式成立咨议局，云南设议员 68 人。各地成立自治传习所、宣讲所，以便人们了解宪政，参与宪政。由于"行政之权在官吏，建言之权在议员"①，在这样的政治格局中，要求云贵总督及所属部门都采纳相关议员的意见，显然是不切实际的。为推行新政的各项举措，云南还先后设立了财政公所、交涉公所、学务公所、提法公所、劝业公所、警务公所、督练公所、清理财政局、宪政调查局等。此外，非政府一级机构的组织，如商会、教育会、农会、工业总会的设置，也是云南前所未有的。清末"新政"引起的一些制度上的变化，一定程度上推进了近代云南社会经济的发展，但已无法挽救清王朝灭亡的命运。

1905 年云贵总督丁振铎奏准自行开辟昆明为商埠后，成立了商埠总局，管理商埠地区的通商事宜。1906 年清政府设立的农工商局，主管全省农、工、商行政事务，对昆明来说，着重管理商务行政，故一般简称商务局。而此时云南的工商事业也未有所改进："夫以滇省气候之温燠，土地之肥沃，物产之丰盈，工价至为低廉，人情又极耐劳苦，加以政府之尽力提倡，宜乎工商事业不难一日千里，乃较诸以往，虽不无进步可言，而以视沿江海工商业发达之区，则远逊弗如者何也，盖一则群山阻碍，交通不便，一则经济艰窘，资力薄弱，惟交通不便，故原料及械件之运输极艰，物品之销行不易，成本因而加重，基金为至顿污，惟资力薄弱，故未办之事未由进行，已办之业未由扩张，维持政府洞厥情形，爰筹设实业银行以融通资财，设立交通专司以谋交通之便利，继今以往，工商业前途庶几有进步之可言。"② 基于此，云南各地区的工商行业为了保护自身的权益，求得生存和更大的发展，迫切要求建立自身的新式组织。

在云南商务总会创立的过程中，官方劝办起了重要的推动作用，但云南地区商人组织的高度整合及由此形成的对官方劝办发展近代工商业、成

---

① 周钟岳纂，牛鸿斌等点校《新纂云南通志》卷六，云南人民出版社，2007，第 358 页。
② 云南实业司工商科编制《云南工商业概况》之"序言"，1924。

立商会的高度认同是主导因素。应该说，在新政之际制度变革的前提下，边疆民族地区商人与商人组织的自为意识和举措是商会最终得以在云南生根存续的主导因素。所以，在云南商务总会及各地商务分会成立的过程中，传统商人起了主要作用。"新政"期间，大力发展工商、振兴实业成为各地区社会经济发展的主导。"工商立国成为全国范围的共识，随着工商立国政策的确立和振兴工商政策的实践，政府和工商界的社团意识又导致了商会的迅速发展。"① 这一现象在云南地区也大致相同。在云贵总督丁振铎的推动下，昆明自开商埠，此后工商业渐趋繁盛，工商业组织日渐发达，为云南商人积极响应清政府劝办近代工商业、成立商会奠定了坚实基础。

早期云南地区的传统商人组织是近代云南商会产生的社会历史资源。清代昆明各商品行业均有行帮，以限制同行业之间的竞争。商品经营的种类、地段等，都必须遵从相关的行规。大批商品的买卖要通过牙行来进行。牙行为买卖的中介，掌握行情，代客户介绍买卖，但成交与否取决于买卖双方。"外省外县运来的货物，以至本地外运的货物，多因资本周转等关系要先下行，资金短少则牙行垫款，并由牙行介绍卖于铺家。由牙行垫款者，要出佣金百分之五。"② 因此，牙行制度的存在一定程度上与产品经销者资金短缺有关。行帮组织在稳定物价、促进物资交流、维护同业间的共同利益等方面发挥了一定的积极作用，但多数带有封建色彩，行业与行业之间的关系不容易协调，组织架构形成也各不相同。随着清末云南区域市场的扩大，各地区城市经济有了很大发展，并与香港和东南亚、南亚的一些国家建立了贸易关系，而依然存在的行帮、牙行制度的弊端更明显地表现了出来。加之清末民初之际，云南的商人资本也较前期更为雄厚，许多商人在省内外乃至国外遍设网点和分号，因而要求实现自由竞争，缩短流通环节，而清末之际云南各业行帮分割过于细碎，对日益扩展的商业贸易有严重阻碍。这种行帮制度日趋瓦解的同时，又为云南地方商人群体的整合提供了新的契机。

更为重要的是，如前节所述，晚清之际云南的商人群体实现了高度的

---

① 虞和平：《近代商会的法人社团性质》，《历史研究》1990 年第 5 期。
② 《综合特约撰稿员陈子良（量）口述材料》，载《昆明市志长编》卷七，第 190 页。

整合。与此同时，清末滇省出现的一大批商人，他们多以贩运、经营鸦片或高利贷起家，并与官府相勾结，利用投机发财致富，成为富甲一方的大商人。这些商人的经济实力及参与社会事务的程度极大提高，从而促使商人以更新的团体形象活跃于清末的历史舞台。而清末由于商业的繁盛，云南的商业资本有相当大的积累，已出现了拥有几十万两甚至上百万两资本的大商号，如弥勒县虹溪人王兴斋（王炽）创建的"同庆丰"，他的好友于怀清在《克念书屋日记》中记载："各省除汇兑外，渝号以盐岸为大宗，申、江、汉、粤业务各有不同，自光绪十三年至宣统三年（1887—1911），共 25 年之间，全号鸿利银 389.9 万余两之巨，而此数年间所遭受之巨大损失尚不在内，同庆丰富过半个云南之说，信不诬也。"[①] 其中有云南第一家大商号同庆丰的王鸿图和玉溪的大商号兴顺和的企业主马启元，两人都向清政府捐了官，分别具有道台和武职副将头衔，他们认为要达到这个目的，必须联络商界合力来做。正是在政府劝办和商人主导的合力推动下，云南的新式商人组织——商会应运而生。

而在清末之际的时代变局下，云南商人的自我意识不断强化，商人阶层也普遍比较敏感，自身组织的整合趋向也更为明朗，他们一向利用云南多山、交通梗阻的封闭情况，使用马帮运输货物出省，经营川、黔及上海、北京、广州等地的远途贸易，有的以设立票号进行汇兑为主，有的以运销茶叶、大烟等土产为主，有的运川丝出口缅甸，又由缅甸运入棉纱、布匹等，都大获其利。当滇越铁路开始修建，接着昆明又自开商埠时，各地商人就已看到滇越铁路通车后，市场情形将会发生重大变化，也必然影响他们原来的经营与商业利益，因而亟须因应环境的变化，寻找出路和办法，并求得发展。对于云南商界而言，工商业的振兴与商人组织的整合有密不可分的关系，创设商会也是商界的一大责任。

在清政府的倡导之下，云南商人顺应商业发展的趋势与地方商人对组织认同度的增强，禀陈云贵总督丁振铎奏准设立云南地区的商会组织，"云南地处边陲，蕴蓄非不宏富，特因风气开通较晚，商业素少讲求，近以开辟商埠，筑造铁路，百事振兴，所有蒙自、思茅、腾越等处进出货物日见繁盛，商界见闻渐广，事机可乘，亟应实力提倡，加意经营，俾得日

---

① 《克念书屋日记》，载《昆明市志长编》卷七，第 198 页。

征进步，较诸内地各商会关系尤为紧要，臣等查核所拟试办章程，计定名明义选举、分职，议事，用人，保护，规则等共八章，条理完备，尚属妥洽可行，所举总理马启元，协理王鸿图，既系众情允洽，应即照章准予派委，所请援案发给关防核与臣部历办成案相符，亦应一并照准"①。1906年，云南绅耆马启元、王鸿图、董润章、祁奎、王连升、施复初等发起组织云南省垣商务总会，报请云贵总督丁振铎转请清政府核准设立，初定名为"奏办云南全省商务总会"②；并于同年3月在昆明威远街设立商务总会事务所。云南地方官员对创设商会也较为重视，并积极给予支持。1908年，云南奉准把旧抚署左守备衙门拨作商会会址，省商务总会迁入福照街（现五一路云南省工商业联合会内）。农工商部颁发的商会章程规定："云南地处边陲，得风气较晚，商业素未讲求。近年中外互市，铁路将通蒙自、思茅、腾越等处，进出口贷日见充斥，商务渐臻繁盛，亟应整顿考查，力除积弊，以维自有之权利。现奉督宪谕饬遵照商部奏定章程，设立商会，名曰云南省垣商务总会。本会之设为振兴商务起见，要以开通商智扶持商业为第一要义，调查各埠商务之盛衰，考较中外实业之美恶，因地制宜实力讲求更期，制造日精，利益日扩，又必众商团结，俾无涣散倾轧之虞。"③

云南商务总会成立以后，以联络工商感情、扩展工商事业、研究工商学术和调处工商争议为宗旨，统一领导和协调省城各工商行会的活动。在新政时期，云南商务总会主要有两大中心工作：一是筹备设立劝工场陈列所，二是整顿市场。1906年，省商务总会发起筹设劝工场陈列所，向清政府借款四万元，汇集各种货物以陈列售卖，借以提倡国货，堵塞漏卮。初期由云南总督准许照办，后因款项未按时拨到，延至辛亥革命后才建立劝业场。以整顿市场工作而论，在成立省商务总会以前，各行帮自行订立行规，收取功德银（即会费），因而1908—1909年，云南省商务总会对各业行规进行过一次整顿，对入会费作了部分调整，并对各行帮所定行规经过商会评议予以修改。但有些规定尚未作改革，诸如开铺限制、限制加工品

① 《公牍：商部奏云南省垣设立商务总会折》，《商务官报》1906年第19期。
② 李师程主编，云南省政协文史委员会编《云南文史集粹》（五）《工商·经济》，云南人民出版社，2004，第278页。
③ 《奏设云南省垣商务总会章程》，1906，档号：32-25-18，昆明市档案馆藏。

种、限制交易等尚未列入行规，促使自由集议的行规合法化，更助长了牙行和铺店对工人学徒的压榨。

清末民初，行帮是凌驾于行业之上的主体，是商务总会的基层组织。云南商会在创设时，在组织上大都以行帮为根据。据1907年的统计，参加云南省商务总会的行帮有59个，未参加商会组织的有34个行业。其中设有牙行（旧时为买卖双方议价说合抽取佣金的商行）的行帮有24个，即茶业、海味、红白纸、川丝、红糖、清油、蜜食、川土烟、土杂货、青靛、羊牙行、颜料、杂货、清酒、植木、棉花、洋纱、杉板、土纸、药材、土黄烟、白布、猪牙行、三迤骡马。未设牙行的铺帮有22个，即绸缎、布匹、棉线、斗笠、酒席、米铺、书籍、租碗、纸张、茶帮、盐铺、芦茶、京果、瓷碗、当铺、旧衣、杂货、棉絮、笔墨、京货、上药（鸦片烟）、丝绵。参加客帮的有12个，即广东、广西、四川土药杂货，四川药材，湖南常德土药，安徽瓷器，浙江杂货，贵州帮，川帮，广帮，迤东川烟杂货，迤西土药。[①] 形成于1907年的《铁路公司全宗》集中收录了昆明一地的商业行帮59种，其中设有牙行的22个，外省商帮7个，经营鸦片的烟帮6个。[②] 这些行帮几乎囊括了当时省垣昆明地区的所有商业类别。可见，昆明在云南全省的商业中心地位此时已得到确立。

（二）"二董"同治：云南商务总会的组织运行

云南商务总会设立以后，按《商会简明章程》之规定，设置了相对完整的机构，由总理、协理主持日常会务，会董和帮董共同参与，"二董"各有明确的职能与权限。商务总会以昆明各行帮为基层组织，各行帮分别推选帮董参与会务，其中烟帮占主导地位，清末之际云南商业环境呈现出与他地迥异的情形。

云南商务总会创设以后，按照商会章程，设总理、协理各1人主持日常会务。云南商务总会总理、协理由会员选举，再由工商行政管理机构加委。第一任总理为马启元，协理为王鸿图。第一届任期满后，经改选，王鸿图当选总理，经营同庆丰，王鸿图系全省工商业第一大户、清末"钱

---

① 云南省地方志编纂委员会编《云南省志》卷十四《商业志》，云南人民出版社，1993，第48页。

② 《铁路公司全宗》，载《昆明市志长编》卷七，第184—186页。

王"王炽之子，捐有二品道员四品京堂。马启元经营兴顺和，系玉溪工商业大户，捐有二品武职副将头衔。总理、协理下设会董10人，由会员选任来执行会务。第一任会董有袁嘉猷、宋升培、高凌云、朱琨、朱文选、李云蔚、熊灿文、曹琳、王白川、李春国；设帮董10人，由与会各业代表选任，协助会董执行会务。第一任帮董有杨钧、周肇京、吴清泉、杨荫廷、周树堂、于结溪、王级坤等人。总理、协理、会董、帮董任期均为一年，可连选连任。马启元总理等任期满后，复推王鸿图为总理，董润章为协理。宣统二年正月，王总理奉派参加南洋赛会，董协理润章因病请假，复推陈德谦代理总理，施焕明代理协理。

从总理、协理和会董的权力执行来看，"本总会创办以来，于今三载，规模虽已粗备，而秩序未能井然……除分职应办商务，以及调查各事宜，须遵钦定会章不计外，至商家钞债事件，近来愈出愈奇，倒闭歇业，时或闻之，尤应明订调处权限……议事时，以总理为主席，会董、帮董有提议参议驳议之权，迨经总协理核定，由主席签订作准，即为议决之案，当会两造具结了息。倘理屈者，抗不具结缴款清账，本总会惟有遵商律移请地方官核办，以儆效尤。拟就每月四会期，按期举定理案议董二员，各会董遇期齐集参议。帮董、董事人为数较多，仍轮分四期到会，协同议事。其理案议董，清理是期钱债纠葛，词讼诸事，以原被造到齐，提议当众问实两造情节，仍凭公论，以多数为议决。一经主席签字会，定须督令具结，不能论其图翻，破坏公理，狡抗者，即照前叙移县惩儆……"① 这表明，云南商务总会的总协理和会董虽为巨商大贾所占据，但在内部事务的运作上，比起之前政府机构衙门式的长官独断，已在商会这样的新式团体中得到了一定的改变。

云南商务总会的章程对总理、协理、会董和帮董的选举和职权也作了明确的规定："本会总理一人，协理一人，现经督宪谕由商务局设箱众投票公举，嗣后一年期满遵章更换，每届仲冬即由会董会议或另行公推或清留续办，须以熟悉商情，素孚重望者，议定数人禀由商务局详请督宪，季冬核定以便来正接办（奉部覆由商部札委奏请颁发关防应用）。会董十二人，帮董三十二人，应遵部章，以才地资望四者为合格，由各帮众商，公

---

① 《奏设云南省垣商务总会章程》，1906，档号：32－25－18，昆明市档案馆藏。

举议决后，总理即将各董职名分别呈明商务局，以备考查或仍留办或另举充，均以次年正月为定。本会总理、协理及各会董、帮董等，均宜各尽义务，以明权限而专责成。（一）总理协理有主持会务之责任，凡拟定章程、考查利弊、呈报商情、申诉商屈及有关各商损益者，悉应参酌众议，细心访询，均遵部章第七款办理。（二）会董有参议会章，会同总理、协理商办一切事宜之权，届期议事，应由各会董轮流照料。本会事务以均劳逸，凡各商有元利弊以及物产丰歉市面行情，各会董自应随时调查，条陈所见，详细开报本会，以便稽考，遵照部章第九款办理。（三）帮董亦有与会之责，每届会期，务求亲到，协同议事，使各商近情彼此接洽，偶有兴革庶免窒碍。"① 总理和协理是商会的最高领导，"由商务局设箱众商投票公举，嗣后一年期满遵章更换，每届仲冬即由会董会议或另行公推或请留续办，须以熟悉商情、素孚众望者议定数人，禀由商务局详情督审，季冬核定，以便来正接办"②。从中我们可以看到，竞选总理、协理的要求必须是"熟悉商情、素孚众望"。其中第一项是对当选者经济财力方面的要求。"熟悉商情"实质上即要求当选者从事一定的实业。云南商会历届总理、协理个个都是首屈一指的富商大贾，田产殷实，以第一任总理、协理为例，总理马启元经营兴顺和商号，系玉溪工商业大户；协理王鸿图经营同庆丰，系全省工商业第一大户。③ 第二项是对当选者社会声望和能力方面的要求。"素孚众望"即要求商会领导既了解和熟悉民间社会的情况，具有一定声望和组织能力，又熟悉官场生活和惯例，能担负起"通官商之邮"的职责，顺利充当政府与民间社会联系和对话的中介。云南商务总会历届总理、协理大多具有官场和民间公益活动的双重经验并兼有一定的官衔，均为素孚众望的绅士。仍以第一任总理、协理马启元和王鸿图为例，马启元捐有二品武职副将头衔，王鸿图捐有二品道员四品京堂。④

在职权的规制上，云南商务总会的成员由各行业推举一个帮董或会董

① 《奏设云南省垣商务总会章程》，1906，档号：32-25-18，昆明市档案馆藏。
② 周钟岳纂，牛鸿斌等点校《新纂云南通志》卷七，云南人民出版社，2007，第112页。
③ 云南省地方志编纂委员会编《云南省志》卷十四《商业志》，云南人民出版社，1993，第44页。
④ 李师程主编，云南省政协文史委员会编《云南文史集粹》（五）《工商·经济卷》，云南人民出版社，2004，第278页。

组成，设总理一人、协理一人，职权较大，有权处理"钱债纠葛及商民词讼诸事"。一旦形成决议，便"定须督具结，不能任其图翻，破坏公理"①。总理、协理下设会董、帮董。会董由会员选任来执行会务，帮董由与会各业代表选任，协助会董执行会务。"会董十二人，帮董三十二人。应遵部章以才、地、资、望四者为合格，由各帮众商公举议决后，总理即将各董职名分别呈明商务局以备查考或仍留办或另举充均以次年正月为正。"② 商务总会中的民主气氛颇为浓厚，"议事时，以总理为主席，会董、帮董有提议参议驳议之权"③。此外，章程中规定"本会总协理及各会董帮董均宜各尽义务以明权限而专责成"④。云南省商务总会成立后，此项权力上交，会馆管事的职权仅限于"办理做会事项，其他有关业务都由帮董办理"⑤，重要事务则由帮董提交商务总会决定。商务总会的成立，无论从法律上还是事实上，都使行会帮会势力大大削弱，为昆明商业的进一步发展提供了更为良好的条件。

不可否认的是，云南商会的组织发起虽曾经过官方劝导，但究竟设会与否、何时设会、由谁发起等，并非由行政命令硬性规定，而是根据各地工商业者的自觉认识程度而定。对个人而言，入会与否，出会与否；选举某人或不选举某人，在缴足基本会费后是否再捐助资财，捐助多少，以及对商会的某项决议是赞成还是反对，这一切按规定都应该是出于商家自觉自愿的选择，而不是强迫性的长官意志或行政命令。在商会领导层的选举上还集中体现了民主选举原则。云南商会各组织层次的形成，均是由自下而上的民主选举产生的。以选举总理、协理为例，《奏设云南省垣商务总会章程》中规定"本会总理一人，协理一人，由商务局设箱，众商投票公举"。⑥ 由此可见，总理、协理是由众商投票产生的，具有一定的民主性。另外，民主性还体现在对领导层的监督体制上。如墨江县商会，会董李荣熙曾因"假借商会名誉，私擅逮捕蒋成发、罗二拘押练缚索银一百贰拾

---

① 《云南商务总会茶行海味行一切卷宗》，载《昆明市志长编》卷七，第280页。
② 周钟岳纂，牛鸿斌等点校《新纂云南通志》卷七，云南人民出版社，2007，第112页。
③ 《云南商务总会茶行海味行一切卷宗》，载《昆明市志长编》卷七，第280页。
④ 周钟岳纂，牛鸿斌等点校《新纂云南通志》卷七，云南人民出版社，2007，第112页。
⑤ 《陈子量口述稿》，载《昆明市志长编》卷七，第192页。
⑥ 周钟岳纂，牛鸿斌等点校《新纂云南通志》卷七，云南人民出版社，2007，第112页。

元"而被云南商务总会"遵法议决宣告除名"。① 其中就体现出了云南商会对领导层的监督与民主管理。

根据商会总会的章程，商会成员都必须履行一定的义务。商会会员必须缴纳一定的会费，包括注册费、凭据费、簿册费三种。"章程"对会费的缴纳也作了明确的规定："本会原为联络商情，保护商业而设，不能不仍于各商酌输经费以供会需，谨遵部章二十一款注册，凭据簿册三项筹费如下：（一）注册费。滇省各商资本充足者固多，而小贸经营者亦复不少，若会一律照缴，诚恐力有不逮，自应酌量变通，按照各业注册之实数，拟每两酌输一厘；不上百两者，一概免输。无论输纳多寡，均由本商面缴本会，掣取收条为准（奉部复缓办）。（二）凭据费。凡各商买卖契约外贸合同抵押券定货议单并一切凭据均以所载之实数以期限之多寡，酌输会费，由执据人缴清，本会盖用图记为准（奉部复缓办）。（三）簿册费。各商进付收放存欠歇折及词诉胶葛，均以帐（旧同"账"。编者注）簿为凭，如不划一盖图真伪难分。兹遵章由本会照部颁簿册格式分给各商，遵式自备送交本会加盖图记为准，其费容后酌输（奉部复缓办）。"②

此外，会员缴纳会费，执行商会的决议，就享有受商会组织保护的权利。"各商有被地棍、吏役、劣绅、豪蠹讹诈勒索，借端欺压及厘税关卡书巡，格外需索留难，准报本会查确代为分别呈诉，局宪地方官究办。华洋各商遇有交涉等事，仍准被屈人报明本会代为伸理。商家钱债各事应先赴本会报明，由总理、协理及会董等秉公妥议调处，倘理曲者，诬骗狡诈，借故隐匿，即由本会送请地方官，从严比追勒限偿还，乏本贸易者，偶遇行市疲滞难资周转，必须先期告知会董，邀集同业预为设法补救，庶免妨碍。各商业倘有窒碍受亏之处及宜整顿者，准由各商自拟章程，送交本会公同酌议妥善，即为转呈商务局立案切实保护。凡集股移贸借本经商，托言亏折实系侵蚀滥用、倒闭、卷逃希图脱骗被累者，赴本会报明查确即行，送请地方官究追，或情事较重匿不到案潜逃他省，应由本会呈请商务局，查封家产备抵，转详细督审咨行通缉，予务获究治，倘在外埠另

---

① 《"全省各地商会名册"之墨江县商会》，1915，档号：32－25－568，昆明市档案馆藏。
② 《奏设云南省垣商务总会章程》，1906，档号：32－25－18，昆明市档案馆藏。

立牌号约移代货，一经觉察即呈请地方官封禁移送归案。"①

云南商会在制度的执行层面主要是通过开会和对话来实现的，换言之，各种会议和议事制度构成了云南商会的核心运作方式。云南商务总会的议事分为常会和特会两种。"常会以每月初六、十三、二十、二十八等日为会期，是日以午后一点钟开会，三点钟散会，不得先后参差至碍本人商业。"② 从时间上说，常会为每星期一次，商会的总理、协理、会董、帮董必须出席。从内容上说，常会主要是对拟定章程、考察利弊、呈报商情、申诉商屈及有关各商损益者进行"参酌众议"。由于商会日常工作主要由常会处理，各项决议也往往在此作出，所以常会在商会内营运中占有重要地位。特会不定期举行，"凡遇重要事件关系商务大局者，准于常会之外随时酌开特别会议，商会成员全体都应参加"③。除此之外，"本会专理商务，凡不关系商务者概不干涉"④，即凡非属商务范围内的议题一概不应提出讨论。就讨论而言，首先，"无论常会、特会议事总须开诚布公，毋稍含糊其辞（词），依违两可"。其次，"在讨论过程中不得各执己见，互相争论议事时不得间谈喧哗"。最后，"当遇有异议时，无论何人出议同人均应静听，令毕其词，倘未允协再为更选置议，从众公决"。所议事宜应按多数为断，"由书记登册，伺下次会议将前所议决登册者当众宣读，无所不合即由总理签字作准"。在执行决议方面，首先，"本会议决重要事件未经宣布以前，凡在会者均宜格外慎（缜）密，不得泄露事机"。其次，"本会凡有商务要件经众议决，应由总理签字呈明商务局，一经批准即当遵循，如未奉批核准不先事擅行"⑤。即在讨论期间如有异议就应提出，一旦会议最终形成决议，就必须执行，不得有误。

就云南商务总会的基层架构而言，其最大的特色是由经营鸦片的商号占主导，这使云南商务总会与"云土贸易"的蔓延错综交织。而由于地域的特殊性，晚清之际，云南省际贸易最大宗的商品是鸦片，鸦片主要输往两广、两湖，再转销各省。由于"云土"质量可与从印度、波斯、土耳其

① 《奏设云南省垣商务总会章程》，1906，档号：32-25-18，昆明市档案馆藏。
② 周钟岳纂，牛鸿斌等点校《新纂云南通志》卷七，云南人民出版社，2007，第112页。
③ 周钟岳纂，牛鸿斌等点校《新纂云南通志》卷七，云南人民出版社，2007，第112页。
④ 周钟岳纂，牛鸿斌等点校《新纂云南通志》卷七，云南人民出版社，2007，第112页。
⑤ 《奏设云南省垣商务总会章程》，1906，档号：32-25-18，昆明市档案馆藏。

等国进口的上等鸦片相匹敌，而进口鸦片的价格比云土高50%—80%，所以沿海、沿江各省都陆续改吸云土。云土不仅销路日广，价格也不断上涨。① 鸦片贸易的发展，也导致鸦片商人成为当时云南区域市场上人数多、规模大、经营范围广、赢利高的一个特殊群体。

据统计，1906年向云南商务总会登记的烟号就有41家，而1907年在昆明经营鸦片的商号多达52家，均为收购大宗烟土的屯户。这些烟帮分为广帮、两湖客帮、常德客土帮、本省土帮、迤西土帮五大帮。主要商号有庆华号、源庆号、永华祥、云发祥、义成隆、德生厚、同发祥、天泰昌、庆荣公、广吉昌、衡源号、兴盛和、宝森隆、万盛祥、宝盛祥、建兴号、源茂号、兴顺号、源聚号、富有庆、云峰号、复兴号、和盛祥、万盛祥、通宝号、天成元、恒通裕、德荣生、同顺祥、福和公、盛记、恒丰号、光美号、兴宝号、宝义昌、永兴号、东盛号、寅盛当、万镒号、文华号、万茂祥、义源丰、德裕祥、鸿兴号、信成号、天宝祥、鸿盛祥、董宝兴、元吉号、世美公、春华祥、宝昌号等。② 当时云南地区许多商人便以经销鸦片为积累商业资本以至于致富的重要途径。如"同庆丰"创始人王炽在发迹前经营马帮代运货物，也在鸦片弛禁后承包汉帮、广帮运输烟土业务，并自己兼营鸦片，获利致富，马帮亦因之扩大。③ 又有滇西鹤庆著名商号兴盛和的创办人舒金和，"……适烟禁大弛，而乌竹界川藏，由是以贩烟往还炉城（打箭炉）间，获利殊厚。不数年，致资累巨万，标曰兴盛和，支号遍及海内外各大埠"④。

（三） 云南商务总会兴业护疆的创举

清末民初云南商会的成立，打破了官商界限，商会得以发挥"通官商之邮"的作用。商会成立以后，积极投身于兴办实业，推动民族工商业的发展，并作为一个新兴的社会群体和社会阶层在政治变局中发挥作用。

1. 兴办实业：创办耀龙电灯公司

清末民初之际，云南商会对发展实业是极为重视的。时人有论："查

① 万湘澄：《云南对外贸易概观》，新云南丛书社发行部，1946，第178页。
② 《云南商务总会土药卷宗》，载《昆明市志长编》卷六，第49页。
③ 《陈子量口述供稿》，载《昆明市志长编》卷六，第52页。
④ 周钟岳纂，牛鸿斌等点校《新纂云南通志》卷九，云南人民出版社，2007，第348页。

富庶国本，莫如提倡实业，增厚民力，首重振兴工商。我国经济凋敝，外货倾销，年来各主要市场，几全为外货所侵占，贫困状态，愈趋明显，非急求各种工业之发展，不足以杜此五大之漏矣，故造产救国，刻不容缓。"① 基于此，云南商会也深感工商实业的重要性，并积极投身于兴办实业之中，在省商务总会的倡导和运筹下，经各方的积极响应，创办耀龙电灯公司，开启了向近代化迈进的步伐。

云南之有电力工业，起于"民国纪元前数年，法人修筑滇越铁路成功，见昆明无电灯，亦深感不便，乃要求我政府准予在石龙坝设立水电厂，当时因排外心切，各方均表反对，未予允准。至光绪三十四年（1908），地方绅士王筱斋先生遂发起聚集官商股金三十万两创办耀龙电灯公司，计官商股份各占一半，即官股十五万两，商股十五万两"②。"溯自清宣统二年（1910）滇商总会发起，呈蒙前清政府滇督李批准、转咨工商部注册立案，由商家招集股本，先后实合收入商股捌千捌百伍拾陆股，共合实入商股花银捌万捌千伍百陆拾元；复由前劝业道投入官股贰千柒百柒拾柒股，前巡警道投入官股壹千肆百贰拾股，前藩署投入官股叁百伍拾伍股，通共投入官股肆千伍百伍拾贰股，共合实入官股花银肆万伍千伍百贰拾元，以官商股本合计，共收入壹万叁千肆百零捌股，实合花银壹拾叁万肆千零捌拾股。"③ 1910 年，所有机件运抵昆明，但因故于 1912 年才"开始兴工，民国二年（1913）始装建完竣，开始发电"④。

1908 年，清政府劝业道刘孝祚倡议官商合办电灯公司，因有阻挠，未能成议，刘决定改归商办。1909 年刘岑航在提出自办电站之后，前往云贵总督署向新任云贵总督李经羲面呈此事。李经羲初到云南，对云南具体详情了解不多，但是，他对法帝国主义软硬兼施，算计、掠夺云南资源也很愤恨。在听完刘岑航的陈述后，他立即表示支持，并提出办电资金由官府和商界共同筹资，合资经营。⑤ 刘岑航得到李经羲的支持后，于 1909 年 10

---

① 《云南商务总会公函》，1910 年 11 月，档号：32 - 25 - 126，昆明市档案馆藏。

② 云南省地方志编纂委员会编《续云南通志长编》（下册），云南省地方志编纂委员会，1985，第 339 页。

③ 《开办电灯公司卷宗》，云南商务总会档案，1913 年 8 月 28 日，转自《云南工人运动史资料汇编》，云南人民出版社，1989，第 13 页。

④ 张肖梅：《云南经济》，中国国民经济研究所，1942，第 41 页。

⑤ 杨新旗主编《云南电力九十年》，云南民族出版社，2001，第 3 页。

月与省商务总会总理王鸿图多次磋商，作出了商办耀龙电灯公司的决定。经商会开会讨论，当时的会董、帮董们面对滇越铁路通车及洋行的挑战，正欲为他们的商业资本寻求出路，一致同意商办电灯公司。旋即由总理王鸿图、协理董润章、会董左曰礼和施焕明、帮董杨钧等约二十人发起，集股商办，公举王鸿图为总理董事，全体商董全力投入此项工作。一面呈由本省政府咨部立案注册准许专利 25 年，并招收股款，预定集股大龙圆 25 万元；另一面与德商礼和洋行商订了承包合同，承包其建筑上的工程技术任务和所需机具器材。集股进行较为顺利，计收商股股款 180410 元，另有劝业道、巡警道、藩署等投入 76580 元，因此改称官商合办，于 1910 年 1 月成立了官商合办的耀龙电灯股份有限公司。

1910 年 2 月，总理董事王鸿图奉派参加南洋赛会，重托陈炳熙代理总董。关于建设发电厂的地址，经西门子电气公司派工程师勘察、设计，选定在距昆明 85 华里处的昆阳县属的石龙坝。是年 5 月，商会会议公举左曰礼（左益轩）为公司总理，施焕明为协理，并以左曰礼驻石龙坝，总理坝上一切工程事宜，负责电站施工任务。左曰礼，字益轩，安徽人，从小随父亲在云南经商，因本性勤劳俭省，逐渐发家，进入商务总会领导层。他对实业公益事业素来热心，特别是耀龙电灯公司为云南地方官府所支持，自办实业，因此对此事较为热心。[1] "左君对于实业公益之事，素主热心，以此事为地方利权所关，遂不惮烦难，慨然允许，务求达于成立之目的。"[2] 左曰礼督率有方，鼓励有术，工人们踊跃应命，至 1912 年 4 月，工程全部完工通电，装机容量 480 千瓦，可供照明电灯 6000 余盏，[3] 这在当时的条件下也是商会的一大壮举。当时，这个小水力发电厂的供电量不算太大，供电不久就出现了供不应求的状况，但在地处西南边疆的省会昆明也能有电灯照明，有电力使用，也是一项不容易的成就，同时它也是我国第一个利用水力发电的企业。这其中也凝聚着主办其事的商务总会负责人王鸿图、董润章和左曰礼等商董的辛劳，在其建设过程中克服了种种困难，如施工中，法商安兴洋行违约拖延交付装机急需的水泥，清政府无理

---

① 杨新旗主编《云南电力九十年》，云南民族出版社，2001，第 4 页。
② 《商办云南耀龙电灯公司石龙坝工程纪略碑》（1914），转自云南省总工会工人运动史研究组编《云南工人运动史资料汇编》，云南人民出版社，1989，第 14 页。
③ 杨承景、杨树春：《我国最早修建的水电站》，《昆明文史资料选辑》第 20 辑，第 82 页。

加征机器进口税等，特别是预定集股款数与工程需要的实际支出有较大差距，经千方百计筹措和担保，借款共达四十余万元之多，才使这一事业卒底于成，表现了他们为发展地方工商事业作出努力的可贵精神。

当然，商务总会负责人王鸿图等在创办之初也实属草创，没有经验，对发电量及设备费用等事项，既未从长远全面打算，又不尽符合当时的实际需求。如约计开灯六千盏，即认为完全足用，实际上是考察计划不周，估计过低。因此，随着以后装灯用户的日益增多，出现了发电量有限、大大超过机器负荷的情况。除了有机器被毁的危险外，还不断导致电压下降。关于电费收入，原来就因为供电量不大，发电的成本高，有时用户会任意拖欠电费，使电费收入也日益减少。在这种情况下，投资额较多的商董们，由于几年来电费收入，除支付薪酬等经常费用和购买、补充器材外，即拨作归还借款之用，实际没有分到厚利，因而对于增资添机、扩充电力并不积极，采取了拖延不决的应付办法。但总体而言，云南商务总会创办耀龙电灯公司的这段历史，从一定层面上具体反映了中国近代民族工业所走过的艰难历程。

2. 护疆义举：响应与声援"片马事件"

1910 年，英国从缅甸派兵侵入我国云南怒江州泸水县西部的片马地区，私立界桩，强设军政机构。"片马为云南西北部之要隘，称滇省之门户，其形势当滇西之肩背，扼缅藏之咽喉。"[1] 当地各族人民群起反抗，捣毁英军所立界桩，清政府提出严重抗议，世界舆论强烈谴责。英政府被迫承认片马地区为中国领土，这就是著名的"片马事件"。[2] 事件发生之后，云南商会立即予以声援、响应，采取了正在形成过程中的民族资产阶级所能采取的最坚决的爱国行动，云南商务总会通电发动抵制英货。蒙自、腾越等地商会纷纷响应，认真执行。云南咨议局会同云南商务总会向各地商会发函，要求抵制英货，宣言提出："（英军）今竟恃强侵占，派兵二千余，据我片马、粮屯、他戞，势将北进扼蜀藏咽喉，规长江流域。大局危甚。昨经永昌自治会暨下关商务分会又三迤绅士会议电复，拟先不买英货为文明抵制。贵总会为全滇商务表率，又与各省总会直接，事关通省安

---

① 华企云：《云南问题》，大东书局，1931，第 87 页。
② 谢本书等编《云南近代史》，云南人民出版社，1993，第 96—97 页。

危，非一省一隅危亡所关，贵总会请烦酌核，即知照直省及本省各商会协力抵制，不买英货，以结团体，而维疆域。"①

在这次事件中，云南商会抵制不买英货，英国驻滇总领事为此照会云南省交涉司，声称"该商会议其他私会或个人干预此事，实不相宜。此种冒昧之举动，无补于事，徒致纷扰。本总领事不得不声明：凡因此而起之结果，以及英民所受损失，云南政府当负责任也"②。对于到底是否应该采取这种行动，云南商会与政府之间引起了争论。当时主管外事的云南省交涉司，向负责工商业的云南省劝业道发文，要求劝业道照会云南商务总会，由总会出面告谕各商家："查各商会因英兵占据片马，决议不用英货以图抵制；虽属事势迫之使然，两国疆界问题，已由中央政府与英使切实交涉，民间只应静候，不得干预，应请贵道设法禁阻、免生枝节，不胜盼祷。为此照请贵会，烦即告谕商界，静候政府争回利权，慎勿轻率举动，转致别生枝节。"③ 这基本上是一种旁观的态度，却引出了云南商务总会一段十分具有现代国际商法法理的精彩陈辞，云南商务总会如此陈述："贸易买卖，商民均各有自由权，虽父兄亦难强迫其子弟。此次不买英货，系出于全滇人民自然之同意，第此属心理上之作用不便妄加阻遏。而商人不购英货，或是恐以后人民皆不喜用，购入难于卖出，一经停滞必致本息受亏。如必强使商界购买，万一将来销售不出，凡华商所受亏损是否由英领事负责任，抑由本省官家负责任。"④ 这些陈述表明，云南商务总会一方面有理有据，言辞客观，行为有度；另一方面，爱国立场鲜明，声援态度坚决，抵制英货的意旨毫不含糊。当时，清政府虽对云南各界的建议置之不理，商部还照会云南对全省商务总会的抵制英货进行干涉，但在全省人民愤激情绪之下，云南商务总会也公开移复清政府，拒绝向各商民转达官方的照会，并反对进行强迫。英国政府的侵略行为终归破产。⑤

为争取全国各地商业同行的支持，云南省商务总会又致电全国其他省

① 《云南商务总会抵制英货卷》，昆明市工商联存档，载《昆明市志长编》卷八，第201页。
② 《云南商务总会抵制英货卷》，昆明市工商联存档，载《昆明市志长编》卷八，第207—208页。
③ 《云南商务总会抵制英货卷》，昆明市工商联存档，载《昆明市志长编》卷八，第208页。
④ 《云南商务总会抵制英货卷》，昆明市工商联存档，载《昆明市志长编》卷八，第209页。
⑤ 陆复初：《昆明简史》（下），昆明市志编纂委员会，1983，第525页。

商会请求支持，希望各地赞成抵制英货。当时腐败软弱的晚清政府农工商部得知此事后，致电云南省劝业道，提出了中央政府不赞成抵制英货的意见。电文中说："中英睦谊素敦，通商最久，滇商此等举动，殊与国际大有损碍，而抵制外国货物，非中国各省各埠商民全体认可不为功。且上海是中外通商大埠，为外货之尾闾，长江之咽喉，而英货尤占优胜，其余各省埠不过区区小部分。现在上海既不愿表同情，恐他省埠之已赞成者亦将闻而解体，而欲仅恃滇商绵薄之力与抗，实未见其可也。况与英商不过有限之损失，而徒遗（贻）人口实，要索之地，在我滇商亦未见有绝大利益而损害实钜，为滇民计自应仍候政府正式交涉，不宜轻举妄动。"① 对此，云南商务总会再次申明："查商人牵车服贾，跋涉山川，原有自由贸易之权。不购英货一举，实出自全滇商民心理上之作用，万众同心，不可遏抑。缘前此风气痼弊，滇人罔知讲求实业，无有不心醉洋货之新奇，制造之精美而乐于投资购买者，近则洋货输入阗塞市厘，购销极形疲滞。在众商不买之意或是以世界已渐进文明，人民咸争趋进化，一旦土货改良，保我自有利权，深虑以后人民皆不喜用其货，购入难于售出，本息不无亏损。今观众商举动不约而同，出诸一辙；大抵重资本若身命，恐无利可图遂废然思返，亦理所固然。自应转知商界，至能否遵办，殊难逆料。"②

在此期间，云南三迤商界不顾当时清政府的意见，还冒着与商业经济发达的沿海地区不同流的风险，继续通过传单等方式抵制买卖英国公司纸烟。传单是这样写的："纸烟中含吗啡，有害卫生，在他国多设法限制，而我国则任人畅销。鸦片禁绝，纸烟又来，其害实不相上下。现今众议抵制英货，纸烟一项尤宜斩截禁止，除此大害。自本月二十日实行抵制。以后凡我国民如再有私向该公司买者，实甘为奴隶，一经查出，定行公议，从重惩罚。又限一月后凡各摊铺纸烟有下列牌号者，一律停止买卖，不得籍名存货，任意私销。若一月后，仍有售卖英国纸烟者，当众取出烧毁，并另议罚则。"③ 后面附了17种英国纸烟的牌号，如"称人牌""红公牌"

---

① 《云南商务总会抵制英货卷》，昆明市工商联存档，载《昆明市志长编》卷八，第208—209页。
② 《云南商务总会抵制英货卷》，昆明市工商联存档，载《昆明市志长编》卷八，第210页。
③ 《云南商务总会各项公司立案全卷》，昆明市工商联存档，载《昆明市志长编》卷八，第207页。

"玫瑰牌"等。这次事件充分表明，偏居祖国西南边疆的实力弱小的云南商人阶层，曾经在民族危机四伏之际为国家而牺牲着、奉献着本就十分微薄的利益。

三 民初云南商会的更迭

清末民初之际的云南社会，推动了商人生存环境的好转与优化，为商人组织介入政治事务提供了良好的氛围和契机。随着政治局势的发展变化，商会有了更多的政治参与机会来发挥其令人瞩目的作用。云南"重九起义"以后，商界在原有基础上获得了新的发展机遇，所以这一时期的商人与商会对时局之安定、经济之发展的渴求更为迫切，并直接影响商会的态度。辛亥年间，商会由热衷于立宪转为支持革命，壮大了革命力量，使清王朝更趋孤立，对加速清王朝的覆亡发挥了积极的作用。1911 年 10 月 30 日（农历九月初九），云南昆明爆发"重九起义"，起义成功后，通电全省，请求响应。10 月 31 日，省电至鹤庆，并令易旗庆祝。但知州张世禄和鹤丽镇总兵张继良借口未见云贵总督李经曦亲笔批文，犹豫不决，甚至树旗抵制。鉴于此，由商人及其他地方士绅组成的参议会，利用商会控制的商团武装先发制人，围攻张继良及知州署，勒令张继良及鹤丽镇官兵缴械投降。最终，商团武装暴动成功，并将张继良及所属官兵礼送出境。知州张世禄在形势逼迫下，不得不顺应民意，同意树起了"中"字旗。鹤庆正式宣布拥护起义。①

辛亥革命后，云南商务总会奉云南军都督府指令，一度改名为云南全省商务局，其职责发生了相应的变化，在短期内兼理全省的商务行政事宜，但性质仍为商民团体。到 1913 年 1 月又奉令改名为云南商务总会，在此阶段，其组织结构不断得到完善，运行体制也步入正轨。护国战争爆发后，云南商会积极响应北洋政府颁布的新《商会法》以进行改组事宜。1917 年 7 月，云南商务总会正式改组为云南总商会。

（一）军政府治理下的变动：改称云南商务总局

辛亥革命爆发后，南京临时政府于 1912 年元旦宣告成立，维系中国两

---

① 本书编委会：《鹤庆县志》，云南人民出版社，1991，第 571 页。

千多年的封建君主集权专制政体被彻底推翻,中国开始逐渐向近代民族国家转型,西方式的近代民主政治制度逐步建立。云南地区也较早地响应武昌起义,在重九起义取得胜利后,云南就成立了云南军都督府,并对云南旧有的政治制度进行了变更。1911 年 11 月 3 日,云南省军政府成立,公推蔡锷为云南军都督,全省人心安定,"秩序上之整严,实为南北各省之冠"①。军政府成立后,遂对云南政治制度及机构开始进行变更,逐步改变了清朝实行的督抚制度。在云南都督府之下分设军务、外交、内务、财政、教育、实业六司。云南军政府成立后,在"军政一体"的主导方针下,对各项重大事件进行了总体部署和规划,颁布了统筹治滇的施政纲要——《建设篇》。为了实行减政和开源节流的方针,军政府率先精简机构,裁汰沉冗,农工商矿和盐务并于实业司。在内政方面,军政府对工商业进行了整顿。为促进工商业的发展,军政府还实施了较为有利的金融政策为商业贸易服务,1913 年,云南军政府为扩大土货输出而作出规定:"凡诚实可靠商家,无论为个人、为团体,能采办本省大宗物品迳运外国销售,资本薄弱者,可请由本省政府,经查实后,饶定富滇银行,以最轻利息,照银行贷款办理量以借助。"②此外,因云南地势险峻、交通不便,为了促进工商业的发展,军都督府作出了兴建公路的决策,因此,在政体变更下,云南军政府的各项经济政策都是以发展民族工商业为导向,其所制定的经济发展举措为云南工商业的发展提供了良好的政策保障和社会环境。

随着社会经济环境的转变,民初云南地区的商业行业较清末有了一些变化。如芙蓉业(鸦片烟)原来最为兴盛,行商多,坐商少,贩烟来昆明后,少数卖给烟馆,大多数输往外省如湖南等地销售,广帮多经营此业,民国元年以后法令限禁,全行业停业。翠花业因营业减少,难以维持,全业退出了商会。广货业、丝棉业分别并入纱、布、百货、五金电料各业。梳篦业、梳辫业并入土杂货业,绸缎业并入棉布业。③民国初年,"全省安

---

① 袁家普:《蔡公遗事》,载曾业英主编《蔡松坡集》,上海人民出版社,1984,第 1458 页。

② 《富滇银行卷宗》,1913,档号:77－5－194,云南省档案馆藏。

③ 云南省地方志编纂委员会编《云南省志》卷十四《商业志》,云南人民出版社,1993,第 49—50 页。

谧，秩序如常"，"商旅通行"，① 云南军政府实行振兴工艺、整顿实业及赞助商业的方针，商业贸易较以前有所发展。昆明、蒙自、河口、碧色寨等地增加了商号。经营对外贸易的商家，是商业行帮中的大户。他们过去主要是经营土特产品、山货药材、茶叶等，滇越铁路通车后，除经营上述产品外，开始经营洋货，绝大部分大商号以洋货为主。从整个市场看，主要商业活动的中心是进出口贸易。1912 年，蒙自及所属各分关对外贸易净值为 19569689 海关两，比上年增加 8174627 两，增长 71.2%。② 辛亥起义后，云南地区出现了民族资本主义工商业发展的"热潮"，主要体现在两个方面。一是投向工商业的民间资本快速增加。据相关统计，1910—1920年，云南民间资本投资建成的轻工业工厂有 46 家，资本总额达 107.2 万元，同期，民间资本投入建立的矿冶企业有 10 家，资产总额达 45.5 万元。③ 二是民族资产阶级开始在诸多领域发挥作用。在"革命"浪潮的推动下，云南工商业的发展呈现出良性循环的态势。

辛亥革命后，随着政体的变更和工商业的发展，云南商务总会更名为云南全省商务局，兼理工商行政事宜。作为民间商人团体，商会开始将其职能向多个领域渗透。1911 年农历九月九日昆明举义后，奉军都督府令，云南全省商务局改为云南省城商务总会，仍以陈德谦为总理，施焕明为协理，于原设会董、帮董外，并推祁奎为参议长，杨蕴山、洪锦堂、曹辅臣、王级三、张采臣、陆虎丞、张星阶、陈云衢等十人为参议员。1911 年11 月，奉军都督府令，改为总理云南全省商务局，兼理商务行政事宜。陈德谦为总理，胡源为协理，于会董、参议员外，加推帮董为三十八人。此时因光复伊始，治安亟待维持，奉军都督府令，附设商团局，任命胡源为协理。照定章组设商事公断处，推举陆胜武为处长，设评议员二十四人。④ 基于此，在辛亥变局之下，为了维持工商事业，云南军政府都督蔡锷派王鸿图、马启元等负责办理商务总会事务，把原来名称改为"云南全省商务

① 李珏主编《云南近代经济史》，云南民族出版社，1995，第 333 页。
② 云南省地方志编纂委员会编《云南省志》卷十四《商业志》，云南人民出版社，1993，第53—54 页。
③ 马小军：《云南近代工业经济发展概述》，《经济问题探索》1981 年第 6 期。
④ 云南省地方志编纂委员会编《续云南通志长编》（下册），第 535—536 页。

总局"。① 名称虽改，性质未变，仍为社会团体，并非工商行政管理机构。总理改称总办，协理改称会办。王鸿图任总办，马启元任会办。其余会董、帮董仍沿其旧。由此表明，在总会名称变动下，职能也得到扩展，渗透到全滇工商事业的各个领域，因此，与全国其他地区相较，参议长和参议员的设置具有一定的特殊性，商务总局实质上虽为商人团体，但形式上已经兼具官方机构的特征。在云南全省商务局期间，云南都督蔡锷还指令筹设商团局，并致电李根源："财政事项分别管理，裁撤审判一厅公捐两局，并出示停止公捐办法甚善。开支各款俟文折报到，再行饬部核销。商会、巡警、学务、自治各内政切要之图，惟巡警可设百名。此外，由商会组织商团以辅兵警之不足，较为妥善。两国事贤劳，心力交瘁，实深悬念，切望珍摄。所委商董等各员候行部备案。"② 商团组织就绪后，军政府任命胡源、陆腾武为正、副监督，各街设商团长来维持省会治安。此外还组织全团商联会云南省事务所及云南商团学校，毕业学员有 140 名。③

1912 年正值辛亥革命结束，在民初几年间，云南商会获得了进一步的发展，商务分会数量激增。这与全国的发展趋势是一致的，全国各地区的商会都处于一个迅速增加的态势。"1912 年底全国性的商会组织中华全国商会联合会的成立，使商会有了实现全国范围新整合的中枢领导机构，自身力量有了扩展。"④ 因为云南受到的辛亥革命的影响，较武昌起义而论，在全国的震动是最大的，加之新成立的云南军政府采取了针对实业和商业发展的一系列改革措施，因此商务分会的设立比诸多省份更为广泛，也算是初具规模了，各区域基本普遍设立。

---

① 李师程主编，云南省政协文史委员会编《云南文史集粹》（五）《工商·经济》，云南人民出版社，2004，第 279 页。
② 中国社科院近代史所《近代史资料》编译室主编《云南贵州辛亥革命资料》，知识产权出版社，2013，第 65 页。
③ 《云南总商会理监委员名单卷宗》，昆明市工商联存档，载《昆明市市志长编》卷七，第 467 页。
④ 朱英：《转型时期的社会与国家——以近代中国商会为主体的历史透视》，华中师范大学出版社，1997，第 461 页。

表 1-1　辛亥革命后云南各地增设商务分会区域分布情况

区域	地别	会别	总理姓名	成立年月
滇中	昆明县	分会	陈德谦	1912 年 9 月
	富民县	分会	华昆	1912 年 11 月
	元谋县	分会	房贡选	1912 年 8 月
	宜良县	分会	李承祖	1912 年 11 月
	新平县	分会	徐兆英	1912 年 8 月
	定远县	分会	刘荣晋	1912 年 7 月
滇东北	靖江县	分会	陈兆科	1914 年 12 月
	镇雄县	分会	萧瑞元	1912 年 11 月
滇东	曲靖县	分会	赵守先	1912 年 12 月
	宣威县	分会	浦钟杰	1912 年 8 月
滇东南	富州剥隘县	分会	李禄昌	1912 年 2 月
	盐井渡县	分会	丁志端	1913 年 4 月
	他郎县	分会	段宗传	1912 年 6 月
	仁和县	分会	鲍肩泰	1913 年 7 月
	石屏县	分会	何工芬	1913 年 11 月
	阿迷县	分会	邹正祥	1912 年 12 月
	临安县	分会	凌邦源	1912 年 8 月
	广南县	分会	王海清	1913 年 4 月
	广西县	分会	谢坞思	1913 年 1 月
	个旧县	分会	玉海清	1913 年 2 月
滇南	元江县	分会	周朝相	1912 年 8 月
	因远县	分会	李廷璧	1913 年 1 月
滇西北	阿墩县	分会	陈际春	1912 年 1 月
	华坪县	分会	高正品	1913 年 1 月
	永北县	分会	杜绍武	1912 年 11 月
滇西	凤仪县	分会	石夔候	1912 年 12 月
	腾冲县	分会	张映芳	1912 年 3 月
	永昌县	分会	杨正芳	1912 年 4 月
滇西南	龙陵县	分会	张椿铭	1912 年 5 月
	鹤庆县	分会	捣玉宝	1912 年 4 月
	顺宁县	分会	木正明	1912 年 8 月

续表

区域	地别	会别	总理姓名	成立年月
	剑川县	分会	丁光润	1912 年 11 月
	洱源县	分会	赵晋候	1912 年 12 月
	云州县	分会	李存诚	1913 年 3 月

资料来源：《辛亥革命后云南各属商会一览表》，《云南实业杂志》1913 年第 1 期，第 31—36 页；又见日本东南亚同文会编《支那别省全志·云南省》（第三卷），1917，第 852—856 页。

从表 1-1 可以看出，辛亥革命后，云南地区新增设的商务分会基本集中于矿产区和传统的商贸繁盛之地。辛亥革命后，滇东南、滇中、滇西地区的城市和商业发展较快，所以，这些地区的商务分会一直保持不断增加的态势。相对而言，滇南地区的商务分会增长的速度和规模都有所减慢。总而言之，滇越铁路的开通，促使云南商业发展的格局发生转型，加之政体变更后云南军政府的积极引导，云南各地的商会组织迅速成立，商人团体得以在新的政治环境中以更佳的形象凸显其地位和作用。

（二）"归名"后云南商务总会的组织运行

1913 年 1 月，总理云南全省商务局奉云南军政府之令，更名为"云南商务总会"，仍属社会团体。据云南省实业司的相关调查统计，此时全省已经设立并上报商会的共有 37 个县，加入商会成为会员的商号有 3132 家。云南省商务总会的基层组织仅限昆明各业行帮，不包括各县商会。[1]

在组织架构的变动中，最为重要的是筹设商事公断处。云南商务总会于 1906 年成立时的章程中明确记载："商家钱债各事，应先赴本会报明，由总理、协理暨会董等秉公妥议调查，倘理屈者诬骗狡诈，借故隐匿，即由本会送请地方官从严比迫，勒限偿还。"[2] 据有关史料记载，"滇省自前清成立总商会后，关于商业争执，即由商会调解和息或法庭委托清算帐目之事"。"民国元年，全国工商会议各省代表提议及全国商联会建议设立商事公断处，前云南总商会乃呈工商、司法两部，请准立案。……依据法规

---

[1] 云南省地方志编纂委员会编《云南省志》卷四十五《群众团体志》，云南人民出版社，2002，第 343 页。

[2] 周钟岳纂，牛鸿斌等点校《新纂云南通志》卷七，云南人民出版社，2007，第 112 页。

调处工商业间争执，立于仲裁地位，纯以和解息讼为主旨。"① 云南商会成立商事公断处，其组织依法规，于处长外设有评议员、调查员等，"评议调查员均系名誉职，纯尽义务"②。主要领导由云南商务总会的负责人兼理，主要负责调解各类商业纠纷，调解、处理案件采取联合评议制，受理商业纠纷，保护工商界利益。

1913 年 5 月，云南商务总会组织成立商事公断处，其旨在"系立于仲裁地位，纯以和解息讼为主旨，向皆遵照章程细则，体查本省商业善良习惯、商人通例，并参照历次颁布《民法》，斟酌情法，妥慎办理"③。商事公断处的工作在云南商会的常态工作中占有较大比例。商事公断处设处长 1 人、评议员 9—20 人、调查员 2—6 人、书记员 2—6 人。处长、评议员均为名誉职，只可酌增酬金。其产生在会长主持下，召开全体商会会员会议，以无记名投票方法选举评议员、调查员。处长由被选的评议员中推选，但正副会长不得选为公断处处长。处长、评议员、调查员任期为 2 年，可连选连任 1 次。如行止不检或丧失职员信用，则勒令退职；对违背职守义务，致使当事人受损害的，还应负赔偿之责。④ 商事公断处较好地发挥了仲裁作用，解决了许多关于商事的问题，如欠债纠纷、违约纠纷、商标纠纷、劳资纠纷、房租地基纠纷等。按云南公断处章程的规定，商事公断处有权受理三种情况的案件："（1）产生纠纷的一方属于工商企业家；（2）属于商事纠纷，例如贷款、债务、合伙、买卖契约、汇款、合伙租赁和劳动纠纷等；（3）在未向司法机关起诉前或起诉后两方愿意或司法机关委托办理的案件，还有司法机关委托调解或公断的事项，即不属于上列范围的纠纷，商事公断处也可以受理。"⑤ 商事公断处对商事纠纷的裁决，有利于商业活动的进一步发展，从而发挥很好的社会作用。

从云南省商务总会的制度运行层面而言，全国商会联合会对云南商务总会也作了一些明确的指示与要求，特别是对其制度设计方面有明确的规

---

① 云南省地方志编纂委员会编《续云南通志长编》（下册），第 49 页。
② 云南省地方志编纂委员会编《续云南通志长编》（下册），第 540 页。
③ 云南省地方志编纂委员会编《续云南通志长编》（下册），第 540 页。
④ 云南省地方志编纂委员会编《云南省志》卷九《工商行政管理志》，云南人民出版社，2002，第 197 页。
⑤ 陈子量：《云南商会》，《云南文史资料选辑》第 49 辑，第 25 页。

定："总分会名称务期存在，总会用关防，分会用图记，行文程式须存体制，会董以六十人为率，联合会必须存在。"① 具体而言，有以下规定："第一，商务总分会之设，原为开通商智，联络商情，按商务之繁简，以次成立，互相呼应起见，总会为一省之系统，若纲在纲，有条不紊。今本法自省城以至外县，概无分别，一律改为商会，从此系统全失，涣如散沙，各自为政，不相为谋，势必复杂混乱不归统一，拟请总分会名称务期存在，以昭系统，有整齐划一之规，乃能尽提倡维持之效。第二，商务总分会原为法定机关，辅助行政及推行新税，事务纷纭，一切宣布承转等事，须与京外各省及本省各官厅互通声气，力除壅闭隔阂，用符共和真理，不能无文牍之往来，总会用关防，分会用图记，所以重体制，而示区别，今本法一律改用一寸五分之图章，直与私立之社会团体无所区别。省城总商会事繁任重，华洋杂处，时有交涉，从前关防行用已久，兹忽易此极小之信章，易启外人轻视，拟请总会仍照旧章请由农商部颁给关防，分会由地方最高行政长官刊发图记，以资信守，而崇体制。第三，会长乃人民自由结社集会所举，兹以法定机关之主任人亦定名为会长，殊觉含混不明，拟请将商会总协理名称依然存在，方足以谋地方之公益，图商业之展拓。第四，总协理、会董之选举，概援照前清部定章程办理，至于行文程式，总会对于地方最高行政长官用详，对于道尹以下互用公函。凡关于商务紧要事件，得迳详农商部核办，其分会对于该管地方行政长官，互用公函，对于道尹以上，一律用详，以存体制，而顺舆情。第五，省垣方幅员辽阔，商店林立，似此限制之严，不得按帮选举代表，临时通报商情，将集思广益之谓何。经众拟议，总会请以六十人为率，分会则按商务之繁简，定额数值多寡。又改选会董，限以半数，从中服务热心、藉资熟手者，恐不止一半之数，经众拟议，应照事实变通，只能由会酌量改选，不能加以限制，俾洽商情。第六，关于工商业者之争持，仍请遵照司法、农商部会定商事公断处章程，并施行细则办理，以免遇事掣肘。"② 此外还指示云南商务总会应根据全国商联会的上述总体要求，另拟章程，详请立

① 《致云南省商务总会事务所意见书》，《中国商会联合会会报》1914年第1卷第5期，第5—6页。
② 《致云南省商务总会事务所意见书》，《中国商会联合会会报》1914年第1卷第5期，第5—6页。

案，以资联络，而冀振兴商务。

对于上述全国商联会的相关要求，云南实业司也作了初步的应对，并制定了相应的规定。尤其是对于商会行文程式问题，云南军政府民政长也指令商务总会总理改定商会行文呈式。"商会系法定团体，与人民个人不同，部长省长以上用呈，其余京外各级行政官厅凡不相统属者，一律用呈，官厅对于各该会一律用批用令。以前农林部对于农会即如此办法，商会等应一律，是以本年一月间通行饬遵在案，以期办法划一，本无压抑商情之意。各处商会纷纷以为不便，请仍旧例。据该商会联合会会议呈请变通前来，自应准如所请，酌予修改，以顺舆情。当经本部拟定，各商会对于县知事关于设立、解散等，应立案注册者，仍一律用呈用批用令，其余陈述商情及官署之咨询，与商会之答复，一切普通言事之文则，彼此用函，但一事之终结，应存案备查者，仍用呈用批用令。及关于公断事项有特定章程者，仍依公断处章程办理，惟各官署公文程式均由法制局拟定，似此通融办法有无抵触，函请法制局审定见复。去后兹准复称所开，官厅对于商会文书程式，通融办理各节，除陈述商情及官署之咨询，与商会之答复，一切普通言事之文，彼此用函外，一律用呈用批用令，甚为妥当，与公文书程式令并无抵触。"[1]

（三）护国战争之际的云南商会

1913 年年底，云南军都督蔡锷被调往北京，由唐继尧回滇兼任云南都督。而此时袁世凯却大搞独裁专制。在镇压了"二次革命"以后，袁世凯倒行逆施，先任正式总统，再任终身总统，蓄谋复辟封建帝制，因此，反袁复辟的斗争就如火如荼地在云南率先开展起来。1915 年 12 月 19 日，蔡锷辗转回到昆明，在唐继尧和蔡锷的领导、参与下，滇军于 12 月 25 日宣布独立讨袁，反对袁世凯复辟帝制。消息传出后，昆明"各界人民欢呼雷动，全市游行，高呼打倒袁世凯、拥护共和口号，至夜乃息"[2]。这样，从云南开始的讨袁护国战争正式爆发。云南在宣布独立的同时，组织了讨袁护国军和护国军云南都督府，又以唐继尧为护国军云南都督。1916 年 3 月

① 《民政长指令商务总会总理改定商会行文呈式》，《云南实业杂志》1914 年第 2 卷第 4 期，第 6—8 页。
② 由云龙：《护国史稿》，《近代史资料》1957 年第 4 期。

22 日，袁世凯下令撤销帝制，却又把住总统位置不放。护国军继续斗争，护国起义各省于 5 月 8 日联合在广东肇庆成立护国军军务院，以唐继尧为军务院副军长。袁世凯倒行逆施，众叛亲离。6 月 6 日，袁世凯病逝，以反对袁世凯复辟帝制为宗旨的护国战争胜利结束。

在护国战争之际，云南各界人民同声拥护。云南省商务总会率先向各省商会发出函电，要求各省商民一致护国讨袁。在云南省商务总会致武昌商务总会的公函中，竭力阐明云南护国讨袁，"吾滇全省商民，无不馨香顶祝，协力赞助，期早成大功，庶几刷新政治，浃洽商情"。要求地当南北枢纽的武汉的商界同人见义勇为，当仁不让。"尚望恳告鄂省军民长官，及早决心，发布与滇省一致进行。鄂省为共和首义之地，攘臂一呼，群响斯应，铲除帝制，还我民国。维持商务，又安民生。"① 当时商务总会积极拥护，及时召集商民开会，动员酱菜、糕点两业分别捐出大头菜二十多挑，赶制糕点三十多挑，送往护国军司令部；同时，在会上提议捐款资助护国军，参会商人踊跃认捐，多者数十元，少亦十数元。接着即由各商号向筹饷总局捐款助饷，每号多者数千元，少者数百元。当时昆明有群舞台等四家戏院也各义务演戏三天，票款捐作军饷，② 表现了商会与各业拥护护国起义的热忱。

云南作为首揭护国义旗的地区，云南商务总会慷慨捐助 20 余万元支援义军，滇蜀铁路公司股东会议决定随粮附加铁路股百余万元充作军饷③。为支援前敌将士，商会还发布了劝谕各商捐金购物的启示，"一时认捐者异常踊跃，多者数十元，少者亦拾数元"④。以商会为代表的资产阶级表示了对护国运动的经济支持。云南护国军首倡义旗之后，该省商人立即慷慨解囊，捐款筹饷。据当时报载，云南由于"民贫地瘠，每届年底，完纳粮税，异常踊跃"⑤，滇蜀铁路公司将现存的随粮附加铁路股额 100 多万元

① 《护国军纪事》（对内文告），第 18—19 页，转自谢本书等《护国运动史》，贵州人民出版社，1984，第 233 页。

② 中国民主建国会云南省委员会、云南省工商业联合会编《云南工商史料选辑》第 1 辑，中国民主建国会云南省委员会，1988，第 241 页。

③ 《财政纪事》，1916 年 4 月，载《护国军纪事》第 2 期，转自章开沅等主编《中国近代民族资产阶级研究》，华中师范大学出版社，2000，第 613 页。

④ 《昆明小录》，《民国日报》1916 年 4 月 21 日。

⑤ 《民国日报》1916 年 3 月 5 日。

"全数提充军饷"。护国军至昭通，该地商会也捐银 2 万两；其先锋队抵达老鸦滩时，该地商会也捐银 3 万两。[①] 昆明群舞、云华两戏园经理、司事以及全体坤伶和男伶为筹饷举行义演，他们表示："滇省地处边僻，军饷甚绌。筹饷之源，端赖国民。毁家纾难，正斯时也。商民等亦系国民一分子，自当为尽绵薄，为他人倡，拟由群舞、云华两园各演义务戏午夜三日，所售之款，涓滴归公，以助军饷。"[②]

慰劳护国军将士，鼓舞义军士气，是以商会为代表的资产阶级协同各界人士支持护国运动的另一项具体行动。"慨自元首叛逆，谋劫帝位，欲陷四万万人民于万劫不复，凡有血气，莫不疾首痛心，幸我滇军府首先发难，与汤武之师先后出发……我滇可亲可爱之三迤健儿类皆六昭青华，侠同燕赵所谓孙武子步伐整齐进有法而退有则……我军府以艰难缔造之民国，竟为神奸巨蠹所败坏，用兵实出著不得已之举，然而护国军之栉风沐雨，跋涉山川，不避硝烟暴烈，血肉横飞，属吾同胞兄弟叔侄痛痒，自系相关，断不能忍然以置。兹拟效膳食壶浆之举，由商界激发天良，各量力捐，金富者多助，俾集腋成裘，即日仅数购备物品，分寄前敌各战地藉供需用，微纾我乡邦父老爱同胞只忧，聊慰远道出征各军士之怀，是为至幸，尚冀吾桑梓父老及各帮商董一致解囊，共成斯举，以期鼓励戎行，早日推翻帝制，产出真正之共和国家。凡我金碧同胞，盖兴乎起。"[③] 云南商务总会积极劝捐资金，购备物品分寄前敌各战地义军以供需用。每当云南护国军出征时，工商各界均热烈欢送。蔡锷率护国第一军总部从昆明出发时，"绅商各界和青年学生两三千人，集中在状元楼热烈欢送"[④]。到达川南永宁时，欢迎义军的情景也十分感人："官绅商民悬旗结彩，夹道欢呼。附近各属亦派代表前来接洽，群称我军之神勇慈惠，情愿编入戎籍，共效前驱。"[⑤] 在云南劳军代表出发前，总商会召集商界会议，号召各商量力捐资，以购备劳军物品，送赠浴血奋战的将士。会后又广发启示，大力宣

---

① 《护国军纪事》，第 24—25 页，转自朱英《辛亥革命与资产阶级》，华中师范大学出版社，2011，第 271 页。

② 《护国文献》，第 125 页，转自朱英《辛亥革命与资产阶级》，华中师范大学出版社，2011，第 271 页。

③ 《云南义声日报汇刊》，第 17—18 页。

④ 杨如轩、胡彦：《我知道的云南护国起义经过》，《云南文史资料选辑》第 10 辑，第 52 页。

⑤ 曾业英：《蔡松坡集》，上海人民出版社，1984，第 904 页。

传，"一时认捐者异常踊跃，多者数十元，少者亦拾数元"①。远在海外的华侨资产阶级，也以极大的热情纷纷捐献巨款，协助筹措军费，支持护国运动。云南起义后，南洋侨商即踊跃认捐，百余万捐款很快汇到昆明。美洲、澳洲各界华侨认捐更多，"闻数在二百万左右"。据有关统计，护国运动爆发后的几个月时间里，包括侨商在内的海外爱国华侨的捐款数额总计多达1400余万元。②

当然，自1916年护国军兴，继而靖国之役，马驮被用于军运，商品流通受阻。由于驻军外调，省内治安不靖，商旅裹足，之后军阀长期混战，连年用兵，商务受到很大影响。战争中，军费开支骤增，1916年政府已向富滇银行借款达80万元。③加之治安恶化，商人货物往来各处，不得不依期结队，并需军队护送，甚至城池附近，各大商号货驮也曾有大批被劫事件发生。1918年2月以后，大理、昭通、文山、思茅各交通大道几乎完全断绝。④从靖国战争开始，边陲云南进入军阀统治时期。由于社会秩序不安宁、金融紊乱、税则无定、价格不稳等政治、军事和经济方面的原因，这一时期云南的对外贸易也受到不同程度的影响。据海关表册记载，云南的对外贸易在1911年以后变为出超，并持续至1919年又转为入超，出超最多之年为1917年，达830余万元。⑤这对这一时期云南地区商业贸易发展和商人组织演变的影响是极为关键的。

四 地方商会的创设及其多元面相

云南省商务总会成立以后，各地方县市的商务分会相继成立。在1910年滇越铁路通车之前，各地方设立的商务分会还不多，主要分布在下关、大理、昭通、蒙自等商业地位比较重要的城市，集中于当时通往省外、境外的交通主干道沿线。此时，地方商务分会的分布相对均衡，省内重要经

① 《昆明小录》，《民国日报》1916年4月21日。
② 《财政纪事》，1916年4月，载《护国军纪事》第2期，转自朱英《辛亥革命与资产阶级》，华中师范大学出版社，2011，第272页。
③ 万湘澄：《云南对外贸易概观》，新云南丛书社发行部，1946，第187页。
④ 李珪主编《云南近代经济史》，云南民族出版社，1995，第334—335页。
⑤ 资源委员会经济研究室：《云南之贸易》，载李珪主编《云南近代经济史》，云南民族出版社，1995，第346页。

济区域基本设有一个商务分会。滇越铁路通车后，各地商会纷纷设立，1911 年，东川、彝良、河口、安平、开化、么黑井、宁洱、普洱等地相继设立商会。辛亥革命后，滇东南、滇中、滇西地区的城市和商业发展较快，所以，这些地区的商会一直保持不断增加的态势。虽然名称各异，组织形式也有所不同，但商会势力在边疆民族地区各县镇的广泛渗透是不争的事实。从清末民初云南商会演进的轨迹来看，地方商会的设立与样态也展现了云南商会创设初期的某些特殊面相。

（一）民族走廊：滇西之下关商会与鹤庆商会

云南省商务总会创设之后，僻处滇川藏民族走廊地带的下关、大理、鹤庆等滇西及滇西北地区亦相继设立商会组织。这些地方商会组织设立的主导因素中，至为重要的是本地民族商人群体整合的加速，各地民族商帮在扩大商贸范围的进程中自觉地向新式商人组织转型。下关商会与鹤庆商会以白族商人为主导，在推动滇西、滇西北地区的白族、纳西族、藏族等少数民族之间的商贸往来方面扮演着重要的角色，对于川滇、滇藏之间的贸易和族际互动也起到了中间桥梁的作用。

以下关商会为例，1903 年以前，下关、大理、喜洲等地的商号均无行业组织。1875 年，随着下关地区川藏贸易及滇缅贸易的兴旺发达，商帮崛起和发展，聚集在下关的临安、四川、迤西三大商帮，为保护本集团的利益，加强彼此间的联系和合作，于 1903 年在下关财神殿成立"丝花会馆"，主要是由经营川丝和棉花行业者组成，领导和管理滇西地区的商业事务。丝花会馆设会董一人、帮董三人来处理丝绸、花纱交易事宜，这是在下关成立最早的商业行会。这种商业行会仍然是封建式的行会组织，会董实际上是一名官吏。

1906 年，云南省垣商务总会在成立以后，通知下关等地将原有行业帮会进行改组，设立新式商人团体"云南下关商会"，第一任会长是鹤庆帮兴盛和商号经理舒翼才，第二任会长是鹤庆帮大商号福春恒经理施定乾，此后喜洲商帮永昌祥经理严子珍、锡庆祥经理董澄农、茂恒经理董耀庭等都先后担任过下关商会会长。1913 年以后又改称"云南下关商务委员会"，直属云南省商务总会领导。这种商会实质上是半官方的商业机构，它既区别于旧式的行会，也不同于资本主义的商业团体，例如，1912 年，永昌祥经理严子珍任"督办下关蒙化厘金兼大理税务",他是个税务官,但又兼任下关商会会长。[1] 商会的隶属关系,随着各个时期地方行政的变更而略有变动。1913年以前,下关商会隶属赵州(今凤仪)管辖。1913年,腾冲人李根源任北洋政府农商部部长,由于乡土之情,农商部直接颁发"云南下关商会"印鉴。因商会印鉴直接由北洋政府农商部颁发,故下关商会隶属省政府,与地方政权机关平行。[2] 此后,下关商会一直隶属凤仪县管辖,业务上则同时受云南省商务总会的领导和监督。与此同时,1907年,大理商务分会成立;1912年,大理商务分会改组为大理商务委员会,后改称为大理县商会。大理县商会在民初采用董事制,商会负责人称"商董"或"会长"。[3]

表1-2 1911年云南下关商务分会会董名册

职别	姓名	乡籍	号别	职别	姓名	乡籍	号别
总理	舒良辅	丽江府鹤庆州	兴盛和	帮董	李文郁	大理府太和县	义盛源
会董	石莫侯	大理府太和县	裕泰和	帮董	方会昌	临安府通海县	广馨昌
会董	杨大才	永昌府腾越厅	锦记	帮董	段大钧	丽江府鹤庆市	庆昌和
会董	严镇圭	大理府太和县	永昌祥	帮董	唐湛	丽江府鹤庆市	文华号
会董	施正坤	丽江府鹤庆州	福春恒	帮董	何铭贤	四川宁远府西昌县	宝瑞祥
帮董	严守礼	永昌府腾越厅	元升恒	帮董	何光鉴	四川宁远府西昌县	履中号
帮董	黄应元	永昌府腾越厅	春延记	帮董	杨复生	永昌府腾越厅	敬昌记
帮董	杨锦芳	四川宁远府西昌县	德新祥	帮董	盛国佐	澄江府新兴州	恒盛和
帮董	舒联辉	丽江府鹤庆州	联兴昌	帮董	赵之瑜	丽江府鹤庆州	福庆店
帮董	刘钟秀	大理府赵州	福盛昌	帮董	杜之光	云南府昆明县	太丰号
帮董	何以忠	大理府太和县	福昌店	帮董	董朝宗	永昌府腾越厅	洪盛祥
帮董	马廷柱	大理府太和县	同兴店	帮董	尹稀礼	永昌府腾越厅	福裕兴
帮董	许逢春	临安府通海	正兴号				

资料来源:《宣统三年云南下关商务分会会董名册》,1911,档号:77-5-197,云南省档案馆藏。

如本章第一节所述,晚清之际,地处滇西北地区的鹤庆商帮发展迅

---

[1] 杨毓才:《云南各民族经济发展史》,云南民族出版社,1989,第467页。

[2] 马维勇:《清末民国时期的下关、大理商会》,《大理市文史资料》第8辑,第201、204页。

[3] 马维勇:《清末民国时期的下关、大理商会》,《大理市文史资料》第8辑,第201、203页。

速，新商号不断涌现，大商号已达十余家，中等商号达二十余家，超过四川、腾冲商帮，成为迤西的第一大商帮。① 鹤庆商人和各大商号不但云集于下关，成为滇西北商界的翘楚，而且分布广泛，在地方社会有很大的影响力。这在清末商会的成立过程中有较为深刻的反映。清末，鹤庆商帮迅猛崛起，并在下关组建了鹤庆会馆，同时在鹤庆组建了鹤庆分会馆。会董由鹤庆兴盛和商号舒金和及舒卓然分别担任，会馆设会董一人、执事一人、协理二人。平时由执事、协理共同协调处理，解决各商号之间的纠纷事宜。每年由会董组织召开一次全会，会期时，会内各商家聚集在一起，解决帮内经营方面所引起的各种纠纷，平衡物价，调整帮内的关系，从而凝聚人心，一致对外。在下关商务分会设立的同时，鹤庆商务分会也继之设立。1910 年，鹤庆商务分会更名为鹤庆商会事务所。1911 年，因鹤庆商帮在下关商会中"马首是瞻"，近水楼台先得月，故在下关和鹤庆领先成立了鹤庆地方商会，以壮大自己在下关商会中的实力。鹤庆地方商会为与下关商会遥相呼应，其规模及组织形式均仿照下关商会的模式。鹤庆地方商会的前身——鹤庆商会事务所，组织形式为会董制。设正、副会长各一人，分别由兴盛和主事舒金和及舒卓然担任，下设董事二人，文书、会计各一人。辛亥革命以后改名为鹤庆商会，组织形式为总理制。此后不久，商会由总理制改为会董制，通过商会全体会员代表大会，选举产生正、副会长，杨德宝当选为会长。②

表 1-3　1910 年鹤庆商务分会总理会董名册

职别	姓名	乡籍	经营商号	职别	姓名	乡籍	经营商号
总理	李焕章	鹤庆	永顺和	会董	鲍埔庆	鹤庆	云兴庆
会董	杨耀南	鹤庆	文华号	会董	潘承杓	鹤庆	兴盛和
会董	杨德宝	鹤庆	宝兴祥	会董	段联荣	鹤庆	公和昌
会董	唐煜	鹤庆	宪文号	会董	蒋家祥	鹤庆	鸿昌和
会董	李永兴	鹤庆	同发盛	会董	李端	鹤庆	正兴和
会董	朱润屋	鹤庆	德昌隆				

资料来源：《宣统二年鹤庆商务分会总理会董名册》，1910，档号：77-5-197，云南省档案馆藏。

---

① 梁冠凡等调查、整理《下关工商业调查报告》，载《白族社会历史调查》（一），民族出版社，2009，第 132 页。
② 章天柱：《鹤庆商会史略》，《鹤庆文史资料》第 8 辑，第 44—46 页。

而在滇西北地区,清末之际,由于中甸、阿墩子等地的鹤庆商人居多,因而在批准设立商务分会时,清政府实业道将这两地的商会设为鹤庆商会的分会,归属鹤庆商会管辖。从以下两表(表1-4、表1-5)可以看出当时鹤庆商人在滇西北地区商业发展中的地位,出任当地商会会董等职的就有23家之多,约占各商会职员总数的一半。鹤庆商人的发展态势,正是清末云南商会发展中呈现的独特一面。

表1-4 1910年维西属阿墩子商务分所会董名册

职别	姓名	乡籍	经营商号	职别	姓名	乡籍	经营商号
总理	陈际春	鹤庆	兴盛和	会董	王春省	鹤庆	庆昌和
会董	李鸿芬	丽江	永兴号	会董	唐魁然	鹤庆	文明昌
会董	周尚德	丽江	恒德和	会董	李焕然	鹤庆	天佑兴
会董	钟发升	江西	同兴祥	会董	鲍溢	鹤庆	德昌隆
会董	李永寿	鹤庆	兴顺和	会董	海昇	陕西	太顺号
会董	鲍源	鹤庆	源盛和				

资料来源:《宣统二年维西属阿墩子商务分所会董名册》,1910,档号:77-5-197,云南省档案馆藏。

表1-5 1911年丽江商务分会职员清册

职别	姓名	乡籍	经营商号	职别	姓名	乡籍	经营商号
总理	杨兆瑞	丽江县	恒德和	会董	杨品清	丽江县	恒訚和
会董	赵绪	太和县	和顺祥	会董	牛赵金	丽江县	天裕丰
会董	张一元	鹤庆州	义兴当	会董	李鸿钧	丽江县	永兴号
会董	张恺	丽江县	正兴号	会董	张文星	鹤庆州	恒泰号
会董	方堃	丽江县	崇信号	会董	张立政	鹤庆州	永春号
会董	王际谦	丽江县	福瑞恒	会董	杨秉德	太和县	鸿兴源
会董	牛辉汉	丽江县	天锡昌	会董	赵秉性	太和县	德和祥
会董	和积仁	丽江县	义和号				

资料来源:《宣统三年丽江商务分会职员清册》,1911,档号:77-5-197,云南省档案馆藏。

(二)以商促工:"锡都"之个旧商会

红河地区内部丰富的矿产资源,是其区域社会经济发展的内生动力,也是其商业发展的重要支撑。蒙自、河口两地开埠通商以后,红河地区的对外贸易走在了全省的最前沿。其中，个旧大锡是对外贸易出口的大宗商品，这成为近代对外贸易的突出特点。个旧的兴起与发展，是锡矿开采与贸易的双重作用。1913 年，个旧县设立，脱离蒙自县管辖，开始步入独立发展时期。当时，云南的锡产量占全国总产量的 90% 以上，其中在全国总产量和云南产量中占主导份额的是个旧大锡，因此，个旧从一个偏远的西南小镇迅速发展成为著名的矿业城市，享有"锡都"的美誉。在此背景下，个旧商会于 1914 年正式成立，隶属于云南省商务总会，会址设于云庙内。商会以维持市场、保护商业、负担地方公费、排难解纷以及承担县行政公署之不及为宗旨。① 个旧商会在早期发展实业的实践过程中，也逐渐认识到工业的重要性，并由单一的振商、保商思想向工商一体思想转变，认为"工商二者，各有相需为用之理"，这集中体现在民初锡业发展的事务上。

个旧商会对于个旧锡业早期工业化进程的促进作用，首先在禁运锡砂出境，以巩固商权、维护厂商利益的斗争中呈现出来。此前，1905 年，为抵制英法隆兴公司对个旧矿产的开发，个旧绅商代表与个旧厅同知呈请云南当局向朝廷奏准，成立云南当局与个旧锡商合股经营的个旧锡务有限公司，成为个旧历史上最早的官商合营企业。1912 年，法国人白里氏私自来到个旧采买矿砂，被厂商控告提究，阻止之后，未成事实。1917 年，英法隆兴公司经理陈明向个旧奸商订购锡矿 50 吨，亦被厂商查禁，呈请政府及蒙自关监督，停发运单，未成事实。同年 12 月，英商新加坡炼锡公司郭霖生又到个旧购买锡砂，经个旧商会和各厂商禁阻，并电呈云南省政府力争，外商购砂一事也告终止。1919 年，英商旗昌洋行张光远，趁第一次世界大战后个旧大锡滞销、金融枯窘之机，计诱政府准许其到个旧购买锡砂。这一起涉外购砂的交涉事件，处理时困难重重。因该英商与个旧奸商订立购销合同，并呈请政府和英国领事立案，英方有了借口，而中方受不平等条约的束缚，处理时异常棘手。②

对于上述纠葛，个旧民间社会绅商厂民共同体及商会积极应对，维护了个旧矿山的利益与地方社会的利权。英商郭霖生约同该国矿业工程师到

---

① 个旧县劝学所造报：《个旧县地志资料清册》，第 46 页，个旧市档案馆藏。

② 苏汝江：《云南个旧锡业调查》，载李文海主编《民国时期社会调查丛编》第二编《近代工业卷》，福建教育出版社，2014，第 108—109 页。

省城与当局交涉，获准到个旧买矿砂出口。个旧厂商因权利关系，群力抗争，成立救厂团，上书当局，据理力争。在群情激愤、众势汹汹之下，英商知难而退，将设立于蒙自的收砂公司撤销。在此过程中，个旧绅商多次集会，拟定限制矿砂出境条陈，呈报省议会核定，再转发个旧商会，刊碑勒石，以垂永久。

针对外商一再图谋个旧锡砂一事，个旧商会历陈锡砂如准许卖与外人，则厂、炉、炭、客、税课、厂地、各属州县、个碧石铁路、各分银行与团保学校10个方面将遭受无穷的贻害，并拟定6条禁止矿砂出口办法和3条补救矿砂出口办法，请愿政府竭力予以维持。然而，由于英商与个旧奸商订立合同，呈请政府和英国领事立案，所以虽经云南省行政公署屡次电请财政、农商、外交各部和税务部门予以维持，但回电中均指出个旧矿商不愿锡砂出口属于地方习惯，习惯不能超越于现代世界体系中的国家签订的通商条约。此后，省行政公署密电个旧县知事与商会，要求拟定按锡砂征税章程，做好不得已的准备，"贵会为全厂枢纽，尚祈善为劝导，外避交涉之冲，内保固有之利。始终持以稳健，只用文明劝阻，不事野蛮干涉。如此坚持到底，内体结实，外邪难侵，不禁自禁矣"。个旧商会旋即召集商炉厂户，召开全体大会，宣布省议会维持个旧厂的意愿。但是，省议会及省行政公署把个旧商会拟定的条规和办法视为个旧商人自定禁约，不经由政府宣布，则为商人自治的法规。政府在与外商交涉时，可援为民意之主张，用来对付外商的购砂要求。如按请愿书所请，由政府公布则成为政府行为，与通商条约的规定相悖。个旧商会得到省议会及省行政公署的授意后，当即召开厂商大会，拟就4条抵制办法："（一）援引个旧厂规规定，个旧锡砂只许就地熔炼，向无出口之例，极力陈述矿砂出口之害，请政府竭力维持，并推举代表晋省面陈其害；（二）开会宣布矿砂出口之害，劝大家一起抵制，如有内地奸商，敢盗卖出境出口者，与众弃之；（三）设立救厂团事务所，举员专任其事，分头派人，潜往各厂调查；（四）分函蒙自商会及驻防军队厂团，并予协助防查，又分函云南商务总会及省议会和各报馆，均请设法间接抵制。"①

个旧商会在个旧锡砂外运出口的交涉事件中，代表民间社会绅商厂

---

① 《个旧县志》（20卷本）第九卷，实业部，1936，第3—24页。

民共同体的共同利益，通过绅商厂民全体大会内固团体，外拒外商。不遗余力地收集个旧民间社会各种厂规古制，作为民间社会之习惯法。上报省行政公署及省议会，作为政府徇从民意的依据。在外商利用通商条约谋夺矿砂的涉外交涉事件中，这为身处现代民族国家世界体系中的政府应对现代民族国家体系中的外交事务提供了谈判和周旋的余地。可见，个旧商会在云南乃至中国锡矿业的发展初期发挥着至关重要的作用，商会与各厂商通过多方斡旋和积极应对，推动了个旧锡矿业向早期工业化进程的迈进。

（三）商教合一："三行"并治下之中甸商会

在云南的商人群体中，有一支独特的喇嘛藏商。明清以来，随着藏传佛教传入滇西北地区，寺庙经济逐渐在地方经济中占主导地位。位于滇西北地区的松赞林寺（即归化寺）自 1681 年建成后，固始汗和五世达赖特许松赞林寺可以使用寺庙基金经营商业，免征税收。于是，松赞林寺下的扎仓和八大康参都设有商业经营机构。扎仓下设拉章、觉厦、西苏三大机构。这三大机构下设有念哇和聪本，聪本就是负责商业经营的经理（俗称做生意的人），拉章有一个念哇和一个聪本，觉厦有两个念哇和八个聪本，西苏有一个念哇和八个聪本；每个康参下各有一个格干、四个念哇、两个达主和两个乃念。以上僧职人员都可以利用掌握的公共资产进行商业活动或放高利贷，到期后交回垫本，并交给所属寺庙额定的酥油，负责僧众的伙食和一些宗教佛事活动开支，其余盈利归自己私有。这些喇嘛商人从西藏购来手表、靛青、卡叽布、黄十字香烟、毛毯等印度货和西藏褥子、金边帽、氆氇、麝香、鹿茸等土产货物，转运至中甸、丽江、下关、保山、普洱等地销售。入藏货物有火腿、粉丝、白酒、茶叶、红糖、铜铁器、瓷器、珠宝、木碗等。从中甸运往丽江、鹤庆、保山的货物则是酥油、虫草、贝母、皮毛、麝香、竹叶菜等。松赞林寺旁的白腊谷设有 40 多家大堆店、50 多家杂货店，这些喇嘛商人将货物批发给丽江、鹤庆的商人或县城的小商贩。由此可见，松赞林寺已成为滇藏贸易的集散地和中转站。①

清雍正时，松赞林寺更名为归化寺，凭借清廷和西藏达赖喇嘛的大力

---

① 秦树才：《云岭金江话货殖——云南民族商贸》，云南教育出版社，2000，第 137 页。

扶持，归化寺广收寺僧，积极扩大影响。到清末民初时，归化寺僧人已从乾隆年间的 1226 名增至 2000 多名，僧人已占中甸藏族总人口的近 1/4。① 从清代中后期至民国时期，滇、川、藏、印之间的商贸交流逐渐扩展，与此同时，归化寺借助自身优势参与滇藏商贸，通过经商为扩张寺院经济创造了条件。直至抗战前，在中甸地区，以归化寺和喇嘛商人群体为代表的寺院经济在滇西北藏区始终占主导地位。喇嘛商人从事商贸活动的利润极其丰厚，"在中甸仅值 0.5 元半开的圆茶，在拉萨至少可卖 4 元半开，而在丽江和中甸之间来回买卖一次茶、糖、酥油、羊毛等货物，也可从中赚取 20% 左右的利润"②。在长期经商及寺产的其他经营过程中，归化寺积累了大量的资本。归化寺在自身经济实力不断壮大的同时，也孕育出了一大批实力雄厚的喇嘛商人。归化寺左侧的白腊谷还曾集中了三十多所大堆店，一些寺僧专门从事将归化寺的货物批发给丽江、鹤庆等地商人的经营。③ 可见，清中期以来，中甸归化寺内大批喇嘛商人的崛起和归化寺自身经济实力的增强，对近代中甸藏区的社会经济结构及商人组织的转型产生了深远的影响。

辛亥革命后，僻处滇西北的中甸、维西于 1912 年改厅为县，根据政府要求，两县先后成立商会。1914 年 3 月 3 日成立"云南省商务总会中甸县商务分会"，由商民选举归化寺白腊谷座商梁正轩为总理，还选出会董六名。④ 分会制定了《云南中甸商务分会简章》，其中第四条规定的宗旨是"在就本地现有之商业联络研究振兴保护诸方法，于商界旧有之陋习以及其流弊务设法改革，于本地之土产及相宜之制造务设法提倡扩充，于输入之外货务设法仿造，于商人之困苦纠葛务代为解决"⑤。1915 年 3 月 16 日，维西县改组"云南省维西县商会"，商会以切实研究本地现有工商业以期逐渐改良为宗旨；以扩大工商业及维持入、出国货为前提；研究土货之出口、外货之输入、交易互换之方法、如何整顿，以期挽回利权；维持斗秤

① 云南省中甸县地方志编纂委员会编《中甸县志》，云南民族出版社，1997，第 230 页。
② 云南省编辑组：《中国少数民族社会历史调查资料丛刊·中央访问团第二分团云南民族情况汇集》（上），云南民族出版社，1986，第 114 页。
③ 云南省中甸县地方志编纂委员会编《中甸县志》，云南民族出版社，1997，第 660 页。
④ 迪庆藏族自治州商业局等编《迪庆藏族自治州商业志》，云南民族出版社，1996，第 48 页。
⑤ 迪庆藏族自治州商业局等编《迪庆藏族自治州商业志》，云南民族出版社，1996，第 49 页。

之划一，以免遇民之被欺。① 从中可以看出，辛亥革命以后，鹤庆、丽江两地的商人在中甸地区的商业贸易中仍占主导地位，在归化寺的操控下，商人的生存空间还有所限制，而贸易的产品主要还是限于土产，足可见此时商会在运作中还存在各种复杂的因素。

表 1-6　1914 年中甸县商务分会职员履历表

职务	姓名	籍贯	年龄	职业	牌号	住址
总理	梁正轩	鹤庆	46	经商	文顺祥	归化寺
会董	牛书温	丽江	26	经商	庆兴祥	县城西街
会董	杨树棠	鹤庆	38	经商	德兴隆	归化寺
会董	庄　锡	鹤庆	35	经商	泰昌隆	县城南街
会董	赖　俊	丽江	26	经商	仁和昌	县城西街
会董	蒋芳运	鹤庆	46	经商	双发和	县城东街
会董	李　建	丽江	39	经商	德丰和	归化寺

资料来源：《民国三年中甸县商务分会职员履历表》，1914，档号：48-3-89，中甸县档案馆藏。

中甸商会的设立与地位也展示了其独特的一面。随着滇西北地区商业的不断发展，藏区的内地商人渐趋增多，商会组织得到进一步发展，其中主要以鹤庆商人闵玉高、丽江纳西族商人周汝其和四川汉族商人袁双和等发起的商会为主导。商会设有会长、副会长，制定有完善的章程，设有商会基金。该基金除由几户巨商分担外，入会的商号也要支付一定会费。中甸商会章程规定，商会有统筹物价、调解纠纷、保护会员利益不受侵犯的义务。民国初年，由于全国及云南地方军政府的有效治理及辛亥革命带来的社会机遇，云南藏区经济得到了较好的发展，商会在地方社会生活中起到的作用较为显著，逐渐形成了与"属卡""土司"并列的"三行"社会力量。三种力量成为中甸地区的三大社会组织，影响着当地社会秩序的形成。商会与内地的官僚、当地土司有密切的联系，并长期与归化寺形成了一定的对抗力量，也一直力争对藏区经济的控制权，一定程度上起到了瓦解寺院经济的作用。

中甸是滇、藏、川的结合部，茶马古道的必经之地。从云南运出的

---

① 迪庆藏族自治州商业局等编《迪庆藏族自治州商业志》，云南民族出版社，1996，第49页。

茶、糖、布、线、粉丝、辣椒等，或由藏、川运来的山货、药材、皮毛、氆氇、裁绒等，都要经过中甸。随着商业的发展，清光绪年间，众多商号相继在云南藏区几个较大集镇建立，尤以中甸为最。"（中甸）清末民初，商贾辐辏，商号云集。县城东外本寨，有大商店五十余家；归化寺左侧之白腊谷，复有大堆店（贸易货栈）三十余所，形成一巨商堡垒，每年货财出入，最少亦在七百万元以上。"① 最早出现的会馆是鹤庆会馆，名"鹤阳会馆"，"建自咸丰元年（1851年）内"。② 此后，丽江、剑川、四川、山西等地会馆在中甸成立。会馆是来自同一个地方的商人组织起来的，是联系同乡、互相帮助、共同发展贸易的组织，同时是保护同乡商人的重要力量。各地商人到云南藏区经营贸易很艰难，并有其特殊性：一是云南藏区寺院进行着商贸活动，并经营高利贷，他们依靠其特殊的地位控制着当地的贸易，对外来商人而言，是难以竞争的对手；二是云南藏区作为藏族聚居区，外来商人由于语言不通，与民众做交易须依靠当地土司等地方势力；三是由于政治力量弱，土匪出没，商人须与土匪较量。鉴于以上特殊原因，云南藏区会馆较其他地区更为重要。随着商业的发展，藏区各地会馆在光绪年间有了进一步发展，为了共同利益，他们超出地域，成立了商会组织。凭借经济实力，商会在光绪年间成为云南藏区三大社会力量之一。如光绪十九年（1893）和光绪二十五年（1899）中甸重新制定乡规时，商会开始作为一种力量进行参与，规约被称为《三行共立章程》，商会与土司、属卡头人合为"三行"。③

商会在参与民政的同时，也与寺院展开了斗争，一定程度上成为制衡寺院的重要力量。商会凭借实力反对寺院的高利贷及特权等。光绪三十三年（1907）在公摊给四川兵痞赎城费1300两时，寺院应承付125两，但后来却不付，之后商会联合其他力量与寺院进行斗争。宣统二年（1910）达成协议称："商议公摊，该大寺喇嘛应摊银一百二十五两，一味估抗不摊，此款无着，官民等只得禀请地方官做主跟究，若喇嘛不摊此款，三行

---

① 段绶滋：《民国中甸县志》，载《中甸县志资料汇编》（三），中甸县志编委会办公室编印，1991，第172页。

② 张翼夔纂辑《（光绪）新修中甸志书稿本》卷中《寺观志》，中甸县志编委会办公室编印，1990年内部刊印。

③ 王恒杰：《迪庆藏族社会史》，中国藏学出版社，1995，第233页。

官民客商誓不干休，愿同伊等作对。"① "这一公立合同，等于是土司、经堂、团首及商人共同对喇嘛寺发难，为首者却是商会的客首，足见商会已成为一支能左右民间及土司、地方经堂的社会力量。"② 此外，在维持当地社会治安、共同对付土匪上，商会势力兴起后起到了很大的作用。清末民初，云南藏区商会凭借经济力量成为影响当地社会秩序形成的重要力量。中甸商会在清末民初的发展情形，从一定层面上说明了民初云南商会在制度设计上的两难境地。

（四）守边治边：滇越边境之河口商会

地处滇越边境的河口地区，在1908年设立河口商会，这个位于滇南边境的地方商会的成立颇具地方性，也彰显了边陲地带商人团体向现代转型过程中所体现的多元样态。河口位于云南省南端红河与南溪河交汇处，与越南老街、谷柳隔河相望，地理区位优势明显，交通四通八达，是中国西南地区联结东南亚的重要门户。河口自古以来又是中国与越南等东南亚国家进行边境贸易的集散地，亦是滇越铁路上中国段与越南段的连接点。河口是一个多民族聚居地，瑶族、苗族、壮族、彝族等多个少数民族杂居生活，尤其是跨境民族瑶族的比例占总人口的60%，素有"一寨两国""一村两国"的说法。③ 随着河口开埠通商，法籍殖民者进驻越南，此后滇越铁路的修建、开通带来了大规模的外省人和外国人，促使河口成为一个地理空间、族群、语言和文化的多重边缘。滇越铁路通车后，大量的人流和物流随之涌进河口，促使河口地区成为滇南唯一的对外贸易中转站，因此，河口商业日趋繁荣，人口剧增，各行业、各商号之间的利益冲突也日益显著，在此剧变之下，为调解纠纷和促进商业繁荣，经地方商人的推动和政府的认可，河口商会这一组织成立了。

河口商会是河口地区商业从业人员唯一的合法组织，代表整个河口地区商业从业人员的利益，上可与官府或有关机构周旋，下可受理和调解商人之间的经济纠纷。凡在河口开店设号经商的，必须加入商会成为会员，遵守商会章程及缴纳会费。商会设会长一人、副会长二人、理事八人。另

---

① 王恒杰：《迪庆藏族社会史》，中国藏学出版社，1995，第235页。
② 王恒杰：《迪庆藏族社会史》，中国藏学出版社，1995，第236页。
③ 河口瑶族自治县编纂委员会编《河口县志》，三联书店，1994，第91—93页。

设秘书一人、职员四人办理日常事务。会长和理事，均由会员大会选举资金雄厚、威信很高的商人担任，任期四年，可连选连任。商会会员大会每年召开一次，审查一年内商会的经济收支及工作情况；理事会每月召开一次，审理和解决商会内部问题。平时若需要开会研究或决定某些重大问题，可由会长临时召开理事会商量解决。[①] 由此可见，河口商会的组织架构已初具完备，其在地方社会中也得以有效运行。

商会经费来源，除了收会员费外，主要依靠打"抽丰"。"抽丰"者，抽取其丰收部分也，即商会根据各商户每年的关税额抽取5%，这部分款项，商会不上缴给地方财政，而是由商会用于举办各项慈善公益和社会建设事业，还涉及地方教育事业。由于"抽丰"是用之于地方，各商号均认真申报交纳，并以缴纳多者为荣。商会根据各商号每年"抽丰"的多少，评出名次，于次年正月初七举行一次送奖仪式，当时称为"送抽丰牌"。送奖牌的仪式较为隆重，商会会长和全体成员率领浩浩荡荡的送奖队伍，簇拥着事先精制的排有名次的、写着商号名称的"抽丰"牌，在舞狮子、吹八音的随同下，将"抽丰"牌按名次逐家送到各商号。接"抽丰"的商号热烈欢迎，以名列前茅为荣。[②] 可见，当时河口商会的经费收入较为客观，因而可以广泛地开展各项社会事业和公益活动。当然，河口商会的经费管理与使用也存在某些漏洞，这个问题集中体现为1915年发生的商会总理罗庆荣携款潜逃案。对此次事件，《申报》有较为详细的记载。"云南之河口地方与越南交界，又为滇越车道通衢，商务颇形发达，而商会之入款亦年盛一年。河口副督办徐君有电来省：河口俱乐捐款，反正后经许、夏两副督办拨归商会总理罗庆荣经收，解至二十二期无异，王任内存二十三期洋七千余，商任内存二十四五六七等期洋二万七千余，均系该总理保存，署内除商任提用一万三千余外，尚存一万四千，因系商会总理负责经理，未准移交，又本任内二十八九三十等期及三十一期四分之一共洋一万六千余，除提署待解一万二千除外，尚欠解三千余，因奉省厅饬解送往催缴距该总理竟捲款逃匿越境，当派委员驰往分道追缉，并请老街公使飞电查拿，谅难漏网，一面将伊子鸿钧押追及查封家产约值万余金，并电商

---

① 何怀仁：《河口商会》，《河口文史资料选辑》第 1 辑，第 192 页。
② 何怀仁：《河口商会》，《河口文史资料选辑》第 1 辑，第 192 页。

前督办，尅日来河，会同清理。"① 案发后，公众推选会董梁世唐代理总理。这从一定层面上说明了民初云南各地方商会在制度设计上的缺陷。

河口与越南老街这两个市镇都是修筑滇越铁路时逐渐繁荣起来的。而老街市镇的形成较河口为早。民国初年，法国人已在老街开设电灯厂，供应市区照明。民国四、五年间，河口商业兴旺，市场日趋繁荣，但商户与当地民众一直使用油灯照明，给市场贸易带来诸多不便。在此情形下，由河口商会出面与老街电灯厂接洽，从老街架线到河口，供应各商户照明用电，每盏十六支光的电灯，每月收费越币（法东方汇理银行在越南发行的货币）两元，高于老街本地用户收费价格。自老街接线用电后，处处受到厂方的限制与刁难，厂方经常无故提高电费价格，稍不如意，即以停止供电相威胁，态度十分傲慢。② 此后，河口商会为了振兴实业，抵制外来人的经济侵略，拟筹办电灯厂以挽回地方权利，在常务会议上决定动员私人集资兴办电灯厂。随后，由廖建南等人发起，由商人集资办厂以解决市区照明问题。经商会呈报督办公署备案，定名为"河口汉光电灯有限公司"。这一举措既保障了边境地区商业的有序发展，也维护了本土商人的自身权利。

河口僻处祖国西南边陲，地势低洼，海拔仅76.4米，气候炎热，疾病丛生，特别是恶性痢疾更为猖獗，曾以瘴疠地区著称。内地人言及河口，无不谈虎色变，视为畏途。确有不少行商到河口后不久即患上恶性痢疾，由于治疗无方，三五天就送了性命，即使当时侥幸不死，回到家中仍然性命难保。因此，在河口地区筹设医院实属必要。民国初年，河口各商号集资筹建"河口天南医院"，天南医院的医药费用、医务人员工资等经费，均由河口商会筹措。凡机关单位的公务员及民众看病，一律免费，分文不收，在地方社会反应良好。后来由于匪患横行，边境秩序不稳，河口商会财政枯竭，天南医院的经费改由地方财政拨给，并改名为"河口公立医院"。③ 由此举可看出，河口商会设立后，对边境地方公共事业极为热心，利用商会经费积极投身于河口的公共卫生事业，保障边境地区民众和商人的健康，从一定层面上而言，商会等社会团体在民初的兴起，也极大增强

---

① 《河口商会之捲逃案》，《申报》1915年12月5日，第7版。
② 黄日雄：《河口商办电灯旧话》，《河口文史资料选辑》第1辑，第172页。
③ 廖怀仁：《河口天南医院的兴衰》，《河口文史资料选辑》第1辑，第178页。

了边疆地区民众的民族凝聚力和国家认同感。

此外，在云南各地方商会积极筹办实业以图振兴商务浪潮的推动下，河口商会也因地制宜，积极推广种植相关经济作物，谋求实业之兴。"该处商会查明滇省入口之货以布匹、纸料及卷烟、油糖棉花等项为大宗，拟将烟草、落花生及棉桑等物广为播种，俾为制烟、糖、油、布与养蚕、制丝之用，并设厂造纸。……据呈各节，即可补塞漏厄，挽回利权，于人民生计大有裨益，诚为实边要图。惟该商会称委员调查何地宜种何物，并查明荒地设法开垦，自系遵照本署前令办理，该副督办应即派员查明何处可种棉蔗，何处可以栽桑，此项经费龚需若干，俱乐捐款可否敷用，其设厂造纸，设公司制烟及设公司收买制造各色糖料，该处是否有此经费可以开办，据实呈复，方为正办，乃未逐一声叙如何办理，只请本公署衡核。"①

作为"第三领域"的商会组织，河口商会不仅对边境地方社会有相当大的控制力，维护了边疆社会的稳定；也协同河口对汛督办这样特殊的行政建制来共同治理边疆社会，积极推进边疆地带的社会建设事业，筹办实业以谋求边境社会经济的发展，从而初步实现边疆社会从帝制"边缘"向民族国家前沿的转变。

小　结

在地处西南边陲的云南地区，晚清之际，因地理环境、传统观念、民族构成的复杂性及本身发展的不平衡，云南商人群体正面临不断的分化与整合，传统商人组织正逐步趋向于向近代转型。1904 年，清廷商部颁布中国第一部商会组织法规《商会简明章程》，确定商会以"保护商业，开通商情"为宗旨，其组织体系是"在各省各埠设立商会"以为众商之脉络。在这样的时代机缘下，云南省垣商务总会于 1906 年建立，在其创设后，云南各地也陆续设立了各自的商会组织。清末民初云南商会的设立与演进是在商人自为意识的主导下，多种因素交互作用的结果。从各地商会创办的动因和形态来看，清末云南商会的设立，一方面包含了云南地区商人的主观愿望、要求和行动，另一方面又在中央政权和地方政府的倡导与认可协助下渐次进行。由于云南社会环境的特殊性，其商业结构和商人群体的构

---

① 《唐都督兼巡按使指令河口副督办振兴实业文》，《云南实业杂志》1913 年第 1 卷第 1 期，第 8—9 页。

成也独具特点，与中东部商会迥异的是，云南商会形成了会董和帮董共同治理的组织机制，而且在清末至民初的长时期内，鸦片商人和商号在商会中占主体地位，商会的运营和业务也以其为中心，这也导致云南商会的发展从一开始就呈现出边缘化的异态。

作为商办的民间社团，云南商会在民初的演进历程，从一个侧面反映了近代中国社会团体从传统向现代的转型进入了新的历史阶段。其具体表现，不仅是云南商会能够在辛亥变局后政体变更的新形势下采取了新的应对举措，从而能够适应形势发展的需要，还在于不断完善自身的组织机制。在云南军政府的治理下，其更名为云南全省商务总局，兼理工商行政事务，切实践行了云南军都督府"军政商一体化"的政治思想。在更名为云南商务总会后，其仍属社会团体，积极筹办商团和成立商事公断处，使商会的作用能够得到更大的发挥，商人团体得以体现巨大的正能量。

当然，清末民初时期，滇东南、滇中、滇西地区的城市和商业发展较快，所以，这些地区的商会一直保持不断增加的态势。虽然名称各异，组织形式也有所不同，但商会势力在边疆民族地区各县镇的广泛渗透是不争的事实。从清末民初云南商会演进的轨迹来看，地方商会的设立与样态也展现了云南商会创设初期的某些特殊面相。尤其较为显著的是，在滇川藏贸易较为活跃的"民族走廊"地带，下关、大理、鹤庆、丽江、中甸等地商会的设立与运行，极大地推动了滇川藏地区的商贸往来和文化交流，对该地带聚居的白族、纳西族、藏族、汉族等各民族的互动与融合起到了至关重要的作用。此外，如中甸商会也在藏区经济发展和喇嘛商人群体的嬗变中有重要的影响；个旧商会在推动云南锡矿业的迅速发展和实现早期工业化的进程中扮演了重要的角色；河口商会在边疆社会治理和社会建设事业方面采取多种举措，协同边政机构履行了"守边治边"的特殊使命。

总之，清末民初云南商会的创设与发展，标志着云南地方商人群体的整合有了实质性的转变，商人团体以新兴的面貌登上近代历史的舞台。商会的设立也促使云南商人改变了以往行帮、商帮或其他组织与个人的形象，并开始以社团"法人"的新姿态活跃于清末民初的历史舞台，并产生了巨大的政治能量与社会影响，有力地推动了云南地区近代社会经济结构的变动和近代商业的转型。

第二章

军阀政争时期云南商会的变动与运行

护国战争结束后，云南成为滇系军阀的统治势力，自此，云南政局转向军阀割据混战的乱局，云南社会经济结构呈现出明显的变动。1915 年，北洋政府颁布新的《商会法》。1917 年 7 月，云南总商会完成改组，在此前后，各地方县镇商会相继改组，有些地方增设了商会组织。在军阀政争的社会格局中，云南商会通过自身的不断发展，在组织规模上也有较大的变革，其组织架构和运行体制也更加趋于规范和完善，并形成了以云南总商会为中心的区域商会网络。在军阀内乱的社会环境中，云南总商会和各地方商会在一定程度上发挥了协调、制衡社会的作用，在重大历史事件中表现了对于政府的支持与合作，其中双方之间在具体事务的处理中还存在冲突与矛盾。这些都真实地展现了商会在军阀政争中的复杂面相。

一 军阀政争时期云南商会的改组与整顿

护国战争结束之后，随着新《商会法》到滇，云南商务总会改组为云南省总商会。由于这一时期正处于西南军阀的内争中，时局变动频繁，商会组织极不健全，经历 20 世纪 20 年代前期的组织整顿后，商会得以正常有序地运行，并在经历 20 世纪 20 年代末商会的存废纠纷后得以改组，步入常态化的发展轨道。

（一）护国战争后云南商会的变动

1916 年 7 月，护国战争胜利结束。此后，北洋军阀失去了总头目，内部各集团在不同帝国主义国家的支持下，因扩张地盘、争权夺利而分裂为若干派系。此外，反袁战争结束后，"独立"省区失去了共同的反袁目标，有的拥军称霸，割据一方，形成地方军阀。诚然，在护国战争结束后，中国就出现了军阀割据和军阀混战的局面。当时，南方六省区逐渐出现了与北洋军阀相对的西南军阀。西南军阀统辖的区域为广东、湖南、四川、贵州、云南、广西六省，这六省形成相对独立的分成许多派系的若干地方军阀集团。西南军阀中，以唐继尧为首的滇系和以陆荣廷为首的桂系势力最大，滇系唐继尧控制了云南、贵州两省，并力图向四川扩张；桂系陆荣廷控制了两广，湖南也在其势力影响之下。它们之间各自的割据及不断的混战，成为民国前期时局变动的一个重要特点。

1917年，孙中山以维护临时约法为己任，掀起了护法运动的帷幕，表示"当荷戈援枪，为士卒先，与天下共击破坏共和者"①，从此发动了轰动一时的护法战争。孙中山寄希望于滇系唐继尧和桂系陆荣廷，并力主推举他们为军政府元帅。但是，唐、陆虽表面上拥护孙中山护法，暗中却企图拆台，只谋自身势力的发展。因此，唐继尧控制滇黔，入川扩张，宣称的却是"靖国"。靖国战争时期，是唐继尧一生声望达到顶峰的时期，也是其走下坡路的开始，自此以后，唐继尧作为滇系首领、云南的统治者，在省内经济建设及文教建设的某些方面也有一定的业绩，但在政治上已开始衰退，并逐渐走向自己的反面。西南地区进入军阀混战时期后，地方政局变动较为频繁，中央政府名存实亡。地方军阀统治的政治生态持续性存在，遂使地方出现"权力真空"，中央政府已无力对商会实行有效的强权控制，商人利益的表达不再受到控制，云南地区商人组织的统合性也渐趋受到削弱，云南商会的变动也呈现出特殊的面相。

1916年筹组总商会时，正是第一次世界大战之欧战方酣之时，从这时到1919年大战结束的几年间，英、法、德等帝国主义放松了对我国的经济压迫和经济侵略，云南地区的民族工商业和全国各地一样得到了迅速的发展，相继新增加入总商会的各业行帮达到近一百个之多。这些新加入的行帮，不少是新兴行业，如照相、钟表等；有的是来昆明新开店铺或做批发生意的省外客帮和省内商帮，省外如北京帮、福建帮、成都帮，省内如通海帮、玉溪帮、泸西帮等；也有的是因业务发展，大帮划为小帮，如迤西

① 《就海陆军大元帅布告》，《孙中山全集》（第四卷），中华书局，2011，第140页。

帮划为腾越帮、大理喜洲帮、鹤庆帮，迤东帮划为昭通帮、曲靖帮，迤南帮划为临安邦、蒙自帮、思茅帮等。① 此外，由于军阀混战，社会秩序严重失序，以致这一时期云南的商业贸易极为落后，商品经济还不发达，各地商业发展的水平也是参差不齐，据 1923 年云南省政府实业司工商科的调查，"全省 100 个县输入商品货值为 3873.969 万元，输出货值为 4621.245 万元，进出总值为 8495.214 万元。在贸易货值中，其商品构成为：粮食占 43%，食堂占 9.4%，布匹占 7%，食盐占 5%，这 4 项商品共占 64.4%。其余为食油、火腿、茶叶等副食品及手工业制品、土产品等占 35.6%"②。这充分反映出此时期云南地区商品率低以及以自给自足的自然经济为主体的经济面貌。此外，由于军阀混战需要耗费大量的军费，唐继尧政府大开烟禁，鼓励种植运销，很多商号、行帮都竞相贩运鸦片，攫取暴利，此时云南的社会经济和商业呈现出畸形发展的态势。

在政治生态和社会经济环境发生剧变的背景之下，1916 年年底，适值北京政府颁布的新《商会法》到滇，云南省商务总会遵照《商会法》筹备改组成立"云南省总商会"，以振兴商务、促进改良工商业为宗旨，以省会昆明县所属区域为限。③ 云南省总商会改组后，主要进行以下会务："谋商业之安全及改进；关于工商法规及商业事项建议于行政官厅；受当事人或官厅之委托，办理商业清理事项；答复官厅或其他团体或个人所咨询商业之事项；调查或证明官厅或其他团体或个人所委托之事项；设商事公断处办理和调处本会区域内当事人或官厅委托之商事争议；受商人之委托，办理华洋文契之移译、检定及商业登记；办理商品查验和商事公告事项；关于市面恐慌、调剂物价及重要产业之组织等事，有维持及请求官厅维持之责任；设立商品陈列所和商业学校。"④ 依照新《商会法》，云南总商会把原来商务总会的总理、协理在新的总商会中改为会长、副会长，会长主持全会事务，副会长协助之。会长缺席时，副会长代行其职权，特别会董

① 中国民主建国会云南省委员会、云南省工商业联合会编《云南工商史料选辑》（第 1 辑），第 221 页。
② 云南实业司工商科编制《云南各县输出输入物品总值比较图》，《云南工商业概况》，1924。
③ 《云南总商会章程》，1917 年 6 月，档号：32-25-18，昆明市档案馆藏。
④ 《云南总商会暂行章程草案》，档号：32-25-18，昆明市档案馆藏。

及会董有参议协助会务之权责。① 此时，云南总商会的组织机构扩大为会董 60 人，并继续设置商事公断处，每届任期两年，可连选连任。总商会的经费由各行帮按业务大小分担，具体数目由每次代表大会决定，按月缴纳到会。1917 年 5 月召开各行帮代表大会，依法选举产生了第一届云南总商会，当选会董祁奎等 61 人，互选祁奎为会长，王廉升为副会长，并函聘赵鹤清等六人为特别会董，次年王廉升病故出缺，依法推选会董雷恩溥继任副会长。② 云南总商会设置的工作部门有总务、商事、文书、调查四个科，科长多为会董兼任；又按旧制设立了公断处，从会董中选出处长一人，即评议长，评议员若干人，调查员数人，此外还聘用了专职秘书。由于总商会日常工作日益增多，就公断处的评议员来说，第一届有评议员 21 人，第二届增加到 38 人。③

1915 年北洋政府颁布新《商会法》后，云南商务总会随即依照新《商会法》改组为"云南省总商会"，把总、会办名称改为正、副会长，但应当注意的是，这时实际组织上的改组并未立即完成，云南总商会的筹备改组一直持续到 1917 年 7 月才正式完成。有关调查报告记载："民国四年（1915 年）十二月十四日农商部发布商会法及施行细则，商会法公布后经过二年的时间，民国六年（1917 年）七月，云南商务总会依照商会法进行改组。"④ 这应该是较为可靠的记载，而云南地方史志资料多以 1916 年为记录，这是不可信的。根据本章下一节之"1924 年云南各地商会一览表"对云南各县市商会改组情况的统计可知，1915 年新《商会法》颁布以后，地方商会进行改组的还只是一小部分，大部分商会经过 2—5 年的时间，还有些商会甚至用了 6—7 年的时间，才完成改组。如《昭通县志稿》载："商会为商人组合团体，系为改进商务及保障商人而设。昭地商务殷繁，

---

① 《云南总商会章程》，1917 年 6 月，档号：32 - 25 - 18，昆明市档案馆藏。

② 中国民主建国会云南省委员会、云南省工商业联合会编《云南工商史料选辑》（第 1 辑），第 221—222 页。

③ 中国民主建国会云南省委员会、云南省工商业联合会编《云南工商史料选辑》（第 1 辑），第 223 页。

④ 东亚同文书院第 24 期学生调查："第 21 回支那调查报告书"，第九卷云南事情调查第三编《云南省的商业团体及工会附农协会调查》，第 13 页，转自薄井由《清末云南商业地理初探：以东亚同文书院大旅行调查报告为中心的研究》，博士学位论文（未刊），复旦大学，2004，第 176 页。

设立较早，自逊清光绪三十三年经邑绅李临阳提议，即已设立，初者昭通商务分会，公举杨履恒为总理。民国七年，奉实业部令改组，始名昭通县商会。"① 又如《新平县志》载："商会于民国二年成立，公举徐兆英总理，八年李元皋任内，改称商会长，拟具会章呈报政府及总商会。"② 从《新平县志》的相关记载来看，各县商会的完成改组以各县拟定的章程上报为定。从各地商会新颁布的商会法来看，因为 1915 年新《商会法》的制定较为完备，规章法文较为完整，所以各地商会很大程度上已经没有根据各地的实际情况而自由制定规章的余地，地方商会的章程与中央政府的《商会法》大致是相同的，只有细微的差别而已。较之以前的商会组织架构和体制而言，云南地区不少商会组织虽然在商会内部构成、经费筹办方式上有了明显的改革外，在许多方面还是延续了旧有的体制。

这一时期值得关注的是，云南经济结构的变动对商会组织的发展也是相对有利的。第一次世界大战爆发后，国外输入云南的工业品减少，而对云南工矿业产品的需求激增，这在客观上给云南工业的发展带来了难得的机遇。在各种有利条件的促进下，民国前期的云南工业获得了较快的发展，工业近代化的程度得到了一定的提高。此外，随着工业资本的进一步增加，投资结构也趋向多元化，并吸引了一批华侨投资和外商投资企业。如 1917 年法商徐壁雅洋行在昆明设立大型洗鬃厂，招募了 50 多名工人，次年工人数增至 100 多人；③ 1918 年，华侨商人张桐阶不仅呈请开办云南矿业，还邀集新加坡、庇能、苏门答腊等地侨商赴滇开办实业；④ 1918 年，云南省政府代表刘祖武等"呈准督军兼省长唐继尧，与美国人安德森议定勘矿条件 14 项"，由美商与云南省政府合资成立云南明兴矿业公司。这样，商人、官僚、地主和高利贷者的投资就构成了云南工业资本的主要组成部分，共同推动了云南近代工业的发展。在此背景下，1923 年，云南省总商会向省议会提出了设立总分工会的提议，并提出其组织应该隶属于商会管辖。"工业乃商业之母，工业振兴则商业亦同时发达，议案所云诚属确论，滇省比年工业亦渐有向上之机，所请设立总分工会以奖劝而促进之

① 卢金锡修，杨履乾、包鸣泉纂《昭通县志稿》卷五《商务·商会》，1938。
② 吴卓如修，马太元纂《新平县志》，1933。
③ 李正邦：《云南猪鬃业之发展概况》，《云南文史资料选辑》第 9 辑，第 125 页。
④ 董孟雄：《云南近代地方经济史研究》，云南人民出版社，1991，第 271—272 页。

洵为要图。总商会及商会之设，原已包括工商两业在内，故商会法于发起
设立商会及组织商会之职员暨商会所办理之事，皆合工商两业而规定之。
又按商会法第四十四条载，自本法施行日起，之前成立之工务总会或分
会，一律裁撤，但得于六个月以内依本法与同地商会合组，其地原无商会
者，亦得依本法改组商会。是于原有工会尚须改为商会，或与商会合组揆
其用意似。以吾国工业尚属幼稚，社会经济人才又时感困乏，工商既有密
切关系，与其各自为会，反觉筹措维艰，莫若合组一会进行，又较便利。
况滇省经费支绌，现设之总商会、商会皆系合工商两业所组成，而其经费
尚时苦不给。若分别工商各自设会，则经费、人才两项即为先事解决之问
题，果经费不虞拮据，人才不虞困难，则工商各自立会或更易收工业发展
之效。"①

对于此议案，云南总商会会长张荫后、副会长董洺章也同时向省议会
表达了设立工会并将其纳于商会之中的必要，也呈请省政府无须再单独另
设总、分工会。"职会查工商二者各有相需为用之理，滇省僻处天南，物
产丰富，特以制造未精，遂致行销不广，外货充斥，寖成绝大漏厄。自总
商会、商会设立以后，提倡诱掖，各种工艺虽有向上之机，而视他省出品
之精美则瞠乎，其后皆由于材财两绌，一切遽难兴举耳。段议员拟请设立
云南总分工会顺时势之潮流，图工业之改进洵属切要。如果工业人才众
多，经费易于筹措能自立会，与农会、商会鼎足而三，共谋发展互策进
行，岂不甚善。无如滇省工业颇为幼稚，经费更无从筹划，有难与他省工
商各自设会者相提并论。遵即召集工商业全体开会宣布议案，详加讨论，
并就经费、人才两项从长计议，为兹事之解决签请工之与商有密切之关
系，相济而成之事实，故商会之组织，皆合工商两业之分子而成立，并未
有何区别，经费由会员负担，载在会法。就省城总商会而言，向无的疑，
几经困难，虽劝有各商帮之常年捐，各大商家之特别捐，并呈准坐支蒙剥
路之二成等项，而仍入不敷出，拮据时形，其中工业者之担负为数甚微，
若各自设会，则省垣之工厂寥寥，其慷慨捐资势所不能，此外之业工艺者
殷实之家极少贫寒之辈，最多资本薄弱，勉谋生计，值此米珠薪桂颇难支

---

① 《令云南省总商会送请成立总分工会议案（第四十九号）》，《云南实业公报》1923 年第
11 期。

持，负债累累者有之而赖终日劳动之资，以为一家生活者，所在皆是更安。有余力以负担会费，是应促其进步而反增其苦累，此对于经费问题——①也。中国戕视工人之积习由来已久，欧风东渐，有劳工神圣之名次，究未尽行破除。而滇垣肆业工艺者，大都愚鲁粗率之人，囿于见闻通晓文义者百不得一，如总商会每届改组各业，推举帮董，求一明白事理、热心公益者，颇难其选，于此而欲其独树一帜，分道扬镳，则适当之人才将于何取之，不得其人则滥竽充数，有会与无会等耳，此对于人才问题实存困乏者也。"② 对此问题，云南总商会认为："省会为商务繁盛之区，工人荟萃，已所筹款尚如是之艰难，人才又如是之缺少，推之省外各县莫不皆然，与其各自立会，情势隔阂，莫若因仍旧贯免除困难，且现在之总商会、商会原系工商组合，久已团结，一气合同而化，似未可显分界限，徒有虚名，请为核复。复经各会董再三审查，所议确属实情，一致表决应请矣。诸异日社会经济裕如工业人才辈出，再议设立总分工会较为妥协，此时请暂勿庸置议。"③ 总、分工会设立与隶属的争议表明，商会的组织结构在工商业结构变动的情况下，已呈现出明显的分化趋势。

（二）20 世纪 20 年代前中期云南商会的组织整顿

1922 年 2 月，督军唐继尧统率驻外滇军，由桂回滇。唐继尧回滇后，撤销滇军总司令部，改组省政府，唐继尧遂任省长，总揽全省军民政。"民国成立以来，屡经事变，督军一职，实为厉阶。1920 年 6 月 1 日，业经宣布废除督军，暂以靖国联军总司令名义收束军队在案。厥后黔、湘、川、粤皆次第实行，近顷废督之声已遍全国。联省自治，尤为废督后建立国家之坦途，现为贯彻废督主张、确立自治基础之计，改组云南省政府，于省长下设内务、财政、军政、外交、教育、实业、交通、司法，八司使军政隶属省长之下，即将靖国军总司令职废除，所有靖国军未完事件由云南省省府继续办理。由法制委员会拟定云南省政府暂行组织大纲，已定于八月一日实行。"④ 同时任命省政府所属八司司长、华封祝署实业司司长，

---

① 此处资料原文缺失数字，特作说明。
② 《咨复省议会工会已纳入商会之中，暂勿庸另设由》，《云南实业公报》1923 年第 13 期。
③ 《咨复省议会工会已纳入商会之中，暂勿庸另设由》，《云南实业公报》1923 年第 13 期。
④ 《云南总商会各地来电卷，云南各局分送各县》，1922，昆明市工商联存档，载《昆明市志长编》卷九，第 308 页。

实业司下辖各实业机关。而这一时期，云南商会组织也属于实业司的督管领域，重要事务和组织方面的变动都要呈请实业司认可与督导。1922年8月1日唐继尧复掌省政后，恢复成立市政公所，划定省会区域，"以城内外不属于五乡者，脱离昆明县范围，而属诸市，其属于五乡者，仍由昆明县管辖，并按诸历史地理关系命名为昆明市"①。可见，"昆明市"之名虽已存在，但"云南省总商会"之名尚未变更，故此时也未将商会之名变更为"昆明市总商会"。

滇系军阀统治时期，云南地区的商会组织较之清末商会的力量已经有所增强，商人的近代思想意识也日臻成熟，能够在某些方面抵制军阀政权的限制与侵蚀，在一定程度上发挥了制衡政府的作用，从而维护了自身组织的独立性及应有的权利。经全国商会联合会和各地商会的联合诉求与努力，1915年12月，新《商会法》和《商会法施行细则》公布施行，其中第1条即规定"本法所谓商会者，指总商会及商会而言"，第2条还申明"总商会及商会均为法人"。②依据新《商会法》的规定，各地方最高行政长官所在地及工商业总汇之各大商埠应设立总商会，而各地方行政长官所在地或所属地工商业繁盛者亦设立商会。③此外，设立商会或将其改组时，应将该会章程、会董选举情况等事项依法上报地方最高行政长官。

在此背景下，云南各地商会也相继改组，但由于军阀政争时期政局的动乱，云南各地区商会的改组进程并不一致。尤其是20世纪20年代之际才进行改组的部分地区商会，在改组程序和会董选举等事项上还存在诸多不符法规和不完善的问题。如1922年实业司对镇南等十六属地的商会成绩查核后，当即要求："迄今各属商会列报者已居多数，而该属商会应行查报之表尚未据报，殊属玩延，合再令催，仰即转行该属商会迅速遵照前颁表式，将民国十年及十一年成绩即日详切填报来司，以凭核办，勿再违延。"④对此，云南实业司下令要求各地区商会限期内呈报关于该会改组情形和年度成绩表，对各地商会的具体情况予以查核整顿。"商会之设，原为联络商情，振兴商务起见，凡商会职员宜如何认真整顿，依法办理，以

① 云南省地方志编纂委员会编《续云南通志长编》（上册），第1116页。
② 马敏主编《中国近代商会通史》（第二卷），社会科学文献出版社，2015，第782页。
③ 《商会法》，1915年12月14日，档号：32-25-18，昆明市档案馆藏。
④ 《实业司令镇南等十六属催查报商会成绩表由》，《云南实业公报》1923年第12期。

符该会本旨，乃考核各属近报商会成绩表及近来状况，其间成绩考者有职员任期已满延不改选、迹近把持者有改选职员并不依法办理、任意争执、互相攻讦者，复有藉筹会费名目未经呈准、任意抽收捐款者，既负国家设立商会之本心，且失地方工商人民之厚望，若不认真整顿，工商业前途其何以资改进，亟应通令设立商会，各地方官迅即一面考查该属商会有无上指各情事，据实查报，以凭核办，并即转行该商会务期认真整顿，以符本省长注重工商业之主意。"①

根据云南实业司和云南总商会的相关指令，僻处边疆的缅宁等三十三县暨阿墩行政委员也要求查报商会状况："本署前以商会之设，原为联络商情，振兴商务起见，凡会职员宜如何认真整顿，依法办理，以符设会本旨，乃考该各属近报商会成绩表及近来状况，其间成绩可观者，固属不乏而亦有徒具商会名称，无事绩可考者，有职员任期已满，延不改选迹近把持者，有改选职员并不依法办理、任意争执、互相攻讦者，复有藉筹会费名目未经呈准、任意抽收捐款者，既负国家设立商会之本心，且失地方工商人民之厚望，若不认真整顿，工商业前途其何资以改进，亟应通令设立商会，各地方官迅即一面考查该处商会有无上指各情事，据实查报，以凭核办，并即转行该商会务期认真整顿，以符本省长注重工商业之主意。迄今遵令查复者已居多数，该属仍延未据报，殊属玩延，现在亟待考核，合行令催，查明呈复，以凭核办。"②

云南省政府缘何整顿商会？除上述材料谈到要保障工商业者的利益和正常秩序的运行外，主要有以下一些在制度运作上存在的实际问题。

一是会董选举不符程序。如富州剥隘商会就在会长、副会长选举上存在问题，"据该县剥隘商会呈报，会长罗典、副会长罗九贤辞职，补选会长、副会长情形，请立案。当经省公署核以所选会长、副会长均系召集会员补选，并不由本届会董互选而出，且何显芳又未在会董之列，不得被选会长，令饬另行依法互选，选定后将会长、副会长及由候补人升补之会董分别造册，报由该知事转呈核办"③。此外，有个别商会的分事务所在会董

① 《实业司令各县知事（第八十八号）·令饬整顿商会由》，《云南实业公报》1923年第16期。

② 《令缅宁等三十三县暨阿墩行政委员（第二十一号）》，《云南实业公报》1923年第19期。

③ 《令饬转催剥隘商会依法另选职员列册报核由》，《云南实业公报》1925年第34期。

选举的数额上不符合法令之规定，如顺宁县右甸商会事务所的职员选举，"商会分事务所办法只能设董事数人，由该商会会董公推住居或营业于该右甸分事务所区域内之会董充任，并公推一人为会长，勿庸委任，亦勿庸另订简章。该分事务所职员竟选至二十人之多，且非由顺宁县商会会董中推出者，况不应为董事而称为会董，均属不合，合将简章及表发还，应饬遵照上指各节办理，另行推定列册转报来司，以凭核办。又该顺宁商会中如无住居右甸之会董，可增加会董数名，专由右甸选出，即以充任事务所董事"①。

二是关于商事公断处的设置问题，主要还是针对商事公断处的办事细则是否合乎法令规定。如漾濞县商会，"该会附设商事公断处，应照公断处章程第六条及第九条之规定选定各职员，造具清册二份，呈转核办。又该会因设立公断处，另拟章程尚有详略失宜，及与商会法不合之处。兹由司饬科就原章代为修改，由该商会遵照另缮二份一并呈司核办，并饬更正，来册为第三届，发还原章清册，指令分别办理。迄今日久，尚未据遵办具报前来，殊属玩延，合行令仰该知事即便遵照前令，分别办理具报来司，以凭核办，勿再违延"②。对此类问题，实业司令各县知事、督办、县长、委员等拟定商会改选暨附设商事公断处改选各职员册式，并令发所属单位分别遵照办理。"商会职员及附设商事公断处职员，每届改选选定后，应依商会法施行细则及商事公断处办事细则将各职员姓名、年岁、籍贯、住址、商业行号、就职日期等项列册报由地方官转呈核办，乃查各商会于职员选定后列册呈报之案，其册列各项详明记载者固多，任意增列或漏列者亦属不少，虽选经指令更正，仍难免凌乱无纪。兹特由本司规定册式，嗣后各属商会关于列报职员清册务须依式造报，以期划一。"③

对于各地方商会，云南省政府也对各县长、县知事、行政委员、对汛督办发出通令，要求各属商会整顿改良，并按时具报查核。同时，省政府也明确指出目前各地商会存在的十大弊端。"商会之设，原为联络商情，改良工商事业，以期发展起见，商会应办之事，如调处工商业者之争议，

① 《实业司令顺宁县知事郭之翰（第二五九号）》，《云南实业公报》1925年第33期。
② 《令饬漾濞县知事转催该县商会迅遵前令分别办理具报核办由》，《云南实业公报》1925年第36期。
③ 《实业司令各知事、督办、县长、委员（第六二号）》，《云南实业公报》1925年第31期。

设立商品陈列所、工商业学校，维持市面，调查工商业之状况，统计征集工商物品，改良工商事项，皆明定于商会法中，而职员资格与夫任期及其经费至筹集，成绩之报核，其大体亦皆特为规定，凡所以昭慎重，杜把持严考核也。滇省地处边陲，工商业极为幼稚，加以地瘠民贫，设立商会虽不能依法，责以事事必行，然亦须竭尽心力认真办理，始不负商会之职责而有以负政府人民之希望，乃查各属商会认真办理者固多，而就历年所报事项、成绩详加考核，其办理不善亟应认真整顿改良者约有十端。"① 云南地方政府认为，主要存在以下十大弊端：未呈报商会年度成绩；商会职员改选有意搪塞拖延；商会职员与公断处职员有连续连任一次以上且有年龄未满三十岁而被选的不合法现象；部分职员不负担商会事务所费用；借口设会抽收捐款以筹措商会事业费之举；商会经费之款与预算、决算及其事业之成绩从未报告刊布；商会公断处设立后存在权限不明，致滋纠葛的状况；商会或公断处调处事项时有越权干涉的行为；商会调处事项时，有横加武断的现象时有发生；等等。② 各地商会应针对以上问题加大整顿、改良，各县长、知事、委员、督办应立即遵照严行察查，并进行认真整顿，切实改良，如此整改，才可以推动商会组织的有序发展，促进商业环境的改善。

总而言之，民国前期商人的主动性和独立性有所增强，以商会为代表的民间社会制衡国家的能力在这一时期也得到扩展，但同样由于各方面原因，仍存在诸多缺陷，在军阀政争的政治变局中，商会不可能真正具有完全制约政府的力量和能力。虽然当时的商界自身仍然缺乏充分的政治经济实力和行之有效的手段，难以让政府接受商界的一些诉求；从另一层面而言，由于政府及其部分官员的经济建设意识进一步增强和社会各界对振兴工商实业活动的进一步高涨，这一时期商会的组织发展和活动开展也较之清末有了更加有利的条件。更为关键的是，此时政府的权威已经衰落，民间社会的力量得以迅速壮大，因此，商会的生存空间也逐渐扩大，并以更加活跃的姿态涌现于云南民族地区的近代舞台。当然，不可否认的是，20

① 《省府通令各属商会整顿改良具报查核由（第一〇八号）》，《云南实业公报》1926 年第 49 期。
② 《省府通令各属商会整顿改良具报查核由（第一〇八号）》，《云南实业公报》1926 年第 49 期。

世纪 20 年代以后云南地方商会的组织运行受到各种政治因素的影响与约束，或因地方势力的干预，或因商会内部不同派系之间的权力之争，难以完全按其法定的制度安排进行运转与操作，但也充分体现出商会的"自我"治理能力不断提升，其组织整顿的进程也表明了商会与政府之间持续的互动关系。

（三）20 世纪 20 年代末云南商会的存废纠纷与改组

1926 年，国民党第二次全国代表大会通过《商民运动决议案》，此后，各省的商民运动蓬勃发展。组织商民协会成为国民党推行商民运动的最重要的举措，国民党认定商会"处于不革命、反革命之地位"，这样的组织不可能领导商民参加革命。因此，必须成立新的商人团体，即商民协会。[1] 在商民协会成立后，各地的商会依然存在，诸多地方由此出现了商民协会与商会并存的新局面。这两个商人团体由于立足点大相径庭，在彼此的纷争中常常形成针锋相对的局面。云南地区由于"革命"条件尚未成熟，国民党党部组织在云南地方政治统合中的势力还较为薄弱，[2] 因而商民运动的发展不如武汉、长沙、上海、广州等地激烈，[3] 但由于中、小商人的崛起，商民协会成立后在商界形成了新、旧派之间围绕商会存废之论争与纠纷。

第一次国内革命战争期间，各省人民群众受到进步思想的启发，纷纷发起组织代表工、农、商人民利益的团体，商民协会就在这种时代背景下组织成立。1927 年前后，随着北伐革命战争的发展和胜利，许多省的市、县纷纷建立了新的各界人民团体组织，如农民协会、妇女协会等，举行有

---

① 朱英：《近代中国商会、行会及商团新论》，中国人民大学出版社，2008，第 170 页。

② 有关国民党云南地方基层组织的研究，参见段金生《脆弱的统合之基：抗战前国民党在云南的组织与发展（1927—1937）》，《民国档案》2015 年第 2 期。

③ 对于商民运动时期商会与商民协会之间的存废之争、商民协会的解散及 20 世纪 20 年代末国民党商会政策的变化等内容的详细情况，朱英已有系统深入的探究，详见马敏主编《中国近代商会通史》第二卷第十一章"商会与商民协会之争"和第三卷第一章"商会存废之争与商民协会的解散"，社会科学文献出版社，2015。此外，乔兆红和冯筱才也从不同的问题出发点有相关论述。参见乔兆红《1920 年代的商民协会与商民运动》，博士学位论文，中山大学，2003；冯筱才《北伐前后的商民运动：1924—1930》第五章"商会存废问题与商民协会的结束"，（台湾）商务印书馆，2004。

关本身的革命活动。在这种形势下，昆明的新兴民族资本家庚恩锡①、董万川②二人是当时具有革新思想的新派人物，在革命势力蓬勃发展的影响下，他们认为，总商会衙门积习太重，落后腐败，想趁此机会建立新的省商民协会以取代旧的省总商会。他们联络一些民族资本家和青年商人，如严燮成、卢鸣章、马小春、王汉声等，依据《商民协会法》共同发起组织成立了云南省商民协会，"云南全省商民协会筹备处为本省各业商人中坚分子所发起，已于上月五日宣告成立，因该会宗旨正大适合现代潮流，部分阶级，化腐为新，深得各方之同情，又得各筹备员毅力热心积极进行，凡事公开，朝气勃勃，故成立虽只一月，而进行事务非常敏捷"③。

云南省商民协会以庚、董二人为主组成主席团，开展组织行业分会、出版日报等工作。庚、董二人虽不如老派势盛，但他们在工商界中的作为，使他们在新派人物中赢得了声望，因而对这次发起组织商民协会很是积极。云南省商民协会成立以后，随即正式呈报中央政府、党部、本省政府、全国商民协会筹备处等上级直属机关，并用快邮代电通知各省政府、党部、各法团、各机关、各学校、各报馆，以期省内外均知。"吾滇有此

① 庚恩锡（1886—1950），字晋候，庚恩旸四弟。由长兄恩荣抚养成人，随长兄经商，为驻沪分号经理，亦来往于京、汉、粤、港之间经商。先热衷于工矿企业，1919年与刘若愚等人集资10万元接办可保村开济公司，更名为"明良煤矿公司"。1922年独资创办云南第一家机制卷烟工厂"亚细亚烟草公司"，所生产的名牌"重九"烟，即为纪念其兄庚恩旸领导和参与云南辛亥重九起义而取名。1934年集资组设"墨江坤勇金矿有限公司"，年产黄金千余两。1939年独资开办风仪金丹矿。他还致力于参加政界和其他社会活动，1916年先后担任云南水利总局副局长和局长，1929年任昆明市市长，还先后担任过云南省整顿金融委员会委员、云南省商会执行委员、云南省自治筹备委员会委员等职务。

② 董万川（1890—1945），字澄农，白族，云南大理喜洲人。童年时到舅父的商店联发号中做学徒，由于天资聪颖，刻苦钻研账务，常被委派到昆明等地采办货物，不久升任联发号经理。1910年，他独立经商，在昆明开设德润生商号，经营进出口业务。一战后又与军官张子贞、马良合资，在昆明、下关开设同兴公商号贩卖鸦片，同时参与成立天顺昌商号，在昆明、下关经营棉花、棉纱、生丝、茶叶、药材、皮革、黄金等业务，事业日益兴旺。1930年独资开设锡庆祥商号，使之成为喜洲商帮的第二大商号。1936年组成官商合办的个旧钨锑分公司，董万川任经理。1939年筹建大成实业公司。此后，他和一些社会人士合资组建昆明市商业银行，被推为董事长。他也热心社会公益事业，并先后担任云南赈济委员会委员、中国垦殖委员会委员、财政部公债筹募委员会及中央劝储委员会云南分会委员。

③ 《商民协会会务要语》，《云南总商会周刊》第9期，载《近代中国商会史料汇编》（第5册），全国图书馆文献缩微复制中心，2013，第496页。

重大之组织，并望互相联络，给予一切之指导及援助，俾有扩大之希望。"① 此后，选定各部委员主任，由于成立之初事务较繁，于筹备处内分为组织、文书、总务、宣传、财务、交际六部，从各筹备员中选出委员48人，并由各部自行推选主任委员一人，各部一切职务选出之后，各主任委员暨各委员即全体就职。选出各君，均系商界优秀分子，人才济济。组织机构设置完备后推选常务委员，以便负责执行一切会务，大会选出庚恩锡（晋候）、王用中（建一）、尹章（晦之）、王华新（汉声）、严鐏（燮成）、董万川（澄农）六君为该处常务委员，六君为本省商界的中坚分子。②

省商民协会成立后，首先着手对原来属于总商会领导的各业行帮进行拉拢、团结，使之改组成为商民协会的基层组织。按照商民协会法，基层组织称为分会，每一分会除了本业的资方外，还应包括劳方在内，这是与原来行帮组织的显著不同之处。在商民协会的拉拢、团结下，逐渐有部分行帮从总商会分化出来，改组成为商民协会的分会。但行帮中保守派较多，加之这时的总商会临时执行委员会也加强了对所属行帮的团结工作，因而各行业多倾向于总商会而不肯贸然参加到商民协会这一边来。商民协会经过一段时间的努力，只拥有茶业、盐业、纱业、布业、帽业、绸缎、山货、火腿、旅栈、皮革、丝棉等二十余个分会，但因包括劳方在内，所以还是具有相当大的实力的。接着就依法由各分会推出代表，召开成立"昆明市商民协会"的大会，选出庚恩锡、董万川、严燮成、卢鸣章、马小春、王汉声、邓和凤、张世勋、黄梦九、陈子量等35人为执行委员，推定庚恩锡、卢鸣章、马小春三人组成主席团以领导会务，并选出纪律裁判委员15人负监督之责。此后即不以省商民协会的名义出面，而是以新选出的"昆明市商民协会"开展工作，一方面积极团结工商界，以壮大市商民协会的队伍和力量；另一方面创办《新商日报》，加强宣传工作，这份日报办得生动活泼，受到工商界的欢迎，每日销量达500份左右，是当时昆明日报中数量较多的一份。1927年年初才开始由昆明市商民协会和云南省商民协会分别办理一些省、市工商业务。昆明市商民协会的会员由分会推

---

① 《商民协会会务要语》，《云南总商会周刊》第9期，载《近代中国商会史料汇编》（第5册），全国图书馆文献缩微复制中心，2013，第496页。

② 《商民协会会务要语》，《云南总商会周刊》第9期，载《近代中国商会史料汇编》（第5册），全国图书馆文献缩微复制中心，2013，第496—497页。

选代表（包括劳资双方）作为昆明市商民协会代表。市商民协会的代表大会为最高权力机关。① 闭幕后由代表大会选出的执行委员会执行业务。昆明市商民协会的一系列工作，显示了它的生机勃勃，使人感到两个商会同时存在，一个是安于守旧，一个是趋向进步。昆明市商民协会于昆明市商会筹备委员会成立后撤销。

商民协会在建立之初是个有进步倾向的组织，其组织成分与总商会不同。总商会的会员完全是资本家，而商民协会的会员包括劳资双方。1927年蒋介石、汪精卫背叛革命后，云南商民协会曾发表过一项声明。大意是说，云南商民协会并非中国共产党的外围组织，和中国共产党没有联系，并表示拥护国民党政府。这个声明的发表，表明云南省商民协会已在南京国民党政府的管控之下。② 时人认为，"商民协会和总商会业务相同，无大差别。只是一个趋新，一个守旧。组织商民协会，旨在推翻旧的总商会起而代之，但既缺乏基本组织，对各行业也无新的建树。除在社会方面，参加各种团体的联合集会积极活动以外，只能对昆明原有各行帮极力笼络。但在总商会多年领导下的各行帮，总商会方面也极力掌握、不使分化。两方面从此明暗斗争，势不相下。商民协会后来虽也组成了书业、纱业、电业等几个公会，由于势力究属薄弱，经费也无办法，先系向总商会商借一二次，后更提出划拨行业均分会款的要求，并以如果所求不遂，两会均要同时关门相要挟；总商会方面不同意，且会务和经费收入等，也因此蒙受了影响，以致两个商业团体都形成了瘫痪状态"③。

云南总商会对此次改组纠纷也有自己的诸多考虑，总商会认为："滇居山国，风气晚开，尤以吾侪商人团体，素称稳固，不论省市县镇各地商会，从无派别、亦无分裂情形，向来均系和衷共济，数十年如一日。去岁组织商协筹备处，本会无不极端赞同，希望商人多一团体，即多能解决商人一份痛苦，此本会同人所深切希望者也。即各发起人筹备员，本员职员等均无丝毫意见夹杂其间。钜料十二月二十八日，商协筹备处开商务紧急重要会议，函邀本会职员参加开会，催促各业速组各业商协分会，并非联

① 陈子量：《云南商会史略》，《昆明市文史资料选辑》第2辑，第133页。
② 陈子量：《云南商会史略》，《昆明市文史资料选辑》第2辑，第132页。
③ 《社会人士龙子敏供稿》，载《昆明市志长编》卷十二，第475页。

席会议……在商协筹备处职员即自认为联席会议，有所谓接收商会公推委员办理商会善后事件等语，以致激起公愤，惹起纠纷。平日素称最亲睦之商人份子，从此即生意见，即互起纠纷，几至分裂。实吾省商界同人之大不幸事。惟前者纠纷系属公共法团问题，并非私人事项。现值五届职员行将交替，下届职员不日产生，希望各业同业会员，从此化除私见不分畛域，共同维持会务，协力解除商人痛苦，永久保持商界美誉，则全滇幸甚，商界幸甚。"①

1928 年 4 月，南京国民政府和中央党部也分别下文，对云南商会的改组事宜进行指导和指示。南京国民政府秘书处致电："为云南全省商民协会筹备处电呈该省商会种种不良，恳请取消等情一案函云南省政府查照。"② 国民党中央党部常务委员会发下云南全省商民协会筹备处代电："为该省商会种种不良，恳请下令取消或停选，一律改组商民协会。"③ 1928 年 5 月 17 日，龙云复电中央政府和党部，对此事予以回应。

滇省商会不良，久失信仰，商民无领导和保障机构，特遵照中央颁布章程组织商民协会，筹备未久，已有相当成绩。另案详报，方冀努力工作，领导全省商民加入革命战线，俾革命大业早告成功，而商会腐朽分子欲保持其高坐堂皇，武断商事和永久把持之野心，遂不惜妄造空气，百般阻挠。滇处边隅，见闻比较幼稚，且有其他不同主义之反动份（分）子乘机造谣，阴谋离间，致一般稳健过度者恐蹈商会故辙，迟疑观望。一般知识落后者扭于商会积习，歧路徘徊，遂使大多数真能革命之商人不能参加，国民革命影响于党国前途者甚深，或曰商会组织不良，可以修订章程，使之改善，比说尤是似而非。滇省总商会自清末成立以来，年耗三万余金，恶习相沿，至今尤甚。除欢送欢迎及献媚政府，压诈商民而外，别无成绩之可言。养尊处优，盘

---

① 《云南总商会、筹备成立平价售米处的有关来往文件卷》，昆明市工商联存档，载《昆明市志长编》卷十二，第 475—476 页。

② 《南京国民政府秘书处致电》，1928 年 4 月 3 日，档号：1106 - 004 - 02861 - 005，云南省档案馆藏。

③ 《国民党中央党部常务委员会发下云南全省商民协会筹备处代电》，1928 年 4 月 12 日，档号：1106 - 004 - 02861 - 005，云南省档案馆藏。

踞把持已成为大腹贾藏垢纳污之地。章程虽可改良，而积习年不可破，将来当选任事者，仍不谓资深望重，早经落伍之一般老朽商人，换汤不换药，其病依然存在，恐更甚满清末季之神机营，经改良，组织腐败依然如故厥，后根本取消，改编新军，始有近几四镇之优良成绩。此时云南总商会之宜取消更急于当年之神机营，商会为法定团体，原无阶级上下之分，而云南总商会会长之待遇，商民官派十足，狐假虎威更甚于满清恶官僚之待小百姓，故商界之人格较高者都不入商会之门。商事公断处为和解机关，须取双方同意。而云南公断处，商会自称不然也，遇商民申请事件必下大票传人，所谓之开庭审案时，处长高坐堂皇，会丁排列两旁，一经审判决定两造，即当遵依，倘敢稍违，即送交市政公所管押，保持其所谓之威。权和威信，每因百数十元争执，有坐监至成年屡月者，若非群情反对，则云南公断处之拘留所早已设置多日，商会固多不良。再未有不良，如云南之总商会公断处固多黑暗，再未有黑暗，如云南公断处者是云南之总商会，不根本铲除，即不能引导全省之革命商人参加国民革命。此种组织之不良影响，党国之商会谓之为障碍，革命工作固可谓之为反革命，亦无不可报纸宣传，中央商人部应时势之要求，有取消全国商会之决议，适合商民之心理。滇人无表赞同。云南商会正直改选之期，恳祈毅然决然，俯如所请，即时下令，先将云南全省商会取消，或暂停改选，一律改组商民协会，以免此障碍，革命之机关再继续存在，俾耳目一新，商民精神为之大振，革命前途庶其有豸，云南幸甚，党国幸甚。是否有当，伏祈电示。①

针对南京国民政府和中央党部的指令，云南商民也对商民协会与总商会二者的认识提出了自己的看法。

首先是谈到了商民协会存在的合理性和合法性，"商民协会是奉国民革命的宗旨，集合在帝国主义与军阀压迫下之商民，共谋改除商民的痛苦，增进自身的福利为目的。但它的组织是从下而上的，县协会三个以上

---

① 《国民党中央党部常务委员会发下云南全省商民协会筹备处代电》，1927 年 12 月 22 日，档号：1106 - 004 - 02861 - 005，云南省档案馆藏。

才能成立市协会，有了市协会三个以上，才能成立全省商民协会，又有了全省协会三个以上，才能成立全国商民协会，是有一定程序的，不能紊乱的，就是征求会员，不论富商小贩，都有人会充当会员的资格，是广义的，是不能加以制限的。本省商民协会，因为县及市的商民协会，都没有组织成立，当然不能在先成立全省商民协会。这是人人都知道的。所以才在云南全省商民协会之下，加上筹备处三字。以便着手筹备一切，这是依着一定的步骤，也很合法的"①。

其次，针对中央党部对于云南总商会的指责，本省商民提出了对总商会组织使命的认识，"总商会组织是遵照中央颁布的商会法成立的。所以只要是当地商人为店铺经理之一者。就有人入会充当会员的资格。觉得有一种严格的限制，所以他省总商会的会员，只有百十人。但是本省的总商会，因为有特殊情形，所以入会的会员，都是纯粹的商民。不论富商小贩，向来都一概容纳，不有加以如何的限制。这是与他省总商会不同的，因此本省总商会的会员，有四五千人之多，分会成立的，也有七十余县的。他的目的和使命，也不外团结商民伟大之力量，替商民谋自身的利益。我们由这几点看来，本省的商民协会与总商会不过是名目上不同一点，而其实他的宗旨和使命，都没有差异的地方。如果说到商民协会是委员合议制，总商会是会长独裁制，从表面上看来，好像不错，但是从实际上去看，觉得总商会向来举有六十个会董，对于开会时，都是采取合议制原则，先取决于会帮董，因为会董有提议权，会长只有表决权，不过将全体会帮董议决之案，付诸表决罢了。平时也不过替大家执行会务，所以我们不能武断总商会是会长独裁制，就是这个理由"②。

此外，商民自身对商会此次的改组也提出了一些期望："现在我们所希望的，就是商民协会正在着手组织，所负的责任和使命，比较的强大。一来是打倒帝国主义的侵略，二来是打倒残暴军阀的蹂躏，以解除我们商

---

① 《云南商民代表发文：商民协会与总商会的异同和今后的希望》，《云南总商会周刊》第4期，载《近代中国商会史料汇编》（第5册），全国图书馆文献缩微复制中心，2013，第479页。

② 《云南商民代表发文：商民协会与总商会的异同和今后的希望》，《云南总商会周刊》第4期，载《近代中国商会史料汇编》（第5册），全国图书馆文献缩微复制中心，2013，第480页。

民历来所受的压迫和痛苦。可是组织之处，千头万绪，绝属不是口头上纸上可以成功的，必须具有勇猛的精神，持续的毅力，坚忍的决心，才能有美满的效果。总希望始终一致，奋斗到底，我们现在更希望于总商会的就是在县市，省商民协会未组织成立以前，还是不要辜负一般商人的期望，努力工作，力求工商事业的建设，挽救经济将及破产之云南。"①

云南省政府建设厅对此次纠纷也作了详细的调查，并向省政府提出了相应的解决对策。"总商会前因改组，与商民协会发生纠纷，当经前实业厅奉令查明，拟呈奉核准该两会以后遇事应和衷商办，不可再起纠纷。……奉常务委员会发下云南全省商民协会筹备处代电，为该省商会种种不良，恳请下令取消或停运，一律改组商民协会。……该商会既经呈奉核准，自动改组为委员制，且将订期改选初以为必不再生枝节，殊现在该两会复因选举发生纠葛，先后准函陈述，己方意见各执一词，俨有不能和衷商办之势，职厅既始终以互助主义切实合作为宜，深恐该两会因人问题长期纷扰，彼此感情既多隔阂，于本省商业前途不无影响，乃订期邀集该两会重要执事人员到厅，重将政府维持本意划切宣布。"②

对上述问题，商会和商民协会的代表也各执一词，"此次选举纠纷实缘商会法所订选举权，系以商人牌号为单位，协会则以个人为单位，故商会方面以为协会会员全体参加商会选举，与商会法相抵触，然询之协会代表则又不承认此言，并声明仍当遵照商会法，以牌号参加选举，惟前此未入商会之正当商号，此刻应许加入，以期公开。是该两会之纠纷原因既在选举单位之不同，则解释之方亦不能不由此着想，复查过去之商会实未免为少数人所垄断，多数商家未能参与，而协会取开放主义，故得多数商人之同情，入会者颇形踊跃，大有凌驾商会之势，若商会自身再不谋改良，深拒固闭，惟恐入会者多则不但于协会之纠纷难解，即一般商人亦恐不乐为商会会员，是以职厅之意，拟由商会将选举日期酌为延长，在此期间由两会推出三人或五人，会同筹备改选事宜，并重新着手调查商会会员之登记，初不问属于何方，凡系正当营业之商号，经调查，确实愿意入会，即

---

① 《云南商民代表发文：商民协会与总商会的异同和今后的希望》，《云南总商会周刊》第 4 期，载《近代中国商会史料汇编》（第 5 册），全国图书馆文献缩微复制中心，2013，第 480—481 页。

② 《奉令饬查总商会改选与商民协会纠纷由》，《云南建设公报》1928 年第 2 期。

可按照法定手续取得商会会员资格，然后参加选举，调查务期敏速，一矣完毕，即行改选。至协会方面推选之筹备员，以曾为商会会员者为限，即加入选举，亦系以商会会员资格与协会团体无关，如此办理，似较妥善。盖与商会法既不抵触，而选举扩张不致有垄断之嫌，尤合于现代潮流解决两会纠纷之持平办法，当无有过于此者，惟此项办法。当时协会方面甚表赞同，而商会方面则以不能代表全体为词，限三日答复，置当日调解于不顾，不复藉词一再呈请，以为推诿，其少数把持之弊已可概见。兹拟请由钧府令饬，该商会似应遵照上项调解办法办理，以维商政而杜纠纷。倘该商会再不遵行政府为维持威信计，亦虽有强制执行，以免长此纷扰"①。

1927—1928 年，云南总商会和商民协会在争取基层组织时就产生摩擦，以后又因工商事务日渐繁多，昆明一地存在两个商人组织办理同一工作，自然矛盾重重，遂使双方形成对峙。1929 年 8 月，国民政府实业部颁发了新的《商会法》及《商会法施行细则》到滇。按照新法，两会均应撤销，另行组织同业公会，选举产生昆明市商会。这一来，又使双方的彼此对峙发展为全面的斗争与抗衡，纠纷不断。总商会认为，他们拥有一百余个行帮基层组织，现在成立的总商会临时执行委员会就是为了专门开展改组工作，应该撤销商民协会，由总商会来领导改组。商民协会则认为，他们也拥有相当大的基层组织力量，总商会老化腐败，成员顽固守旧，不能随时代潮流前进而处理日益繁重的工商事务，应该撤销，由商民协会来领导改组。②双方明争暗斗，颇为激烈。

由于当时商民协会领导人庾晋候是昆明市市长，实际上商民协会因庾的关系并未取消，因此，在如何改组这个问题上，总商会与商民协会发生了纠纷。总商会方面认为他们有一百余个行帮，改组事宜应由总商会来领导。商民协会方面则认为他们也有二十多个有组织的分会作基础，改组事宜应由商民协会领导；总商会又认为商民协会是已经明令撤销的组织，商民协会又认为总商会成员腐败落后。彼此互相攻击，各不相让。市商民协会利用《新商报》作为宣传自己和攻击总商会的工具，总商会通过传单和

---

① 《奉令饬查总商会改选与商民协会纠纷由》，《云南建设公报》1928 年第 2 期。
② 李师程主编，云南省政协文史委员会编《云南文史集粹》（五）《工商·经济》，云南人民出版社，2004，第 280 页。

拉拢报社对市商民协会进行攻击。市商民协会依仗其主席团主席担任昆明市市长的背景对总商会施加压力，总商会则拉拢前为市政督办（即市长）、后为民政厅厅长的张维翰作为靠山，对市商民协会施加压力。两会委员都集中力量互相攻讦，却把商会改组的问题搁置一边。①

当时昆明市政府勒令正义路（马市口至南门口一段）退街，两侧业主和铺户一再要求延缓动工时间和少退让一点地皮，市政府都没有批准。庾晋候召集街道的业主和铺户，声言如果不按期拆退，则用武力强迫退让。各街业主、铺户闻讯后，惊慌失措。他们召开了业主、铺户联席会议，讨论对策，组织了铺屋联合会，向各有关机关奔走呼吁，并获得了当时省政府的核准。由于庾晋候与张维翰的争权斗争，张维翰有意把市政府置于民政厅的管辖之下，庾晋候愤而辞去昆明市市长职务。退街工程因而得以延缓进行。经过这次纠纷，各业主、铺户深感总商会和商民协会忙于争权纠纷，对商民切身利益毫不关心，感到十分不满，于是公推铺屋联合会的几个负责人陈子量、何劲修、孙耀东、潘璞轩、李伯东等向两会建议合作改组商会。

由于商民协会的坚持，总商会委员周芸生、雷沛周（他们是铺屋联合会的负责人）等邀约总商会合作筹组同业公会促成会。这个"同业公会促成会"，分别对商民协会的几个主要行业如金业、纱业、布业、百货业等分会和总商会的许多行帮进行劝诱，拉出来组成了另一部分同业公会。②显然，这个同业公会促成会是企图从两会争吵的旋涡中脱身出来，独自把基层组织建立起来进行选举来产生总商会，坐收渔翁之利。这样就使商民协会和总商会反而联合起来对付这个促成会，纠纷愈演愈烈，导致两会经费毫无着落，工作瘫痪。对于这种僵局，云南省政府主席龙云下令建设厅出面调解。由厅长张邦翰召集三方面的负责人，劝令三方各推代表10人共30人组成昆明市商会的筹备委员会，积极进行筹备，正式成立市商会。经过几次协商，三方才共同表示接受，并立即照此决定行动。昆明市商会筹备委员会于1930年成立，在筹委会的三十名筹委中又推定张荫后、杨澄

---

① 陈子量：《云南商会史略》，《昆明文史资料选辑》第2辑，第135页。
② 李师程主编，云南省政协文史委员会编《云南文史集粹》（五）《工商·经济》，云南人民出版社，2004，第281页。

甫、胡光南、卢鸣章、何劲修五人为常务委员，并分科办事，主办各科工作的负责人员有王汉声、马筱春、陈子量、杨澄甫、戴述尧、孙幼章等。这个筹备委员会一方面积极筹组各业同业公会，另一方面处理日常工商业务。经过半年以上的筹备工作，市商民协会的几个分会如金业、纱业、布业、百货业等主要行业及总商会所属的大部分行帮如药材业、土杂业、茶业、酒业、海味业等六十几个行业都先后组织起同业公会筹备会，有的行业已正式成立同业公会。至此，迁延多年的改组成立市商会的纠纷才告解决。

此后，云南省政府指令各地方商会随即进行改组事宜。"商会改组大纲到滇曾自动改组为委员制，并照上海总商会呈请中央政府核准，暂行章程酌量本省地方习惯情形，拟具云南省总商会分函所属商会查照，各省商会联合会事务所议决商会改组大纲，自动改组商会是以。"① 同时根据云南省的实际情况提出了一些意见，"滇省商务以地处边隅、交通不便，核与他省不同，商界既鲜富商大贾，商业知识比较又复幼稚，以积久大备之成法，历届依照办理，尚多违误。兹若任其自动改组，既无完备法则，足以依据复不体查地方情形，将见分歧百出，无从核办，似此情形反不如静候中央明令办法，藉资遵守尚易为功，此本府对于改组办法不能不加以审慎者也。商会为商人团体，关于自动改善方案于商务原亦有关系，兹值改革之初，本府为顺应潮流、革兴商务起见，所属商会改组为委员制一节，既经总商会分函自动办理，应即量予通融，即饬由各该商会查明，如该会职员任期已满，而又才财不致两乏，即便斟酌地方情形，并参照现在通用之商会法，则先行拟具改组办法，呈请查核其或该商会职员，查系曾经改选任期尚未满两年，抑或职员任期已满而地方人才缺乏，经费又复有限者，仍应暂行照旧办理，一矣中央政府将修正商会法则明令公布，再行查照改良，如此办理，庶足以昭慎重而杜纷扰"②。对总商会相关的改组事务，云南省政府也即时予以督导。"该会此次改组自系为顺应潮流，革兴会务起见，所拟暂行章程草案各条均尚可行，惟查该会与商民协会同属商人团体，商会会员亦即商民协会会员，此次改选应与该商民协会化除畛域，和衷办理，并邀请该会合同办理，以利进行而免纠纷，至派员监理一节，应

① 《省政府第五、第九号训令》，《云南建设公报》1928 年第 2 期。
② 《省政府第五、第九号训令》，《云南建设公报》1928 年第 2 期。

候该会将改选日期决定呈报到会，再行派员监视。"①

总而言之，由于云南地处西南边陲地带，地方政权有相当大的独立性，加之长期的军阀割据和混战，1927 年之前，国民党政府在云南商界并没有组织基础，其政治执行力也较为脆弱。1930 年年初，国民党中央执行委员会正式下令撤销商民协会，云南省商民协会和昆明市商民协会也随之撤销。经过整顿改组的商会则陆续重新登记，商会组织得以存续。随后，昆明市商会也得以筹组成立。在这个改组纠葛的风波中，国民党势力也自然渗透到了云南商界和商人团体内部，国民党云南地方基层组织也随之加强了对云南商界的管控和督导。因此，云南商会的这一次整顿改组，是云南商会发展历史轨迹中的一个比较重要的历史事件。

二 云南商会的组织运行和区域商会网络的建构

云南总商会根据北洋政府 1915 年新颁布的《商会法》，在组织上进行了大规模的改革，于 1917 年 7 月完成改组，历经五届，除名称更改为"云南省总商会"以外，其规模逐渐扩大到包含三千多个会员的大规模组织，其会员也基本涵盖当时的所有行业和云南主要地区。云南商会在组织架构和制度运作上逐渐完善，组织机制更加有序，职员选举和商事公断处的办理也更加规范，经费的筹集也保障了商会的正常运营。其中云南总商会领导层的选举及群体构成又具有鲜明的特点。同时，随着商会组织在各地市县的逐渐设立与改组，区域商会网络形成，极大地推动了省域商业的发展。

（一）"乱"中有"序"：云南商会的组织运行

在经历了 20 世纪 20 年代前中期商会组织的整顿之后，云南商会的各种规章制度逐渐规范和明晰，权责更加明确，商会各种事务有章可循，这就使商会得以在军阀政争的乱局中运行，并在区域社会经济的发展中产生更大的效能与影响。从组织架构而言，云南省总商会分别设立执行委员会、常务委员会和主席团，"以执行委员六十一人组织之执行委员会，并

---

① 《省政府第十四号指令·令云南总商会会长高云中》，《云南建设公报》1928 年第 1 期。

置候补执行委员三十人；设常务委员会，以常务委员九人组织之；设立主席团，以主席委员三人组织之；因事务上之必要，设置各股委员会，各股委员会委员人选由常务委员会提交执行委员会决定之"①。在军阀政争的社会环境下，云南省总商会执行委员会依照法定程序办理发行公债案。除此之外，总商会遇到非常事项或举办重要事业，预算不敷时，经会员代表大会议决，须发行公债。② 因此，发行公债事宜是这一特殊阶段商会所承载的一项重要工作职责。

从"1924 年云南各地商会一览表"可以看出，云南省总商会改组以后，各地方商会也相继改组。虽然从影响和职能运作上看，总商会和各地方商会之间存在"总会—分会"的关系，但实质上并非隶属关系，部分地方商会在总商会之前就已经完成改组事宜，如墨江、鹤庆、马关八寨、会泽、维西、元谋、宜良、文山、镇雄、龙陵、河口等十余县的改组时间是先于总商会的。其中原因主要是两方面：一是这些地方的商业相对发达，商人也能够即时响应和执行新颁布的《商会法》来进行改组；二是在唐继尧主滇后，部分地区的行政隶属关系发生了变动。滇越铁路通车后，随着各个地方行政、经济关系的变动，下关商会的隶属关系也发生了转变。1920 年，政府要求下关商会改县属管辖，引起了当地部分商人的反对，他们希望废除这一决定。下关商会会员联名写信："今于显政府之用呈伺改隶县政府，则以县商会无殊，事事需层层叫转，难免不病于稽延不能不改立者。查关埠商会入既属外省外县，其商会各职员或有商会会员及总商会会长者实与县商会、农会本属人民之组织者不同，似乎对于县政府既用公函亦不妨碍当日公布公文程式公函条文内载，从前平行以及非平行机关，或用移咨碟复咨呈照会，且下关商埠介于大（大理）凤（凤仪）两县交界之间，若由县政府好好管辖，究竟应归大（理）亦或属凤（仪），且关（下关）会早为滇西各县商会商务之代表，若改隶县政府，则与县商会无殊，此不得不呈请改立者二。"③ 由此可知，下关虽然分属于大理、凤仪两县，但在经济上相对独立。尤其是在云南总商会改组之前，下关商会就已

---

① 《云南总商会暂行章程草案》，档号：32 - 25 - 18，昆明市档案馆藏。

② 《云南总商会暂行章程草案》，档号：32 - 25 - 18，昆明市档案馆藏。

③ 《下关商会呈云南省政府文》，1920，档号：77 - 1 - 4770，云南省档案馆藏。

经设立，并直接隶属农商部，与各省总商会平行，在云南地区成立的地方商会中，也仅有下关商会处于这样特殊的地位。这充分表明，在滇越铁路开通之前，下关商务的繁忙及商业地位的重要性并不亚于昆明。铁路通车以后，昆明的商业地位提升，下关逐渐被纳入以昆明为中心的市场体系，1920 年政府便要求下关商会改县属管辖。此后，下关商会属凤仪县管辖，业务方面同时受云南省总商会领导。相对而言，下关的经济地位略有下降，这也是滇越商道地位提升，昆明作为商业中心的地位得以确立的一个重要表现。

此外，从"1924 年云南各地商会一览表"可知，部分地方商会的改组是比较滞后的，有的在 20 世纪 20 年代初期才完成改组，如云龙、曲靖、安宁、顺宁、宁洱、建水、华坪、保山、腾冲等地。这些地方商会的改组相对滞后的原因，除商务欠发达以外，主要是军阀混战时期土匪祸乱不断，有些地区虽然商业繁盛，但匪患频繁，严重扰乱了商业的正常秩序，因此，改组相对较晚。另外，有些地方设立商会也较晚，1920 年设立商会的有个旧、芒遮板行政区、彝良、宾川、河西、漾濞、鲁甸、蒙化等地，可见，云南地区的商业发展还是有区域差异的，各地的发展水平并不一致，呈现出明显的"差序"格局。

从地方商会设立商事公断处的情况来看，在商会改组以后，商会组织内部专门设立商事公断处的还为数不多，仅有绥江、姚安、马关八寨、元谋、顺宁、黎县、黎县婆兮、宁洱、宁洱磨黑井、华坪、龙陵、广南、腾冲等地设立了商事公断处，公断处设处长一人，另设评议员和调查员若干，评议员 4—20 人不等，调查员 3—10 人不等。如 1922 年改组的腾冲商会，该商会设立公断处以后，商人因债务纠纷或因商务引起的事端，均由商事公断处代为调解，在商务调解事宜上，"他们的仲裁，虽不是法律，也能起到与法律同等的效力。因为调解比较公正，故能收到很好的效果"[1]。

商会的经费问题，也是其组织运行机制中不可或缺的一部分。从"1924 年云南各地商会一览表"中可以窥见，云南地区各商会的经费收入是其组织运行体系中至关重要的一部分，各地情况也有较大差别，既有明

---

[1] 罗佩瑶：《腾冲县商会》，《腾冲文史资料选辑》第 3 辑，第 13 页。

显的差异，又有显著的地域特殊性。有论者认为，"从一个组织经费的来源以及支出的项目，可以清晰地观察该组织的实际运作情形"①。针对会员所负担的费用，云南省总商会在其暂行章程草案中又作了明确的限定："会员于入会时，依下列规定先行缴纳，嗣后由本会每年收取一次。公司行号之经理人或独立经营商店之经理人，以个人名义入会者，每年缴纳会费如下：特别会费十元以上至二百元，普通会费二元以上至十元，代表各公司银行各业团体入会者，每年缴会费银一百元以上。"② 云南省政府也明令全省各地方所属商会将该会事业费如何筹集专案呈核，并提出了具体的要求："商会法规定，总商会、商会经费分为事务所用费、事业费两种，事务所用费由会员负担，事业费并无何项限制，滇省已设商会之各地方，除事务所用费悉遵商会由会员负担不议外，至于事业费一项，或由地方原有公款内划拨，或呈奉核准抽收过境落地捐或驮捐，有案者或援案呈请抽收，尚在试办期间与饬令酌减，尚未呈复核准，难定案者或私自抽收，未经呈报，以及擅自增加，不遵定案者杂糅纷岐，殊无定辙。设立商会之旨，原期促商业之振兴，抽捐重繁难保不无滋扰卫商，反以病商。值此财政徐图统一之秋，商会经费关系预算决算，未便在听各行其是，转知所属各商会限于文到十五日内，迅将该商会事业费筹集来源与种类、捐率及年收确数于何年何月抽收曾否，呈奉何机关核准定案，据实专案呈报来署，以凭统筹核办，自经此次通令以后，倘有再敢玩延不报以及所报或有不实者，一经发觉，定即照例惩办，决不姑宽，凛之慎之。"③

"1924 年云南各地商会一览表"中有关"商会经费来源"的统计表明，全省 67 所商会中仅有 17 所商会的经费由会员会费承担，有 42 所商会的主要经费来自各种捐税，其种类有洋纱驮捐、杂货驮捐、银捐、炭捐、戏捐、布捐、屠捐、丝捐、稻捐、点心捐等，有部分商会则简单地列为货驮捐、百货捐或抽落地货捐等。捐税的种类繁多，有些商会对百货或所有的落地货都课税。有少数商会通过摊派、代商人申请护照时收手续费等方法筹备经费。河口商会就是如此，其中也包括发行账簿的方法。另外还有

---

① 张恒忠：《上海总商会研究》，知书房出版社，1996，第 101 页。
② 《云南总商会暂行章程草案》，档号：32 - 25 - 18，昆明市档案馆藏。
③ 《令全省各地方官（第七六号）·转行所属商会将该会事业费如何筹集专案呈核由》，《云南实业公报》1923 年第 23 期。

厘税局捐、各商捐助、会董捐款等各方的援助。在这之中，有些商会的经费征收方法也是较为独特的。如从 1921 年起，河口商会经费来源，除了收会员费外，主要依靠打"秋风"。"'秋风'者，抽取其丰收部分也。河口，除进出口货物须向海关申报缴纳海关税外，没有正式税务机构向商户征收营业税。而商会的打'秋风'，却是变相的营业税。每年年终根据各商户当年的营业额（或根据当年的海关税额）按比例缴款给商会，这部分款项，商会不上缴给地方政府，而由商会用于举办地方各项慈善公益事业。由于'秋风'是用诸地方，各商号均踊跃认真缴纳，并以缴纳多者为荣。商会根据各商号每年纳款多少，评出名次，在次年正月间举行一次送奖仪式，即送'秋风牌'。送奖仪式较为隆重，接'秋风牌'的商号热烈欢迎，以名列前茅者为荣。所以当时的打秋风、送秋风牌一年比一年热闹，而商会的收入也一年比一年可观。"① 据统计，河口商会 1921 年的抽丰收入为银圆 995 元，1922 年为 1399.63 元，1923 年为 893 元。②

　　总体来看，根据《中国年鉴》中的"各省商会详表"得知，当时全国商会的年收入平均为 1428 元，云南由于地处边陲，交通不便，经济相对比较落后，全省商会的年收入平均为 925 元，尚未达到全国平均水平。相比其他省份而言，云南商会的年收入还存在显著的地域差异，云南省内各地方商会年收入的地域差异相当大，年收入较多的商会有云南省总商会为 2000—6000 元③，个旧商会为 10795 元，马关八寨商会为 7340 元，广通为 6000 元，泸西为 3000 元，阿迷为 2000 元。其中个旧商会和马关八寨商会的年收入已经超过当时的南京总商会（6280 元）和苏州总商会（5300 元）。从中可以看出，商会年收入较高的地区多集中分布在滇越铁路沿线，如个旧、阿迷、昆明等地，这与开埠通商和铁路通车以后这些地区对外贸易的繁荣密切相关。此外，边境贸易的繁盛也带动了马关八寨等中越边境地区商业的发展，因此马关八寨的商会经费收入较高。

　　值得关注的是，云南各地方商会的财政收入来源是很明显的，主要体现在产矿、产盐和鸦片贸易等方面。锡矿、盐和鸦片作为云南特定地域环

①　何怀仁：《昔日河口商会》，《红河文史集粹》（中册），第 185—186 页。
②　黄日雄：《河口商会起源及两次改组》，《河口文史资料选辑》第 3 辑，第 28 页。
③　《昆明市志》记载 1924 年云南总商会的年收入为 6000 余元，东亚同文书院的调查报告记录为年收入 2000 元。

境内的主导行业，也是军阀政权财政收入的主要支柱。广通县内有阿陋井、猴盐井等盐井，因此平时商会所征收的盐税也颇高。滇东地区除交通便利以外，还是云南主要出口商品的交易地点。无论是鸦片还是大锡，都是在香港市场进行交易，因此滇东地区就成为省内主要货物集散地，直接促进了商业的繁荣。如个旧商会的年收入在沿海、沿江的大城市商会也不多见，当然这与个旧锡矿业的发展有关。当时，凡是在个旧从事锡矿业者，都必须向商会捐款，"在个旧云省庙内设有锡税局，对储藏在库房内的大锡征税，另外还被征收个碧石铁路公司锡砂炭股以及商会费等"①。个旧商会年收入的特殊现象，也显示出云南出口贸易的单一性或偏重性，当时，云南主要贸易出口商品除了鸦片，只有个旧的大锡，个旧大锡占云南出口贸易比重的80%以上。至于鸦片贸易与商会经费收入的相关情形，将在以下章节中详述，在此不作赘述。当然，尽管有部分商会的年收入较高，但从全省整体而言，云南多数县份的商会经费仍然相当有限，年收入也仅有几百元，如华坪、广南、寻甸等地的商会年收入还不到一百元。

总之，在改组前后，云南各县的商会经费来源始终以货驮捐和各种捐税为主，还有一些商会在改组以后仍然通过征收改组以前规定的名目来获取经费。这一点与全国其他地区商会以会费为主的情况有一定的差别。从原则上来说，改组后按新的商会法来征收经费的话，理应在征收对象和名目上更为简洁、明确和合理，但由于此时云南地区处于军阀混战的乱局之中，商业发展极不平衡，有些商会因经费无法到位而不能正常运作，以致改组也较为迟滞，因此，无论是总商会还是改组后的各县商会，仍以指定多种名目来作为征收经费的方式，这在下列"1924年云南各地商会一览表"（见表2-1）中是显而易见的。此外，由于各地商会会董的个人意识落后，会员经济状况陷于困境，或是存在违规违令的问题，从而导致这一时期商会的经费制度处于"变态"状态，这一点在其组织运行机制中是较为突出的。

---

① 台湾总督官房调查课编《云南省事情》其二，第112—113页，转自薄井由《清末云南商业地理初探：以东亚同文书院大旅行调查报告为中心的研究》，博士学位论文（未刊），复旦大学，2004，第185页。

表 2－1　1924 年云南各地商会一览表

属别	职员额数	设立或改组年月	经费	附设公断处职员额数①	成绩② 议决进行事项	成绩② 交流事项
云南省总商会	会长一人、副会长一人、特别会董12人、会董60人	民国六年七月改组成立	会员负担商号借垫至两千元	处长一人、评议员二十人、调查员五人③		
墨江县商会	会长一人、副会长一人、特别会董三人、会董十五人	民国元年六月设立，四年六月改组	商货驮捐年约二百元		五十件	三件
云龙县商会	会长一人、副会长一人、特别会董二十人	民国五年十月设立，十一年三月改组	商人负担年约一百九十元		五件	二件
鹤庆县商会	会长一人、副会长一人、特别会董二人、会董十人	清宣统二年二月设立，民国六年四月改组	由会员担负，多募无定		十三件	九件
马关县八寨商会	会长一人、副会长一人、特别会董二人、会董十九人	民国三年二月二十一日设立，五年九月十日改组	炭捐、戏捐及发行簿折、火药、长彩等年约七千三百四十元	处长一人、评议员三人、调查员一人	三十一件	一百四十一件
个旧县商会	会长一人、副会长一人、特别会董三十人	民国十年四月一日设立	由会员负担，多募无定		五件	三件
曲靖县商会	会长一人、副会长一人、特别会董十六人	民国元年十二月一日设立，九年八月一日改组	洋纱、裸货、驮捐年约四百元		十二件	二件
会泽县商会	会长一人、副会长一人、会董二十人	清光绪三十四年七月设立，民国六年三月改组	各商号捐，年约二百四十元		十件	九件
安宁县商会	会长一人、副会长一人、特别会董二十八人	民国七年六月设立，九年三月十六日改组	各帮会人捐助，年约三百元		三件	二件
绥江县商会	会长一人、副会长一人、特别会董六人、会董三十人	民国四年十月设立，九年四月改组	银、称、屠等捐年约二百四十元	处长一人、评议员四人、调查员二人	二件	五件

续表

属别	职员额数	设立或改组年月	经费	附设公断处职员额数	成绩	
					议决进行事项	交流事项
维西县商会	会长一人、副会长一人、特别会董三人、会董二十人	清光绪三十四年设立，民国四年三月改组	财神庙余资、谷子、包谷共六石二斗，并租银八元		十八件	二件
蒙自县商会	会长一人、副会长一人、特别会董六人、会董二十四人	清光绪三十三年九月设立，民国五年五月改组	按出进货数摊派		六件	八件
芒遮板行政区商会	会长一人、副会长一人、特别会董十三人	民国四年十二月十日设立	由会员负担，多募无定			
姚安县商会	会长一人、副会长一人、特别会董六人、会董三十人	设立年月未详，民国六年三月十五日改组	称捐、升斗捐、货驮捐年约二百四十元	处长一人、评议员九人，调查员四人	二十四件	八件
玉溪县商会	会长一人、副会长一人、特别会董三人、会董十八人	清宣统三年四月设立，民国六年五月三十日改组	洋纱、驮捐及排解抽费年约二百六十元		十五件	五件
西畴县商会	会长一人、副会长一人、特别会董十四人	民国七年八月一日设立	由会员负担，多募无定		十件	四件
元谋县商会	会长一人、副会长一人、会董十八人	民国二年三月设立，五年十二月改组	抽货驮捐年约百元	处长一人、评议员三人、调查员三人	十二件	八件
通海县商会	会长一人、副会长一人、特别会董四人、会董二十人	清宣统三年五月设立，民国四年九月改组	货马捐年约三百六十元		三十七件	三十六件
顺宁县商会	会长一人、副会长一人、会董二十八人	民国元年八月设立，十一年一月二日改组	由会员负担，多募无定	处长一人、评议员四人、调查员四人	十六件	八件
黎县商会	会长一人、副会长一人、会董十五人	民国十二年四月十七日设立	由会员负担，多募无定	处长一人、评议员六人、调查员二人		

续表

属别	职员额数	设立或改组年月	经费	附设公断处职员额数	成绩	
					议决进行事项	交流事项
黎县婆兮商会	会长一人、副会长一人、会董十五人	民国八年六月二十日设立	秤、称、糖、油、酒等捐年约四百元	处长一人、评议员十二人、调查员三人	二十四件	四十三件
盐津县商会	会长一人、副会长一人、会董十六人	民国二年四月设立，八年五月九日改组	会员捐输年约三百元		七件	五件
宁洱县商会	会长一人、副会长一人、特别会董三人、会董十六人	清宣统三年十月初一日设立，民国九年三月六日改组	抽落地货捐，年约七百二十元	处长一人、评议员六人		十二件
宣良县商会	会长一人、副会长一人、会董十八人	民国元年十一月设立，四年七月改组	布捐及菜市捐年约二百元		七件	八件
建水县商会	会长一人、副会长一人、特别会董三人、会董二十二人	清宣统三年六月设立，民国九年十二月十三日改组	由会员负担，多寡无定	处长一人、评议员十二人、调查员三人	十五件	二十件
华坪县商会	会长一人、副会长一人、会董二十一人	清宣统元年二月设立，民国八年九月改组	称捐、租谷及息银等年约九十元	处长一人、评议员九人、调查员四人	二件	六件
彝良县牛街商会	会长一人、副会长一人、特别会董二人、会董十八人	民国十一年八月二十四日设立	由会员货物摊派，年约四百八十元		四件	五件
宾川县商会	会长一人、副会长一人、会董二十人	民国十一年十一月一日设立	会员负担，多寡无定			
文山县商会	会长一人、副会长一人、会董十五人	清宣统三年四月设立，民国四年六月改组	公帮、公称、押升、抽捐，年约一千零五十元		三件	二件
河西县商会	会长一人、副会长一人、会董二十五人	民国十二年一月设立	由会员负担，多寡无定			

续表

属别	职员额数	设立或改组年月	经费	附设公断处职员额数	成绩	
					议决进行事项	交流事项
镇雄县商会	会长一人、副会长一人、特别会董十五人	民国元年十一月设立，四年三月改组	由会员负担，多寡无定		四件	七件
龙陵县商会	会长一人、副会长一人、特别会董三十人	民国元年三月十日成立，四年十一月改组	息款、货驮捐年约七百元	处长一人，评议员十人，调查员六人	一件	三件
阿迷县商会	会长一人、副会长一人、特别会董二十人	民国元年十二月设立，九年十月六日改组	货驮捐年约两元		二十件	三件
昭通县商会	会长一人、副会长一人、特别会董二十六人	清宣统元年三月设立，民国九年十月六日改组	货捐及丝称捐，年约二百元		十八件	二十四件
盐丰县商会	会长一人、副会长一人、特别会董十六人	民国三年十一月设立，六年四月改组	基金息银及公益捐，年约二百元		十八件	八件
河口会	会长一人、副会长一人、特别会董十四人	清宣统三年正月设立，民国四年十二月改组	商号捐会费，代商人请护照等，年约一千二百九十元		三件	二十四件
漾濞县商会	会长一人、副会长一人、会董二十三人	民国四年四月设立	街棚、油称、天秤及牛羊皮等捐，年约九十元		三件	十件
永平县商会	会长一人、副会长一人、特别会董十八人	民国六年二月二十六日设立	会员捐助，年约二百二十元		六件	四件
永北县商会	会长一人、副会长一人、特别会董二十二人	民国元年十一月设立，六年四月改组	会员负担，永国寺租谷年二百四十元		二十七件	八件
广南县商会	会长一人、副会长一人、特别会董十五人	民国二年五月设立，六年一月改组	商号及货驮捐年约八十元	处长一人，评议员六人，调查员二人	十五件	三十二件

续表

属别	职员额数	设立或改组年月	经费	附设公断处职员额数	成绩	
					议决进行事项	交流事项
剑川县商会	会长一人、副会长一人、会董十八人	民国元年十一月设立，五年六月改组	糖、布、称、工等捐，年约一百二十元		三十一件	八件
楚雄县商会	会长一人、副会长一人，特别会董三人，会董十八人	民国四年四月十日设立，八年五月八日改组	屠案捐年约市钱二百七十千文		十三件	六件
弥渡县商会	会长一人、副会长一人，会董二十人	民国三年四月二日成立，四年七月二十九日改组	百货称租，新设棉花租，并会董捐年约二百二十元		十六件	三件
牟定县商会	会长一人、副会长一人，会董十六人	民国元年七月设立，六年二月改组	厘税局捐并月息年约一百零八元		三十件	一件
云县商会	会长一人、副会长一人，会董二十人	民国二年五月六日设立，十年七月一日改组	公称捐年约一百二十元		十一件	二件
泸西县商会	会长一人、副会长一人，会董十九人	民国二年二月设立，四年九月改组	货驮捐年约三千三百元		十八件	十件
大理县商会	会长一人、副会长一人，会董三十二人	清光绪三十年六月设立，民国六年八月二十六日改组	由商税余款提拨，年约三百六十元		二十四件	十九件
丽江县商会	会长一人、副会长一人，会董十五人	清宣统三年二月设立，民国六年二月改组	货驮及自行筹捐，年约二百三十元		三件	一件
寻甸县商会	会长一人、副会长一人，会董三十人	民国四年五月七日设立，六年二月改组	由县提拨捐，年约三十元		三件	十件
凤仪县商会	会长一人、副会长一人，特别会董六人，会董三十人	清光绪三十二年七月设立，民国八年六月改组	由调处商人债账抽费，并会员捐，年约六百六十元		三件	十件

续表

属别	职员额数	设立或改组年月	经费	附设公断处职员额数	成绩	
					议决进行事项	交流事项
洱源县商会	会长一人、副会长一人、会董二十人	民国元年十二月设立四年七月改组	洋纱捐、棉花捐、乳扇称捐年约一百元		十二件	
元江县商会	会长一人、副会长一人、会董十七人	民国元年八月设立,五年五月改组	由铺商落地百货捐、驮捐年约三百元		九件	一件
元江县因远商会	会长一人、副会长一人、会董十五人	民国二年一月设立,六年一月十日改组	由会员负担,多寡无定		二十二件	五件
保山县商会	会长一人、副会长一人、特别会董四人,会董二十人	民国元年四月设立,十一年二月改组	的款三千余元放商生息,年约五百元		十四件	
腾冲县商会	会长一人、副会长一人、特别会董六人、会董三十人	民国元年三月设立,十一年一月改组	各商捐助年约一千一百元	处长一人、评议员十二人、调查员十人	四十五件	五件
广通县商会	会长一人、副会长一人、特别会董二人、会董十六人	民国十年五月一日设立	包出落地货捐每月约六十元		五件	一件
鲁甸县商会	会长一人、副会长一人、会董二十人	民国九年十月十日设立	会董捐负担年约一百元		二十五件	三件
蒙化县商会	会长一人、副会长一人、会董十八人	清宣统三年四月设立,民国四年五月改组	会董捐负担及商店捐约二百四十元		二十五件	五件
思茅县商会	会长一人、副会长一人、特别会董三人、会董十七人		货账捐年约四百元		二十五件	二件
巧家县商会	会长一人、副会长二人、特别会董二人、会董十二人	民国十一年三月成立	各商捐款年约二百五十元		二十六件	四件

续表

属别	职员额数	设立或改组年月	经费	附设公断处职员额数	成绩 议决进行事项	成绩 交流事项
新平县商会	会长一人、副会长二人、会董十五人，特别会董十人	民国元年十月设立，五年七月改组	附加公称每年约九十元		八件	八件
宁洱县磨黑井商会	会长一人、副会长一人、会董十六人	民国元年十月设立，八年十二月改组	货款捐每年约三百三十元	处长一人、评议员九人、调查员四人	二十五件	十一件
禄丰县商会	会长一人、副会长一人、会董二十三人	民国十年二月一日设立	会员捐补助		二件	
石屏县商会	会长一人、副会长二人、会董二十人，特别会董二十人	民国三年五月设立，五年五月改组	由会员负担，多募无定		二十八件	三件
缅宁县商会	会长一人、副会长一人、会董二十八人	民国六年八月一日设立	由会员负担，多募无定		十二件	一件
盐兴县元永井商会	会长一人、副会长一人、会董十五人	民国十年一月十日设立	由会员负担，多募无定		十件	二件
富州县商会	会长一人、副会长二人、会董三人，特别会董十七人	民国元年二月设立	由会员负担，多募无定		二十二件	五件

注：① "公断处"项为空白处均为"未设立该机构"。

② "成绩"项空白处均为"未统计"或"未上报"。

③1916—1931年，云南总商会商事公断处共受理案件数达2573件，解决案件数达1488件。受理案件数多于上海、苏州等地的商会组织。此外，云南省总商会还担负着昆明地方审判机构的相当多一部分案件。详细参见云南省地方志编纂委员会编《云南省志》卷九《工商行政管理志》，云南人民出版社，1998，第197—200页。

资料来源：云南实业司工商科编制《云南全省商会一览表》，《云南工商业概况》，1924。

（二） 云南总商会领导群体的选举与构成特征

领导层选举是商会的重要制度之一。1915 年新的商会法颁布以后，明确规定商会正、副会长和会董一律通过记名投票的选举方式产生，"票举"成为全国商会统一实行的制度。[①] 但是，到 20 世纪 20 年代以后，由于受到商会内部不同派别背后的政治、军事力量的制约，各地总商会领导层的选举呈现出从常态向变态演变的趋势。[②] 就云南而论，云南总商会自 1917年 7 月改组成立，至 1928 年 3 月，历经五届领导换届改选。[③] 透过近代云南商会选举制度的发展演进，可以明显看出其组织的现代性日益增强，但在具体的选举实践中还存在各种争议与纠纷。云南总商会的五届领导层换届选举的实践表明，在军阀政争时期，商会选举由于受到各种政治与经济环境因素的影响、制约，或因内部不同派系之间的权力之争，总商会也难以按其制度安排进行有序的运作。

云南总商会的历史发展轨迹表明，云南总商会的工作任务是较为繁杂的，一般职员都是按照规定凭职级支取工资，但会长、副会长、会董都是义务职，先时还支付些夫马费，后来也取消了。然而，当时这些会长、会董大多是云南地区经济实力比较雄厚的商人阶层，甚至在长时期内操纵着云南的经济命脉乃至影响云南地方政局的变动。所以，在云南总商会的日常事务运作中，如遇到会内财务不足或经费困难，总商会的这些领导人总会捐输解难。当然，在这一背后则透视了商会领导层的选举与名利纠葛是不可分割的。每当商会改选时，他们为了争相竞选会长、会董，在竞选中明争暗斗，行贿送礼，甚至做出种种不光彩的行为，相互坑蒙陷害。而在改选揭晓后，又因利害关系而互相利用，互相勾结等。这些绅商阶层之所以热衷于这种义务名位而不惜付出相当大的代价，归根结底仍是为了他们的切身利益。[④] 这些商人通过入选商会领导，可以结交官府以为进身之阶，

---

① 朱英：《从"公推"到"票举"：近代天津商会职员推选制度的曲折演进》，《近代史研究》2007 年第 3 期。

② 朱英：《近代中国商会选举制度之再考察——以清末民初的上海商会为例》，《中国社会科学》2007 年第 1 期。

③ 云南总商会的五届选举结果在此不作赘述，详见云南省地方志编纂委员会编《续云南通志长编》（下册），第 536—537 页。

④ 中国民主建国会云南省委员会、云南省工商业联合会编《云南工商史料选辑》（第 1 辑），第 223 页。

由商而官或以官兼商。云南总商会历经五次改选，在每次改选之际都要发生选举风波，上演一场竞选贿选的丑剧。会长一职是竞选或贿选的目标。参加竞选或贿选的行帮都是当时掌握云南经济命脉、影响云南政治的鸦片烟帮，参加竞选的人又是鸦片烟帮中拥有最大财富的几户的资本家或其代理人。这些竞选或贿选的行号及人物彼此之间在经济上既有联系又有矛盾。竞选时彼此攻击，甚至互相咒骂，好像有不共戴天之仇。竞选结束后又互相利用，互相勾结，通过把持商会为行帮及商号谋取利益。①

作为中国近代社会新兴的一种社会团体，商会代表着工商业者的群体利益。这一利益群体的成长与发展，在很大程度上受到商会领导群体的影响和限制。诚然，正是不同地区、不同级别的商会领导群体构成了近代中国商会整体历史发展轨迹的一个重要组成部分。由于不同地区有着独特的历史、地理背景和社会经济环境，因此，各商会领导人之间除了保持一般共性之外，在构成、组织等方面仍存在较大差异。通观云南总商会第一届到第五届的领导层一览表（第二届缺）（表2－2、表2－3、表2－4、表2－5）可知，作为西南边疆地区的一个商人组织，云南总商会领导群体在地域籍贯、行业分布、改选特点方面呈现出显著的特点，在构成上已初具向现代社团转变的雏形，但其转变并不彻底，表现出明显的过渡特征。这种过渡性也在一定程度上对云南总商会乃至各县镇商会的发展产生了深刻影响。

首先，在会长、副会长和会董的任期上，除祁奎连选连任第一、二届会长外，其余三届的领导人都未连任。每届任职期都为两年，均符合《商会法》之规定。值得关注的是，虽然在会董来源构成上以昆明商人为主，但第一届到第四届的会长祁奎、李鸿康、张荫后均为鹤庆人，第五届的会长尹养初为大理人，这充分表明，此时昆明虽已成为全省商业中心，但鹤庆、大理两地的商人与商业地位仍在省内具有相当大的影响力，在商会组织中占据主导地位。以会董而言，会董在任期上具有相当大的连续性和稳定性，昆明地区的商人也占据人事构成的主体，外籍商人鲜有入选，这表明云南总商会已形成一种超稳定的组织结构。有一半左右的会董均会在下届连任，甚至又当选为特别会董，这种现象的产生，是因为商会只有在保

---

① 李师程主编，云南省政协文史委员会编《云南文史集粹》（五）《工商·经济》，云南人民出版社，2004，第279页。

证领导层稳定交接的基础上，才能保障总商会会务的正常开展。此后，随着省际贸易和国际贸易的兴起，外籍商人逐渐增多，有一部分商人逐渐进入商会，成为商会的新兴气象。

其次，云南总商会的五届会长、副会长、会董和特别会董均为纯粹的商人，其经营的行业也已基本覆盖当时昆明地区乃至全省的主要商业行号，这表明此时商会组织已经呈现出行业结构多元化的态势。主要行业包括杂货、布匹、洋纱、棉纱、药材、丝杂、火柴、川杂货、茶业、糕饼、典当、笔墨、染纸、颜料、盐业、油蜡、玉石、京货等。从行业构成可以清晰地看出当时云南地区的商品结构，1923 年云南实业司工商科的调查记载："全省 100 个县输入商品货值为 3873.969 万元，输出货值为 4621.245 万元，进出口总值为 8495.214 万元。在贸易货值中，其商品的构成为：粮食占 43%、食糖占 9.4%，布匹占 7%，食盐占 5%，这四项商品共占 64.4%。其余为食油、火腿、茶叶等云南地区特有的副食品及手工业制品、土产品等占 35.6%。"[1] 由此可见，以吃、穿为主的商品结构，反映出这一时期城乡经济生活水平尚低、产出商品不多、商品率低及以自给自足的自然经济为主体的经济格局。这一时期，省内地区间的贸易以昆明为中心，昆明省货进口额每年约 1700 万元，主要是米粮、食盐、木柴、建筑材料、柴炭、黄丝、茶叶、猪牛羊、酒精、清油、火腿、白油、药材、牛羊皮、土布、毛毡、骨角、羽毛、斗笠、干果、素菜、玉器、陶器等，省货进口转销各县的商品有食盐、黄丝、茶叶药材、牛羊皮、食糖、清油、火腿、白油、土布、毛毡、骨角、羽毛、斗笠、干果、素菜、玉器、陶器等，货值 600 万—700 万元，省货入超约为 1000 万元。[2] 当然，这一时期相当多一部分商人所从事的"土货"贸易，实际为军阀混战时期一度繁盛的鸦片贸易，这在会董行业构成中有显著的反映，这也表明鸦片贸易已得到商会组织的认可，诚如本章前节所述，鸦片贸易的收入已成为多数地方商会的主要经费来源。

最后，从云南省总商会领导群体的地域籍贯来看，昆明县籍的商人占

---

[1] 云南实业司工商科编制《云南各县输出输入物品总值比较图》，《云南工商业概况》，1924。

[2] 李珪主编《云南近代经济史》，云南民族出版社，1995，第 335—336 页。

有相当大一部分比例，这属于正常现象，因为总商会章程中就规定"本会区域以昆明县所属区域为限"，在昆明地区从事商业行为的本地商人自应成为商会的主要力量，这也是合乎情理的。值得关注的是，除昆明县籍的商人外，本省内鹤庆、大理、腾冲、保山、昭通、石屏、建水等地的商人都有入选，其中以鹤庆、大理和腾冲的商人为主，由此表明，在这一时期的商业网络格局中，在以昆明为贸易中心的同时，滇西地区在省内的商业地位也不可忽视，滇西商人在近代商人组织的演变过程中占有重要的地位，滇西地区商人的发展态势也自然会在云南总商会领导群体的构成中有所体现。此外，比较特殊的现象是，这一时期由于云南地区省际贸易的扩展，滇川贸易由此兴起，并成为近代云南省际贸易的主要对象，形成东、中、西三条主要贸易线路，川销滇以盐、丝、布为主，滇销川主要是茶、山货、矿产，其商品结构仍属于传统贸易范畴。[1] 在此种情况下，云南总商会领导群体中的外省籍商人中，四川商人占主要比例，主要分属成都、重庆、巴县、皮县等地。另外，江西、广东等地的商人也活跃在云南总商会的组织中，贵州兴义人刘志道作为云南殖边银行的经理担任过总商会的特别会董，足见其具有很大的影响力。可见，云南总商会的组织体制并不是完全保守和封闭的，在省际贸易和国际贸易日趋发展的前提下，商会也具有一定的包容性，能够吸纳具有影响力和有一定威望、实力的外籍商人加入组织，他们有的还被选任为特别会董，共同参与商会事务，这对总商会的组织结构是具有重要影响的。云南总商会也得以在军阀混战的乱局中使自己的影响力逐渐扩大，并推动了云南近代商业的有序发展。

表 2-2　1917 年云南总商会第一届职员一览表

职别	姓名	籍贯	商业	职别	姓名	籍贯	商业
会长	祁奎	鹤庆县	杂货	会董	张殿臣	昆明县	钉铁
副会长	王廉升	昆明县	书籍		王懋	昆明县	缎帽
特别会董	赵鹤清	姚安县	火柴		阎本善	昆明县	米粮
	刘志道	贵州兴义	银行		杨垲	昆明县	棉絮
	刘青蔾	保山县	商校毕业生		马汝橦	昆明县	新衣

[1]　林文勋、马琦：《近代云南省际贸易研究》，《中国边疆史地研究》2011 年第 4 期。

续表

职别	姓名	籍贯	商业	职别	姓名	籍贯	商业
	雷恩溥	石屏县	茶叶		萧自立	建水县	汇兑大烟
	周汝诚	大理县	杂货		庄德富	昆明县	油榨
	叶华	福建闽县	杂货		金祖义	昆明县	京货
	高培中	昭通县	杂货		王善复	昆明县	洋杂货
	徐和卿	开化县	火柴		宋德谦	昆明县	红白纸张
	王世翙	四川巴县	药材		王辂	昆明县	象牙器
会董	陈有	昆明县	京果素菜	会董	张觐宸	昆明县	磁碗
	傅之骥	江西清江	药材		方存义	昆明县	丝线
	张仲淑	盐丰县	火柴		王康	宜良县	煤炭
	熊灿文	昆明县	盐		唐焕	昆明县	黄白铜器
	谢开晋	腾冲县	杂货		张登瀛	昆明县	古玩
	李如松	昆明县	金银器皿		李常和	思茅县	茶帮
	苏润	昆明县	金页		苏尔贞	石屏县	茶帮
	童凤采	昆明县	金页		胡万清	昆明县	清酒
	杨瑄	昆明县	丝杂		周铨	昆明县	芋叶
	李祖培	昆明县	绸缎		谭定邦	玉溪县	染房
	于藻	昆明县	典当		刘瀛	昆明县	油纸
	朱庆侯	鹤庆县	杂货		萧廷桂	江西吉安	书籍
	雷巽坤	昆明县	布匹		罗楣	四川巴县	客栈
	朱炳	昆明县	皮行		曾正伦	四川皮县	靴鞋
	胡钰	昆明县	糕饼		顾瑞	昆明县	皮箱
	张国海	昆明县	笔墨		何廷松	四川重庆	洋铁器
	安和	昆明县	川杂货		郑鑫	昆明县	靴鞋
	梁树德	昆明县	油蜡		武承烈	昆明县	玉石
	曹嘉骏	昆明县	油蜡		王佐	昆明县	红白纸张
	谢时珍	昆明县	斗笠		陈天德	四川重庆	染纸
	秦光玺	呈贡县	炉茶		杨永寿	昆明县	棉线
	郎钟俊	昆明县	颜料		陈炳南	昆明县	棉线
	刘成瑞	四川巴县	书画绣花				

资料来源：《云南总商会第一届职员一览表》，1917，档号：32-12-18，昆明市档案馆藏。

表 2 - 3　1921 年云南总商会第三届职员一览表

职别	姓名	籍贯	商业	职别	姓名	籍贯	商业
会长	李鸿康	鹤庆县	洋纱汇兑	特别会董	王世翊	四川巴县	药材
副会长	顾品金	昆明县	药材		徐和卿	文山县	火柴
特别会董	刘志道	贵州兴义	银行		高培中	昭通县	川芋杂货
	李如松	昆明县	金银器皿		谢时珍	昆明县	布匹丝线
	施汝祺	昆明县	川杂货		陈伯械	文山县	银钱
	黄询儒	广东顺德	纸烟		王善复	昆明县	洋杂货
	迟兴周	昭通县	洋纱杂货	后选会长	张荫后	鹤庆县	洋纱汇兑
	施恩溥	江苏青浦	书	后选副会长	董洺章	昆明县	丝杂货

资料来源：《云南总商会第三届职员一览表》，1921 年 11 月，档号：32 - 12 - 18，昆明市档案馆藏。

表 2 - 4　1924 年云南总商会第四届职员一览表

职别	姓名	籍贯	商业	职别	姓名	籍贯	商业
会长	张荫后	鹤庆县	洋纱汇兑	特别会董	陈有	昆明县	京果素菜
副会长	董洺章	昆明县	丝杂货		严钦	大理县	杂货
特别会董	刘志道	贵州兴义	银行		王连城	腾冲县	丝金汇兑
	黄本常	昆明县	棉纱杂货		杜镜若	昆明县	盐业
	黄询儒	广东顺德	纸烟		熊灿文	昆明县	盐业
	施恩溥	江苏青浦	书		童相	昆明县	金页首饰铜器
	潘汝砺	昆明县	丝行		许嘉植	昆明县	布匹

资料来源：《云南总商会第四届职员一览表》，1924 年 1 月，档号：32 - 12 - 18，昆明市档案馆藏；又见于中国档案信息网"民国档案"，卷宗号 B0038 - 001 - 00394 - 0038，青岛市档案馆藏。

表 2 - 5　1926 年云南总商会第五届职员一览表

职别	姓名	籍贯	商业	职别	姓名	籍贯	商业
会长	尹守善	大理县	丝茶	会董	吴树衡	昆明县	金银首饰
副会长	高云中	昭通县	汇兑		夏文志	昆明县	川芋
会董	董灿章	昆明县	杂货		朱希周	四川成都	川杂货
	潘汝砺	昆明县	杂货　匹头		张国海	昆明县	笔墨
	胡光南	会泽县	杂货		李德彰	马龙县	火腿
	高宪章	昆明县	毛呢　匹头		卢嘉祥	昆明县	洋货
	廖文元	江西崇仁	米业		张礼祯	昆明县	皮业

职别	姓名	籍贯	商业	职别	姓名	籍贯	商业
会董	杨有麟	鹤庆县	丝纱	会董	浦在廷	宣威县	食品罐头
	邓应春	曲靖县	洋纱		杨淮清	鹤庆县	麝香
	马毓祥	昆明县	洋杂货		祁章汉	昆明县	印刷
	施云	昆明县	绸缎		杨汝才	昆明县	炉茶
	许嘉植	昆明县	布业		何显光	广东顺德	杂货
	赵德寿	大理县	杂货		王连城	腾冲县	丝业
	李品金	昆明县	酒席		陈有	昆明县	京果素菜
	周道	昆明县	印刷		李克成	大理县	杂货
	李肇凤	昆明县	京果海味		杨含浩	腾冲县	杂货
	杨锜	大理县	杂货		杨萃东	大理县	杂货
	杨锡锦	大理县	杂货		黄崇文	建水县	匹头　土货
	李培元	昆明县	木行		李富春	昆明县	土货
	杨含湘	腾冲县	杂货		展廷弼	宣威县	木行
	谢树辉	腾冲县	杂货		刘光培	四川成都	成衣
	杨瑄	昆明县	绸缎		李钜裁	贵州	棉花
	陈锡荣	贵州安顺	斗笠		张允宽	昆明县	帽业
	富雨	昆明县	匹头		刘文藩	昆明县	裱画颜绣
	吕文明	昆明县	洋纱	特别会董	刘志道	贵州兴义	银行
	张仁忠	四川巴县	药材		张荫后	鹤庆县	洋纱汇兑
	窦宗鲁	晋宁县	盐业		严钦	大理县	杂货
	卢鹤翔	泸西县	纱头　土货		叶廷勋	广东惠县	银行
	何嘉祥	昆明县	油蜡		张福坤	昆明县	丝行
	周谱	昆明县	纸业		严鐏	大理县	丝茶
	陈嵩	曲靖县	洋纱		曹观斗	昭通县	丝杂
	廖绩鑫	四川重庆	芋茶丝杂		赵樾森	昆明县	油
	李家齐	通海县	布匹		段绍康	昆明县	金银首饰
	段全福	昆明县	川申杂货		周崇恕	昆明县	当业
	颜德鸣	广东南海	皮业		戴文龙	昆明县	川芋
	黄元珍	昆明县	盐业		罗彝铭	四川新都	川杂货
	金文濬	昆明县	棉花				

资料来源：《云南总商会第五届职员一览表》，1926 年 3 月，档号：32 - 12 - 18、32 - 25 - 330，昆明市档案馆藏。

位；二是在商会的建立过程中，政府的督导、劝办作用不可忽视，有些地方商会的创建，政府行为还占主导。尤其是在边疆地区经济贫瘠之地，政府政令鞭长莫及，受政府的管控和影响远不及商务繁荣的县域。由此可见，军阀政争时期云南商会网络结构的地区分布在极大程度上受到当地政治、经济环境的影响，商业繁盛或政府管控力较强的地方，商会的分布就趋于集中或呈网格状分布，反之，就呈现点状分布的态势。以云南行政区划的"四道"为这一相关调查的时空分布依据，既是出于统计方便的需要，也是从云南各地商会改组进程、设立规模和区域布局等方面作出的考量。更为重要的是，"四道"商会的划分，既可以凸显出云南地区各经济带的商业发展状况和层次差异，也更能彰显云南的区域经济地理和市场格局，并非简单的行政区划归属。当然，云南边疆民族地区政治生态的特殊性亦对商会的设立改组进程产生重要影响，从一定侧面推进或阻碍商会的演进历程和组织变动。

表 2 - 6　1927 年日本东亚同文书院统计之"云南各地商会一览表"

道别	商会名称	创设年代	改组年代
滇中道	云南省总商会	1906 年 12 月	1917 年 7 月
	曲靖县商会	1912 年 12 月	1920 年 8 月 1 日
	会泽县商会	1911 年	
	安宁县商会	1918 年 6 月	1920 年 3 月 16 日
	绥江县商会	1915 年 10 月	1920 年 4 月
	玉溪县商会	1911 年 4 月	1917 年 5 月 30 日
	元谋县商会	1913 年 3 月	1916 年 12 月
	盐津县商会	1913 年 4 月	1919 年 5 月 8 日
	宜良县商会	1912 年	1915 年
	彝良县牛街商会	1922 年 8 月	
	镇雄县商会	1912 年 11 月	1915 年 4 月 3 日
	昭通县商会	1909 年 3 月	1920 年 10 月 1 日
	楚雄县商会	1915 年 4 月 10 日	1919 年 5 月 8 日
	牟定县商会	1912 年 7 月	1917 年 2 月
	寻甸县商会	1915 年 5 月 7 日	1917 年 1 月
	广通县商会	1921 年 5 月 1 日	

续表

道别	商会名称	创设年代	改组年代
	鲁甸县商会	1920 年 10 月 10 日	
	巧家县商会	1922 年 3 月	
	禄丰县商会	1921 年 2 月 1 日	
	盐兴县元永商会	1921 年 1 月 10 日	
蒙自道	个旧县商会	1921 年 4 月 1 日	
	马关县八寨商会	1914 年 3 月 21 日	1916 年 9 月 10 日
	蒙自县商会	1907 年 9 月	1915 年 5 月
	西畴县商会	1918 年 8 月 1 日	
	通海县商会	1911 年 5 月	1915 年 6 月
	黎县商会	1923 年 4 月 17 日	
	黎县婆兮商会	1919 年 6 月 20 日	
	建水县商会	1911 年 6 月	1920 年 12 月 3 日
	文山县商会	1911 年 4 月	1915 年 6 月
	河西县商会	1923 年 1 月	
	阿迷县商会（开远）	1912 年 12 月	1920 年 10 月 6 日
	河口县商会	1911 年 1 月	1915 年 12 月
	广南县商会	1913 年 5 月	1917 年 1 月
	泸西县商会	1914 年 2 月	1915 年 9 月
	石屏县商会	1914 年 5 月	1916 年 5 月
	富州县剥隘商会	1912 年 2 月	
腾越道	云龙县商会	1916 年 10 月	1921 年 3 月
	鹤庆县商会	1910 年 2 月	
	维西县商会	1908 年	1915 年 3 月
	芒遮板商会	1922 年 12 月 17 日	
	姚安县商会		1917 年 3 月 15 日
	顺宁县商会	1912 年 8 月	1922 年 1 月 2 日
	华坪县商会	1909 年 3 月	1919 年 9 月
	宾川县商会	1922 年 11 月 1 日	
	龙陵县商会	1912 年 3 月 10 日	1915 年 11 月
	盐丰县商会	1914 年 11 月	1917 年 4 月
	漾濞县商会	1915 年 4 月	
	永平县商会	1917 年 1 月 26 日	

续表

道别	商会名称	创设年代	改组年代
	永北县商会	1912 年 11 月	1917 年 4 月
	剑川县商会	1912 年 11 月	1917 年 6 月
	弥渡县商会	1914 年 4 月	1915 年 7 月 29 日
	大理县商会	1907 年 6 月	1917 年 6 月
	丽江县商会	1911 年 2 月	1917 年 1 月
	凤仪县商会	1906 年 7 月	1919 年 6 月
	洱源县商会	1912 年 11 月	1915 年 7 月
	保山县商会	1912 年 4 月	1922 年 2 月
	腾冲县商会	1912 年 3 月	1922 年
	蒙化县商会（巍山）	1921 年 9 月 10 日	
普洱道	墨江县商会	1912 年 6 月	1915 年 6 月
	宁洱县商会	1912 年 10 月	1919 年 12 月 1 日
	元江县商会	1912 年 8 月	1916 年 5 月
	元江县因远商会	1913 年 1 月	1917 年 1 月 10 日
	思茅县商会	1911 年 4 月	1915 年 5 月
	新平县商会	1912 年 10 月	1916 年 7 月
	宁洱县磨黑井商会	1912 年 10 月	1919 年 12 月
	缅宁县商会	1917 年 8 月 1 日	

资料来源：东亚同文书院第 21 回中国调查报告书（1927 年第 24 期学生）第九卷《云南事情调查》第三编"云南省的商业团体及工会附农协会调查"，第 22 页。

表 2-7 1927 年日本东亚同文书院统计之"云南各地商会时空分布统计表"

年份＼道别	滇中道	蒙自道	腾越道	普洱道	累计
1906	1		1		2
1907		1	1		2
1908			1		1
1909	1		1		2
1910			1		1
1911	4	1	1	1	8
1912	4	2	6	5	17
1913	2	1		1	4

续表

道别 年份	滇中道	蒙自道	腾越道	普洱道	累计
1914	1	3	2		6
1915	3		1		4
1916			1		1
1917			1	1	2
1918	1	1			2
1919		1			1
1920	1				1
1921	3	1	1		5
1922	2		2		4
1923		2			2
不明			1		1
累计	21	16	21	8	64

资料来源：东亚同文书院第21回中国调查报告书（1927年第24期学生）第九卷《云南事情调查》第三编"云南省的商业团体及工会附农协会调查"，第22页。

  从表2-6、表2-7可以看出，清末之际，云南地区商会初步设立，但还为数极少，彼此之间仍缺乏横向联系，各级商会之间如总会与分会、分会与分会之间的横向联系虽偶有发生，但仍处于封闭状态，还未形成网络关系。辛亥革命发生以后，政体的变更并没有中断兴办商会的进程，相反，云南各地方县属商会组织呈现了蓬勃发展的态势。西南军阀初步形成与发展阶段，云南地区的社会生产力和政治经济环境发生了深刻的变化，云南商会的组织网络也发生了明显的变化。1916年新《商会法》到滇后，商会新设立的状况虽不理想，但基本维持在与前期持平的状态。从一定层面而言，军阀混战时期，政府控制力相对较弱，民间社会力量的活动空间增大。其中最关键的是，云南总商会的改组与运行，不仅加强了商会组织网络的构建，还形成了云南商会的层级体系。虽然云南总商会依章程之规定，其统辖地域只以省会昆明所属县域为界，但从职能发挥和影响程度而论，云南总商会和各地方商会已经形成了明确的"总会—分会"关系。云南各地方商会通过总商会的组织整合、职权归属和信息整合，从而强化了云南商会的省域整合，使之能发挥整体作用，同各地方商会相互沟通联络，推动云南地区商业经济的发展。此外，表2-6、表2-7的统计数据说明，云南商会网络的拓展与当时社会环境是息息相关的。至唐继尧统治前期，云南商会网络结构在量上的扩张已基本完成。一是在空间上，商会已遍及云南的四大经济地带；二是在时间上，经过近20年的发展，商会从无到有，从少到多，商会设立的总数已由清末的16个扩展到20世纪20年代的64个，由商会网络构成的商业网点基本遍及滇省所辖各区域之地方。

根据表2-8可发现，云南商会区域网络有三大显著特点。

表2-8　云南各道商会总数及普及率统计（商会数/总县数）

道名称（县总数）	1914年（普及率）	1927年（普及率）
滇中道（44个县）	14个（31%）	21个（47%）
腾越道（43个县）	13个（30%）	21个（48%）
蒙自道（24个县）	11个（45%）	16个（66%）
普洱道（20个县）	6个（6%）	8个（40%）

资料来源："云南商会分布表"，《支那省别全志》第三卷《云南省》，第852—856页。

一是商会的设立普及率与增加的幅度有明显的地域差异。1914—1927年，全国的行政区划为三级体制，即省（特别区）、道（盟、部）、县（旗、宗、设治局）三级。作为近现代政区的"道"，在云南地区的存在和划分基本是以云南经济地理格局的空间分布为依据的，整体上划分为滇中道、蒙自道、腾越道、普洱道四道，这四道分别有一个商埠开放，分别是昆明、蒙自（河口）、腾冲、思茅关。从四地商业发展的状况而言，就存在显著的地域差异。清末之际，商会设立较多的区域是以下关、大理为中心的腾越道各地，仅次于1906年设立的云南省商务总会，同一年设立了下关商务分会，此后，1907年在大理、1908年在维西、1909年在华坪、1909年在鹤庆分别建立商务分会。到20世纪20年代，蒙自道的商会普及率已经超越滇中道和普洱道，达到省内最高水平。纵观之，民国前期商会总数最少、普及率最低的是普洱道，商会总数最多的是滇中道，蒙自道的普及率始终占据第一位。通过这两段时期的对比可知，民国前期相较于清末，蒙自道的地位已领先于腾越道，商会网络的发展态势已跃居四道之首，这其中占主要因素的是滇越铁路开通以后，沿线县镇商业的兴盛。此外，由于军阀混战时期匪患频繁，茶马古道沿线的县镇并未普遍设立商会组织；加之地方政治格局的差异，因此，腾越道和普洱道的商会是偏少的。这表明，云南地区特殊的交通状况也决定了云南商会区域网络的地方差异。

二是商会网络主要呈现于当时通往省外、境外的交通主干线沿线区域。云南地区由于独特的地形地貌，山高谷深，坝区偏少，虽有红河、元江、澜沧江等河流，但水流湍急，水运极不发达，因此，河道沿线的商业县镇是极少的，大部分商业繁荣之地都集中分布于交通主干线的沿线区域。云南商会主要分布于最集中的交通主干线区域，有昆明—叙州路（从昆明通过会泽、昭通到达四川叙州）、昆明—贵阳路（从昆明通过寻甸、曲靖到达贵阳）、建水—百色路（从建水通过蒙自、文山、广南、剥隘到达广西百色）、昆明—洪口路（从昆明通过玉溪、元江、思茅到达缅甸洪口）、昆明—缅甸八莫路（从昆明通过大理、腾冲到达缅甸八莫）四条主干线。滇越铁路的开通和商埠的设置同时推动了云南对外贸易的发展，因此，民国时期，云南的商贸活动中，对外贸易占很大的份额，商业贸易已经从省内或地域性贸易转变为国际、省际贸易。云南省际贸易的区域也基本覆盖在交通沿线，"迤东一带，与川黔交往，以昭通、曲靖为货物聚散中心；迤南一带，与两广、上海交易，以蒙自、个旧为货物聚散中心；迤西一带与康、藏发生交易，以下关、丽江为货物聚散中心；全省多以昆明为出入之总枢纽"①。所以，商会也集中分布于通往省外、境外的交通沿线区域。

三是商会还主要分布于矿产开采地带。云南由于多数地区交通不便，工业发展较为落后，但拥有丰富的矿产资源，在矿业产地聚集了大量的人口，如产锡矿的个旧，产铜矿的东川，产盐矿的盐丰和磨黑井。由于矿产的开采，众多的矿工，其农、食、日用等生活及生产用品均需外地供应，由此带动了本地商业的发展。此外，生产的矿物因要运销而聚集了大批的商人来矿区进行贸易，因此，这些地方的商会规模比较大，有稳定、充足的财政收入，并举行各种有益的社会活动，商会在矿区社会中扮演了重要的角色。较为典型的是位于大锡的主要产地——个旧的商会。个旧拥有丰富的锡矿资源，发展较快。1889 年蒙自开关以后，大锡很快成为国际市场

---

① 周钟岳纂，牛鸿斌等点校《新纂云南通志》卷七，云南人民出版社，2007，第108页。

上的紧俏商品，个旧锡业一度兴盛，自滇越铁路通车后，个旧从一个滇东南小镇发展成为闻名世界的"锡都"。1918—1930 年的 13 年间，从滇越铁路运出的大锡达 89900 吨，锌条 1900 多吨，个旧锡矿在数十年间一直是产销两旺，为云南出口商品之大宗。① 据相关记载，"个旧是自古以来世界有名的大锡产地……这里商业也比较旺盛，商会拥有相当大的势力，民国十年设立以来直到最近的经费来源有炭捐、戏捐、销售簿册长彩、销售火药长彩等，年收入高达一万七百九十五元四角四，其用途为事务费、职员津贴薪水伙食医院等经费以及商团团款"②。由此表明，个旧商会在当地有了一定的势力。滇越铁路和个碧石铁路开通后，把个旧与外界连接了起来，原来居住在蒙自的大锡商人逐渐迁到个旧居住，从此，个旧不仅是大锡的产地，同时也成为大锡的交易地点。此后个旧的商业发展较快，商会的势力也逐渐壮大。

总而言之，这一时期云南地区总商会的改组和各地商会的次第设立，突破了传统行帮的屏障和狭隘主义，成为各行各业归属的中心。商会的设立，促使各地区各行各业的商人乃至小商贩处于同一共同体中，从组织上实现了商人群体在同一地区的整合。从以上的统计表可知，云南地区的商会形成了 1 个总会（先是商务总会，后改组为总商会）、63 个县镇基层商会的组织网络。云南省总商会自改组以后，按章程之规定，是以省会昆明所属县为职责区域，但从其影响和职能的运作来看，已经居于"总会"的地位，云南地区各县镇商会在法令章程或职权行使上以总商会为核心，各地方商会属于"分会"的从属地位。但是，总商会和各地方商会之间并不存在严格的上下级行政隶属关系和母—子系统从属关系，地方商会具有组织上的相对独立性。然而在实际运作中，总商会与地方商会的关系又常常超越既定界限，演化为事实上的统辖和隶属关系。

从云南商会的网络格局来看，云南省总商会和各地商会之间虽无行政上的隶属关系，但已形成以总商会为盟主的一元化商会联盟。下关、腾冲、蒙自、昭通等地区，就地理位置而言，在区位优势上也具有各自的特

---

① 《滇越铁路》，《昆明文史资料选辑》第 10 辑，第 37 页。

② 东亚同文书院第 24 期学生调查："第 21 回支那调查报告书"，第九卷《云南事情调查》第三编"云南省的商业团体及工会附农协会调查"，第 30—31 页。

殊优越性，但各地商会的设立与改组却仍然主动依附于云南总商会。云南总商会之所以能执云南各地区县镇基层商会的牛耳，是因为到20世纪20年代，昆明作为全省经贸中心的地位得到强化，并已逐步成为中国西南地区与东南亚之间的贸易枢纽和商品集散地。滇越铁路通车后，昆明与国际商业资本发生了有机联系，商品流量骤增，中外贸易兴盛，昆明取代蒙自而成为全省外贸中心。《云南概览》载："昆明为本省省会，当滇越铁路之终端，各汽车路之起点，交通较便，省货外货，大抵在此分配批发，内对各县，外对安南、香港及上海等地，贸易均极繁盛。蒙自……在昔未通车以前，为本省与安南、香港及上海等地贸易之吐纳枢纽……惟自滇越铁路通车以后，外货直运昆明，省货亦由昆明直输外埠，其重要地位，遂渐移至昆明。"[1] 此外，作为滇系军阀的统治中心，昆明在西南地区的政治地位不断提升，是当时西南地区近代化程度较高的城市之一，而且由于所具有的独特地缘优势，昆明对云南乃至西南地区有着强大的吸附和辐射功能。云南总商会实际上已成为云南地区互不统属的地方商会组织的核心和依托。地方商会设立或改组呈文的呈转、批复，均由云南总商会审核，总商会认为不适宜的条款，提出修正意见，错漏过多的会直接驳回；各地商会的改选程序、职员构成、会员登记、公断的案件和会员大会提案、经费收支清册等均须同时呈报云南总商会和云南省政府实业司备案。

在层级关系互动上，云南总商会处于云南商会网络的枢纽地位，全省性商会活动多由它来组织和领导，如对各地进行商情调查、征集货品参加国内外各类展览会，遇有重大政治经济事件时通告传达各地商会予以办理；政府有关商界的政策法令往往由它转达，它起到了"通官商之邮"的作用。正如有论者所言，"总会与各地分会的组织关系，可以归属为联盟意义的双向信息流柔性控制"[2]。这虽然是对苏州商会的个案分析，但对于考察云南商会的组织网络运行机制却有极大的借鉴作用。正是由于总会与地方商会形成这样的"双向信息流"，云南商会组织网络的构建才达到了双重的目的，既在形式上维持了总会与各地商会自成系统的格局，又促使

---

[1] 京滇公路周览筹备会云南分会编《云南概览》"建设"，内部资料，1937，第82页。

[2] 马敏、朱英：《传统与现代的二重变奏——晚清苏州商会个案研究》，巴蜀书社，1993，第85页。

区域内各地商会建立起密切的内在联系，在区域经济发展格局和商业网络中融汇成一个有机的整体。纵观之，1916—1929 年，云南各地区已普遍设立商会组织，多数地区已依据 1915 年新颁布的商会法完成改组事宜，这就促使商会势力的触角有效地延伸到边疆地带的县镇和特殊行政区（如芒遮板行政区等）。据云南实业司咨文，僻处边疆的滇西南普洱道普思殖边总办柯祥晖也呈请由张云煊等人发起设立商会事宜，"勐海商人张云煊等发起设立商会，勐海为普思出入暹罗必经之地，既有商家一百余十户，该张云煊等能发起设立商会，以期团结，群力发展国际贸易，洵属扼要之图，深堪嘉尚，自应准其照所拟章程亦尚详妥，应即由该发起人等依法选举职员，依式列册具报，并再补选章程一份，附呈送司"①。由此可见，云南商会的区域网络的形成，已经强化了商人组织的区域整合，使商会组织得以在省域内的经济活动和社会治理中更好地发挥作用。

三　云南商会与区域商业秩序的运行

北洋政府时期政局变动频繁，大小军阀内争迭起，但也是中国资本主义经济发展最快的"黄金时代"，全国统一市场初步形成，而这一阶段处在经济上由小农手工业向现代工商业过渡的时期，各种不正当的手段和市场行为既损害了商人合法经营的利益，也严重扰乱了区域商业秩序。这一时期，云南商会在维持有序的商业秩序、保护商家的合法权益、建立规范的市场环境等方面发挥了重要的调适功能。

（一）抵制日货，以维国权和商利

1919 年 5 月中旬，"巴黎和会"上中国外交失败的消息和北京爆发"五四"爱国运动的消息传到云南以后，云南各界纷纷响应，昆明地区掀起了轰轰烈烈的抵制日货运动，以最大力量提倡国货，维护国权和商利，保障商业秩序的运行。1919 年 7 月 25 日，三迤总会、云南总商会、云南全省学生联合会联合组织了云南省第一个反日团体——"国民大会"。主要负责人为三迤总会会长黄玉田、李印川和总商会会长祁星阶，曾在金碧

---

① 《实业司咨普洱道文》，《云南实业公报》1926 年第 53 期。

公园内的云华茶园召开过一次有一千余人参加的国民大会。会后组织了宣传队和仇货检查队。抵货工作由河口县商会、总商会配合开展，仅在河口及昆明两地的邮局进行检查，因无坚强组织和领导，在抵货工作上仅挡获了一些海味和百货，宣传工作虽做得比较广泛深入，但大批仇货仍有漏网。①

抵制日货运动以来，云南各商帮对于各种劣货均表示不再购办，以表示与日脱离经济关系之决心。"但有广商财记，竟由邮偷运日货十七包入口，当为学生联合会查悉，探知该号于本月九日前往邮局取出，乃于中途派人拦阻，将其拿送商会请求处罚，并将货物焚毁。现商会将于日内开会筹议，并请人证明各货是不是日产。"②"省垣一般奸商，私运日货入口者，迩来颇不乏人。学生联合会为杜绝来源起见，特逐日派人至车站及邮政局堵截，凡入口劣货，均将拦送商会。今又拦获东寺街利记，由香港运来之海参十余箱，送经商会证明确系劣货，处该主人以二十元之罚金，其劣货则将运出焚毁。"③ 在这次行动中，总商会与学生联合会也积极配合，该会"昨查获南正街某洋货铺，贱价发售日本折扇，一时购者甚多，当将售余之数，一概检去，送交总商会检查是否劣货，再行决定办法"④。

在此次运动的初期，云南总商会强烈要求抵制日货，提倡国货救国。云南总商会要求"各商号在外埠已经购获之日本货物，曾经发运在中途者，与将装驮发运者，统限于阴历五月底一律运到，即行停止再运，以遏来源，俾从根本之抵制。宣布后，复据上海、香港各商号当会声称：发运在途之日货限期将满，恐未能依限运者，恳请展限十一日等情。复经本总会议决，准展限至阴历六月初十日，一律停止日货进口。以后如再有续到之货，即以故违限制论，随时查觉，即行函达救国团、国民大会、学生爱国会会同核办各在案"⑤。并于农历六月初八日开会提议，"计展限十日之期，越二日即满，公司决定自阴历六月十一日起，如仍发现有日本一切货物进口，一经爱国会、国民大会、救国团各职员随时查获焚毁，本总会不

---

① 市工商联陈子量供稿，云南省档案馆藏《国民党云南省政府秘书处第600卷·第二次国民大会抵制日货决议书》，《昆明市志长编》卷九，第79页。

② 《学生查获入口日货》，《滇声报》1920年3月13日，第4版。

③ 《劣货又拦获一起》，《滇声报》1920年3月31日，第4版。

④ 《私售劣货》，《滇声报》1920年5月29日，第4版。

⑤ 《云南总商会调查日货卷第259号》，1919年7月6日，云南省工商联存档，《昆明市志长编》卷九，第88页。

负责任等议。合亟通知上海、香港帮各商号一体知悉。各就单内盖印牌号图记并书'不再发运日货进口'八字。须知抵制日货原为青岛问题失败，关系中国危亡，力图补救起见。现在各省一致排斥日货，倡用国货，势必始终坚持，以保我主权，固我疆围，雪我国耻，不达目的不止。各商号同为国民一分子，希望互相警戒，永绝日货来源，勿得再有贩运，自贻伊戚，以致后悔莫追，切切须至周知"①。

云南商界也曾在运动中产生过动摇，并向总商会提出了自己的诉求。"洋货合行代表天宝号等为维持商艰、保全衣食事。贵会于六月三日召集本行各号开会，宣布已进关之日货准其陆续沽销不限日期，未进关之日货限至阴历五月底止，不得再行输入。合行等已遵公议。惟国民大会于七月二十五日二次开会宣布，已进关之日货在华商范围之内，亦限一月售清，若未售清，查获焚毁，商等在未抵制日货之先，货由血资购运而来，当此年岁凶荒，何能受此莫大之损失？贵会为商务总机关，有维商业之责，仰恳垂怜，设法维持，并转国民大会留一线之生机，仍照前议，以全衣食，则沾感无涯矣。"② "……劣货输入中国，已非一日，商等出银买入，为我中国财政，且完税课，方得进关，一旦令其收藏不准出售，于日本权利无关痛痒，于我国富源大受影响，现金置于无用之地，还有余银往各省办货输运，入完税乎？商等亦国民之一分子，非无热血，然事关生命财产，不能坐以待毙。商等曾开会议决，由兹以往，严禁入口日货，各铺如向客帮买获劣货，照买价减半议罚，其已存之日货，陆续出沽，以便采办我国货品。于商等不致倾家破产，于国课渐有丰盈，如坚执令其收藏，商等无容身之地，惟有歇业而已。总商会为商民之代表，洞悉商艰，睹斯景况，莫不代为下泪。"③

此后，国民大会为了维持市面，速请总商会召集各业商会开会，以维持市场的正常运行。"商会发表抵制劣货规则，商等闻此，非无热忱，实

---

① 《云南总商会调查日货卷第 259 号》，1919 年 7 月 6 日，云南省工商联存档，《昆明市志长编》卷九，第 89 页。
② 《云南总商会调查日货卷》，1919 年 7 月，昆明市工商联存档，《昆明市志长编》卷九，第 102 页。
③ 《云南总商会调查日货卷》，1919 年 8 月 23 日，昆明市工商联存档，《昆明市志长编》卷九，第 102 页。

竟事关生命，碍难遵行。商等均属仅本求利，依此糊口者，不将坐视无食，束手待毙耶？此且勿论，更有甚者，各号司事、学徒，皆依号主而谋身家；号主受此影响，自顾弗能，而又向谁呼将伯？而抵制之策，尤宜万全，否则痛非切胃，莫知所苦，轻言抵制，往往丧失人民之利权，销毁我国之金钱，于彼国关系毫无痛痒。此则商等所不赞成。今深恐限至之日，一切无知游民，借端骚扰，演成日前销毁草帽之现象，不第为外人窃笑，且引为政府忧虑，此则商等所不公认者也。"①

对于上述情况，云南省总商会提出了相应的处理办法："此次抵制日货，出自公愤，凡有血气，莫不共表同情。惟须研究尽善办法，使于己无损，于彼有害，然后事乃易行，而永久能坚维不变者也。……为今之计，莫善仍照总商会初次议决，禁绝来源，准销存货，与全国一致之进行，较为情理事实的均无抵触者也。商等窃以为禁绝来源，其办法厥有两种，一不得直接由外埠来办，一不得间接由洋行购入，违则绳以加倍之处罚。至其检查细则，由众议定，互相遵守。如是办法，人心自安。……伏恳饬令国民大会取消前议，照此履行，则商等幸甚！大局幸甚！"②此后召开第三次国民大会，讨论并通过了相关议决办法，"由商会派人常驻河口检查日货，如有日货进口，即运省焚毁；将市面现有日货收集劝业场，由商会派人代售。自收集后，如再有日货发现市面，即当众焚毁。筹划周至，轻而易举，切而有效，全国对付，大都一律，并非吾滇始为其难。且其权在我，尤易实行。贵会为吾滇商务之枢纽，受滇人代表二万余人之请托，责无旁贷，义不容辞，当如何奋勉，认真举行，以孚众望。……希望诸君，言行一致，立即履行前议，认真检查，勿怠无缓，勿使国民视国民大会为儿戏"③。同时，云南省政府也指令总商会予以迅速办理。"今饬国民大会取消前议，仍照总商会初次议决办理。据此，应即由该总商会迅速会商该国民大会，妥为研议办理，务使国势商情双方兼顾，是则本兼省长之所厚

① 《云南总商会调查日货卷》，1919 年 8 月 23 日，昆明市工商联存档，《昆明市志长编》卷九，第 103 页。

② 《云南总商会调查日货卷第 259 号》，1919 年 7 月 6 日，云南省工商联存档，《昆明市志长编》卷九，第 104—105 页。

③ 《云南总商会一宗禁运劣货卷》，1920 年 1 月 29 日，昆明市工商联存档，《昆明市志长编》卷九，第 107—108 页。

望，当亦明达之所共许。"①

作为出入境重要关口之地的河口，其商会也采取了一系列措施，"自三月十二号起，至二十四号止，历指贩运劣货之财记、利记、均安祥、同福昌、义和丰、亨记义富泰等号及货件数目均已聆悉。仅于三月二十一日，截得利记运米之邮包七件，内装小海参七箱交会。当于三月二十四日开国民大会传集货主陈姓，当众考验证明，实系劣货。该货主词穷，核其物价底本，约得银四十元，以物价之半议，罚银二十元，俾昭警惕"②。

1925 年，因五卅惨案发生，云南又兴起一场抵制日货的游行和行动。当时昆明市场的匹头棉布，90% 是日货。办货号家有昆明帮、北京帮、上海帮等大小商帮共五六十家。由当时商会通令各号铺，凡是日货一律封锁进行登记，听候处理。云南总商会还参与了云南反日会的相关工作，严密查惩私进英、日货，"吾滇对于抵制英日货一事，近日各界已有相当之办法，商界公议不进英日货，但商人中难免不无顾私利而害公义之徒，故偷进外货，事所必有，深望各界及商会对于大小商人之进货，自议日始，严密清查，遇有违反，即照例惩处，以儆其余，庶可以坚持永久，而不致失效也"③。

（二）抗议滇越铁路加价之举

云南是近代以来法国对我国进行侵略的重点省区，1920 年，云南总商会和滇越铁路沿线的各地商会针对滇越铁路提高运价和越南海关抽取进出口货物的过境重税，一方面申请政府与之交涉、抗议，另一方面通告工商界停止由滇越铁路运货，筹资修筑改走剥隘、百色、南宁的汽车路，与法国的殖民侵略行为进行不懈的抗争。"近因滇越铁路公司不按佛郎涨跌，遂定以三个佛郎为一元，陡加车价，及洋关过境税亦大为增加。查铁路公司车价，旧章每吨纳费二十七元一角六仙，兹订新章每吨收洋六十五元八角。比较旧时车价、每吨合加收至三十八元六角四仙之多，则每兜以五吨算，合加至一百九十三元二角。而客车亦复逐站加增。又越关新加税率、

① 《云南总商会调查日货卷第 259 号》，1919 年 9 月 11 日，云南省工商联存档，《昆明市志长编》卷九，第 112—113 页。
② 《云南总商会一宗禁运劣货卷》，1920 年 3 月 27 日，昆明市工商联存档，《昆明市志长编》卷九，第 116 页。
③ 《云南总商会抵制英日货》，《社会新报》1925 年 9 月 5 日，第 4 版。

药材与旧例加至六倍、烟丝、洋火加至五倍、洋纱匹条加至两倍,其余各种货物,有加至一、二倍以至三、四倍不等。似此层层剥削,实足以制吾商人之死命。且于全滇财政命脉,关系极为重大。兹由本省全体商人开会议决,先呈本省政府,力向法越政府严重交涉,务在取消加增车价,及新旧加增过境税率。倘其始终强硬,不予通融,则我商人即取自由主义,一面停发往来货物,一面修改剥隘、百色道路,自由转运货物,维我商权。"① 这次抗争虽未收效,但显示了以商会为核心力量的工商界的反抗精神和维护商权商利的群体责任。

此次事件发生后,云南总商会依据中法议定的《越南边界通商章程》的相关规定,当即向云南全省路政局提出解决办法,"凡中国货物经过越南税关,有准其值百抽二之规定。历年以来,越关所征过境税额任意增加,商人不堪其苦,去岁复变本加厉,药材较前加征至六倍,烟丝加征至五倍,此外各土货亦加征至二倍、三倍、四倍不等,甚至值百抽百,随便估价、毫无标准,举凡通过越国商旅,莫不疾首痛心。是以筹修蒙剥车路为刻不可(容)缓之举。敝会当即博访周谘,详细调查,所有现在越关征收过境货物大略税率"②。

同时,云南总商会为停运出口货也发布了两次通告。第一次从维护商人自身的利益出发,提出了滇越铁路加价对商人权利的危害和影响,"本会昨以滇越铁路公司忽藉口全球费用日增,重加车费竟成事实;又云南进出口货经过越关,向须报关纳税,商人感受痛苦,历年已久,兹复不恤违背定章加增数倍,甚至值百抽百,随意操纵。际此金融奇窘,百业凋敝。商人何能堪此,曾经报请滇政府与法越政府严重交涉,以期恢复原状。殊多日尚无结果,未免扼我吭而制我命,是以群情愤激,经商界全体请求开会议决,不惜停运货物,为钜利之牺牲,改走剥隘、百色,谋车路之修筑,以期运输上之自由便利。决定凡由申、港发滇入口及滇赴港出口各大箱货件。统限阳历十月一号一律停止发运,通电各省商会并布告省内外各

---

① 《云南总商会反抗滇越铁路加价卷》,1920 年 9 月 22 日,昆明市工商联存档,《昆明市志长编》卷十二,第 312 页;《云南总商会反抗滇越铁路加价卷》,档号 32 - 25 - 789,昆明市档案馆藏。

② 《云南总商会筹修剥路抽收货件邮包损卷》,1921 年 6 月 28 日,昆明市工商联存档,《昆明市志长编》卷十二,第 313—314 页。

埠，悉本良心上之主张，现设滇粤运道筹办处，甫经成立，一切事件，正在积极进行，其停运输入口货物一举，为入手之先着，自应一律坚持，用收众志成之效。现在省城各商号自开会宣布后，查无发运出口之大宗货件，足见爱国爱乡出诸血性。访闻海口船于阳历十月七号由港起行，于十月十号到防，内载来云南大纵七百一十八包，杂货六百八十九件，显系定期后发运。希冀外人假与先付之特别权利。似此破坏大局，已属违反自筹交通之初意，殊深感喟。兹再与省内外各埠商人商榷，此后切盼同德一心，互相团结，停运输出入之货物，坚持到底，俾合全力亟早修成一路，不致假道于人，庶交通便而商权保矣，倘再有破坏团体，仍由滇越铁路运输货物者，即为滇人公敌内部自有惩罚之对待"①。此后，云南总商会又提出了具体的解决办法："自滇越铁轨通后，滇人道经越南，受其留难，含痛忍辱，已非一日。兹复视为可欺，而加以暴敛苛罚。人民万难再忍，故不惜停运货物，为巨利之牺牲，筹酿金钱，促马路之修筑。属在同胞，何肯旁观而袖手。无论将来铁路公司，越南海关能核减与否，为滇人筹生路争自由，不得不赞助滇邕大路之开筑，盖此路一通，以后进出货物均由此转运，俾免假道于人，受种种之欺压而无可告诉。……此路如果筑成，不但滇省商务非常活动，实业界必大有起色，即文化、军事亦因交通便利而异常发展。舍我自有之正路，天然之捷径而弗由，倪倪仳仳绕越为人夺去之属拜而受其欺弄，吾知稍具爱乡爱国之心者，断不能在觍颜而出此路。滇有九百余万人，每人捐一元，为数即巨，不足再由黔桂及旅滇粤人输资补助之，何患不聿观厥成？移山填海，事在人为，切勿畏难而气馁，除预请工程家开会，先编草案外，必此函请贵会公推代表五人，届时莅会，筹商一切。事关本省最大之公益，谅蒙赞许，不胜引领翘企之至！"②

此次滇越铁路加费，越南海关加税，已激起云南全体商人的愤怒。诸多商号也遭受损失，并呈请总商会予以解决，"越关加税，火车加价，凡属滇人正当痛心疾首，省长暨大众起而抵抗，救国救民，全仗大力。且闻海防龙沙利状师，前旬特谒防，华商总会主席吴仲疏君查询我滇人抵制风

---

① 《义声报》1920 年 10 月 27 日，第 5 页，载《昆明市志长编》卷十二，第 487—489 页。
② 《云南总商会反抗滇越铁路加价卷》，1920 年 9 月，昆明市工商联存档，《昆明市志长编》卷十二，第 488—490 页。

潮，吴君坦言得体，龙沙利状师许称，入河内面见车公司总理，必使对我滇人让步，但须候车公司呈明巴黎，三个月不能办到云。是法人非无让步，意味乃有奸商。滇人义和昌十月七号在香港付海防船来洋纱一百三十件，李同源来洋纱一百三十件，洋纸三十件。昨日经由火车付到，公然取回小号，今天又接香港来信云，粤商裕兴隆十月十六号在香港付中华船来洋纱一百二十件，李同源号同时发出洋纱十多件，裕兴隆之洋纱系先行寄交河口芳成代收，再托安南人代为运上，现已到海防，十天内可以付到。司长为国出力，今大功已成过半，而今败坏于三二奸商之手，是为我滇人之公敌，用是礼将实情奉陈，如何维持之处，惟司长有以图之。……该义和昌、李同源、裕兴隆等商号实属罔知大义，破坏公益，亟宜首先惩，儆以示决心，用特密函贵商会查照，请即认真查明，设法对付，勿令此等奸商再有上项营私情弊，致外人笑我，无三人以上团礼五分钟热度也，仍冀密度为荷"①。同时，总商会也要求滇越铁路沿线的蒙自、个旧、河口、阿迷（开远）各商会，"滇越铁路公司增加车费及越关加收税率太重，各帮商人到会议决，务必请其取消，以符旧例，并着手调查百色马路，如交涉无效，广云各商进出货驮改道百色"②。并致电云南交涉署，以表明商会的应对策略："云南商界全体商人议筹交通改道百色，并经宣布，凡由申港发滇入口及由滇赴港出口各大箱货，统限阳历十月一号一律停止发运，各情自应通电各省总商会，请求匡助，以策进行而保国权。"③

　　总而言之，云南总商会一方面请云南交涉署提出严重抗议，另一方面开会决定自十月一日起，一律停止由滇越铁路发运货物，并通电全国商会声援协助。同时设立"滇粤运道筹办处"，准备修理滇邕（邕宁即南宁）大道，改用骡马由内地运输，以资切实抵制。靖国联军总司令部和云南省长公署也特派高级军政长官和个蒙铁路公司总理共七人，组织"筹办蒙剥路政事务处"，决定修理蒙剥大道，并将个蒙铁路展筑至昆阳，以便利内地运输。可惜，停止货物由滇越铁路发运的办法在省城仅维持十二天，蒙自、个旧根本没有实行；修路计划因为款项无着落，也只得从缓进行。一

---

① 《滇越铁路加价卷》，1920 年 8 月 31 日，档号 32－25－789，昆明市档案馆藏。
② 《滇越铁路加价卷》，1920 年 8 月 31 日，档号 32－25－789，昆明市档案馆藏。
③ 《滇越铁路加价卷》，1920 年 9 月 24 日，档号 32－25－789，昆明市档案馆藏。

场风波，马上平静。滇越铁路公司，不但仍照预定计划加费，而且不久又改变办法，金佛郎与越币的汇价，以及东方汇理银行任意操纵着的越币与滇币的比价随时调整加收，愈更漫无限制。1932 年以后，借口中国海关对洋货进口税改收金单位，又照金单位与佛郎的比价，再加上越币与滇币的比价，随时调整加收。①

（三）商会与区域市场环境的整治

军阀混战时期，由于市场法制不够健全、市场管理不够完善，商民之间存在不当竞争与不法交易，政商之间不恤权利，此类事件屡屡发生，严重影响了商业的健康发展和商民之间的贸易往来。如何通过改善市场环境促进商业秩序的良性运转，是政府和商会所要关注的问题。商会在整治区域市场环境方面，主要有以下几方面的作为。

一是规范茶业市场的运营。

近代以来，云南茶业经济迅速发展。② 民国前期，汉族商人在云南各地，尤其是普洱、西双版纳一带从事制茶的商号相继设立，少数民族商人也纷纷建立起自己的茶庄。这一时期，作为云南茶叶生产、集散、贸易中心的普洱地区，其茶商获得了空前的发展。雷永丰、元庆、复聚、新春、宝森、永兴、三泰、庆春等茶号是其中比较著名的几家。③ 思茅地区揉制茶叶进行出售的茶庄茶号有雷永丰、裕兴祥、鼎春利、恒和元、庆盛元、大吉祥、谦益祥、瑞丰号、钧义祥、复和园、同和祥、恒太祥、大有庆、利华茶庄等 22 个，每年由产地茶山运往思茅进行加工的毛茶在 500 吨以上。④ 而云南茶商的经营范围除本省外，主要为四川、西藏一带，也有远销东南亚一带的，据记载，1932 年以前，云南省每年出口的茶叶为 1000—2000 公担。⑤ 由此可见，近代云南茶商力量是在持续壮大的，思茅地区茶

---

① 万湘澄：《云南对外贸易概观》，新云南丛书社发行部，1946，第 81—88 页；又见《昆明市志长编》卷十二，第 317 页。

② 近代云南茶业经济的发展是近代云南社会及商品经济发展水平的重要标志，商人组织在其中发挥了至关重要的作用，相关论述详见杨志玲《近代云南茶业经济研究》，人民出版社，2009。

③ 云南省地方志编纂委员会编《续云南通志长编》（下册），第 609 页。

④ 云南民族茶文化研究会编《普洱茶之一经典文选》，云南美术出版社，2006，第 103 页。

⑤ 政协云南省委员会文史资料委员会编《云南文史资料选辑》第 42 辑，云南人民出版社，1993，第 20 页。

商的发展在区域市场中占有重要的地位，而巨大的茶叶销售量则是依靠商人组织的运作和规范才可以在市场中有序地进行贸易。

针对茶叶贸易市场中存在的问题，商会也予以整治和规范，如"川号等向以贩运川货，运滇沽售，售后由滇向各茶行购买普茶运川沽销，多历年所，已成习惯。而每年各川号贩运此项普茶，为数甚巨，货亦精良。殊自近年来，滇省出产杂茶甚多，卖主既不认真揉造，行主亦不免予拉杂充抵，以致川号贩运到川，多所亏折，甚至于发生假伪之茶，以致运至川地，不能沽售，亏耗成本者，往往而有，推原其故，实由于从前普茶，概系由思茅各山揉造，贩运到滇，归行沽售。虽茶水粗细各号不一，而一切充抵掺杂假伪诸弊，尚不至于发生，今则各处低伪之茶，日渐加多。而一般狡诈之徒，遂不免私自开灶揉造低伪货物，充抵普茶。或于招脚起运期间，乘空掺杂，以售其奸，令人防不胜防，因之普茶名誉日形衰落，贩运之人，反遭亏累，诚为可惜，云南总商会有维持商务之权，普茶又为滇省出境入川之大宗货物，谅不致于坐视不整，以待其毙。商号等目睹普茶流弊。至于此根，亦不敢隐忍不言"①。

对于紧茶捐款名目繁多的问题，思茅县商向省政府呈递请求，要求维持禁加附捐。"思茅县县长李尧勋呈为思茅县议会经费不敷及各参事津贴数微，经会议决，抽收禁茶公益捐每担二角，以资弥补……该县议会以茶商当永丰等起而反抗，具呈茶税、厘金两局取消，请维持原案等情，复经钧署核以此项紧茶既该茶商等向未纳有何种捐款，所请取消未便照准……该县厘税局及商会电呈称，茶叶正杂税收繁重，一再加捐，力不能负。紧茶前此已负担捐款，令饬该县商会查明，紧茶负担厘税外，曾否担负何种捐款。"② 当然，思茅商会对此问题也有自己充分的理由和主张："思茅紧茶系由沿边购运散茶来思采制，发售迤西，马客及古宗牲口转运销售前后两藏，当散茶自沿边起运时，每担即抽团费一角五仙，及至江边又纳江干费二角七仙，迨抵思城，抽驮捐洋一角三仙，嗣经该商等揉成紧茶，出关之日每担纳厘金洋二元一角，茶税洋一元二角，并纳附抽桥路捐洋一角，

---

① 《云南总商会茶号茶行芦茶业卷》，1917 年 8 月 8 日，昆明市工商联存档，《昆明市志长编》卷十二，第 398 页。
② 由云龙：《实业司呈省政府文》，《云南实业公报》1926 年第 45 期。

此仅就思出口之正杂附捐而言，尚未论及。沿途经过宁洱、景东、下关、丽江等处，一切附捐似此层层剥削，名目繁多，抽收之重，环球货物更无出其右者，该议会方面尚谓紧茶向未纳有何种捐款，此百思而不得其解也。思普茶叶为云南出口大宗物品，当兹汇外款项汇价飞腾之际，自应设法提倡，俾益推销。思茅县抽收此项紧茶公益捐，作为该县县议会经费，紧茶未划何种捐款之故，今既据该商会呈叙紧茶附有种种捐款，似未便由该县议会再行抽捐，以重负担，可否据请令饬该县将此项抽收公益捐取消，并通令以后不得再加茶捐，藉资维持，至该县议会不敷经费，饬其另行筹集之处，呈请钧长衡核施行。"[1] 此外，出于对茶商利益的维护，思茅商会也请实业司代为转呈财政司，要求取消茶捐，以利商情。"茶商雷永丰等呈，为壅蔽上厅难伸下情，恳请收回成命，取消茶捐以维正供而裕税收。思茅县茶捐一项，民国十一年内曾据茶叶实习所议请抽收，作为设立乙种茶叶实习所经费。当经本司咨准普洱道道尹查复，实于商情不顺，复经令饬思茅县取消前议。抽收茶捐于茶业有碍各节尚属实情，应否准如所请取消之处。"[2]

由此可见，云南各地方商会在成立之后将分散的商人凝结成一个相对统一的整体，改变了省内各地商人互不联系的分散、孤立状态，联络工商感情，扩张工商事业，推动了云南茶商的兴盛和茶业市场的有序经营，这也是 20 世纪二三十年代云南茶商号众多的重要因素。

二是整顿金融秩序。

1929 年，云南总商会针对本省金融枯竭的现状，特呈请中央予以延缓海关加税，照旧征收，以苏商困。"滇省金融枯竭，较前尤甚，签请俯念特殊情形，饬令滇关延缓加水，照旧征收，以苏民困。……该省关税按照汇率折半征收办法展限至明年四月三十日止，自此次展期以后，无论如何情形，不再延展，并已由部令行滇省各关遵照。"[3] 对此，腾冲县商会也予以响应："滇省关税减征办法业已一再展期，此次期满本未便再予延展，惟滇省府既已决议，定有整理金融及取消入口货捐办法，如能积极进行，

---

① 由云龙：《实业司呈省政府文》，《云南实业公报》1926 年第 45 期。
② 由云龙：《实业司咨财政司文》，《云南实业公报》1926 年第 42 期。
③ 《咨工商部关字第一五七○号》，《财政日刊》1930 年第 934 期。

滇省金融自可于最短期内整理就绪,本部为格外体恤滇商起见,经呈奉国府令准,将该省关税按照汇率折半征收办法展限至明年四月三十日止,自此次展期以后,无论如何情形,不再延展。"①

实业银行在设立时还特邀云南总商会会长、副会长为筹备员,对该行的筹备设立予以指导、监督。"添委总商会正副会长张荫后等充实实业银行筹备员……实业银行之设,原为便利商人营业起见,所请添委总商会正副会长张荫后等为该行名誉筹备员,应予照准任状……该银行业饬该筹备员等于七月一日就司署将筹备处组织成立,着手办理招股事宜,并拟定行章暨招股章程。"②"核准状委云南实业银行筹备人员张璞等五员暨文牍、会计兼庶务各员令发下司,当经转发祗领饬速筹备,业于七月一日将实业银行筹备处就司署组织成立,并呈报在案。此项银行纯取商营业性质,依股份有限公司办法办理,原定股份总额五十万元,先仅商股招集不足,再由官股筹备,现在着手筹备,自应竭力招募商股,惟为进行便利起见,似应由商界重要之人相助为理。查省城总商会正会长张荫后、副会长董铭章为商界之代表,均属热心公益,可否转呈添委为名誉筹备员,随时到处,会同筹办招股一应事宜,俾各商声息得以沟通,免致情形隔阂观望不前。呈请钧长俯准加委该商会正副会长为实业银行名誉筹备员,实为公便。"③

三是规范捐税行为。

军阀政争时期,由于国家政权处于军阀把控和中央、地方政府相互博弈,以及外国列强侵略的状态,税收多为地方把持或为外国所控制,加之苛捐杂税名目繁多,捐税法令朝令夕改,工商业者承担的税捐极为沉重。商会作为商办法人社团,在税捐政策执行过程中扮演着执行者和反对者的双重角色,这种特性也显示了军阀混战时期政府与社会的矛盾冲突和利益调和。

为了体恤商艰,黎县地方商会向政府呈请减免税捐。"商民请将红糖一项每驮增加三十斤准予豁免,并本案有无别项弊端。当以所请自系为体

---

① 《电腾冲县商会关字第一一九四四号》,《财政日刊》1930 年第 934 期。
② 由云龙:《实业司致总商会会长函》,《云南实业公报》1923 年第 12 期。
③ 由云龙:《实业司签省公署呈文》,《云南实业公报》1923 年第 12 期。

恤商艰起见，曾经据情咨请财政司查核办理。"① "该县新设团防抽收商捐局任意抽收，商民歇业，请制止取消，以纾商困。本省现因整理金融，预借厘赋两年，商民之负担已重重。经省公署核定，在此两年借款期间及各县自治、教育、实业、警察、团防诸政，概就原有款项竭力撙节进行，不许动以款绌，再由人民方面议增丝毫之附捐。该县所设之团防抽收商捐局与整理金融定案实相抵触，应由该县知事将该局刻日取消。"② "该县商会召集会董会议，乃筹经费拟由商会定制鐔称，抽收芋、酒、烟、油等项捐款，自系为维持会费起见，除食盐一项价值已高，不应再行抽捐外，其所抽之芋、酒、香油等项既经由会派委公正会董一人经理其事，复称于民无扰，暂准试办三月，由该知事查核，如果确无窒碍，再行呈请核办，至前呈准抽收之落地货捐应即取消。"③ "本省因整理金融，预借厘赋两年，商民之负担已重。曾经闻省公署核定，在此两年借款期间，凡各县自治、教育、实业、警察、团防诸政概就原有款项竭力撙节进行，不许动以款绌，再由人民方面议增丝毫之附捐。该县商会因乏款办理议抽落地货捐，以为常年经费，殊于通案有碍，应由各会员负担办理可也，所请抽捐之处未便照准，该商会遵照章程发还。"④

对个锡征税的相关办法予以调查办理，以减轻商人负担。"鼓励开发成色低下各卝以睿利源，以凭核夺计。当经省务会议议决，如司所议办理。除关于变通锡税办法各节，应由司调查办理外，合将原案内关于红镰卝用以炼镰，销路若何，采炼者有无利益，如准予开采，应如何设法杜止混入锡砂之弊，仰该知事即便转行该县商会迅就地方情形切实考查核议。"⑤ 该县商会会长朱朝瑛、副会长谢覃恩也一再与政府进行磋商，"为转请免征值百抽五锡税，查所请自系为减轻商人负担，藉苏商困起见，既据分呈听候省公署核示遵办"⑥。

---

① 由云龙：《实业司致云南总商会函》，《云南实业公报》1925 年第 35 期。
② 周钟岳、由云龙：《令盐津县知事官鸿钧（第一〇三九号）》，《云南实业公报》1926 年第 53 期。
③ 由云龙：《实业司令广通县知事伍作楣（第四〇七号）》，《云南实业公报》1926 年第 47 期。
④ 由云龙：《实业司令楚雄县知事聂培煌（第二七二号）》，《云南实业公报》1927 年第 2 期。
⑤ 王九龄、由云龙：《实业司令个旧县知事马镇国（第六二二号）》，《云南实业公报》1923 年第 14 期。
⑥ 由云龙：《实业司令个旧县县长宝居燊（第六六号）》，《云南实业公报》1926 年第 42 期。

四是整治商业贸易中的不法行为。

军阀割据时期，由于地方政权屡经更迭，战祸连绵不断，盗匪四处横行，社会治安状况恶劣至极，商民也深受其害，在商业贸易中备受损失。对此，云南商会周旋于政府和商民之间，努力为工商业的发展提供良好的社会秩序。

规范市场交易行为，统一管理度量衡器是一些地方商会设立以后的主要职责。在省府昆明，实业司就度量衡法的实施向总商会提出了明确的要求：“滇省度量衡杂糅纷岐，久为人所诟病，推行新式度量衡法，曾经政府提交省务会议议决，定期先由昆明市施行，渐次推及省外各县，业经拟定各项规章，核准照办在案。惟施行之先，若不将新旧器之大小、轻重、精详比较，逐一说明，诚恐人民疑误多端，日滋纷扰，便民之政反以病民，兹定期于九月十八日约请各机关人员在实业司会议此事，以期征集，众见详为审核，一经议定，即行呈请省公署复核公布，俾众周知，届时拟请贵会拣派熟悉现用度量衡情形人员一员或二员来司，以凭会商办理，实纫公谊。”① 如1921年思茅地区的宁洱商会在设立后就作了一些规定，商民使用度量衡器，都以商会度量衡器为准，若发现商民使用不符规定的度量衡器，商会有权没收、销毁。其度一般所指即尺子，统称市尺。依行业不同，分作律用尺、营造尺、布尺3种。②

地方商会对价格调处事宜也积极予以协调、处理。凤仪县知事张铭琛呈报下关商会调处石璜六厂代表与洪盛公司“改约加价”一案，“此案互控以来，于今数载，中间迭经令县转行下关商会按照章约公平调处，迺两造固执己见，各走极端，迄今未得之相当解决，长此迁延，影响业务，微特公司硐户交受损失，亦非政府维护实业之道。查两造争点在加价与否之一问题，公司以欠璜不清，难议加价，自系误以公司办廿年限为借口，而硐户则以非加价不足以资维持，自系以生活日昂，工资不足为依据，解决之法仍应根据公司章程及双方契约。查该公司章程第十九条载，公司向各硐户订买现存石璜，其价格应凭下关商会公平议定，双方认可订立合同为

① 《实业司致省总商会函》，《云南实业公报》1923年第14期。
② 张寿年主编，思茅地区行政公署商业局编纂《思茅地区商业志》，云南人民出版社，1994，第217页。

据，以免……第二十条载，公司向各硐户订买未出由之石璜，其价格数量以及交璜之期间，仍凭下关商会议妥，双方认可订立合同为据，以免事后争执。是价值一项并未有若干年，均定为一律之规定。该县罗前知事抄呈，该两造原定契约内虽列有公司年限，议定办足十年，自系指公司办理之年限而言，与购买石璜价值无干，其关于交璜一切规定，除存璜定有期限外，虽有每年限至关于价值一项，虽定有每码价银若干，亦未定有年限。是年限一项按诸约内已无确切之考证，即以此次该知事抄呈该公司报告，亦仅有定价若干之语，并未有定买若干年及若干年内均不得加价之语。况生活程度之高低随时不同，凡贸易先期定价在一二年以前，已属最长之期，从未有一定价格而勒制卖户不容加价，与该公司相始终者。此案迭经本司令饬该县商会调处，该公司均一味强词，不依调处，其垄断专横无限要求已可概见。本应将该公司取消，以为刁狡者戒，姑念其经营不易，再由该知事督同该县商会传集两造持平调处"①。

此外，商会对生产、销售环节也作了调查、督促。"大理县人沙执中、袁亮丞呈请，将所制银铢许以永久专利，并恳免内地税，给予执照以维工艺一案。当经前省公署饬前实业司派员详细考验其质色，与外来者皆不相轩轾，并以滇省向来需用银铢多由省外输入。近年来，滇省有无其他商人制造销售，令行该会迅速详细调查，呈复核办，及令行大理县知事查明该商会曾否建设该场所，资本、工人、若干原料取诸何地，有无切实计量。兹已据大理县知事查复前来，尚未据该会查复，无从核办，合行令催，仰该会迅速详细调查呈复，以凭核办，勿再稽延。"② 个旧大锡为云南出口物品之大宗，1927 年销路停滞，经个旧商会反复研求，索解无从，还托港、沪友人多方调查，才得知真相。"顷接抄来美洲对于滇锡驳案函件十余通，于滇锡声誉至有关系，循环三诵，不啻当头棒喝，实足发人深省。按滇锡运港系由港商改铸洋锡，然后销售，是成色不足。滇省锡户虽无责任可言，然有以中锡充上锡，以杂锡混入中锡者，致使港商照之改铸，乘化师不备，辄为混去，是阶之厉者，仍在我滇中锡户，若长此不思改良，势

---

① 由云龙：《实业司令凤仪县知事张铭琛（第一○○四号）》，《云南实业公报》1925 年第 40 期。

② 《省政府令云南总商会第五五号》，《云南实业公报》1927 年第 2 期。

必作华茶之续，殷鉴不远，可为寒心。请即集合各商划切开导，设法改良，务期回美洲之驳案，复滇锡之令名，无任企盼之至，此布达并候复玉。"①

（四）要求取消拉夫派差和蒙剥路捐向政府之呼吁

护国战争以后，西南军阀之间内战连年，军阀混战期间强行拉夫派差，商业秩序混乱不堪，给省内商民带来了极大的损失。针对此情况，云南总商会致函时任云南都督唐继尧，"近数月来，因值军兴，各路封马，商货囤集，诸多亏损，影响并及于课源者甚大。兹洋商贩运之水火油及英美公司纸烟，均蒙政府保护，拨马驮运，其余除本省所产之盐亦准拨马驮运外，凡属进出关各货品，停运已久，行商坐困，实于商务交通大有妨碍。应由会代呈督军，逾格恩施，令饬军马所所长，将所封各路之马，划出若干匹，专运商家货驮，则造福于商家者，曷其有极。再者，所有各路之马，被封在省，开支草料一切费用不赀。为日既久，开销更巨，并有马数匹将马变价尚不敷偿草料店账者，商民之颠连困苦如斯。总商会有代商声请之责，未便壅于上闻，可否准如所请，令饬军马所所长，速将所封之马，划出若干匹，仍准商家自由雇运货物出关，并加惠于贩运清油、米粮、柴炭之商人，以济民生日用。其在封之马匹所有马户，亦量予体恤"②。此后，针对马匹驮运遇到的困难，总商会向唐继尧提出了其影响和对策，"滇省号称山国，交通不便，一切各路，往来货物以及米、粮、柴炭等类，均恃马匹驮运。以作懋迁之际，迩来因军事发生，应用枪支子弹，并军用一切物品，不能不封用马匹驮运，以为军事之行动，亦政府迫不得已而为之事。以舍此则无策可筹，固未尝有丝毫加害于民之意存乎其间也。无如司其事者，未能仰体政府美意实力奉行，以致发生封马诸弊，在马户既感受痛苦饮泣，无可告诉。而商务民生，亦因之而发现种种障碍，妨害甚多。更有军需应用之马，一时虑甚不足，是一举而百病丛生。不敢壅于上闻。封马原有定额，乃当事者，每每多数点封，以为需索地步，马户已受累不堪，甚有索取重费以减少额数，甚则索费以全免，又复

---

① 《云南实业司致个旧商会、锡务公司文》，《云南实业公报》1923 年第 12 期。

② 《云南总商会督军公署卷》，1917 年 9 月 8 日，昆明市工商联存档，《昆明市志长编》卷十二，第 485 页。

另封他马来抵，种种弊病。马户则骚扰不宁，军事则迁延不进，此不独马户受害也。……似此情形，不惟商人发运大宗货物，无马可雇。商业因而停顿；即军事运用马匹，刻所不能缓者，亦因而辗转拖延，贻误事机，良非浅鲜。若不呈请认真剔除，诚恐将来马匹来省日见短少，于公于私，两无所济"①。

云南总商会把个旧、蒙自、阿迷州等地要求取消蒙剥路捐款的事宜向政府呈请，要求予以解决。诸如商号代表天宝、利人、永义昌、会同、亨泰等向总商会陈述事情概况，"……查蒙剥路捐，只抽华商，而洋商绝不过问。循此以观，苟人人借重洋商，便能避免，不数年间，则华商安复有留存？……查滇省入口货，以洋纱为大宗。洋纱之效用，全系制造土布？以供贫民，若路捐不除，价本增加，则贫民之购置力更弱。……况路捐一项，发起于蒙自商会，赞成于云南总商会。当时曾经声明，系暂时动作，藉谋抵制车脚之苛增，纯属法人团体集资之性质。合则续办，不合则停止，绝无碍难之可言。并非国家税或地方税，载之法规，不能更勿也"②。云南省收文后进行了认真调查、核实，"该会呈转全省商号代表永义昌等再恳准予取消蒙剥路捐，以恤商艰二苏民困一案到署。当经令饬交通厅司核议复，查各处商会代抽此项捐款，每年不过万余。本年以来，各处捐款均系记欠，商会无法抽收。且蒙剥路线工艰费巨，一时难于修筑，既经总商会查明困难情形转请取消。拟恳均署准予截至本年十月底，各处一律取消。其记欠捐款各号，并由商会催收连同存捐款，如数解交职司存放富滇银行，仍照原案俟蒙剥路开工时提用，以重路款。复经提交省务会议议决，自十一月一日起，将蒙剥路捐取消，以恤商艰，余如签办理在案。除批示外，合行令仰该会即便遵照办理，并转阿迷、蒙自商会一体遵照"③。

---

① 《云南总商会督军公署卷》，1920 年 5 月 27 日，昆明市工商联存档，《昆明市志长编》卷十二，第 486—487 页。
② 《云南总商会关于个旧蒙自阿迷州等地要求取消蒙剥路捐款申请及来往文件》，1924 年 8 月 29 日，昆明市工商联存档，《昆明市志长编》卷十二，第 491 页。
③ 《云南总商会关于个旧蒙自阿迷州等地要求取消蒙剥路捐款申请及来往文件卷》，1924 年 10 月 31 日，昆明市工商联存档，《昆明市志长编》卷十二，第 491 页。

此后，云南省政府提出了解决措施，并致电交通司司长董泽①，"本省路政由省城至舍资一段，迭经职司详加计划，并拟以兵代工，会同军政司，先后呈请提交省务会议议决照办在案。惟查以兵代工固属省费，而技正、技士、工丁之薪饷、官长士兵之津贴及其他必要之工程费，即力从撙节，每月至少须有四千余元，始能着手进行。职司思维再四，以为当前库款奇绌，实难筹措。惟请将滇蜀腾越铁路公司所有现款及外欠各款，严为催收，先行凑拨二十万元，尽数解交富行专案存储，即以此项息金为修筑之段路基之用。盖此路既为腾越铁路中之第一段，则以此款修筑，名实权符，用途极为正当。且兴工伊始，只用息金，不用本金，自无虑或生异议。又查蒙剥路捐一项，原案虽系修筑蒙剥部，但滇邕路现既筹修，则蒙剥路当可以从缓，况同是省道，何分此疆彼界。此项路捐拟请如数饬解富行，仍将息金一并拨借备用。至禁烟罚金，迤西征收最多，此路为迤西大道，应先从事修筑。亦请于禁烟款内，每年酌定的数准予提拨，以资补助。似此办理，政费无牵动之虞，路工有告成之望。是否有当？提交省务会议议决。当经省务会议议决，分令滇蜀铁路公司、禁烟公所、总商会查复，再行核示遵办"②。同时，云南省政府开会后提出对此事相关的议决办法："（一）铁路公司存款十一万零尽数先拨归交通司，仍存银行，以息银为修路费。并责成该公司速收借款拨足二十万之数。（二）禁烟公所自开工日起，每月拨四千元即行照办。（三）蒙剥路款收数应由交通司切实清查，仍令将款存储富滇银行。"③

从一定意义上讲，这一时期云南各地商会的设立填补了云南区域市场无调节或调节无秩序的空白，通过在商业运作中形成的商会网络结构保证了商会对市场调控的有效性和信息传递的覆盖面，加强了各层级间的联

---

① 董泽（1888—1972），白族，云南云龙人，云南大学首任校长，参加过辛亥革命和护国运动等重大历史事件，历任云南督军公署秘书，省教育、交通、财政等司长，富滇银行总办。董泽就任交通司司长初期，拟定全省交通发展规划和向全省征集路股以解决筑路资金的办法。他提出修三条主干线：通出海口的滇邕铁路，通长江的滇蜀路，以昆明为起点的省道。详见张一鸣《云南交通建设的先驱》，载中共云龙县委员会、云龙县人民政府编《董泽：云南近代教育 交通 航空 金融先驱》，云南民族出版社，2006。

② 《云南总商会关于个旧蒙自阿迷州等地要求取消蒙剥路捐款申请及来往文件》，1924 年 3 月 27 日，昆明市工商联存档，《昆明市志长编》卷十二，第 179 页。

③ 《云南总商会关于个旧蒙自阿迷州等地要求取消蒙剥路捐款申请及来往文件》，1924 年 5 月 10 日，昆明市工商联存档，《昆明市志长编》卷十二，第 180 页。

系，便利了商会的调控。总而言之，此时的云南商会多措并举，不仅维护了商人和商人组织自身的权益，也顺应了近代云南经济社会的发展，尤其是区域市场的发育和拓展，使近代商业制度在边疆社会的运行有了健全的保障机制，为云南经济近代化和市场的转型创造了条件。

四　军阀政争中商会的权衡应变与利益合作

以唐继尧为核心的滇系军阀统治云南以后，云南地区成为西南军阀争夺势力范围的主战场。由于云南地区在地理位置上僻处西南边陲，与北京、南京中央政权相距甚远，多变的政局使商会与政权之间的关系常随着社会环境的变化而变化。在不断变动的时局中，云南商会与军阀政权的关系，不但表现为商会在军阀内部派系斗争中的立场与应变，而且表现为双方之间因利益上的"各取所需"而采取的合作。

（一）权衡应变：卷入或参与军阀内部派系斗争

在唐继尧统治的后期，由于地方各种政治离心力的加剧，军阀内部派系的斗争也随之白热化。1926 年 5—8 月，以罗树昌、刘正伦、杨震寰三人为首，在云南西部联合发动了一次反对唐继尧的事变，时人称之为"丙寅事变"。罗、刘、杨三人在滇西腾冲、永北、华坪等地先后起兵，三股反唐力量连成一片，改委官吏，攻城夺地，总兵力在万人以上，对唐继尧在云南的统治形成了明显的威胁。8 月，杨、刘占据保山、腾冲。罗、刘、杨的反唐力量，就总兵力看，远远超过西调的唐军，但因为没有合力对敌，力量分散，在局部的战斗中处于劣势。10 月，唐继尧指挥部下陈维庚率军到达下关，与管商团的李秉阳开会商议，决定分区进行军事行动。陈维庚划澜沧江以东的大理、丽江等地为一区，令唐团、欧阳团负责；澜沧江以西的刘、杨等部，由陈维庚率俞团、警卫营、工兵营西进解决。11 月，刘正伦预计腾冲难保，离腾走缅，杨、张、宋三部进入腾冲，杨部驻于城内，张、宋二部驻扎于城外的小西，罗、刘、杨的反唐面临最后的失败。[1] 12 月 3 日，陈维庚进入腾冲，表面设官安民，开城互市，暗地里部

---

① 谢本书等编著《云南近代史》，云南人民出版社，1993，第 389 页。

署军事进行围剿。至此，三人的倒唐行动全部失败。罗、刘、杨三人属于滇军内部的中下级军官，所代表的势力自然不是唐继尧的嫡系。这次事变可以看作参与双方保护或夺取云南统治权的斗争，也可以说，这次事变是滇系军阀内部在云南境内发生的一场内争。

当然，我们要关注的是，部分地方商会及其领导人被卷入内乱之中，成了牺牲品。丙寅事变发生在唐继尧统治云南的后期，涉及今丽江、楚雄、大理、临沧、保山五个地州，滇西的部分军政官绅和一些商人参与其中。这不能不说是一次对唐继尧统治的较大动摇。而在腾冲驻军的刘正伦倒唐之时，张梁、宋金荣两股土匪武装 400 余人窜扰腾冲。人民惊惶，纷纷下乡避难。为了保护地方，不使地方受到骚扰，商会出面筹组维持会，由商会牵头与土匪周旋，地方赖以保全。① 随后，唐部陈军西上，本来是为了扑灭罗、刘、杨的反唐势力，这也符合不少滇西士绅安定地方的愿望。但是，陈维庚到达腾冲后，单方面地撕毁协议，首先捕斩杨震寰、金恩荣，围剿他们的部众，继而诬陷腾冲和保山两地商会会长通匪，随即枪杀腾冲商会会长金家惠、保山商会会长王嗣赓，杀绅示威。这很快引发保山地区广大士绅、商人的不满。保山士绅直言："是役也，杨震寰以不胜匪风之蹂躏，思联县以自卫，而演变及滇政。陈军不谅人民之含愤痛苦，既歼灭杨震寰之部队，复罪及腾、保两县商会绅首，夫人民亦何幸哉？"② 从一定层面而言，罗、刘、杨的滇西反唐，转移了唐继尧的注意力，吸引和调动了唐继尧的近卫部队，对"二六"政变的成功起到了意想不到的作用，但滇西地区的士绅、商会及其领导者确是付出了巨大的代价，腾冲商会金会长等冤屈而死，成了军阀内争的牺牲品。后来龙云上任云南省主席以后，给予金绍和（家惠）"公理终昭"四字评价，为其建坊昭雪。③

1927 年，云南地区胡若愚、龙云、张汝骥、李选廷四镇守使角逐，军阀内部派系混战，时任云南总商会会董严燮成在几大势力之间左右逢源，见机行事，通过银钱往来与四大镇守使接触与联络。据相关史料陈述，当时的四镇守使的军需处长经常出入永昌祥商号，与严燮成频繁交往。"二

---

① 罗佩瑶：《腾冲县商会》，《腾冲文史资料选辑》第 3 辑，第 13 页。

② 郭进之：《纪杨震寰入保山始末》，载方国瑜等编《保山县志》第四卷《大事记四》，1947。

③ 罗佩瑶：《腾冲县商会》，《腾冲文史资料选辑》第 3 辑，第 13 页。

六”政变后，唐继尧倒台，严燮成随即联合昆明的工商界大户组织慰劳活动，积极依附得势的军阀。在四镇守使的内部斗争中，严燮成在昆明竭力拉拢龙云和卢汉，同时让永昌祥在叙府分号的经理杨润馨（严燮成的表弟）在四川拉拢胡若愚和张汝骥，两方都讨好，企图在两派之间见风使舵，坐收渔利。严燮成与杨润馨两表兄弟约定：“如果龙、卢上台，我保永昌祥江山；如果胡、张上台，你保永昌祥江山。”① 由此可看出，以严燮成为代表的云南商会领导层在军阀混战时期的立场和态度是摇摆不定的，商会领导层也都在四处周旋，讨好各方，企图求得日后生存与发展的空间。

值得一提的是，在龙云等四镇守使对云南统治权的争夺过程中，有个值得玩味的历史回忆。“六一四”政变前两天，严燮成在锡庆祥商号主事人、时任商民协会会长董澄农的家中为其母举办祝寿晚宴，宴席过后与几个同乡商号大户一起饶有兴致地谈论时政，品酒论英雄，揣测和分析胡若愚、龙云两人谁最有可能坐镇五华山成为云南王。其间有人分析说：“龙云眼下虽然被囚，但实力还在，云南究竟是谁家天下，十天后才能见分晓。”这话被时任云南总商会会长尹养初说漏嘴后传到胡若愚派的大将、昆明戒严司令张汝骥那里，张下令追查，把当天在场的一伙人全部传去质询，追究此话出自何人之口，并一口咬定龙云有钱存在永昌祥，硬要清查永昌祥的来往账目。“尹养初开始说是严燮成讲，经在场人否认，尹又说可能是李培炎告诉严燮成的。此时李培炎已禁闭在警察局，当即传讯李培炎。李到后跪下给张汝骥磕头，口称‘副令官开恩’，坚决否认和严接触时说到上述话。于是，查无实据后，便把严燮成等人释放了，独把尹养初扣留下来。尹当时是云南总商会会长，这一下被弄得十分狼狈，时隔两天，尹被释放，永昌祥的账簿也已发还。因为这件事，龙云被监视得更加严密。以致可能在狱中吃了苦头，于是在上任主席之后，又将尹养初传上五华山揍打一顿以泄气愤。”② 追究政治谣言的事件让严燮成总是提心吊胆，坐卧不宁，担心永昌祥商号因此“祸言”而受到牵连。直到龙云扭转局势、转败为胜，正式执掌云南政权后，严燮成才如释重负，放下心来。此后，严燮成继续与龙云的部下和亲属拉上关系，建立友谊，并与龙云的

---

① 杨克成：《永昌祥简史》，《云南文史资料选辑》第9辑，第84页。
② 杨克成：《永昌祥简史》，《云南文史资料选辑》第9辑，第86页。

大舅子、掌握云南金融大权的富滇银行行长李培炎结成干亲家,通过商业贷款经营条银出口,并公开垄断鸦片市场,独家收购营运,在经济上为龙云政权直接效劳,同时也从中得利。

作为地方所属商会,除掌握一地的经济命脉外,商会的职权已超出商业范围,在政治、军事等方面都有所干预。较为典型的是鹤庆商会第三届会长陈伯舟就因卷入"六一四"政变而被杀害。陈伯舟任鹤庆商会会长的第二年(1928)正值云南发生"六一四"政变,龙云夺取政权。此时,龙云的对立面张汝骥领着一个军残部向滇西北败退。龙云令卢汉率领一个师跟踪追击。卢汉电令鹤庆、丽江绅士立即将金沙江的梓里江桥拆断,狙击败兵,断其退路,全歼张部于鹤庆、丽江一带。当时县长召开士绅会议征求意见,大家一致认为,如果把桥拆毁,张汝骥困兽犹斗,战端一开,鹤丽地区成为战场,后果将不堪设想。为保全全县人民的生命财产,坚决违令,不拆江桥。卢汉追兵到了鹤庆,立即逮捕了所谓"违抗命令,贻误军机"的官绅,无视民意,将县长施以仁、商会会长陈伯舟、民团大队长杨介眉三人于1928年7月12日枪杀于县政府照壁之下。[1] 由此看来,商会在军阀混战时期,即便没有去附和、参与,仅为了乡梓的利益建言也会惨遭杀身之祸,足可见商会此时的立场是随着局势而转变的。

在军阀政争的政治变局中,商会也向政府请愿,确保商业秩序的正常运行。最为集中的体现是在1927年四镇守使内争之际,商会联合绅耆向倒唐继尧的军长胡若愚请愿,要求不要糜烂地方。1927年2月6日,唐继尧的四个军长——胡若愚、龙云、张汝骥、李选廷推翻了唐继尧的统治,由胡任省务委员会主席,龙、张、李兼任省常务委员。接着又因四人之间的内争,爆发了"六一四"政变,胡、张两人为一方,趁龙云的主力部队远在滇西,竟将龙云囚禁起来,龙的下属卢汉等从滇西率部赶来营救,并在沿途的祥云、禄丰等县击败了胡、张的拦截部队,卢汉部队直逼昆明近郊,胡若愚准备凭城而战。此时,以周钟岳为首的省务委员联名发表通电,要求双方和解,罢兵息战,以免糜烂地方。商会立即响应通电,联合绅耆们组成请愿队,径到五华山向胡当面陈述民意,请求和解罢战,以确保地方人民生命财产的安全。当时,胡若愚因昆明以外地区的军事失利,

---

① 潘寿山:《鹤庆商会纪事》,《鹤庆文史资料》第1辑,第159—160页。

正在踌躇之中，现又看到民意如此，自料难操胜算，才毅然应允撤离，率部从迤东去黔。途间，第一天到郊区大板桥时，即将龙云放回，以防追击。此后即由龙云主持滇政。商会这次请愿，也达到了保障商民自身利益的目的。①

还有一个典型事例，从另一面反映了军阀混战中商会组织的救济、应对。1927 年，胡若愚在"六一四"政变中失利后，率残部撤离昆明去黔，时隔两年又乘龙云出征贵州之机，于 1929 年四、五月间纠合过去和自己一同倒唐的另一军长张汝骥，由川黔边境回师入滇争夺政权，日益逼近昆明。当时，昆明北郊莲花池火药局存有火药，龙云的留守防御部队下令把这些火药搬进城内北门街江南会馆堆存，因用马车搬运，一路洒漏，不慎走火，火苗迅速进入堆存处，引发剧烈爆炸，爆炸中心附近的北门街、圆通街一带灾区，纵横五华里，房舍一片废墟，死伤不计其数，现场惨不忍睹。这次爆炸事件实质上是军阀政争给人民带来的严重灾难。事发后，云南总商会协同各慈善团体立即前往事故现场进行临时救济，随即组织广大商民参加市政府联合各团体等组织的"昆明市七·一一赈灾会"以开展救济工作，并大力发动昆明市工商界捐输，筹集了大笔现金，对赈灾尽到了自己的力量。②

不可否认的是，20 世纪 20 年代云南的地方军阀争战频仍，先有唐继尧与顾品珍、范石生之战，后有龙云、胡若愚等四镇守使火并之战，还有龙云与贵州周西成之战、龙云与广西桂系军阀之战等。当时，在交通极端不便的云南地区，每次战争都须派夫封马，每次派夫封马都要向商会摊派大笔款项，商会在军事压力之下不得不奉命唯谨。商会所摊派之款项，其间又经过了贪污中饱的克扣，并没有完全落在以苦力为生的长夫和赶马人即马锅头的身上。每次军阀争战中，直接受害最深的是马锅头，这些人倾家荡产甚至性命难保。③ 可见，在军阀政争时期，商会除采取"自保"和

① 中国民主建国会云南省委员会、云南省工商业联合会编《云南工商史料选辑》第 1 辑，中国民主建国会云南省委员会，1988，第 247 页。
② 中国民主建国会云南省委员会、云南省工商业联合会编《云南工商史料选辑》第 1 辑，第 254 页。
③ 中国民主建国会云南省委员会、云南省工商业联合会编《云南工商史料选辑》第 1 辑，第 268 页。

"应变"的策略外，商人依然会受到生存的威胁，商人及其组织仍是步履维艰。

（二）"利益"合作："云土"贸易中的各取所需

护国战争结束后，唐继尧的野心膨胀，他不仅没有收束军事、裁撤军队，反而利用护国战争树立起来的声威穷兵黩武，继续向外扩张。1917年，他借护法之名，将入川滇军更名为靖国军，与川、黔军阀连年混战。到1920年冬，滇军在川难以立足，才陆续退回云南。1921年春，顾品珍率领的驻川滇军回到云南，迫使唐继尧下台，流寓香港一年。1922年春，唐率龙云、胡若愚等部打回云南，顾品珍战死，唐再次主政。1925年又有范石生回滇之战。由于军阀长期混战，社会生产凋敝，百业萧条，财源枯竭，这就使云南财政状况不断恶化。为了解决军费严重不足的困境，云南都督唐继尧采取了开放烟禁的权宜之策，由此，鸦片贸易渐趋合法化。[①]此后，鸦片在云南大量种植起来，还贩运到其他省区，导致"滇省大宗鸦片充斥各地"[②]。而鸦片烟税收是军阀财政的主要来源之一，鸦片作为一种特殊的商品，军阀视之为军饷战费的主要渠道，所以非常重视鸦片的运销，在各地都设有相应的机构和卡哨。对此，有论者认为："鸦片是西南各省军阀的政治工具，由它取得的暴利维系着西南军阀从某种意义上成为一个利益集团，同时也成为西南军阀内部矛盾争夺的外在体现，以及西南军阀与中央政权之间争夺的主要对象。"[③] 因此，"云土"贸易从一定层面上折射出军阀割据状态下军人对地方政权的控制，在"寓禁于征"的幌子下，军阀政权借助自己的政治势力，纵容和保护鸦片的经营，而在其中则依托于商会的主导和运作。"军、政、商"三方正是在这一点上有着共同的利益需求，因而达成共识，互相调和，谋求合作。

鸦片是云南传统大宗出口商品。清末之际，昆明就有52家之多的商号经营和贩运鸦片。1919年，唐继尧推行"寓禁于征"政策，规定交纳"罚金"后，即可合法种植、销售鸦片。云南鸦片产量剧增，相当大一部分"云土"在聚集于昆明后运销省外。鸦片外销道路主要有以下几条：第

---

① 谢本书：《论唐继尧》，《近代史研究》1981年第2期。
② 四川省文史研究馆：《四川军阀史料》第1辑，四川人民出版社，1982，第274页。
③ 李刚：《民国时期西南军阀统治与鸦片政治探析》，《贵州民族研究》2015年第9期。

一条是昆明到四川叙府（宜宾），每年约 1200 万两；第二条是昆明经曲靖入贵州，每年约 500 万两；第三条是昆明、蒙自经富宁入广西，每年约 1000 万两；第四条是经滇越铁路入越南，经滇越铁路运输的鸦片，由云南当局与法国密定过境税率，即可通行无阻。因鸦片贸易的利润比其他行业要高很多，所以当时的商人对"云土"贸易趋之若鹜，近代云南地区的大商号大多数经营过鸦片。在此传统鸦片贸易盛行和军需浩繁的状况下，唐继尧设立筹饷局，主要是以抽收烟厘金为可靠的经常性收入。抽收烟厘金由筹饷局会同财政司办理，责成全省各厘金局、关卡在商旅人等运输鸦片经过时，办理查验过称、收款给票等手续，每 100 两收滇币 5 元，票面上则以药材名目代替烟土名称。1920 年驻川滇军失败回滇，每年须增加饷糈 60 万元。在财政拮据的情况下，唐继尧筹措无门，遂通过省议会以"寓禁于征"为幌子，公开开放烟禁，征收鸦片罚金。鸦片罚金分"地亩罚金"和"禁运罚金"两种。其中，商会主要参与"禁运罚金"的征收，此种罚金内运每 100 两征收滇币 6 元，外运每 100 两征收滇币 16 元。由于运销数额逐年增加，年收入也从 200 万元增加到 600 万元左右。[1] 因此，鸦片罚金是唐继尧军阀政权增加财政收入的重要一项。[2]

20 世纪 20 年代，云南省政府宣布弛禁鸦片，此后烟土的贩运又趋于活跃。较之以前而言，云南本地商人力量有所增强，在烟土的收购、贩运等方面开始排斥其他省份的商人，力谋垄断经营。当时，迤西帮的永昌祥、福春恒等曾以广帮持械入境、妨害治安、扰乱经济、妨碍饷源为名，请求云南省政府限制广商深入滇境从事直接的经营，并提出由云南地方官商合股来组建公司进行贩运的要求。[3] 鉴于禁止省外商人、实施垄断经营的利弊得失，云南省政府不敢轻易地付诸实行，仍以照章纳税的名义，欢迎各地商人来滇收购、运输鸦片。此时，"云土"贸易的市场格局基本形成：滇西及滇西南一带的鸦片收购，基本上是迤西帮的鹤庆、下关和腾冲三帮垄断；滇中及滇南的烟土由云南本地烟商经营，其中迤西帮起着重要作用；滇东和滇东南靠近广西和贵州等地的烟土，由广帮、两湖帮、常德

① 《云南全省禁烟局密令》，1928 年 11 月，档号：11-11-56，云南省档案馆藏。
② 李珪主编《云南近代经济史》，云南民族出版社，1995，第 367 页。
③ 《云南总商会军饷委员会禁烟特捐卷》，1922 年 11 月 12 日，昆明市工商联存档，载《昆明市志长编》卷十二，第 361 页。

帮与当地商人经营。①

在云南省总商会的主导下，经营鸦片的商人、商帮与地方军阀相互合作，组建广云股份有限公司，垄断鸦片贸易，从而获取最大利润。1922 年 11 月，官商合办的广云股份有限公司在昆明成立，专门将云南鸦片运销两广。"广云股份有限公司专收售土货，股本总额一百二十万元，商股七十万元，商股股东一百五十余人，官股五十万元。"②"广云公司组织，其性质系团结商人，势力雄厚，发展销路，向外贸易。公司所订章程，其入股取普及主意，无论何人均可入股，且即不愿入股有货而欲运销桂、粤者，该公司均可代为运售，酌取相当之手续费，是对于商人全无不便之理。"③该公司成立后，曾经函请总商会转函广南、开化等地商会，将组织公司性质转知绅商各界一体周知，如有愿意入股者，即请介绍加入，以期共谋利益。此外，该公司还致函总商会，要求"转函八寨等处商会一体遵照办理，并广招入股，以示容纳，幸勿观望自误。召集当地各商，详为解释，并劝导入股"④。至 1924 年，昆明市区经营大烟的坐商达 53 户，大烟多运销省外。据 1924 年《云南省总商会征收禁运烟土罚金》档案卷宗的相关记载，经营鸦片起家的商号就有 52 家。如庆正裕商号，每年办付外销大烟将近 100 万两，常年忙于鸦片的运销。至于偷售私营、捎脚小贩，更是不可胜数。1929—1930 年，仅昆明一地的烟号就已达 40—50 家，如把各烟号出口额合计，则数量不下 3000 万两，这还不包括待运的存货。⑤

在烟商贩运经营鸦片的过程中，商人与地方军阀、广云公司之间也存在一些分歧。"省商永昌祥、福春恒等以广商持械入境购土，妨害治安，加以绅团扶同包庇绕漏，妨碍饷源，请限制广商深入，由官商合服组织公司运售，以维治安而裕饷源。经本会一面指令先行着手筹备，分别函电开、广、邱、沪绅商取同意之联络，免滋分歧；一面据情呈奉省署核准，转饬遵办。年来，开、广、邱、沪与桂接境一带，一遇广商入境购办土

<hr />

① 秦和平：《云南鸦片问题与禁烟运动》，四川民族出版社，1998，第 82 页。
② 张维翰等纂修《昆明市志》，成文出版社，1924，第 118 页。
③ 《广云公司组织函件各省商联会往来函件等杂务卷》，1922 年 11 月 12 日，昆明市工商联存档，载《昆明市志长编》卷十二，第 362 页。
④ 《广云公司组织函件各省商联会往来函件等杂务卷》，1922 年 11 月 12 日，昆明市工商联存档，载《昆明市志长编》卷十二，第 362 页。
⑤ 李珪主编《云南近代经济史》，云南民族出版社，1995，第 344—345 页。

货，全是该地绅团包办，并饷捐一同包订在内，而该绅团即从中渔利，包庇绕越，损公肥己，大有碍于饷源，力矫此弊，是以于该公司组织伊始，即批准该公司对于开、广、邱、沪一带绅团、商人，先应广招入股，以示容纳后，如该商团等再怙恶不悛，仍有包庇绕越等事，准予缉私示惩，是所谓专办及缉私者，乃专指开、广、邱、沪一带直接运销广西一路而言。除此以外，凡在省城及迤东、迤西等地，以及运川、运黔及运销别地者，商人只照章缴纳罚金，皆得自由贸易。乃近日市面谣传，谓该公司一概垄断，实属不明真相，有知碍商情。"① 对此，筹饷委员会致函云南省总商会，总商会召集一般省、广商人详加解释，并令该公司宣布，以释疑虑而明真相。

在上交饷源的具体执行过程中，云南总商会也与军饷委员会积极对接，既做到使政府有充足的饷源可以征收，也尽力维护各商号的利益。靖国军军饷委员会致函云南省总商会："本会筹商滇越铁路运销烟土办法，前经邀集各商号到会，承认定销数目后，当将报效军饷数目，每吨合缴费伍仟二百元，先交十分之二，请富滇银行代收。照原议准于旧历闰五月十五日以前交清。该行派员将已收之数开单来会，查限期已过，仅隆兴公司交过洋一万元、陈东元交过洋一千元、福春恒交过洋五千二百元、兴盛和交过洋二千零八十元、个旧商号交过洋三万元外，其余尾数及各商号，尚观望不前，未知何意。查所缴之费，曾经声明，如将来交涉不能通过，仍由富滇银行付还。成议俱在，复何可疑？"② 对此，云南总商会也致电："各号认销吨数应缴之报效军费，当已召集到会开导催促缴行。现已召集到会多方劝导，因目下银根奇实，存货多未销售，以致遽难凑缴。金谓函恳贵会宽以时日，俟金融活动，即照缴交银行收存，决不再延。"③ 当然，这其中也会遇到一些冲突和摩擦，如 "有腾越商号洪盛祥，昨由下关运土到省，拟发往昭通、四川一带销售。当未到省时，已赴禁烟局报明。有十

---

① 《云南总商会军饷委员会禁烟特捐卷》，1922 年 11 月 12 日，昆明市工商联存档，载《昆明市志长编》卷十二，第 361 页。

② 《云南总商会征收禁运烟土罚金卷》，1922 年 7 月 28 日，昆明市工商联存档，载《昆明市志长编》卷十二，第 348 页。

③ 《云南总商会征收禁运烟土罚金卷》，1922 年 8 月 22 日，昆明市工商联存档，载《昆明市志长编》卷十二，第 349 页。

七万六千两烟土，并于未曾由省起运之先，即将应纳罚金一万零五百六十元，除预交四千元外，余数六千五百六十元早按局限完纳缴清，局中有案可稽。倘竟将已经报局缴款之货没收，则不独该商血本受损过巨，而商等同类相感，亦再不敢冒昧营此，则于政府之饷源不免减色。商民等不得不代为陈情"①。

在唐继尧政权对鸦片贸易采取"寓禁于征"政策的形势下，各地方商会也积极与政府周旋，而政府考虑到在其贸易中可以增加财源的利益，也为各地商人进行鸦片贸易提供便利。云南总商会致函云南筹饷局："滇省迭次举义，兼以欧战蔓延，卒酿成商业停滞，民生困苦之现象。频年来往夷方运禁货者，每每身罗法网，产荡家倾。幸贵总局洞悉商艰，亟图拯救，议定抽费保货之法，最终以陆良为销售地点或运至陆良边界亦可。曾经函托敝总会知照顺宁、下关、墨江各商会秘密周旋。事贵简洁，人取信议，并派员承办招徕，实属公私交利之举。据顺宁记凤庆商会密报，自去年八月筹办至今，共计运货一百七十三驮，合收入保护费二十万零七百余元。所有接洽一切与代清货物、代收捐款、雇用人役，在在需银开支，照章应得百分之几之奖励？"②

僻处滇西地区的下关、顺宁和滇西南地区的墨江等地商会也在积极办理烟土贸易的相关事宜，云南省总商会也给予接洽。云南总商会致函禁烟局："我滇迭次举义，兼以欧战蔓延，卒酿成商业停滞，民生困苦之现象，乃懋迁有无者，乏计经营，不得已有走夷方办禁货之举。本年来因冒险而遭重大之损失。至倾家殒命者不知凡几，惟穷则边，变则通理有固然。目前玉溪县所到之货，经政府派筹饷局总办到玉溪同商会酌办，每百抽保护费六十元，准运出陆良销售。官商称便，并在窒凝。由夷方办出之货，囤集于顺宁、右甸等处，为数尚多，今公家仍议以事同一律，按每百两抽银六十元，准其保护运至玉溪、陆良两处。公家已饬楚雄剿匪司令陈萌生派兵护送，并由陈司令再派军需官曾华堂赴顺宁、右甸一带接洽存货商人，一切另有章程密示。又墨江方面存货亦多，已知会驻蒙自缪延之司令派人

---

① 《云南总商会迤西各商号申请发给护照及遭劫案卷》，1922年5月，昆明市工商联存档，载自《昆明市志长编》卷十二，第349页。

② 《云南总商会致云南筹饷局卷》，1919年3月23日，昆明市工商联存档，载《昆明市志长编》卷十二，第358页。

前往接洽存货各商，筹饷局总办嘱托敝总商会函知贵会，尊处几属有货之家，俟所派员到，放心报明数目，联合同业，请求派兵沿途护送，自能一帆风顺也。惟此事诚恐牵动外交，政府不便发给正式护照，然万不致翻悔失信，所示条规中如有窒凝之处，亦可同来人面商可也。"① 在上述事宜办妥后，它还制定了"运物密议"，其中规定："物主纳银不给收据，必不得已，由商会给以公益捐之收据可也，另由特派员对于商会复给以提解公益捐之总收据；商会接洽一切代收货、代收捐银、添用人役等，所有费用均得报销，并给优奖；主任系剿匪司令陈维庚（荫生），助手经理曾华堂。请通知顺宁、下关商会与此二人接洽。"②

在"禁运罚金"的征收过程中，云南禁烟局也将相应办法即时转达给云南省总商会："本局查现在运售烟土情形，亟应酌量增加罚金，以重烟禁而裕饷源，兹改定每百两征收罚金六元。当今召集各商帮开会宣布，佥称贵局按现时运售烟土情形，定每百两改征罚金六元，所加不多，商人自应勉力担负。然公帑宜顾，而商家营运艰难，亦不能不请求稍改定章，以期两有裨补。罚金票改定两月，为划一票数用起见，无知时间太促，计由腾越、龙陵、缅宁等县运货到者，所经程途均须两月以外，如直发出川，最速亦须三月。当货物抵省时，多于期限届满，如逢行市利快，则可稍沾利益，倘遇行市疲滞，为票期所迫，万难待价而沽，势必将货贱售，亏折巨资，时有所闻。今既将罚金每百两加为六元，而票期应请宽展，以免远道运货多所困难，敝会复查加审查各商帮所称罚金加收，票期应从宽展，已属具有理由，按前改定两月期限未免过于迫促，拟请贵局酌核展长一月，以示体恤，则饷源之裕，自可见诸成效。"③

而经营烟土的商人也向政府提出了自己的诉求，并希望通过云南总商会的呈请转达来予以解决。"商民聚盛祥、德盛祥等，为呈请准予照旧纳税，以符定章而恤商艰。近年以来，我滇商业凋敝，达于极点，其所赖以

---

① 《云南总商会致禁烟局卷》，1919 年 8 月 19 日，昆明市工商联存档，载《昆明市志长编》卷十二，第 358—360 页。
② 《云南总商会致禁烟局卷》，1919 年 8 月 19 日，昆明市工商联存档，载《昆明市志长编》卷十二，第 358—360 页。
③ 《云南总商会致禁烟局卷》，1921 年 8 月 6 日，昆明市工商联存档，载《昆明市志长编》卷十二，第 360 页。

维市面者，厥帷上货。不料去岁因运销越南之交涉，协商半载，迄无所成。货物充斥，销路断绝，业土货者，几于焦头烂额，人人有破产之虞。凡有存货，均系昂价购入，斯时虽欲低廉出售，而亦无人问津。商民等于去岁价涨之时，曾购有存货五万两，迄今半年有余，迭次设法销售，终未得当。迁延蹉跎，至于今日。兹于无可如何之中，闻诸友人云，运至桂、粤边境，虽不能得善价，尚可勉强销出，托出拆余资本，另作他计。因托人由广雇脚多名，拟搭广帮运往销售。计算此次存货，当日买入成本，每百平均合价百二十元，存至目前，再加倾耗，约合一百四十元之谱。赴广伕价须三十元，又内地罚金十二元，以及车、旅等费，每百底价运至粤、桂，已达百八十元有奇。又闻经过桂边，须上纳若干元之饷捐尚未知悉，若再以此加之，更不知伊于胡底。现闻广价，每百仅得毫洋一百六七十元，尚无受主。即使运到、幸能售出，以百五十元计之，每百仍须方拆三四十元。只以本省销路毫无，转瞬新货上市，旧货愈难上涨，故虽拆本若是之巨，亦不能不忍痛而求销售。此中困苦隐情，当早在洞鉴之中。此货商民等本拟于旧历年内一律起运，嗣因马脚难觅，延宕至今，目下已经报关起运。忽闻自三月起，又有加税每百二十二元之说，在政府体恤商艰无微不至，裕国便商，必能统筹兼顾。年来商人所受之影响不待缕述，当轴自能鉴察。刻下各商人能否负担此项加税，此另为一问题。商民等固未敢以个人意见妄自要求，唯商民等现运之货尚未至加税期间，有不能不预为陈明，务恳俯准，仍照旧章纳税，以符定章而示体恤。"①

1927 年"二六政变"后，唐继尧被迫下台，胡、龙、张、李四镇守使组成了以胡若愚为主席的省务委员会，掌握云南政权。此后，四镇守使之间发生内讧，发生了袭击并囚禁龙云的"六一四政变"。在此期间，以胡若愚为主席的省务委员会改"地亩罚金"为烟土印花罚金，将负担转于商人，但一年间比之以前的收入有所减少，遂恢复地亩罚金。而对于省内的烟和外运出口的烟，则分别征收"禁运罚金"和"出口罚金"，由商人负担。此外还不断提高罚金税率，改制后，"禁运罚金"每 100 两征收半开银币 10 元，折征纸币 50 元，烟商的负担也大大增加。

---

① 《云南总商会军饷委员会禁烟特捐卷》，1923 年 2 月 20 日，昆明市工商联存档，载《昆明市志长编》卷十二，第 355—356 页。

　　除了作为军阀政权增加财政收入的一大来源的鸦片罚金以外，商会主导下的"云土贸易"也为商会组织的实际运作提供了充足的经费保障。鸦片收入是云南地区商会经费的主要来源，这在云南总商会的经费征收中有明确规定："商会的经费是由各业会员来负担，商务总会和总商会时期由各行帮所属行号、商店分担。由商会召集各行帮帮董就各行帮中的大、中户认捐，认定后由商会派员按月经收。不足之数由公断费及清理账务费来弥补，实际是收入鸦片烟驮捐，后来大部分经费是从抽收鸦片烟驮捐而来"。① 此外，如前所述，在云南总商会历届的选举中，参加竞选或贿选的行帮都是当时掌握云南经济命脉、影响云南政治的鸦片烟帮，参加竞选的人又是鸦片烟帮中拥有最大财富的几户资本家或其代理人。② 由此可见，这时期云南总商会实际事务的运作是由经营鸦片的烟帮和会董操控的。1916 年，唐继尧出动军队，采取强制手段厉行禁烟，各县官绅都认真执行，当年全省除沿边少数民族地区外，大部分地方都已经禁种大烟，鸦片烟产量也随之减少。1918 年，"靖国"战争开始，唐继尧野心膨胀，急于向川、黔扩张，1920 年因驻川滇军失败后不能继续立足而移军回滇，因此，在军阀混战的这几年间，每年都需要更多的财政收入来弥补军饷开支。此后，唐继尧遂在"寓禁于征"的幌子下大开烟禁。③ 省政府特设立筹饷局，通过省内各厘金局征收厘金附加税及鸦片厘金税，鸦片厘金税就等于鸦片运输税。

　　据东亚同文书院的调查报告记录，20 世纪 20 年代在昆明就设立了两个大的鸦片贸易公司：一个是前面所述的广云公司，1922 年由云南省政府和鸦片商人合办，资本有 120 万元，其中 50 万元是政府出资，调查报告披露，这 50 万其实是由唐继尧个人来投资的，该公司主要代理广东、越南等地的出口业务；另一个是隆兴公司，该公司表面上是假装出口杂货，实际上是贩运经营鸦片，资本有 100 万元，由昆明地区主要的官员和商人投资，

---

① 陈子量：《云南商会》，载政协云南省委员会文史资料委员会编《云南文史资料选辑》第49 辑，云南人民出版社，1996，第 15—16 页。

② 陈子量：《云南商会》，载政协云南省委员会文史资料委员会编《云南文史资料选辑》第49 辑，云南人民出版社，1996，第 3 页。

③ 宋光焘：《鸦片流毒云南》，《云南文史资料选辑》第 1 辑，第 88 页。

经营业务由富滇银行副总刘若遗负责。① 由此可见，在政府的参与和商会的主导下，鸦片贸易已经成为此时商品进出口的一个重要部分。1924—1925 年，鸦片收入已在省政府的收入中占到第二位，年收入达到 300 万元。在这其中，云南总商会与省政府同时征收鸦片运输税来弥补经费来源的欠缺，各地商会纷纷效仿。鸦片收入不仅支撑云南省政府的财政开支，还支撑商会的经费收入。由此可见当时云南地区的鸦片收入在区域经济结构中的重要作用和地位。

从总商会经费来源及当时云南鸦片种植交易情况来看，云南各地不少县镇的商会经费来源与总商会一样，均来自鸦片交易或鸦片运输。由前节所引"1924 年云南各地商会一览表"可知，当时云南有一半以上的县商会经费来源是"货捐"和"货驮捐"，而在这些经费来源中，鸦片收入占一定程度的比重。如泸西在清末民国初期，鸦片烟是商业经营的主要对象。由于地理位置的特殊性，泸西是东向丘北，经广南入广西的百色、南宁、梧州到广州，西接路南、宜良至昆明的要道。军阀割据时期，鸦片烟开禁成了军阀统治下财政收入的一大来源。从广东前来泸西收购大量鸦片烟的烟帮多至千人以上，附近各县如师宗、罗平、路南、弥勒，远至通海、河西的商人也来泸西做生意，泸西成为鸦片烟的集散地，商业因之繁荣起来。《泸西县志稿》载："泸西商业以输出鸦片为大宗，次则少量的药材和畜皮；输入以棉花、棉纱、食盐、日用百货为大宗，次则广洋布匹、丝绸杂货等。"② 此外，泸西地区还有个旧、建水等地的锡矿商人投入资本做鸦片生意。在这样畸形的商业环境中，为维护资本所有者的利益，1918 年泸西地区组织成立泸西县商会，第一任正、副会长是吴曜、张勤；1919 年李尊彝接任会长，以后是张鼎（鼎三）长期担任会长。20 世纪 20 年代，由于泸西地区兵荒马乱，盗匪横行，商会报请县政府批准组织商团。组成人员设正、副队长各一人，团民七八十人，武器精良并由各商号自动提供。

① 东亚同文书院第 24 期学生调查《第 21 回支那别省全志》第九卷《云南事情调查》第三编，1927，第 22—28 页。
② 卢廷英等：《解放前泸西商业概况》，载红河州政协学习文史委员会编《红河文史集粹》（中册），民族出版社，2005，第 173—174 页。

商团薪饷是商会向商号征收"驮捐"（按每驮鸦片2000两为一驮计征）开支。① 因此，在"1924年云南各地商会一览表"中记录的泸西商会的主要收入来源为货驮捐，年收入达到3300多元，这无疑与鸦片交易密切相关。虽然云南总商会通过征收鸦片烟驮捐来弥补经费来源不足，但其经济仍然相当紧迫。值得关注的是，总商会改组前后，主要经费来源都是鸦片烟驮捐，各业会员拖欠会费较多，会费始终无法成为主要的来源，这种情况与商业发达城市的商会情况是有所不同的。

小 结

与上海、天津、苏州地区的商会比较而言，云南商会在军阀割据和混战时期有其自身突出的特点。护国战争胜利以后，云南商会处于军阀政争的政治格局中，相较全国其他地区而言，云南总商会和各地方商会所处的政治社会环境较为复杂，其组织规模较为弱散，内部运行机制较为单一，组织体系不够健全。云南地区在滇系军阀的统治之下，政局动荡，社会秩序也不稳定，在军阀混战和内部派系斗争的影响下，云南地区常处于微权政府的统治之中，因此，云南总商会和各地商会与政府的关系，也随着社会环境的变化而变化。云南商会历经20世纪20年代前中期的改组整顿，其运行机制也不断从"无序"向"有序"进行转变，随着各地商会组织的逐渐规范化，云南形成了以云南总商会为中心的区域商会网络，从而推动了区域市场的拓展。而区域市场的发展也带动了云南区域商会网络的不断扩展和完善。

在军阀内部派系斗争中反映出商会和商人无法左右政局，他们只以求得生存和获得政治靠山为目的，依附当权派以求生存，而在一些危局下还被当作牺牲品。在"利益"的权衡上，以"云土"贸易为典型，体现了军阀政权与商会"各取所需"的现实需求，从而在一定程度上调和了商会与政府在具体事务中的冲突与矛盾。与沿海地区大城市的商会比较而言，云南商会在军阀政争的局势下表现出更大的独立性和活跃性，这也集中反映了中国近代商会演进的一个侧面，透视出商会角色演变在不同区域的复杂性。

---

① 卢廷英等：《解放前泸西商业概况》，载红河州政协学习文史委员会编《红河文史集粹》（中册），第181—182页。

第三章

"新云南"建设时期云南商会的治理与调适

1929 年年底，历时三年的滇军内部征战和滇黔两省间的战争暂告一段落，龙云最终取得了对云南的统治权。龙云在逐渐稳固自己的统治以后，提出了"三民主义革命建设的新云南"的总体设想①。"新云南"建设的进程从整体上又以抗战爆发为时间节点而分为两个阶段，尤其是在 1931 年至 1934 年，龙云对云南的治理取得了诸多成就，他是迥异于旧式滇系军阀的西南地方实力派，使云南形成了相对独立于南京国民政府的地方治理体系，因此，龙云也被称为"云南王"。在"新云南"建设时期，云南地区社会经济迅速发展，商业贸易趋向繁荣，以商会为主导的商人团体在地方政权相对"独立"的政治环境中呈现出新的态势。这一时期，在中央与地方、政府和商会的双重博弈中，云南商会形成了常态化发展的格局；在各方的权力制衡中，商人团体通过国家、社会和自身组织的"三维"治理，在社会经济发展的运行秩序中获得了更大的生存空间。

一 云南商会的发展格局与治理体系

1929 年年底，龙云正式主滇后，遂提出建设"新云南"的治理方略，云南的政治局面趋于稳定，社会经济环境相对安定。1930 年 2 月，依照新颁布的商会法，撤销商民协会。1931 年 3 月，昆明市商会正式成立。各地商会也依照新的《商会法》及其实施细则相继改组和改选，组织架构也趋

---

① 霍尔：《云南的地方派别（1927—1933）》，谢本书等译，载云南省历史研究所《研究集刊》1984 年第 1 期，第 508 页。

于完善。在此期间，云南商会呈现出"常态化"的发展趋势，而昆明市商会也作为"以市代省"的一种新样态，引领着云南地区商人组织有序运行。在历时余年的改组整顿之下，云南商会也形成了较为完备的组织治理体系，其组织架构和运行机制趋于完善。

（一）云南商会的常态发展格局

1929 年 8 月，龙云正式确立其统治权以后，在《云南省政府委员会改组就职宣言》中阐述了施政方针，"今后谨当……服从国民政府，拥卫党国，始终勿渝。对于同隶党治之邻省，则当本初旨，益力敦睦。对于地方庶政，则当基于革命要求，努力训政建设。绥靖匪患于以确保安宁，建筑公路于以开发交通，筹办自治于以训练民权，普及教育于以睿启民智"①。在"新云南"主政方针的指引下，云南地区保持了相对稳定的局面，从 1928 年开始，龙云利用云南地处边陲，远离中原战乱，自成一体的优势，从多方面采取了一系列治理举措，努力建设"新云南"，并对东南亚、南亚各国采取开放政策，取得了明显实效，使地处西南边疆的云南成为民国时期南京国民政府统治下一个引人瞩目的省份，龙云也由此被称为"云南王"。② 而以龙云为核心的彝族统治集团掌握后，云南甚至西南地区的形势已经发生了显著变化。一方面，这个以滇川黔交界地区彝族上层为核心的统治集团不断发展壮大，成为民国时期西南地区地方政权中一个坚强的政治实体，边疆云南的政局也实现了较长时间的安定局面。这与邻近的川、康、黔三省政治局面是有明显差别的，是民国时期地方政治生态中较为少见的现象。③ 另一方面，龙云统治云南后，全国的形势也已经发生变化，以蒋介石为首的南京国民政府成立，全国基本实现了统一。各地军阀已经无力问鼎中央政权，他们也采用自己的方式和主政理念，专心于各自辖区内的政治、经济和文化建设。

在上述背景之下，民国时期云南地方与中央的关系十分微妙，龙云主滇后至 1937 年以前，中央对云南政治、经济等方面管控势力的介入基本难以发生实质性的影响，但形式上也依然与之保持着必要的政务往来，这显

① 《云南省政府委员会改组就职宣言》，《云南行政纪实》第一编，1943。
② 谢本书：《龙云传》，四川民族出版社，1988，第 146 页。
③ 潘先林：《民国云南彝族统治集团研究》，云南大学出版社，1999，第 143 页。

然是龙云政治统治合法性的条件之一。这一时期，云南的商会组织依据新颁布的《商会法》及其实施细则，奉上级党政机关的指令，陆续进行了改组事宜。但由于云南地方政权的独立性所在，加之国民党的统治力在边疆民族地区也较为薄弱，云南商会在这一阶段的变动并不十分明显，多数商会只作了形式上的改变，部分商会也未完全符合相关的改组法令，商会规模与20世纪20年代和抗战爆发后这两个时间段相比而言，新设立的商会并不多见，且呈现"马鞍形"的发展态势。同时，由于政权的稳定性，商会组织结构也逐渐趋于完善。总体而言，"新云南"建设时期，云南商会的发展显现出一种"常态"格局。

"新云南"建设时期，云南的商业发展态势总体上依附于省际长途贩运和对外贸易，省内贸易除延伸国际贸易和省际贸易外，与民众生活密切相关的食盐、大米、纺织品、染料、日用器具等商品在各地流转，构成了省内贸易的主流。昆明的商业中心地位进一步巩固，其他县市的商业贸易状况有兴有衰。在一些交通方便的地区，集镇有所发展，昭通、曲靖、玉溪、保山、下关、腾冲分别成为区域性交易中心。同时，思茅作为滇南物资集散中心的地位也受到影响，因而思茅的商业渐趋衰落。① 当然，这一时期云南商业中的传统因素有消有长，在激烈的市场竞争中，传统的以血缘、地缘为纽带结成的商业帮会难以适应新的形势，它们逐渐开展跨帮别联合，实行同行业协作，维护行业利益。福春恒的衰落、庆正裕的诞生，以及永茂和、茂恒、永昌祥、庆正裕合组"滇缅生丝公司"的尝试，都从一个侧面反映了这种要求。② 而随着各地方商会的改组改选，商界自身的组织开始突破传统的地缘、血缘关系及商帮、商号的组织形式，更多地以行业为纽带，纳入了同业公会之中，商界自身的传统因素有所减弱。可见，这一时期云南的商人组织由传统向现代的趋势不断加强，在"常态"格局中得以实现有序发展。

1929年，南京国民政府经济部颁行修正商会法，工业、商业输出业公会法到滇后，当即由建设厅拟订督导办法，分令各市县政府转行，商会依法调查，各业会员分别拟定各重要工商业同业公会后，先将各业公会组成

---

① 牛鸿宾、谢本书主编《云南通史》第六卷，中国社会科学出版社，2011，第163页。

② 万湘澄：《云南对外贸易概观》，新云南丛书社发行部，1946年，第106页。

推派代表改组市县商会，经指定昆明市为输出业公会区域，依法组织输出业同业公会，统限一年内一律改组完成。由于云南省地处偏僻，交通不便，工商事业发展缓慢。1929 年以后，"督促推进，尤属不遗余力，如筹设各县工会、商会及各同业公会，举办工厂登记、公司商店登记，倡设民生工厂等事，均分令各市县政府饬速分别办理，因各县人才、经济多感缺乏，于饬令举办之事每多延搁不办或奉行不力。二十二年厘订县政建设三年实施方案，复将依法组织工会、商会及各同业公会，筹办民生工厂，督促各公司、商店、工厂依法呈请登记，推行公用度量衡，提倡国货等五事，规定于各县区共通事项之内，限令按年继续办理，并于呈报工作季报，表内切实填列，由主管之建设厅随时考核，其延未举办，或词语空洞者，均各严予申诉，督令赶速办理具报查核"①。鉴于此，1929 年，云南省政府饬令各市县依照部颁新订工商法组设工会、商会及各业同业公会后，首由昆明市依法改组商会，并组织各业同业公会，渐及于附近省城及商业较盛各县。

已改组上报登记的商会有：晋宁县商会 1929 年成立，为会长会董制，1930 年改用委员兼会董制，组织登记；蒙自县商会 1929 年改行委员制，1931 年 3 月改组登记；曲靖县商会 1931 年前为会长制，改组登记；牟定县商会于 1930 年改组为委员制，又改组登记；泸西县商会于 1930 年改为委员制；宣威县商会 1929 年改组为委员制，后改组登记；武定县商会 1929 年组织商民协会，1930 年改组登记；富民县商会于 1931 年改为委员制；个旧县商会于 1930 年改组；弥渡县商会于 1930 年改组登记；凤仪县下关商会 1929 年正式成立，行委员制总登记；鲁甸县商会于 1931 年改组；宜良县商会 1931 年成立为委员制，改组登记；楚雄县商会于 1931 年改为委员制；蒙化县商会 1930 年改组为委员制；大理县商会 1930 年改组行委员制；玉溪县商会 1931 年改组为委员制；开远县商会 1929 年改组为商民协会，1930 年成立县商会行委员制；思茅县商会 1931 年改组；文山县商会 1928 年改为委员制，1930 年改组。② 从地域和经济发展程度可以看出，这些商会多分布于交通主干线沿线或商业繁盛之地。

① 《云南行政纪实》第 12 册《建设三》，1943。
② 云南省地方志编纂委员会编《续云南通志长编》（下册），第 223 页。

已改组但未上报登记的各县商会有：华宁县商会1933年改组为干事制；路南县商会1930年复组为委员制；丽江县商会1930年改为委员制；剑川县商会1930年改组为委员制；兰坪县喇井商会1929年成立并实行委员制；新平县商会1930年会长改称主席；盐丰县商会1930年改组；西畴县商会1929年改为委员制；佛海县商会1930年改组委员制；永北县商会1930年改为委员制；镇雄县商会1930年改为委员制；巧家县商会1931年改组；峨山县商会1931年改组；宁洱县商会1931年委员制已改组，外有磨黑商会；元江县商会于1929年改为委员制。① 从分布上看，这些商会多属少数民族聚居、交通和信息不发达、商业落后之地。

表3-1 1936年云南各地商会一览表

商会名称	成立及改选日期	商会负责人	会员人数
昆明市商会	1931年成立，现尚未改选	卢鹤翔	由80个同业公会组织
富民县商会	1932年成立，现尚未改选具报	蔡长春	未详
晋宁县商会	1930年2月改组成立，现尚未改选	徐士贤	70
呈贡县商会	1933年2月组织成立，现尚未改选	杨舒华	54
宜良县商会	1931年2月改组成立，1934年、1936年第一、二届改选	张雨辰	由7个同业公会推派代表组织
安宁县商会	1930年8月改组成立，现尚未改选	党光训	63
禄丰县商会	1930年12月改组成立，1934年7月改选	洪澍五	2个同业公会及商店124家
昆阳县商会	1931年3月成立	周秉钧	74
武定县商会	1931年1月改组成立，1934年2月改选	段承勋	50
元谋县商会	1930年10月改组成立	李荣章	67
禄劝县商会	1931年4月改组成立，现尚未改选	徐幼卿	74
澄江县商会	1931年3月改组成立，现尚未改选	华家瑢	314
玉溪县商会	1930年10月改组成立，现尚未改选	冯兆霖	未报
江川县商会	1935年8月组织成立	苗天佑	57
路南县商会	1931年4月改组成立，1934年3月改选	杨含华	98
曲靖县商会	1931年2月改组成立，现尚未改选	宋钟庆	198
沾益县商会	1931年3月改组成立，现尚未改选	朱学舜	60

① 云南省地方志编纂委员会编《续云南通志长编》（下册），第223页。

续表

商会名称	成立及改选日期	商会负责人	会员人数
陆良县商会	已呈报停闭		
罗平县商会	1931 年 9 月改组成立，1934 年 9 月改选	喻光宗	81
寻甸县商会	1930 年 2 月改组成立，1937 年 1 月改选	陈培东	52
宣威县商会	1930 年 8 月改组成立，现尚未改选	孔祥光	132
会泽县商会	1930 年 2 月改组成立，1934 年 5 月改选	杨文瑞	8 个同业公会及商店 73 家
巧家县商会	1931 年 3 月改组成立，现尚未改选	严柏林	290
昭通县商会	1930 年 10 月改组成立，1934 年、1936 年第一、二届改选	李禹禄	7 个同业公会及商店 40 家
大关县商会	1932 年 1 月组织成立		
永善县商会	1931 年 3 月成立，现尚未改选	敖英贤	未报
绥江县商会	1932 年改组成立，1936 年 8 月改选	王德宣	未报
镇雄县商会	1930 年 9 月改组成立，1934 年 7 月改选	宋为章	7 个同业公会及商店
楚雄县商会	1931 年 3 月改组成立，现尚未改选	陈开元	69
广通县商会	1930 年 9 月改组，现尚未改选	李文才	70
牟定县商会	1930 年 8 月改组，现尚未改选	段永清	57
盐兴县商会	1930 年 8 月改组，1933 年 4 月改选	武之恺	76
盐津县商会	1930 年 12 月改组，现尚未改选	曾渊	64
蒙自县商会	1930 年 10 月改组，现尚未改选具报	周子荘	64
个旧县商会	1930 年 6 月改组，1933 年、1936 年第一、二届改选	彭佑臣	13 个同业公会
建水县商会	1931 年 3 月改组，1934 年 10 月改选	段国忠	51
河西县商会	1936 年组织成立	胡友英	47
峨山县商会	1931 年 3 月改组，1933 年 3 月改选	郑家宣	57
石屏县商会	1930 年 7 月改组，1936 年 1 月改选	董宝书	8 个同业公会
通海县商会	1930 年 8 月改组，1932 年、1934 年第一、二届改选	饶春福	401
开远县商会	1931 年 2 月改组，1933 年 3 月改选	林钟沂	7 个同业公会
文山县商会	1930 年 11 月改组，1932 年 12 月改选	王秉兴	23 个同业公会
马关县商会	1931 年 4 月改组，1933 年 4 月改选	李荷生	未报
富州县商会	1931 年 10 月改组，1933 年、1935 年第一、二届改选	李启生	31
泸西县商会	1930 年 8 月改组，1935 年 12 月改选	吴家修	91

续表

商会名称	成立及改选日期	商会负责人	会员人数
弥勒县商会	1930 年 2 月改组，现尚未改选	马澍曾	185
华宁县商会	1931 年 3 月改组，1936 年 1 月改选	蔡恩荣	205
西畴县商会	1930 年 10 月改组，1936 年 2 月改选	谢志鹏	未报
宁洱县商会	1930 年 7 月改组，1934 年 10 月改选	李维楷	129
思茅县商会	1931 年 2 月改组，1935 年 12 月改选	魏光宇	未报
景谷县商会	1936 年 6 月组织成立	易文明	未报
元江县商会	1931 年 5 月改组，1936 年 7 月改选	廖承祖	76
新平县商会	1930 年 10 月改组，现尚未改选具报	朱鼎成	86
缅宁县商会	1931 年 7 月改组，1936 年 7 月改选	傅启发	77
江城县商会	1934 年 7 月改组，现尚未改选	张微照	44
佛海县商会	1932 年 7 月改组，1934 年 8 月改选	叶开有	63
镇越县商会	1932 年 10 月组织成立，现尚未改选	吴文瓒	未报
腾冲县商会	1930 年 12 月改组，现尚未改选	张德辉	未报
龙陵县商会	1930 年 10 月改组，现尚未改选	刘天禄	89
保山县商会	1931 年 3 月改组，现尚未改选	李瑞书	349
大理县商会	1930 年 7 月改组，现尚未改选	杨蔚林	未报
顺宁县商会	1931 年 3 月改组，1933 年、1935 年第一、二届改选	胡作舟	72
永平县商会	1930 年 9 月改组，1936 年 7 月改选	杨文焕	436
祥云县商会	1931 年 1 月改组，现尚未改选	钱宝光	79
洱源县商会	1931 年 3 月改组，现尚未改选	赵荣贵	100
云龙县商会	1930 年 9 月改组，现尚未改选	董芝华	132
凤仪县商会	1931 年 9 月改组，1935 年 3 月改选	张庚西	92
云县商会	1931 年 4 月改组，1935 年 2 月改选	赵耀南	未报
漾濞县商会	1930 年 11 月改组，现尚未改选	田钟璧	52
姚安县商会	1931 年 3 月改组，1934 年 7 月改选	董仕忠	44
华坪县商会	1930 年 11 月改组，现尚未改选	严大修	61
蒙化县商会	1930 年 3 月改组，1934 年 3 月改选	李兆熊	125
弥渡县商会	1931 年 7 月改组，1934 年 3 月改选	王文	65
丽江县商会	1930 年 6 月改组，1932 年、1936 年第一、二届改选	李冠南	128

续表

商会名称	成立及改选日期	商会负责人	会员人数
剑川县商会	1930 年 3 月改组，1934 年 12 月改选	张鸿烈	107
鹤庆县商会	1930 年 5 月改组，1936 年 8 月第三届改选	吕世勋	70
维西县商会	1931 年 5 月改组，1934 年 9 月改选	李承豫	50
兰坪县商会	1929 年 4 月改组，1935 年 7 月改选	李涛	58
大姚县商会	1931 年 3 月改组，1935 年 7 月改选	董霆	76
盐丰县商会	1931 年 2 月改组，现尚未改选	刘馨	未报
镇南县商会	1931 年 2 月改组，现尚未改选	段丕振	未报
永胜县商会	1930 年 5 月改组，1936 年 5 月改选	周鸿基	116
永仁县商会	1936 年 1 月组织成立	倪中和	5 个同业公会及商店 34 家
德钦商会	1931 年 2 月改组，1935 年 4 月改选	杨景华	46
碧江商会	1930 年 3 月组织成立，现尚未改选	刘恩科	55
河口市商会	1930 年 1 月改组，1936 年 1 月改选	郑宽湖	75
麻栗坡商会	1932 年 12 月成立，现尚未改选	胡安烈	未报
广南县商会	1930 年 7 月改组，1934 年 7 月改选	唐澍声	66
金平县商会	1936 年 7 月具报成立	王定宇	52

资料来源：《云南全省商会一览表》，《云南建设月刊》1937 年第 1 卷第 1 期，第 42—48 页。

在南京国民政府建立之后，国民党运用"党规"与"国法"，对民众团体进行了系统的整理与重建。商会和同业公会也按照新的《商会法》和《工商同业公会法》进行改组，取得政治及法律合法性，其组织形态也有所变化。较为明显的表现是，在地方政府的推动之下，云南各县市的商会组织经过历时余年的改组整顿，商会内部的制度规章与组织设置趋于规范化，商会与同业公会的组织关系得到加强。①

僻处滇西的下关商会在 1930 年前设正副会长各一人，董事四人，分别由喜洲、鹤庆、四川等四大商帮各出一人，下设文书、会计各一人。此后，设正副主席各一人，常务委员四至七人。② 大理县商会在 1929 年前采用董事制，商会负责人称"商董"或"会长"，1930 年后采用委员制，商

---

① 马敏主编《中国近代商会通史》第三卷，社会科学文献出版社，2015，第 1145 页。
② 马维勇：《清末民国时期的下关、大理商会》，《大理市文史资料》第 8 辑，第 202 页。

会负责人称"主席"。① 下关、大理商会成员每届任期一般为三年，也有因特殊情况任期短至二年、一年或半年的，也可以连选连任。1930年前，商会正、副会长通过"辩场"方式产生（即各帮或各行业商人共同磋定后推选）。此后，其由投票选举产生。而常务委员则由各帮（或行业）提名，每帮（或行业）必有一人，在全体会员大会上通过，不进行投票。无论"辩场"或投票，商会会长（或主席）都是各帮各行业分期轮流担任，且无薪给，为义务职。商会常务委员会下设常务机构，设有调解委员会（即"商事公断处"）、税务委员会、评价委员会、经费委员会等专门机构。② 各委员会有专职人员料理该委员会范围内的日常事务，文书负责上下往来文件。各个商业行业组织同业公会，作为商会的基层组织。同业公会会内设主席一人及常务委员、委员若干人，人数依会员代表人数多寡而定，并推选代表加入商会为会员。同业公会的经费，大多由同业会员商店负担，分为入会费及月捐两项，均由会员分定等级来承担，每月按规定数目解缴商会月费。同业公会在缴纳税捐、对外联络、评议货价等集体行动方面负有责任。③

1931年，滇西北地区的鹤庆商会依据新的商会法令进行改组，解友三被选为第五届商会会长。鹤庆商会内部下设调解、评价、税务、财务、外事五个专门委员会，各司其职、协同工作；文书负责处理上下往来文件。商会会长每届任期一般为三年，可连选连任。正、副会长的产生，首先由各行业领头人共同磋商推选出候选人，行话称之为"辩场"，后由全商会成员投票选举而出。常委则由各行业各自选举业内能人，提交会长认可即行。商会领导人名曰选举产生，实际均为商帮中有钱有势的老板或其代理人担任，选举只是走走过场而已。④ 1936年，商会改选华绍三为第六届商会会长，内设常务理事五人，监事、调解若干人，下设15个同业公会，即国药业、匹条业、屠宰业、百货业、纸业、烟业、土杂业、皮革业、五金业、盐糖业、酒醋业、织布业、缝纫业、食品业、木器业。各同业公会产

① 马维勇：《清末民国时期的下关、大理商会》，《大理市文史资料》第8辑，第203页。
② 马维勇：《清末民国时期的下关、大理商会》，《大理市文史资料》第8辑，第204页。
③ 本书编委会：《大理白族自治州志》卷四《商业志》，云南人民出版社，1999，第86页。
④ 章天柱：《鹤庆商会史略》，《鹤庆文史资料选辑》第8辑，第46页。

生该行业正、副主任。①

1930 年，僻处滇南边境的河口商会再度改组，重订新的商会组织规程。规程分总章、会员、职员、权限、会议五章共 23 条，按新会章选出主席梁仲文，常务委员廖建南、罗朗秋、蔡瑞奄、黄义廷和执行委员 4 人（白成文、招汉宗等），监察委员 3 人，候补委员 3 人。商会会员代表 80 名（即各商号代表），其中杂货业 27 家、布匹 12 家、洋纱（棉纱）6 家、药店 6 家、旅店 8 家、山货 7 家，其余系照相、酒楼、典当、首饰、米庄、鞋店等行业。② 同年，在政府的积极督导下，僻处滇东北的昭通县商会也如期改组，"复奉中央通令改组，另拟会章，报经县党部指导委员会核许，仍沿旧号。内分商事、财务、统计、审查、公断等五股，选定邵韵笙为主席，主持会务。统属匹头、纱布、山货、盐业、生皮、粮食等公会，所有各股职员即由各公会商人推选，各负专职，推进商务，秩序井然"③。滇东北的镇远县商会也遵照相关指令积极改组，"敝会因时局不靖，停滞日久，此次案奉县政府转省政府颁发国民政府通行商会法及各种条例，并促从速组织成立，以维商权。因遵即依法组织投票选定执监各员，呈请县政府榜示，谨遵于二月一日正式就职成立"④。

（二）新态之呈现：昆明市商会的组织完型

1929 年国民政府颁布新的《商会法》，规定总商会和商民协会应予撤销并依法组织新的法人团体，但昆明市商民协会不同意撤销，云南总商会和昆明市商民协会发生了纠纷。此次改组纠纷历时数月，最后省政府主席龙云出面，令建设厅出面调解，召集三方代表开会，决定组织昆明市商会筹备委员会。1930 年 3 月，昆明市商会筹备委员会成立，昆明市商民协会与云南总商会的纠纷也得以解决。1931 年 3 月 21 日，昆明市商会召开第一次会员代表大会，从此昆明市商会进入了一个较有作为的历史时期。在龙云推行"新政"的过程中，市商会组织架构得以完善，在商业发展中得以有效运行。

①　潘寿山：《鹤庆商会纪事》，《鹤庆文史资料选辑》第 1 辑，第 158 页。
②　黄日雄：《河口商会起源及两次改组》，《河口文史资料选辑》第 3 辑，第 28 页。
③　卢金锡修、杨履乾、包鸣泉纂《昭通县志稿》卷五《商务·商会》，1938 年铅印本。
④　《镇远县商会公函》，1931 年 5 月 4 日，档号：32 – 12 – 253，昆明市档案馆藏。

　　昆明市商会于 1931 年 3 月 21 日召开第一次会员代表大会,宣告成立。昆明市商会的筹组与南京国民政府对商会的改组整顿步伐是相互因应的,"在 1931 年间,南京国民政府实业部颁布了新的商会组织法,并规定市区只能有市商会的设立,总商会不应存留。昆明市党部召集总商会和商民协会负责人开会商议,劝令双方言归于好,并遵照法令和衷共济的合并起来,组成昆明市商会筹备处,依法进行基层组织,改组各行帮及各业为同业公会,再正式组成昆明市商会。当经双方同意,即由两会及行业中推举筹备员各数人,组设昆明市商会筹备处。约经半年余方将各行帮划分合并,一一改组成为以业务种类作为区分的几十个同业公会,并由各同业公会和几个非公会会员(公司厂家)推选代表出席定期召集的代表大会,正式组成了昆明市商会第一届代表大会"①。

　　昆明市商会成立后,依法指导旧有未曾照新法改组的各业组织商业同业公会,同时将原来加入组织的各业照新法组成公会,经过将近一年时间,组成昆明市商业同业公会 70 余个,之前的组织名称,类皆冠以地名,今则以货品性质为准。② 昆明市商会的会员分为两种:公会会员和非公会会员(商店会员)。凡有组织的公会,都可按商会法规定派代表出席商会会员代表大会,称为公会会员代表,如果同业不满七户,不够组织同业公会条件的,可以非公会会员名义参加商会。作为非公会会员,也可以选派代表出席会员代表大会,称为非公会会员代表(商店会员代表)。商会的会员是"法人",不是"自然人"。代表人数系按公会会员及其使用人数的多寡及负担商会经费的多寡比例分配。每会员 15 人得派代表一人,15 人以下的公会也可以派代表一人。每增加 15 人得多派代表一人,但至多不超过 15 人。③ 市商会会员代表大会主要有以下职权:决定本会一切重要事项;修改或变更章程;会员及会员代表之除名;审核本会之预算决算;议决职员之退职。④

　　昆明市商会第一、二届实行委员制,执行委员 21 人,监察委员 7 人,并由执行委员中选出 5 人为常务委员,又由执行委员就常务委员中选出一

---

① 《社会人士龙子敏供稿》,载《昆明市志长编》卷十二,第 477 页。
② 《昆明市商会的活动及业务》,载《昆明市志长编》卷十二,第 479 页。
③ 陈子量:《云南商会史略》,《昆明文史集萃》第一卷,第 253—254 页。
④ 《云南省昆明市商会章程》,1932 年 10 月,档号:32 - 12 - 88,昆明市档案馆藏。

人为主席。执行委员会设置总务科、财务科、商事科、宣传科、调查科，各科承常务委员之议决分掌各项职务。监察委员会之主席于开会时由监察委员临时互推之，主要的职权有：监察本会执行委员执行会员代表大会之议决案；监察本会执行委员有无违背会章情事；监察本会会员之言论、行动有无抵触本会宗旨事项；稽察本会之财务出入。① 昆明市商会第一届主席为张厚安②，卢鸣章继任，常务委员为张绍曾、张厚安、卢鸣章、黄梦九、陈子量。张厚安辞职后由王汉声递补，张绍曾辞职后由马筱春递补，黄梦九辞职后由何劲修递补。执行委员有严燮成、潘璞轩、孙耀东、张万忠、廖资始、沈圣安、王源谱、张善辉、张寄凡、陈鹏九等，监察委员有陈德斋、李应详、赵幼廷、张茂林、李毅衡、张静安等。第一届委员因经办救国捐及办理鸦片烟倒号债权债务清理工作，经市政府批准延长任期至1936年。1936年下半年才改选第一届委员，主席为周守正③，常务委员有陈德斋、周守正、赵海安、李梦白等五人，执行委员有李沛阶、朱幼安、张宜轩、童荫农，监察委员有王汉声、马筱春、孙耀东、何劲修、卢鸣章等。周守正在任期内因病去世后由陈德斋代理主席。④

　　1937年4月5日，昆明市指委会召开第二次党政联席会议，商讨昆明市商会第二届改选事宜。昆明市党部指出："昆明市为全省首善之区，市商会对于全市之商业盛衰与否，关系异常重要，并且现在既没有省商会之设立，而市商会所有之使命更为重大，若市商会组织不健全，不惟影响本市商业之繁荣，并且对于本省商业前途不无相当关系，此次希望各位本着法治精神，使市商会各位委员能够依法产生，务使此次所选出之委员，确能代表一般商民之利益，俾将来市商会之组织，一届比一届健全，而本市

----

① 《云南省昆明市商会章程》，1932年10月，档号：32-12-88，昆明市档案馆藏。
② 张福坤：字厚安，昆明人。性谨敏，童年孤露，废读服贾以养亲。交友以信，接物以诚，善精鉴，乡邦人士莫不仰之。任职殖边银行、劝业银行，勤于综核，笃守清介之操。以望被举为商会会长，推诚秉计，周旋其间，兴通商惠工之务，赖以兴盛，遂三主其事。而纯孝友爱，乐善好施与，尤其懿德也。载《续云南通志长编》（下册），第802页。
③ 周宗顺（周守正）原为"福春恒"商号掌柜，以此号为迤西商界之首，1932年又设立"庆正裕"商号，后改名为"复协和"，周宗顺深得云南省财政厅厅长陆崇仁的器重，为陆系要人，被其委任为"兴文官银号"总经理，后又兼特货统运处处长。周宗顺曾任昆明市商会第二届执行委员会主席，后任下关商会第十届会长。
④ 陈子量：《云南商会史略》，《昆明文史集萃》第一卷，第254页。

商业之改进也一天比一天的进步。"① 由此表明，此时昆明市商会作为全省商会的核心，已经扮演"代省商会"的角色。随后，市指委会对改选事宜进行讨论议决："一、市商会呈报审查第二届商店各公会代表名册由市党部审核公布，并令饬该会知照。二、商会法之规定，商会职员任期满四年者不得连任，但上届执委当选下届监委，抑或监委当选为执委者，其当选者是否有效，法无明文规定，议决后呈请上级解释。三、商会法之规定，商会职员任期满四年者，不得连选连任，但上届商会委员被选为下届同业公会代表参加选举，是否有选举权案，议决后并案呈请上级解释。四、由昆明市党部核定市商会改选日期和选举规则。"② 可知，此时市党部对商人团体的督导已经处于主导地位，党政关系的介入已表明此时商会组织已被国民党政府所管控。

1937 年 5 月 19 日，昆明市政府、昆明市党部在市党部会议室召开第四次联席会议。由于市商会在党政联席会议领导之下，所以第二届改选非常顺利，据统计，此时昆明市人民团体一共有 170 余个之多，半年增加 40 余个，而商人团体占了 90 多个。此次会议认为："假若商会组织不健全，甚影响同业公会会务非常之大，所以本市党政双方为了健全商人团体组织及发展本市商业前途起见，对于市商会的改选问题，不得不加以严密的注意，因此在上月二十二日的改选，此次选出的第三届执监委员，不但一般商人认为满意，即党政双方亦表示十分同情，能有这样圆满的结果都是各业热心指导所致，将来本市各商人团体能够组织健全，则市商会应为领导枢纽，健全市商会即为健全本市各商人团体，党政联席会议不惟指导权力集中，并且减少很多书面手续，这是大家共同的见解，今后要更进一步，作本市改革社会、推进事业的一个发动机关。"③

昆明市商会成立以后，其组织架构和运行机制也不断得以完善。全体会员代表大会是商会的最高权力机关。由代表大会选出执行委员最多不超过 21 人组织执行委员会执行业务，选出监察委员（为执委的三分之一）

---

① 《市指委会开党政联席会议讨论市商会改选问题》，《云南新商报》1937 年 4 月 8 日，第 2 版。
② 《市指委会开党政联席会议讨论市商会改选问题》，《云南新商报》1937 年 4 月 8 日，第 2 版。
③ 《第四次党政联席会议纪录》，《云南新商报》1937 年 5 月 21 日，第 2 版。

监督执行委员会执行业务。执行委员和监察委员均由会员代表采用无记名连选法在会员代表中选出，任期四年，两年改选半数。第一次改选留任委员比解除委员多留一人，不得连选连任。[①] 昆明市商会从第一届到第五届都是在常务委员会下设总务、财务、商事、调查、宣传五科和商事公断处。各科都有比较完备的办事细则。总务科办理典守、印信、保管卷宗、掌理文书、统计庶务、召集开会及不属于各科事项；财务科办理造具预算、决算并掌理一切出纳事项；商事科办理筹办工商业之改良、发展国际贸易之指导介绍及一切登记组织事项；宣传科办理掌理编拟出版一切宣传事项；调查科办理一切调查事项。[②] 商事科是商会组织的核心，其他科密切配合商事科进行各项工作。只有在第一届时设有公断科，后因行政院指示商事公断处章程仍然有效，即改设公断处。[③] 除上列各科外，设商事公断处掌理关于工商业之调处及公断事项，仍依照1927年国民政府令准暂行援用之商事公断处章程细则组织。[④] 公断科副主任张茂林认为，请遵照司法院统一法规委员会解释商事公断处章程，改组本会公断科为公断处，并据商事科签复，改科为处于法尚无不合，应准援用。会议经议决后指出："公断科即改为商事公断处，遵照原颁章程条例及施行细则办理，仍推举该科正主任张福坤为处长。除呈报党部及主管官署外，已代表会提出追认所改组呈报一切事物，并指派商事科陈主任会同办理。"[⑤] 张福坤任主席时，以旧商会移交公断案件悬而未决者达百余件，且商事纠纷申请来会者日凡数起，陈德斋担任公断委员会主委并以张茂林副之，公断委员会的组织，除正、副主委及委员外，可向各业延聘评议员若干人。"新案方面随到随办，都无积压。其中有一件烟土纠纷案，两造各有厅长，旅长及老太爷（指龙云）的关系，甲请甫到会，即有某厅长某旅长或亲身或电话前来访问，旨在藉势解决，但经过调查，仍秉公办理。"[⑥] 由以上所论可见，昆明市商会在这一阶段已形成"五科一处"的组织架构。

---

① 陈子量：《云南商会史略》，《昆明文史集萃》第一卷，第254页。
② 《云南省昆明市商会章程》，1932年10月，档号：32-12-88，昆明市档案馆藏。
③ 陈子量：《云南商会史略》，《昆明文史集萃》第一卷，第254页。
④ 《云南省昆明市商会章程》，1932年10月，档号：32-12-88，昆明市档案馆藏。
⑤ 《市商会第十三次执委会议纪录》，《云南新商报》1933年3月22日，第4版。
⑥ 《昆明市商会的活动及业务》，载《昆明市志长编》卷十二，第481页。

值得注意的是，与民国初年相比，这一时期商会的商事公断职能呈现出弱化的趋势。虽有政府威权的干预与控制，但此后各地商会仍一如既往地承担和处理了大量的商事纠纷案件，有力地促进和规范了工商业的发展。20世纪30年代初期，由于云南的商业发展受到世界经济危机的严重影响，经营鸦片生意的大批商号纷纷倒闭，因此，在这一时期商会受理的案件中关于倒闭商号的债务债权清理案件占多数，案情也较大，情况较为复杂。从1932年开始，昆明市商会联合多方力量着手清理大批鸦片商号的倒闭案，因为这些案件牵涉面广，商会还与市政府等机关及法院联合组成"临时债权债务委员会"来处理，历时四年的清理调处，致使昆明市商会应在1935年就须改选第二届的时间推迟，待清理工作完毕移交后，1937年4月才进行第二届的改选事宜。

商会的经费由各业会员负担。之前大部分经费是从抽收鸦片烟驮捐而来，一直到第一届市商会特货统运处成立都抽收过鸦片烟驮捐。在市商会时期，按照各业所收会员的会费提出一部分作为商会的会费。商会的经费，不论在任何时期都是入不敷出，收入不能按照预算实现，而支出又往往超出预算，各业拖欠会费很多。第一届商会接管后，结余存款仅有滇币300余元，而欠应发职工薪金则达2000余元。不足之数系由五个常委各借出滇币2000元，垫付职工薪资及支付其他费用，此项借款后来因无法偿还而作为捐款收入。在第一届市商会时期，开始每月支出预算为滇币3200余元，结果实际收入仅为1500元左右。各业所欠会费，七年中积欠至滇币两万余元，几乎完全依靠鸦片烟驮捐来弥补，不足之数还请求财政厅以积欠代售印花票数千元和代富滇新银行调解汇款纠纷的收入来弥补。第二届以后的会费收入比较容易，积欠较少，在取消了职工的伙食以后，费用开支同时减少，收支逐渐达到平衡。商会法规定，商会的经常费用分两种：一种是事务费，是照上述办法收集，另一种是事业费，系临时由委员代表大会决定临时募集。市商会从来没有募集过事业费。此外，还规定必要时经会员代表大会决定募集临时费。这项临时费也很少募集。商会的事业费收入仅有耀龙电灯公司的股息，每年不过滇币二三百元。[1] 以后市商会又按月拨款400元补助出刊《云南新商报》，多刊商事消息及市情，经六七年，

---

[1] 陈子量：《云南商会史略》，《昆明文史集萃》第一卷，第259页。

至 1938 年停刊。①

工商同业公会作为商会的基层组织，在经历中央政府对商人团体组织法规与政策的转变之下，其组织架构和治理体系不断完善。昆明地区同业公会的治理结构总体上也代表了云南地区工商同业公会的发展情况。1931 年，昆明市商会成立后，下属共有同业公会 80 个，行号会员户数共 4550 户，② 并由各个同业公会推举代表加入商会。同时，昆明市商会制定了《同业公会业规准则》，依法将原各业行帮改组为 65 个同业公会。1936 年，昆明市商户计有 2021 户，从业人员 4331 人，资本额为 115.69 万元（新币）③。当然，部分商会组织尚未健全的地方，其同业公会也是较为散乱的，但这只是个别现象而已，如商业较为发达的滇西下关地区，其同业公会的组织运行机制较为完善，在地方社会经济运行和市场交易中扮演重要的角色。④

（三）云南商会的组织治理体系

南京国民政府成立后，再次对商会组织展开大规模改组。此次改组，"商会与政府之间也发生过激烈的对抗，最后虽以双方互相妥协的方式结束，但商会在实质上已沦为官方的御用组织，失去了原有的独立性，这次改组也被视之为中国近代商会由盛而衰的转折点"⑤。而这次改组由于"党治"因素的渗入，政治力量也介入到商会的组织治理体系之中。云南地区由于政治生态的特殊性所在，加之地方政权相对独立，而在"新云南"建设的进程中，滇政一度游离于中央政权的强势控制之外，也诚如前节"1936 年云南各地商会一览表"所示，各地商会的改组进程参差不齐，因此，在依据新商会法改组的同时，商会组织治理体系也不断得到完善，以适应于地方政府的施政体系与治理方略。

第一，督导与整理商人团体。

1932 年 7 月，云南省党务指导委员会颁布民众团体改组办法："一、凡

---

① 《社会人士龙子敏供稿》，《昆明市志长编》卷十二，第 476 页。
② 云南省地方志编纂委员会编《云南省志》卷十四《商业志》，云南人民出版社，1991，第 47 页。
③ 符晓主编，云南省地方志编纂委员会总纂《云南省志》卷四十五《群众团体志》，云南人民出版社，2002，第 343 页。
④ 李涛：《近代工商同业公会组织治理探析——以云南下关同业公会为例》，《经济问题探索》2009 年第 2 期。
⑤ 谈萧：《中国商会治理规则变迁研究》，中国政法大学出版社，2011，第 163 页。

未尽依照中央规定改组或组织成立之人民团体，暂时不予改组，惟各地党部于各该人民团体职员任期完了前一个月内，应令分别依法整理，再行改选，俾符法规；二、凡未能依照中央规定期限如期改组或组织成立之人民团体，除海员工会、民船船员工会之改组或组织，中央已另定办法，应依照办理外，其未能依照规定期限改组，须于本年（二十年）十月一日前，一律改组或改组完竣，逾期即不视为合法团体。经本会决议，在新法规未规定以前，改组之团体暂缓成立，未改组之团体暂缓改组，已成立未立案之团体由各地党部相机参加指导。"① 1933 年 1 月，昆明市商会也遵照"民众团体组织方案"，制定了相应的办法，"经本会第三届第二次全体会议规定，人民团体组织方案颁布施行，又经第三届第一零一次常会修正颁行。因应事实需求，充实民众运动起见，特将此项方案修订为民众团体组织方案，提经本会第三十三次常会通过"②。

1934 年 4 月，云南省党务指导委员会颁布现行商人团体法规释例，要求昆明市商会转各同业公会备价购置，以资参考而避免无谓纠纷。"该书搜罗宏富，评释精当，凡商人团体法规现有疑义，经中央各党部机关解答者，均分别采录，并由编者附加详释或比拟旧章，或缕陈己见均能直指教精提要，钩玄诚体用各备之作，足为从事民运者之参考。"③ 并在附录中同时印发了"原呈"，以资各同业公会参考，"吾国商人者团体由来已久，其组织较其他民众团体为先，亦较其他民众团体为众，故其组织之复杂，法令之变更，亦特甚兼之各地商人法律之素养，不深守法之精神，亦渐是以商会法每有变更，商人即无所措手，顿成纷乱之象，是皆误了讳言者。现行之商会法、工商同业公会法等，原系民国十六年所公布，惟以各地商人对于法律之条文意义未尽明瞭，或墨守旧章，积习难返，或利用机会妄图把持，遂致疑虑从生，步伐错乱，即职司商者亦不免模棱两可，莫辨是非，乃至纠纷迭起，垢碎频闻，此种现象影响于商运前途者良非浅鲜，致林致力商运，历尽数稔，耳闻目睹，奚止百千列，并附加详释，汇集成编，举凡中央各党政机关对于商人团体法规之重要解释，爰就案牍所见择

---

① 《民众团体改组办法》，《云南新商报》1932 年 7 月 5 日，第 3 版。
② 《民众团体组织方案，曾经修正颁行转饬遵照》，《云南新商报》1933 年 1 月 11 日，第 3 版。
③ 《转各同业公会备价购置现行商人团体法规释例》，《云南新商报》1934 年 4 月 4 日，第 2 版。

要罗均分别采择，附于相当法条之后，总计三百余件、十万余言，定名现行商人团体法规释例汇编。……钧会为全国民众运动之最高领导机构，对此民运之刊物，亦必热心介绍，准予发行，并恳转行各级党部转知各市县商会及同业公会，备价购置，以资参考，实为方便"①。

从地方商会看，滇南地区的建水县商会暨各同业公会，经县党部呈奉省党部核准，令饬整理，当即指派王克庄、何明昌、冯云集、王永庆、张述皋五人为该会整理员，于 1936 年年底将该县商会及各同业公会整理完竣，全体执监委员亦已选出，计商会主席王克庄、匹头公会主席杨遇春、杂货公会主席江汝清、药材公会主席李家瑞、炭业公会主席曾允中、屠宰公会主席张永珍、成衣公会主席王澍清、粮食公会主席马云丁、运输公会主席孙汉卿、纺织公会主席杨珍先十人于 1937 年 2 月 1 日就县商会地址举行宣誓就职典礼，事先即呈请党政机关派员监誓，并邀请各机关长官出席参加。②

第二，核查改组法令及程序。

新商会法及实施细则颁布以后，云南各地商会也相继依法进行改组。但由于地方政权建制和执行力度不一致，各地商会在改组法令的落实和程序上仍存在诸多问题。例如，滇西北地区的永北商会，并未先成立公会就着手改组，"该会职员名册，布匹及杂货等同业均在七家以上，依据修正商会法施行细则第十条之规定，应先组织同业公会，不得以商店资格加入商会，所请备案未便照准。该会遵照商会法第九条至十二条及商会法施行细则第十条各规定办理，并申请当地高级党部许可指导，具报核办"③。还有通海县商会也出现类似情况，不仅未先成立公会，而且委员人数的选举也不符合法令，"该会选举人名清册，如药材、推芋、土布、杂货、米粮等同业均在七家以上，并有组织五个同业公会之可能，依据修正商会法施行细则第十条之规定，应先组织同业公会，不得以商店资格加入商会。再查商会法第十八条之规定，执行委员人数至多不得逾十五人，又前项执行委员得互选常务委员，并就常务委员中选任一人为主席，是常委与主席均

---

① 《现行商人团体法规释例·附录原呈》，《云南新商报》1934 年 4 月 4 日，第 2 版。
② 《建水县党部整理商业团体》，《云南新商报》1937 年 2 月 9 日，第 2 版。
③ 《咨云南省政府（商字第一三九四五号）》，《工商公报》1930 年第 39 期。

应由执委中选出，在十五人之内，并非额外另选，该会职员清册所列主席
与常委已超过法定人数，与法不符，所请备案未便照准，准咨前因，除将
章册暂存外，相应复请查照转饬遵照商会法第九条第一项至第十一条及施
行细则第十条各规定办理，并申请当地高级党部许可指导，以符法案①。

　　基于上述出现的种种不符法定的状况，实业部随即令云南省建设厅予
以核查督导，以符法令要求，并要求修正云南省上报的商会法中存在疑义
的地方。"商会法第八条第二项所谓会员会议即第二十四条会员大会同法，
第三项所谓职员即系指依法选定之职员，旧商会法已不适用，自无依据公
推董事长之可言，商会既无执监委员居住或营业于分事务所区域之内，可
由商会另推举职员或依商会法第二十三条之规定，酌设办事员办理该所事
务，遇有重大事件，仍须商承商会职员执行，其人员额数应视事务之繁
简，依商会法施行细则第二十九条，经会员大会之议决定之，至执监委员
第一次改选半数，自应于改选前调查会员资格及代表资格，因经过二年之
期间，会员及代表或不无变更。"② 地处滇西枢纽的下关商会也出现未先组
织同业公会的情况，"该下关地方共有商店一百十余家，其中如杂货、花
纱、匹条、土杂、山货、药材等业同业行号均在七家以上，但均以商店资
格加入商会，并未先组同业公会，核与商会法施行细则第十条之规定不
合，未便准予备案，请依法办理"③。针对上述状况的出现，政府也要求昆
明市商会要起表率作用，对昆明市各业同业公会也要查核备案。"商会之
设立，依法应以同业公会为基础，该市各同业公会尚未呈准本部有案，该
商会请备案，应矣各公会章册呈转到部，核准备案后再行核办。"④

　　在改组法令方面，经核实后，部分地方商会也存在与中央法令有所抵
触的地方。如广南县商会，"人民团体设立程序，系由国府于十八年十二
月三日公布该程序规定，各团体均须遵照十八年六月十七日第三届中央执
行委员会第二次全体会议议决之人民团体组织方案所规定之程序，受党部
指导。商会既为人民团体之一，理应受党部之指导，方得为合法之组织。
又中央于十九年六月十九日第九十七次常会通过各地商人团体改组办法第

　① 《咨云南省政府（商字第一四一一八号）》，《工商公报》1930 年第 40 期。

　② 《实业部指令（商字第六六三六号）》，《实业公报》1931 年第 32 期。

　③ 《咨云南省政府（商字第一二四三四号）》，《实业公报》1932 年第 80 期。

　④ 《实业部咨云南省政府（商字第一二四二三号）》，《实业公报》1932 年第 80 期。

二项'广东、广西、江苏、安徽、湖北、云南、贵州、南京、汉口、青岛等省市商人团体之改组，依照下列各款办理之……丙、由当地党部指导原有商会加入商民协会之商店行号及法律规定应加入同业公会之商店行号，依据商会法及工商同业公会会改组之。'贵省各商会改组，应申请党部指导与加入工商同业公会之代表，业经中央明白规定。该会名册上杂业已在七家以上，并未有同业公会之代表，仍以商店资格加入，与商会法施行细则第十条及工商同业公会法施行细则第二条均有未合，应请饬令依法办理，以免将来各业同业公会根据法定条文要求重组商会发生争执，如当地党部或附近党部认为未经许可指导，违反中央颁布方案，更将无词以自解，与其日后纷扰，何若慎之于始。俾该会成为健全合法之团体，现省党委会既经成立，虽无县党部，亦可向省党部申请派员指导，或由附近党部监督以后进行，自无困难，此非本部不予变通，实与中央法令有所抵触，未便通融办理"①。

僻处滇西北的永北商会尚未能依法改组，而且地处极边，但政府明令要求党部派员加以指导，不能随便通融。"永北县商会改组未能依据修正商会法施行细则第十条规定办理，似应略为变通，准予备案。又滇省仅省城成立最高党部，该县地处极边，无从呈请，遥为许可指导，亦应免予置议，仍请查照办理。商会会员为公会会员、商店会员两种，同一区域内同业不满七家时，乃可以商店会员单独加入，若予减省手续，准其备案，将来该地发起组织同业公会，认该商会份（分）子为不健全，有违法令，则必引起种种纠纷，曷若慎之于始，以期一劳永逸。至于该县地处极边，无从申请许可，滇省既有党部亦可申请派员指导，不宜以道远为辞，案关中央法令未便，稍事通融，仍饬依法办理。"② 这表明，中央层面对商会的治理措施也相对有力度，也试图将边疆民族地区纳入国家对民众团体治理的范畴之中。

第三，严格会员出入手续，规范商会行文程式。

1932 年 3 月，昆明市政府训令市商会对公会会员退出商会须作出解释，"公会会员退出商会之解释应如何处理一案，到院业经咨请司法院解

---

① 《实业部咨云南省政府（商字第一〇九九号）》，《实业公报》1931 年第 6 期。

② 《实业部咨云南省政府（商字第一一二三号）》，《实业公报》1931 年第 6 期。

释。经司法院咨复内开，此案业经本院统一解释法令会议议决，依商会法第七条，商会章程载明会员入会出会及除名之规定，呈工商同业公会已入商会为公会会员者，其出会之要件及方法如何，应依商会章程之所定，如其声明，脱离商会章程关于会员出会之规定不符，自不发生效力"①。1934年10月，昆明市商会训令各业公会，要求各业公会委员变动须呈报，遇有委员解任、递补或补选，须临时专案呈报主管官署。"各地商会及同业公会法第二十二条之规定，中途解任者依同法施行，细则第十五条及第二十四条应即递补执委或补选常委及主席，并依同法第二十条及其施行细则第二十五条，主席及常委或执委就任后，应于十五日内呈报备案。各地商会及同业公会遇有上项情事发生，依法办理固居多数，而因循延误迟至呈报改选，始将经过事项补行声叙，亦有对于中途变更情形漏未具报，以致改选名册前后姓名不符者亦所不免，是于法既有未合，而辗转查复手续尤多困难。嗣后各商人团体遇有委员解任或递补及补选，务须随时专案呈报主管官署，呈转本部备查，以符法令而便查考。"②

关于商会与会员行文程式，商会法施行细则规定为商会与同业公会行文用函，至民众运动委员会通告解释人民团体与会员行文程式，规定会员立为团体发行文用令等。"本会会员以同业公会为会员，即系以团体为会员者，规定用令似与商会法抵触。商会法为特法，仍应根据商会法办理，为适当拟具，毋庸转行各同业公会知照，签请核并呈省市党部查核。"③ 对此，中央民运会对商人团体公文程式也作了详细解释，并已指令昆明市党部予以实施，"奉云南省党务指导委员会第一七三号训令开，工商同业公会与商会统属关系及职权分别来往公文程式，以免纠纷，决议呈民运会办理。经本会第二十一次委员会议决，函令各地党部查照，转饬办理。各地商人团体依法无隶属关系，彼此来往公文应依商会法第三十三条第三项，商会、全省商会联合会、中华民国全国商会联合会及同业公会彼此用函之规定办理"④。

诚然，这一时期，国民党政府强化了对商会等民众团体的控制，对商

① 《公会会员退出商会之解释》，《云南新商报》1932年3月16日，第3版。
② 《市商会训令各业公会，委员变动须呈报》，《云南新商报》1934年10月7日，第2版。
③ 《市商会第六十三次常委会议纪录》，《云南新商报》1932年8月23日，第3版。
④ 《中央民运会解释商人团体公文程式》，《云南新商报》1934年11月29日，第2版。

会等社会团体的政治认可，不仅体现在商会组织事务的运作上，而且在对商人团体的督导、改组程序的规范运作、会员出入手续和行文程式上都分别予以整顿，希冀在"党治"体系下进一步规范商会的治理结构，完善其组织治理体系，在此宗旨下，云南地方政府也将其纳入社会行政体系中，各县市的年度施政规划都必将其列入地方治理的范畴，通过"建章立制"，进一步在制度设计的层面明确商会的职能。

二　云南商会的经济事务参与

在"新云南"建设阶段，龙云政权可以说是民国北伐之后云南代之而起的新地方实力派。正是在这样的地缘优势中，排斥中央势力的渗透，保持地方的"独立性"成为龙云主滇前期云南地方政权与南京国民政府博弈的出发点。一方面，出于地方利益的较量与维护，云南商会在强势地方政权中表现出积极而广泛的参与度，采取多种应对举措，对滇省的财税政策与事务、民族商利的维护等方面积极斡旋，展示了这一时期商会较强的经济活动参与能力；另一方面，诚如缪云台所言："抗战前云南实际是一个半独立的省份，其财政、经济前系自主，……云南的金融财政与中央政府没有关联。"[1] 更为重要的是，诚如论者所指，尤其在 1929 年至 1934 年云南地方政府与南京中央政府之间呈现出"有限合作"的双方关系，云南地方实力派也要维护自己在地方上的支配权。[2] 因此，如前节所论，商会作为商人团体也保持着明显的"独立性"，在组织发展态势上则表现为常态化的趋向，这也是有别于中国中东部地区商会组织在这一时期与南京国民政府的所谓"依赖"或"依附"关系。因此，云南商会在中央与地方财税关系调适中也扮演着"一边倒"的角色，无论是金融秩序、税政参与，还是民族商利的维护，处处都体现出商会在形塑云南独立经济体系中的重要地位。

---

[1]　缪云台：《缪云台回忆录》，中国文史出版社，1991，第 82 页。

[2]　段金生：《南京国民政府对西南边疆的治理研究》，社会科学文献出版社，2013，第 66、69 页。

（一）商会对金融财税政策的调适

在"新云南"建设的进程中，随着组织规模的日益发展和运行体制的逐渐完善，云南商会渐趋认识到要为工商业发展争取宽松的社会经济环境，切实履行商人团体"辅助商政"的职能，于是在政府实施相应的金融财税政策[①]过程中，商会竭力贡献建议和意见，并针对政府的各项举措，予以积极的接洽和应对，切实维护了广大商人的利益，同时也保障了区域市场秩序的稳定，对政府的经济政策的制定和调整产生了重要的影响。

1. 维持金融秩序的稳定

市面的混乱与稳定是商人最为关心的问题之一，也是直接影响市场秩序乃至促使社会经济运行的重要因素。对商人而言，金融秩序的混乱意味着正常的商业行为不能有序开展，会直接危及其切身经济利益。因此，商会对保障正常商业往来所必需的社会秩序和市面稳定特别关注，在金融秩序混乱的时候，会积极主动介入，并能采取多种有效措施去应对，以保障工商业者的财产不受损失，或将其损失降低。

第一，缓解铜圆危机。

南京国民政府前期，市面流通的铜元"重量则日见其轻，成色则日趋于劣，充塞市面，复为奸商所操纵，影响经济秩序甚巨"[②]。铜圆本是一种名义货币，其实值应在币值之下，但由于政府币制不健全，民众称量观念未明，铜圆铸额又无限制，于是铜圆价格涨落无定，一些商人趁机囤积操纵更使铜圆价格波动激烈。为了缓解铜圆危机，在政府的积极督促协调下，商会采取了标本兼治的举措，并根据市面的具体情势，随时调整应对策略，在维护市场的稳定方面发挥了重要的作用。

1930 年 12 月，申帮同业公会建议市商会筹备钱庄救济铜圆缺荒。经

---

① 龙云上台之后制订的新云南建设三期施政计划，紧紧围绕财税治理的核心——生财、聚财、用财，以"以财政扶持金融，以金融促进生产，以生产充裕财政"的理财思想，对云南财政金融体系进行了一系列卓有成效的改革，有力地促进了财政、金融、生产之间的互动，逐步均衡财政收支，改善财税结构，奠定了其政权的经济基础。相关财税金融改革的论述详见以下成果：王文光、龚卿《民国时期云南龙、卢彝族统治集团财税政策研究》，《西南边疆民族研究》第 6 辑，第 198～203 页；吕志毅《民国前期云南的财政危机与龙云的改革》，《云南档案》1997 年第 4 期；罗朝晖《龙云政府与云南金融近代化》，《湖湘论坛》2015 年第 4 期。

② 实业部总务、商务司编《全国工商会议汇编》第二编，1931，第 271 页。

市商会查实，政府征收入口货特捐原为整理金融之用，但至今一年已满，金融未见回复，而铜圆恐慌日益加甚，当时每纸币一元只换铜圆二十五六枚，且无兑换处所，年关必更短缩，似此情形影响金融及人民生计者，实大不如，再不设法维持，将来无法设想。对此，申帮同业公会特"建议贵会可否恳请政府由入口货特捐存款项下提拨巨款，交由贵会选举名望素孚之殷实商号数家负责筹办一强有力之钱庄，在最短期内筹备大批铜元（圆）救济市面，并请严法杜绝销毁，庶金融民生不致流于绝境，抑有其他办法敢讨论公决施行"①。随后，市商会筹备会推举代表，将原文携往财政厅面陈陆厅长，请求予以考虑。陆厅长表示容纳，对救济铜圆一事，陆厅长令饬富滇新银行将旧存铜圆悉数提出兑换，在商会的问询下，此问题得以顺利解决。

1932年，云南省特货市场疲滞，外汇升涨，致使特货商号亏折甚巨，截至国历年终，已经宣布倒闭者，将近十家之多，所亏之款总额在五千万以上，而周转不灵清理推期者尚有数家。此次风潮之扩大，影响之普遍，实为云南省空前未有之大恐慌。②昆明市商会鉴于此次恐慌关系甚大，若不急求救济之力，则后患正不知伊于胡底。在此情况下，昆明市商会设法委派代表数度面见省政府龙主席，"请求金融整理委员会之存款放借，若干放借商家俾各商人得此臂搓，能予将存屯滇中之特货运销外埠，则特货既灵活畅销，金融便有复苏之希望"③。此后，省政府认为市商会的请求尚有理由，特令财政厅厅长陆崇仁、建设厅厅长张邦翰会同召集市商会代表研商救济金融之办法。此次陆崇仁出席四全大会开幕之后，"向国府进行请求，果允于武昌汉口购买卅万之铜元（圆），至于以前本省出席国民会议之代表请准购运铜元（圆）十万元，不日即可到滇。本已在沪，值本省商号倒闭风潮甚大，连接到本省催促之电，是以赶速回滇，对于兴文当之事，因李适生过于大意，弄放停顿之形势，现已请准政府拨借款项，以资维持"④。此次商会请求政府拨款，资借商人俾将特货运销外埠，在原则上

① 《申帮同业公会建议市商会筹备钱庄救济铜元（圆）缺荒》，《云南新商报》1930年12月18日，第2版。
② 《政府维持本省金融，市商会妥拟详细办法》，《云南新商报》1932年1月5日，第4版。
③ 《政府维持本省金融，市商会妥拟详细办法》，《云南新商报》1932年1月5日，第4版。
④ 《政府维持本省金融，市商会妥拟详细办法》，《云南新商报》1932年1月5日，第4版。

政府已有允准之意，将来拨借之款大约可望现金一百万元。惟一切详细办法均须妥为规定，以免流弊，后由市商会代表相继发表意见，希望陆厅长对于款项，竭力向政府要求，愈多愈妙，因存囤之货甚多，款少不易分配也。最后陆厅长请商会负责妥拟办法，核夺施行。① 市商会于 1 月 5 日召开全体执委会讨论此事之妥善办法。此次市商会鉴于本省金融枯窘，主要是因为特货滞销、周转不灵，欲图救济，必须设法将囤积特货运销出外，云南省的金融即有复苏之望，该会为此呈请政府拨借大宗款项贷给商人，以作运付特货之需用，当经政府特派陆、张两厅长召集该会代表研商办法。会议最后议决由市商会常委会常委暨总务公断商事调查等科正主任负责，拟具详细办法。此后，各委员、各主任到会精密商议，为时甚久。各人发表意见后，归纳办法数十条先行研商。由该会推定代表将拟定办法即日携去面陈陆、张两厅长，核夺完备即由陆、张两厅长会同签呈，省政府便可拨出款项。②

对于缓解铜圆危机的举措，昆明市商会监察委员会提议："近年以来，市面铜元（圆）日渐稀少，兑换价格日形短缩，每富滇纸币一元仅换铜元（圆）三十枚，零星栈铺已觉常感困难。现在市面铜元（圆）益形不敷周转，若因铜元（圆）缺乏而价格再缩，实于平民生计影响非浅，应请函达财政厅恳于设法救济，以便找补。"③ 1934 年 10 月 13 日，昆明市商会召开第 149 次常委会，丝棉业、纱业、北货业公会联呈："为富滇新银行与文官银号等金融机关不收现金及铜元（圆）票，妨害商业，恳请转呈政府，令饬照常收受，以维商场。"④ 由此可见，有关铜圆的流通问题依然存在。到 1937 年 5 月，昆明市市面的铜圆日渐减少，各业铺店找补不便，感觉困难，"每旧币一元尚能掉换当十铜元（圆）三十六七枚，六日下午价格尤缩，每旧币一元只能换当十铜元（圆）三十一二枚，甚至三十枚，影响商业民生非浅"⑤。市商会有鉴于此，已函请富滇新银行设法救济，以维市面。

① 《政府维持本省金融，市商会妥拟详细办法》，《云南新商报》1932 年 1 月 5 日，第 4 版。
② 《市商会召集全体执委会议，讨论请求政府维持金融案》，《云南新商报》1932 年 1 月 6 日，第 3 版。
③ 《市商会函请财政厅设法维持市面铜元（圆）》，《云南新商报》1932 年 1 月 15 日，第 4 版。
④ 《昆明市商会第一四九次常委会议决案》，《云南新商报》1934 年 10 月 20 日，第 2 版。
⑤ 《市商会函请富滇新银行设法救济市面铜元（圆）恐慌》，《云南新商报》1937 年 5 月 7 日，第 2 版。

第二，规范银行业经营行为。

在"新云南"建设的蓝图中，"整理"财政是其核心规划，1930 年，在"整理"财政中，云南省政府改变征收本位为半开银币，增加税收 4 倍，财政收入大增，由连续多年的赤字财政一跃而有结余。在财政收入增加的情况下，政府着手"整理"金融，设立"整理金融委员会"。龙云政府感到 10 余年来，富滇银行"发行纸币一再贬值，售出外汇一再拖期，社会印象甚为不良"，"乃由省政府会议议决，结束旧时富滇银行①，成立富滇新银行"。② 富滇新银行于 1932 年 8 月正式成立，9 月开始营业，龙云任命李培炎为富滇新银行行长。1933 年，汉口烟价大跌，投机烟商倒号牵连，造成恐慌，发生汇兑风潮。加之李培炎管理外汇失败和投机失利，云南的金融秩序陷于混乱，龙云被迫"换马"，委任实业厅厅长缪嘉铭为新行长，着手对云南的金融局面进行整顿。此外，对云南银行业影响较大的还有劝业银行（1930 年 3 月成立）和兴文银行（1932 年 8 月成立）。针对云南地方金融市场的种种困难和问题，商会出台了各项措施和建议，政府虽然并非全都重视和落实，但对于救济市面和规范银行业经营行为而言，商会的一系列举措也维护了市场的稳定，在政府和市场之间充当了中介的职能。

对于银行业中存在的重利盘剥问题，昆明市商会呈请省政府通饬布告，"凡借放款项月息以一分五为率，不得超过，以维商业。所呈自系为注重民生，禁止重利盘剥起见，准呈请规定，借款项月息不得超过一分五厘，与国定之最高利率年利不得超过百分之二十之功令符合，继准照办。国定利率昨经通令省内外遵照办理未久，毋庸再令，以免重复"③。对于此问题，昆明市商会于 1932 年 5 月 2 日召开第一届第三次代表大会，调查、总务、商事三科提议取缔私营存放款项，以杜流弊，议决后原则上通过，办理后交执监委员会详细审查，呈请政府核办。其中商事科提议规定借放款项息半，以维商业，经议决，关于各项办法由执委会邀请银行业及当业公会会商决定。④ 5 月 11 日，昆明市商会召开第 50 次常委会，再次将上述

---

① 富滇银行于 1912 年 2 月 9 日正式成立开始营业，是地方割据军阀政权的金融支柱。

② 《民国十八年前之金融状况》，《云南行政纪实》第 17 册《金融》，1943。

③ 《市商会请政府禁止银行业重利盘剥》，《云南新商报》1932 年 4 月 21 日，第 4 版。

④ 《昆明市商会第三次代表大会志盛》，《云南新商报》1932 年 5 月 6 日，第 3 版。

取缔私营存放款项、以杜流弊案的决议呈请政府布告,并通告及函各业公会转知各商遵据。① 1932 年 6 月 18 日,昆明市商会召开第 12 次执委会议,奉省政府指令,议决推举陈德齐、沈圣安、马小春、张绍曾、张厚安、陈子量六委员先行拟定私营存放款保证办法,提会核议。②

对于商人拒绝收受现金之事,市商会根据实际情况也呈请云南省政府及财政厅说明事由和办法。"自二十一年一月起,本省行使货币仍以半开银币为本位,确定法价每半开银币二枚作抵富滇纸币五元,每富滇纸币五元作抵半开银币一枚,无论纸币、现金,同一行使一律收受,不论公私交易,以及完纳税粮,概照规定法价,一律通用,不准拒绝低昂,如有妄自拒绝或故意低昂折扣者,一经查觉或被告发,即严行究办。至现金只论真伪,不论音二哑板,均照迭次通令,一律收受,不准颠跌试音、故意拒绝,应于维持金融之中兼寓划一币制之意。"③ 1931 年 12 月 31 日,经提经省务会议议决,市商会通令布告全省一体遵办。此后,由于日来已久,各税收机关闻有拒绝不予收受情事殊属不合,须知币制乃政府特权,自有特别保障,特再重申前令。对此,市商会也制定了相应的解决措施,"对于纸现法价不得任意低昂,至现金无论二音哑板均一律照规定法收价收受行使,不准颠跌试音、故意拒绝,倘敢故违,即予从严究办,以维金融而肃币政。函知兴文当、劝业银行、东川矿业公司、益华当、聚盛当、锡务公司遵令收受,以维金融,并布告各业商人一体遵办,勿得故违"④。

1932 年 10 月 8 日,昆明市商会召开第 68 次常委会议,六区事务所函请将本市存放款息率一律规定照富滇新银行办法,呈请财政厅、市政府主持规定,经会议议决,"减低息率一案,本会前经呈请省政府核准通饬,照国定利率办理。推举卢主席向财政厅、市府商洽办理"⑤。1933 年 11 月 29 日,昆明市商会召开第 108 次常委会,河口市商会"函请转富滇新银行

① 《市商会第五十次常委会议纪录》,《云南新商报》1932 年 5 月 15 日,第 3 版。
② 《市商会第十二次执委会议纪录》,《云南新商报》1932 年 6 月 21 日,第 3 版。
③ 《市商会布告各业商人不得拒绝现金,并函知兴文当、劝业银行等处遵令收受》,《云南新商报》1932 年 7 月 12 日,第 4 版。
④ 《市商会布告各业商人不得拒绝现金,并函知兴文当、劝业银行等处遵令收受》,《云南新商报》1932 年 7 月 12 日,第 4 版。
⑤ 《市商会第六十八次常委会议纪录》,《云南新商报》1932 年 10 月 12 日,第 4 版。

于河口办事处增设港沪汇兑事宜，以便商民"①。由此可见，富滇新银行在云南省金融秩序中占有主导地位，通过市商会与各地方商会的协调商洽，云南省的金融秩序逐渐恢复常态。

1932 年 8 月底，富滇新银行成立伊始，省政府即授权管理外汇。富滇新银行刚着手统制外汇，便不顾滇币之实际价值，强行压低外币汇价，并幻想逐步将新滇币的价格提高，恢复到护国前滇币与港币的平汇率。这种办法，对进口商有利，对出口商不利。于是进口商争汇者日众，而出口商按约交押汇者日少，造成"人心惶惑，对于信用不无动摇，而挤汇之风又复盛炽"。当时外汇在法令上须全部受管制，"于是货物走私，外汇逃避及外汇黑市的现象随之发生"②。富滇新银行虽有管理外汇之权，但实际上已无力控制局面。在此情况下，市商会协同财政厅和各金融机关共同商讨应对之策。1932 年 10 月 6 日，财政厅厅长陆崇仁召集富滇新银行行长李培炎、市商会主席卢鸣章、兴文当总理周守正、劝业银行经理张厚安四人在财政厅内研商汇率高涨之原因及其救济之方法，经上述诸人向陆厅长陈述意见、互相讨论，决定"由富滇、劝业两银行、兴文当暨各大商号筹集巨额申港款项，尽量售出，以应商家之正当需用，而谋汇率之逐渐平减，并经李行长、周总理承认，仅本月月底凑定申港款二百万，并商请福春恒、永昌祥、庆裕正、鸣盛祥等各大商号共筹备凑足申港款单一百万，同时共同平价售出，暂为维持，借以遏止汇率之再次上涨。此外，关于根本救济方策，如振兴出品货等办法，再为呈请政府核准施行，此次汇率涨高纯为买款者多而卖款少，经此项决定一时有巨额外款平价售出，则汇率之救济当有极大效果"③。

1933 年 11 月 18 日，财政厅厅长陆崇仁、富滇新银行行长李培炎到市商会宣示管理外汇办法，各业商人均参加。云南省政府拟定管理外汇章程，自公布实行后，市商会方面先后接到经营出入口贸易各业公会之书面公文，请求转问富滇新银行，陈明困难，予以维持。"经市商会推举常委张厚安、王汉声、卢鸣章三人，于上星期前往新银行，谒见李行长西平，

---

① 《市商会第一百零八次常委会议纪录》，《云南新商报》1933 年 12 月 3 日，第 2 版。
② 《富滇新银行之业务》，《云南行政纪实》第 17 册，1943。
③ 《财政厅召集金融机关主脑、商会代表会商救济对外汇率高涨之方策》，《云南新商报》1932 年 10 月 9 日，第 3 版。

转达各商家之意见，请求予以通融，俾恤商困。经长时间之谈话，最后决定，由商会订期召集有关外汇各业商人齐集商会，由李行长请同财政厅陆厅长子安到会向各商人解释管理外汇之真实意义，及今后对于经营出入口贸易各商家向新银行买款卖款之详细办法。李行长并表示，若各业商人经宣示以后，仍有怀疑者，仅可当场提问，以便明白答复。"①

第三，应对特货（鸦片）跟款之流弊。

1932年2月，昆明市商会鉴于云南省特货滞销，银根奇紧，影响市面，既深且巨，是以先后由该会主席常委持文亲谒省政府龙主席及财政厅陆厅长，请求救济拨借滇票一百万元以上，贷给商人，俾得将存滇之货运外销售，以资周转而免危机，经由政府发交建设、财政两厅厅长会拟办法，呈候核夺。"财建两厅已将此案要点详为拟复，当经省府议决，目下因无款筹借办理跟单事项，如别有建议再候采纳，以纾商困。"② 可见，当时特货运销中跟单事项的办理已经存在严重的资金流通问题。1933年8月23日，昆明市商会第96次常委会召开，滇川黔特货商号福春恒、义记、义美、祥恒、兴益等"为章程含混，钳制万分，恳转呈政府令饬富滇新银行更正跟单押汇办法，以保税源而维商场"③。缪嘉铭接任新行长之后，基于上述各种情况，重新研究管理外汇的有效办法，决定对外汇管理，先实行"选择管理"，待条件成熟再进行"普遍管理"，并从实际出发，规定滇币汇价。新行订立之新章程中，规定："鸦片出口时预卖半数外汇于新行，鸦片出口取得之其余五成外汇，则听商人自由支配。若愿卖给新行，新行按牌价尽量收购，同时，入口商欲向新行购买外汇者，新行亦尽量如数供给。"④ 对此，山货业（即特货）请求准许还款时照市面汇率结算，并要求市商会要主持公道，"据山货业同业公会呈请，恳俯念商艰，令饬新银行于交还银款时，概照市面实际汇率，令饬富滇新银行核议办理"⑤。市商会奉令后，立即转山货业公会知照，并以此项跟单作水关系该业极为重大，

① 《财政厅陆厅长、新银行李行长到商会宣示管理外汇办法》，《云南新商报》1933年11月17日，第3版。
② 《政府借款办理跟单押汇，议决无款筹借》，《云南新商报》1932年2月16日，第3版。
③ 《市商会第九十六次常委会议事纪录》，《云南新商报》1933年8月26日，第4版。
④ 《富滇新银行档案》，1934年7月，档号：65—4—183，云南省档案馆藏。
⑤ 《山货业对于跟款汇率之请求》，《云南新商报》1934年3月3日，第2版。

代向银行当局要求维持，以恤商艰。①

1934 年 2 月 27 日，昆明市商会召开第 122 次常委会，经监委会提议，"请呈政府改善富行管理外汇办法，以免公私交困，并据昆明市山货业同业公会呈同前情暨要求发还跟款时，仍照市面水率结算，以维商业"②。2 月 28 日，昆明市商会召开第 23 次执监委员联席会议。经监委会提议，呈请政府改善外汇管理办法，以免公私交困，并据山货业同业公会呈函前情及要求于交还款时概照市面实际行使水汇结算，并酌予展期，免收损失而维商艰，并作出议决："（一）监委会提议呈请政府改善实行管理外汇帮，由会呈请政府核办；（二）山货业公会请求各节交常委会办理。"③ 3 月 31 日，昆明市商会召开第 126 次常委会，市商会"据富滇新银行新旧任行长会呈议，拟结束以前跟单押款及售出各期汇款办法，经议决后，转行有关各业公会遵照办理，并交由总务科分别召集跟单押汇之特商及有关各业代表到会宣布一切"④。

通过各方协调与商洽，市商会与富滇新银行在特货跟款的解决上达成一致意见。昆明市商会调处富滇新银行售出三月底以前各期外汇及各帮特商跟单押汇之解决办法，"经商会分别召集有关各商到会宣布，遵照办理。嗣后各商寻明困难，条陈意见，复由商会推举常委卢张王马陈五人，分别谒见富行新旧行长一再商洽，拟定收交办法，并由该会于十三日午后二时召集买汇之各业代表及跟款之四十一家到会宣布，划切劝导"⑤。最后，制定以下特货跟单押汇收款办法："一、凡各帮特商以特货向银行跟押款项者，应遵照此次省府核准办法，以原押新币总额折为旧币，照申汇七九零五、港汇八八零五折为外币，并自跟款日起至交款日止，每千外币每日加息金三角，所有本息合计即以六成外额交埠，各富滇分行处清收，其余四成仍照原定汇率折为滇币交还富滇新银行。二、交款日期统限于本年四月二十五日以前交清，但交付滇款如有特别情形者，得由跟款人另具抵押品邀具承还妥保，并请托商会代向银行照放款办法商借抵交其借款，日期至

① 《山货业对于跟款汇率之请求》，《云南新商报》1934 年 3 月 3 日，第 2 版。
② 《市商会第一二二次常委会议纪录》，《云南新商报》1934 年 3 月 3 日，第 2 版。
③ 《市商会第二十三次执监联席会议纪录》，《云南新商报》1934 年 3 月 7 日，第 2 版。
④ 《市商会第一二六次常委会议纪录》，《云南新商报》1934 年 4 月 8 日，第 2 版。
⑤ 《富滇新银行特货跟款、售出期款解决办法》，《云南新商报》1934 年 4 月 15 日，第 2 版。

多不得逾一个月。三、如外款逾期不交，即应遵省令照原订押汇数目全交，不得借故拖延。四、在三月十日商会呈请政府改定交押汇办法以前，各埠已交跟款者，不得援照本办法办理。五、各号跟押之货，应按照将六成外款及四成滇款交清后，始能提货，自由处置，如各号应交之六成外款必须提货，方能照交还，应会同各埠富滇银行负责人同到土行或公司当同售卖，或抵押即将严交，外款如数交讫。"①

1934 年 4 月 14 日，昆明市商会召开第 127 次常委会议，昆明市山货业公会函请转呈变更跟汇办法，并提请核议。"经本会拟具调处办法，呈奉省府核准照办，其收交办法亦经会同富滇银行分别拟定，呈请鉴核，并经召集有关商家到会宣布。该会所请有违定安，碍难照办，连同富行来函批复，该公会转知跟单，各特商知照。"② 1934 年 9 月，根据市商会的请求，富滇新银行改订特货押汇章程，并修改预卖特货汇款凭单式样。昆明市商会接富滇新银行致函，"本行奉令管理外汇，曾订定特货押汇章程，一再呈奉省政府改订核准通行，试行以来，尚无滞碍，惟业务改进不厌求详。经数月考查，原订章程办法尚有改良尽善之余地，经提出本行理事会详加研议，就双方兼顾，使金融、商民两受其益之范围内议决预卖特货汇款章程，九条单据、式样二种以代原目之特货押汇章程，分令市商会转饬各商一体遵照。惟徇各特商请求，对于乙种结水定单式样略有修改"③。

2. 税政调适与参与税收开征

1929 年，南京国民政府委任龙云为云南省主席，龙云虽然在政治、军事上统一了云南，但由于长期的军阀混战对国民经济的破坏，云南省的财政金融秩序紊乱不堪，限于绝境。在这一严峻的经济形势下，龙云遂下狠心对财政金融同时进行"整理"，其"整理"过程大致分为三期，其中第二期就是要求"整理税收，务求收支适合，以奠财政基础，并力求撙节，以其所余补充军实而谋经济、交通之基本建设"④。龙云政权的税制改革主要是简化税种，办法是将收入大的保留、收入微小的放弃，同时还新开几种收入大的税种。1930 年，云南省财政厅设立"税制改革处"，起草了

---

① 《富滇新银行特货跟单押汇收款办法》，《云南新商报》1934 年 4 月 15 日，第 2 版。
② 《市商会第一二七次常委会议纪录》，《云南新商报》1934 年 4 月 20 日，第 2 版。
③ 《富滇新银行致昆明市商会公函》，《云南新商报》1934 年 9 月 14 日，第 2 版。
④ 《云南行政纪实》第 5 册《财政一·提要》，1943。

《云南税制改革计划书》，以减少税目、减少机关、一物一税，以货物税为重点的原则，制定了开征新税、整理旧税的具体方案，由财政厅审定后加以实施。根据此项计划书，将全省百货厘和商税取消，同时对原有各税进行清理改革。除盐税之外，只保留烟酒税、屠宰税、印花税、契税，新开征特种消费税、特种营业税，各县自行征收的各项苛杂也同时明令予以废止。① 税收作为龙云"独立"政权的主要财政收入之一，在税制拟定与税收开征的实践中，商会作为"代表商人切身利益之组织"，积极参与税政和税收开征，一方面维护了广大商人的自身利益，另一方面也调适了政府与民众之间的利益博弈。

1931 年，"滇财政厅将厘金、商税、布纱杂货捐、煤油化妆品特捐四项一并取消，另办特种消费税，同年又将糖捐、茶税也改为消费税"②，用裁厘的手段，达到增税的目的。"其后，财政部又令取消特种消费税，改办营业税，但因云南环境特殊，至今是项统制依然存在，而且成为云南税收主要的部分。"③ 云南省财政厅规定，须征特种消费税的货品分为本产货品和外产货品。据相关数据统计，1931—1938 年的 8 年间，单是特种消费税的征收就在财政收入上增加新滇币 8880 多万元。④ 征收特种消费税，在一定程度上割裂了云南和外省区的经济联系，不利于本省工商业的发展，同时给洋货的行销扩大了市场，削弱了国货在区域市场上的竞争力。

经过昆明市商会的协调和广大商人的力争，在申帮同业公会的建议下，云南省财政厅同意特种消费税的征收由评价委员会核定，并准许商人参加。"财政厅改革税制布告及计划书内中特种消费税一项于商人关系最为密切，其税章虽系根据中央法令，惟办法内载将来如遇货值不能确定，征收机关与商民发生异议时，应该由评价委员会核定之，该会即附设于财政厅内，其组织及办事细则另定之，足见财政厅于此事之审慎考虑，体恤商情，无微不至之盛。敝会本此为详加讨论，以为此项评价委员会若附设于财政厅内，不若设于市商会内，一则市价比较燎然，一则物质审察很

---

① 李珪主编《云南近代经济史》，云南民族出版社，1995，第 373 页。
② 郭垣编著《云南省经济问题》，正中书局，1940，第 227 页。
③ 张肖梅：《云南经济》第 21 章，中国国民经济研究所，1942，第 48 页。
④ 《云南行政纪实》第 5 册《财政一·整理税收》，1943。

当，一则情不隔阂，免生纷争，至其组织及办事细则究竟如何规定尚不得知。敝会则以为是项评价委员商人应得半数以上，赝品繁多，非少数人所能尽悉，且特种消费税章中央仅规定最高为一七一五，最低为二、五再一七、五以内至二，五之间尚有多少之更定。如不多集商人详加考虑，虽勘平允，以上所列对于商民利害均属一致，贵会为商民代表，敝会有一得之愚义不当，默兹将讨论所得建议贵会请即提出大会讨论，在此税制未颁布、评价委员会未组织成立之时，宜如何进行，以期达此目的之处，即希公决施行。市商会筹备会已推举代表，将原文携往财政厅面陈于陆厅长，请求予以考虑。关于特种消费税，评价委员会将来大约仍设于财政厅之内，惟商会可以推举代表参加评价委员。"①

此外，商会对税票及其票期进行了规范与调整，1932 年 3 月以后，三联税票改为两联，票期改为一年。"本厅印发各种消费税局及各种糖茶消费税局及各种糖茶消费税局税票，前经规定，三联以第一联存局，第二联缴厅，第三联裁给商人。此项税票因联数过多，编印填写均繁难，兹将税票缴验一联取消，只用两联，以存根一联缴厅，以尾联裁给商人，于各局填票及本厅印票手续便利甚多。又此项税票票期只有数月，因本省交通不便，往往有货未销出，票已过期之事，本厅为体恤商民起见，并将各特税局及各糖茶消费局票期另行改定。特税票自各局税票奉到日起，糖茶税票自二十一年新票到局日起，一律改为一年，以清界限而昭断一验。"② 1933年 3 月 25 日，昆明市商会召开第 78 次常委会，财政厅函请转知中西百货业遵照税法所用正式发单，须贴用印花，并据中西百货业公会函请，仍照外省办法按簿贴用，以免纷扰，议决"订期三月二十六日午后二时召集有关各同业公会推派代表宣布财政厅来函，并研商贴用印花妥善办法，以便函复财政厅印花处，并通知本会全体执委出席"③。

为了严密控制特种消费税的征收，昆明、昭通、腾冲、个旧、下关、思茅 6 处设立总局，石屏等 51 县、处设立查验所。经昆明市商会的呈请，1932 年 2 月，消费税分局撤除五处，即仁和、思茅、罗平三分局及元谋、

① 《申帮同业公会建议评价委会请准商人参加》，《云南新商报》1930 年 12 月 18 日，第 2 版。
② 《三联税票改为两联，并将票期改为一年》，《云南新商报》1932 年 3 月 16 日，第 3 版。
③ 《市商会第七十八次常委会议纪录》，《云南新商报》1933 年 3 月 25 日，第 4 版。

永北两查验所。"此五处均鲜大宗货经过，收数寥寥，现无设立必要。昨闻财政厅函昆明市商会文。查仁和特种消费税局、思茅特种消费税分局、罗平特种消费税分局及元谋特种消费查验所、永北特种消费查税验税所均鲜大宗货品经过，收数寥寥，现无设立之必要，统限至本年二月底止，撤销所有前委之各局长所长及会计、稽核验委、见习人员，一律调省。"① 此外，佛海县商会也通过昆明市商会向省政府呈明了减免特种消费税的情况，但由于丝、茶两项为大宗出口货品，省政府未能准予，"佛海县商会呈，边地出口丝茶日见减少，请核减丝茶特税，体恤商艰。丝茶两项虽为本省大宗出口货品，但税率近来并未增加，仍应遵章上纳，所请减轻税率，碍难照准"②。

1928 年，国民政府财政部召开第一次财政会议，再次确定营业税收由地方办理，以前之牙税、当税等一体归入整理，并通过《各省征收营业税大纲》，大纲规定，营业税为地方收入，凡在各省开店经商者均应领证，各省在征收营业税时，应设立营业评议委员会，并规定其委员由征收官吏与商会代表充任。③ 这表明，商会在营业税开征的过程中发挥着重要的作用，其参与也很好地协调了政府和工商业者在税收问题上的冲突与矛盾。经昆明市商会与多方协调，1932 年 1 月，国民政府财政部会同实业部商洽后，议定并通过了减免营业税之原则及办法四项："（一）凡属人手工织成之手工土布，供需两方皆系贫苦人民，为维护贫苦人民之生计起见，手工土布之制造业及贩卖业均应免征营业税，兼售他者物品之商店，而以贩卖手工土布为主要营业者，其主要部分亦应剔除免征；（二）制造或贩卖农具者，各省市政府认为有提倡或维护之必要等，得酌量免征营业税；（三）民生必需品及其他救济品之制造业及贩卖业在灾荒等特殊情势之下，含有救济性质，各省市政府得指定区域及期限，临时免征营业税；（四）国内固有产品及关系贫民生计之手工织品，在国际贸易情势特殊之下，有提倡维护之必要者，其制造业或贩卖业，各省市政府得酌量减征或免征营业税。"④ 同

---

① 《消费税分局撤五处》，《云南新商报》1932 年 2 月 24 日，第 4 版。

② 《丝茶日少，请减特税》，《云南新商报》1932 年 1 月 9 日，第 3 版。

③ 《营业税创办之沿革》，载中国第二历史档案馆编《中华民国工商税收史料选编》第 5 辑（上），南京大学出版社，1999，第 371—373 页。

④ 《减免营业税之原则及办法》，《云南新商报》1932 年 1 月 6 日，第 3 版。

时，要求各地方予以遵照办理。

对于滇茶、川芋等货品过境税的征收，商会也积极予以接洽和协调，尽量保障商人的利益不受损失。1934 年 8 月，云南邮务管理局致函昆明市商会，建议滇川邮包改用旱道，以免绕道安南负担重税，以使滇茶、川芋等货减轻成本。"本省前因滇川旱道阻滞，凡由滇运川之茶叶，由川运滇之川芋以及其他货物，多打成邮包绕道安南港沪，一路运寄，不惟寄费奇昂，且海关及东京税负担过重，商人成本加重，妨碍商业进展，敝局为减轻商人负担，繁荣两省商务起见，曾经会上东西川邮政管理局将旱道运输办法加以整顿，并由敝局函请云南省建设厅转饬沿途各县，分段负责，派团保护往来邮驮，实行以来，进行顺利，故由川运滇之绸缎、黄丝、杂货等包裹业已源源交寄，不惟迅速，且少损坏，商民称便。惟由滇运川之茶叶及由川运滇之川芋尚未交邮运寄，当系各该商帮对于邮包恢复旱道运输办法尚未明晰所致，查滇川两省无论何处，互相往来之包裹每件重量限至十五公斤，约合二十五中斤，邮费国币六元四角，并无其他费用，尚希贵会转达本市茶帮及川芋同业公会查照。"① 对川芋业同业公会请减轻川芋公卖费一事，市商会呈请财政厅后准予取消，"近因商场凋敝，请转呈财政厅准将川芋公卖费酌予减轻，并请将各销地之补征税取消，以维国产。请将川芋公卖费酌予减轻各节，核与定安（案）不符，应不准行至，请将其他各销地之补征税取消之处，妨准自本年十月一日起取消，以示体恤，通令各县芋酒牲屠税局一体遵办"②。

1934 年 9 月 27 日，云南省财政厅令饬取消川芋补征税，市商会呈请已邀批准，自 10 月 1 日起实行。"川芋一项行销有年，虽属消费之，纯属本国国产，向来本省商家以办运思普、景谷各属之茶，入川行销，转款来滇，多系改办，此货原为调剂两省商运期间，滇川商家均赖以周转，惟川芋税捐在川省产地曾照纳产地及出口税捐，办运入滇时，共上税银旧币四十元，系在盐津先缴十四元，到省市上纳二十六元，去年业将商艰，各情呈请钧会核转财政厅，凡办运一万捆者，每捆准予减税四元，二万捆者，每捆减税六元，均已年终结算，足征政府体恤维持，商民等感激莫名。但

———————————

① 《邮务管理局致函昆明市商会》，《云南新商报》1934 年 8 月 8 日，第 2 版。

② 《川芋业同业公会请减轻川芋公卖费》，《云南新商报》1934 年 9 月 16 日，第 2 版。

本年以来，省市及各道商业较诸去岁尤为冷淡，不论零卖批发，均形减少，兼之元永井各地以销地价格，谓如超过省价者，每捆可补征现金六角，超过省价者系以批发运费价格照加，而论货价，自然增高，各地公卖分局或属误会，不详查情，未将运费划除，即以超过省价，饬其纳税。在商等曷敢多渎不纳税捐，惟值此商场凋敝之秋，我政府正维持国产之不暇，岂能再事加征，使商业愈加滞塞。职会当经提会讨论议决，录呈本业商困各情，呈请市商会核转财政厅，恳乞将川芋正税准予酌为减轻，并准暂将各地补征税捐取消，以维国产，俾商业有复兴之时，再为加征，以纾商困。可否准如所请酌减正税及取消补税，用维国产之处，伏候指令，以凭转饬遵照。……查所请将川芋公卖费酌予减轻各节，核与定案不符，应不准行，至请将其他各销地之补征税取消之处，姑准自本年十月一日起取消，以示体恤。自本年十月一日起，凡由川运滇销售之川烟，应征公卖费，除照章由盐津局每捆征收现金二元八角，昆明局每捆补征现金五元二角外，其他各县税局不得再行征收补征费，以维国产而恤商艰。"[1]

云南的对外经济贸易历来就包括对外洋贸易与土货转口贸易。在1929年以前，中国的关税未能保护本国土货的利益，土货往往伪托为洋货，除进关缴纳一次进口税外，便可通行无阻，以避免各地更为繁重的厘金之苛扰。1929年中国关税自主以后，尤其是1931年厘金与子口税同时被废除，并规定了土货转口贸易的优惠管理办法，对外洋贸易与土货转口贸易才彻底分清。[2] 云南的主要出口物资是大锡，蒙自历来又是大锡运销的必经之地，因此，国内外商人纷纷来此经商，国际、省际贸易的大部分进出口物资也在蒙自关纳税，经滇越铁路至香港等地转口，然后销往国外或国内其他地区。云南省在主要的进口货物中，除棉花外，历来以蒙自关的进口为主；在主要出口货物中，除生丝和1933年以后的茶叶外，历来也都以蒙自关的出口为主。[3] 这一时期，蒙自关的进出口贸易额继续呈上升趋势。在关税的征收及制度施行中，商会也采取了各种措施，既维护了本省对外贸易的利益，又协调了与政府、海关之间的关税开征行为。

---

[1] 《财政厅令饬取消川芋补征税，市商会呈请已邀批准》，《云南新商报》1934年9月28日，第2版。

[2] 李珪主编《云南近代经济史》，云南民族出版社，1995，第347页。

[3] 李珪主编《云南近代经济史》，云南民族出版社，1995，第354页。

1932 年 3 月，对蒙自税关以金单位征收出入口税一事，昆明市商会与省政府积极筹议解决办法。"以蒙自关税务司，对于出入口税算法偏枯，变更成案，请饬照旧办理，并迅予核复。"① 蒙自关监督先后电呈本部关务署，经该署令行总税务司详查核议，"海关金单位系一种虚金本位，与各国金币有固定之折合率，关平银系一定重量之纯银，与各口通用银币有折合之价格，而金单位与关平银两者之间并无有接市价，必须假借外国金币与当地银币之汇率辗转折合，始能规定。故凡无金币市价之口岸，征收金单位税款，自不得不由职署，以关平银为媒介，照上海规定，与美金之行市。电由各该口海关折合当地通用银币汇率征收，现云南省既有汇理银行暨行市——银币，与上海各外国银行之外币钞币雷同，与该省通用银币亦日有折合之市价。而金单位与法郎又有 10.184 之定额，蒙自关金单位税款自应以当地通用之金银币折合征收方较公允，否则金银市价日有涨落。滇沪汇率当有高低，价格应有出入，即难免盈绌。该关从前按职异电定汇率征税，致商人觉巨大损失，实非持平之道，故自本年九月一日起，即遵照部令规定办法，将金单位税款改按当地通用之法郎，每日汇率折合滇票征收，其方式即以 10.184 法郎与滇票市价相乘，等于金单位，令滇票之价格办理，并恳不合。惟近据该关税务司呈称，迩日滇票汇拨出，省价格低落，嗣后关平银部分税收，不但无可盈余，且恐亏折。嗣后关平银折合滇票拟以解款到沪之汇率为规定据根，以免损失。经令饬该税务司与监督，会商办理，并将金单位税款毫无损失情由，详为解释，俾免误会"②。此后，蒙自商民呈请于原咨所请变通办理，未经采纳，仍用金单位，以当地银行每日开盘汇率，折合云南通用货币征收，"似此情形，于云南商情仍多窒碍，应否再行咨请，应根据何种理由，有无折中办法，事关全体商务。该会即便妥为核议办法，具复以凭核夺。市商会奉文后，当以此案关系吾滇工商业极为重大，由常委会议议决，交商事科订期召集直接有关之

① 《省府训令市商会妥议，蒙自税关以金单位征收出入口税》，《云南新商报》1932 年 3 月 30 日，第 1 版。
② 《省府训令市商会妥议，蒙自税关以金单位征收出入口税》，《云南新商报》1932 年 3 月 30 日，第 1 版。

各业代表到会研商办法"①。

1933 年 1 月 11 日，云南省蒙自海关税务司毕洛函邀昆明市商会代表参阅所拟定出入口货价表，商会常委卢鸣章、张厚安、陈子量、马小春、执委陈德齐、何劲修暨公会代表古之祖等如约前往，税务司毕洛殷勤招待，彼此接洽后，毕即将所定货价表当面交由商会各代表传阅，并声明海关货价表每三个月改一次，此项货价表系本年 1 月、2 月、3 月的情况。准入出口一项，"近因货价跌落，故所定之价格，除三四种较前稍为提高外，其余多数货价均较前减低，至入口之货价系以天津、上海、广东三处之产地价平均规定，运税费未计在内，所定各价均较商人所报为低，况总税务司内设有一评价估计各委员会，如该司每月之报单呈送到总税务司后，经评价委员会审查，稍有不合，即行驳回更正，是人口之货价决无丝毫之疑义，特为慎重声明"②。又商号请求组织报关行一案，照海关规定，限期极严，须殷实之商人，始能组议。为慎重计，业已布告各商照规定组织，不料此项布告，贴出即为人扯去。"海关逐日发出公告，从未被人扯去，乃仅将报关行一案之布告扯去，顾系有人从中捣乱，希图一手包办。现正极力调查明确，严予究办，前请求组织报关行之商人，应请由商会妥慎调查，以免不利于海关而危害本市各商人，刻下海关仍拟续出布告，俾殷实之商人有组织机会。"③ 对于货价表一事，经商会代表答称："出口货价表，如贝母一项，虽已较前改低，然以目前市价计算仍觉尚高，应请稍加改正。又入口货价表据声明各节，办理已极公平，无如各商对于货价规定，未能一二了解，致多有误会之处，应请照出口货价表一律公布，使各商知照。"④ 随后，毕洛答称："出口货价表因时间问题昨已公布施行改定，一层实觉碍难，如命不过此项货价，系三月改定一次，如有不适之处，请详为审查，于二月十五日以来，到海关会同改定，下期实行，至人口货价表因名目烦多，如一一公布，殊觉麻烦，如有关于某项货价询问之必要时，或由商人直到海关询问，或函商会函询，当竭诚办理。行将出入口税则各

① 《省府训令市商会妥议，蒙自税关以金单位征收出入口税》，《云南新商报》1932 年 3 月 30 日，第 1 版。
② 《税务司与商会代表之谈话》，《云南新商报》1933 年 1 月 13 日，第 3 版。
③ 《税务司与商会代表之谈话》，《云南新商报》1933 年 1 月 13 日，第 3 版。
④ 《税务司与商会代表之谈话》，《云南新商报》1933 年 1 月 13 日，第 3 版。

一份,报与商会代表,持回参考。"① 至此,关税调整之事得以解决。

(二) 商会对民族商利的维护

龙云统一滇政后,先后对财政金融进行过四次整理,至 1934 年以后,云南金融秩序渐趋稳定,工商业得到恢复发展。据实业部调查数据,1934 年昆明市商业有棉纱、药材、金业、布业、中西百货、糖业、针织、土杂等共 61 个行业,2412 户,职员 9769 人,资本额 505.945 万元,营业额 1673.015 万元,到 1936 年发展到 3730 户,② 商业户数比 1934 年增加 54%。抗战前夕,下关的商店已发展到 700 余家,较民国初年的 300 余家增加了 1 倍多。③ 抗日战争前,腾冲市场繁荣,县城有商业行业 18 个,858 户,从业人员 2600 人;摊贩 600 多户,从业人员 6000 多人。④ 由此看出,"新云南"建设时期,云南地区的商业已经得到长足的发展,商业贸易呈现良好的态势。而在此情势下,由于一些历史因素,诸如滇越铁路作为云南的"商业动脉",其经营权一直为法政府所操纵;在进出口贸易中,关税自主权还控制在英法等殖民国家中,以至于在进出口贸易中由于出入口税的征收而使云南的商业发展经常受阻。对此,商会多方积极协调,与外事部门交涉、接洽,并商讨相应的应对举措,既表达了其民族主义诉求,维护了中国在商业贸易上的主权地位,又在其权责范围内保障了广大商人的权益不受侵害,为商人赢得了更广阔的发展空间。

1. 抗议火车运费加价,组织马帮运输

滇越铁路开通后,云南的市场格局发生重要变动。⑤ 沿线一些城镇如宜良、开远、个旧等迅速兴起成为商业集镇,商旅往来频繁。此外,一些外商洋行及外省商帮与本土的近代工矿企业密集地出现在滇越铁路沿线地区。⑥

---

① 《税务司与商会代表之谈话》,《云南新商报》1933 年 1 月 13 日,第 3 版。
② 云南省地方志编纂委员会编《续云南通志长编》(下册),第 545 页。
③ 云南省地方志编纂委员会编《云南省志》卷十四《商业志》,云南人民出版社,1993,第 508 页。
④ 云南省地方志编纂委员会编《云南省志》卷十四《商业志》,云南人民出版社,1993,第 522 页。
⑤ 滇越铁路成了近代以来云南联系外界的一条捷径,催生了一批近代新式企业,促使云南的商业类型分化,加速了商人组织近代化进程,对云南区域市场格局的转变起到了关键的作用。相关论述参见赵善庆《滇越铁路与云南经济近代化》,《华中师范大学研究生学报》2014 年第 2 期。
⑥ 王明东:《民国时期滇越铁路沿线乡村社会变迁研究》,云南大学出版社,2014,第 2 页。

云南传统的商道因滇越铁路的修建而发生变更，经蔓耗、河口等码头装运货物出入境的方式，迅速被铁路运输取代，马帮迅速减少。然而滇越铁路的运营主导权依然被法属滇越铁路公司所掌控，1932 年 7 月，滇越铁路公司无故增加火车运费，给本省的商业贸易造成了更重的负担，各地商人及商会纷纷提出抗议。在抗议后仍无法得到解决的情况之下，商会开始组织传统的马帮运输加以应对，保障了商人的利益不受侵害，也维护了本国本省的商业权利。

1932 年 7 月 13 日，昆明市商会召开第 58 次常委会议，"据各商代表者绪昌等纷纷到会报称，滇越铁路公司无故增加现金、条银、金子等项运费至十二倍之多，妨碍商业，恳请严重抗议，并据宜良县商会函，同前情并案提请核议"。经市商会议决后，据情函请外交特派员严重抗议，应依原定车费照收。① 7 月 14 日，昆明市商会致函交涉员，对火车增加运费一事，提出严重抗议，并共同呼吁各地商会务须争取取消增费才达到抗议的目的。"近日以来，越滇公司对于条银、金子、土货等三项增加车费，竟有加至十二倍之多，实于滇省商业大有妨碍，应请严重抗议，仍照旧额收纳，正核办间，并准宜良县商会函同前由，当即提出本会第五十八次常委会并案讨论。众谓滇越铁路公司对于客货、车费各费均有专条规定。历年以来，逐渐增加，较之民国初年，已加至十余倍之多，因系佛郎与滇币折算关系，故此负担极重，仍复忍痛照付，从无异议，今无故将条银运费增加七倍，金子增十倍，土货增至十二倍之多。不惟摧残滇省商业，抑且有碍中法睦谊，应即函请严重抗议。请贵特派员烦为查照，与并滇法领严重抗议，务须达到取消增加目的，以重邦交而敦睦谊。"② 此后，又致函宜良县商会，"现经各商会议妥协，组织雇马驮送，已于十一日起运烟驮三十五驮后，又增加挑夫并嘱矣烟驮，到省时如有请求，尚希援应毅力维持。该公司无故妄加金银、土货运费竟至十二倍之多，自分别筹抵制办法，难期达到销目的。贵会于咨请抗议后，立即会商组织雇马驮运，足见毅力热忱，深为佩慰，务望始终坚持。在未经取消增加运费案以前，无论有何困

---

① 《市商会第五十八次常委会会议纪录》，《云南新商报》1932 年 7 月 13 日，第 3 版。

② 《商会抗议火车增加运费，函请交涉员严重抗议》，《云南新商报》1932 年 7 月 15 日，第 3 版。

难，均请雇马驮运，以期贯彻抵制本旨。至烟驮到省之时，如有商托事项，自当尽力补助，以副雅嘱"①。

滇越铁路开通后，在宜良县境内设立 5 个车站，昆明与宜良之间形成朝发夕至的运输优势，为现代工商业品的输入及地方农贸产品的输出提供了便利条件，推动了商品市场的发展，"奠定了宜良成为云南省商品物资集散地和省会农副产品供应地的基础地位"②。此次加价事件也给宜良的商业发展造成严重的影响，"宜良自滇越铁道通车后，商务骤行发达，已不啻成为东南商业中心，一切货物流转之要地。盖商贾欲求时机之迅速，行情之转移，一车之便即可计时而至。故该公司屡次增加车运两费均勉受之而不惜巨料，该公司欲壑难填，得寸进尺，近数日来，突于现金、烟土两项定为特货，陡加车运费至十余倍之多，试思商人以多数血本营谋绳头微利，所得盈余岂能及，此什一商民何辜受此重大损失"③。对此，宜良县商会联合全体商民全力抵制运费加价，并提出了三项抵制办法：现金土货概不车运，组织马帮自行搬运，请团保护以备不虞。1932 年 7 月 6 日，宜良县商会召开全体会员大会，众谓"该公司此举关系重大，实为商人唯一之致命伤，亟应一致团结，群起抵制，否则此后该公司之唇唇剥削，更有甚于今日百倍者。况车费一项为世界公认之货币，有何特货之可言。该公司竟定为特货，据何理由，足见该公司压迫商人，轻视吾国，蔑视公理，不待言而日明矣。商人等截指联心，何堪容忍敝会职责，所在岂能坐视。惟有呈请省政府提出严重抗议，据理力争外，特为呼吁所望各界人士联袂奋起，一致抵制，非达到恢复原价，不可在为。抵制运输期间，所言上述现金、土货二项概不车运，组织马帮自行搬运，请派县团沿途保护，以备不虞。深恐行商过客，远道来宜不明真相，转运上述货物横遭损失，特为披露，幸垂察焉"④。作为滇越铁路沿线的建水县，在铁路通车以后，外来洋货冲击本地市场，商业逐渐繁盛。此次加价也使建水地区较为特殊的特货销售受到阻碍，永丰利商号的特货还被滇越铁路公司扣留，建水县商会也

---

① 《商会抗议火车增加运费，函请交涉员严重抗议》，《云南新商报》1932 年 7 月 15 日，第 3 版。
② 本书编委会：《宜良县志》，中华书局，1998，第 283 页。
③ 《宜良县商会抵制运费加价》，《云南新商报》1932 年 7 月 19 日，第 3 版。
④ 《宜良县商会抵制运费加价》，《云南新商报》1932 年 7 月 19 日，第 3 版。

致函昆明市商会要求予以答复解决，"据商号永丰利报称，滇越铁路公司违法横加车费，恳请转呈，严重抗议并饬该公司将扣留永丰利特货两箱迅予发还，以重国权而维商艰"①。7 月 16 日，昆明市商会召开第 59 次常委会议，经核查此案后函请外交署向法委办理，并向外交署严重抗议，转饬该公司先行发还。

1932 年 7 月 23 日，昆明市商会发出通告，妥善商拟出初步的解决方案：抵制车费加价，实行马帮运输；开帮在即，沿途军团保护。昆明市商会致函各特货商，"此次滇越铁路法国公司对于特货横加运费达十余倍之多，实足制我滇死命，曾经由会函请外交部特派员办事处同法交涉员提出严重抗议，不达圆满目的，誓不为止，一面决定沿车各埠商人决定不搭车运货，在未解决以前，所有由狗街宜良上下省市特货，由会派员会同宜良县商会组织马帮切实办理运输事项，曾经议决照办。此次各帮开帮在即，所有运发特货须交由马帮付运，且沿途有军团护运，可保无虞。请转告同业商号一致办理，幸勿破坏"②。

同时，昆明市商会也致函外交特派员，要求其向法方严重交涉，将滇越铁路公司所扣货物发还各商号。昆明市商会据个、蒙各商号及建水商会函请转呈特派员，办事处转咨法委，令饬该公司将扣留永丰利之特货先行发还，以恤商艰。"据个旧县商会公函开，个旧商号瑞云祥、福安祥、崇盛昌等三号公呈称，加运费故碍商业，公恳提议，讯予转请总商会（即昆明市商会）呈请省政府严重交涉，即日取缔照旧办理，以恤商艰而维商务。事缘商号等经商个市，近年以来，专赴省垣贩运烟土到蒙、个、建水等处销售，对于滇越车运费，素来均照。该公司定章交纳，原系每箱烟约重中称八十斤，由省起运到碧色寨卸车，合纳运费滇票二十元零，数年来并无他议。本月二号有建水同业永丰利由省购运烟土七十三箱到碧色寨，当购运票时照旧纳费，已经运到阿迷站亦无异议，乃至三号由阿迷起运到碧色寨。该阿迷站经理人陡有异言，谓该公司独增加烟土运费。早经布告，由七月一号实行。查所加之数，每箱共合滇票三百五十余元，较原价竟加至十二倍之多，实为骇人听闻，随被扣留烟土两箱。当经报请阿迷路

---

① 《市商会第五十九次常委会议纪录》，《云南新商报》1932 年 7 月 20 日，第 3 版。
② 《市商会通告》，《云南新商报》1932 年 7 月 24 日，第 3 版。

警总局长交涉，随蒙一面电报省政府核示，并电该省站经理，谓系算错加数；一面纷示永丰利及各同业报请蒙、个、建水商会，据情转请总商会呈请省政府严重交涉，以恤商艰。各商号等七月一号由省起运之烟均照旧交纳运费，运到碧色寨卸车未有增加，明文何以毫无异。又永丰利七月二号由省起运十三箱亦并未闻有增加运费情事。已运到阿迷站至三号由阿迷起运到碧色寨，始忽云加费。扣留烟箱首属别有用心，任意阻滞商务。该经理人所称，曾经布告，又谓系属算错之言，实欺朦（蒙）不然果有增加布告在先，或在省增收商号收商号等即停不贩运，有何不可，乃中途扣勒无理过甚。当此商业凋敝，商号等贩运烟土，集巨大之资本，求绳头之微利，葛敢再蒙。此无理独加之运费，若不呈请转呈交涉取缔，不惟商号受害甚深，影响商务何堪设想，不得不联名具呈报请钧会，俯赐维持，迅予提议，据情转请省总商会（即昆明市商会）呈请省政府严重交涉，即日取缔，照旧办理，以恤商艰而维商业。"① 此后，昆明市商会也查实原委，"滇越铁道虽为法委建筑，然自河口以上省区以下路线究在中国境内，值此陡加滇省烟土运费十有余倍，恕实为国际条约所不许。函请贵会烦为查照转呈省政府严重交涉，从严取缔，商务前途甘庶有豸，并准建水县商会函同前由。滇越铁路法国公司横加运费，请贵处向法委严重抗议，转饬该公司照旧收费，以敦睦谊而维商业。转咨法委令饬该公司将所扣永丰利特货两箱先行发还"② 随后，商民张学义等认为，火车加费已严重妨害商业，现已组织马帮自备枪支护运商驮，呈请转报发给执照，以利遄行。

　　1932 年 7 月 30 日，昆明市商会召开第 61 次常委会，通过决议查组帮护运商驮一案，关于宜良一带系由宜良县商会负责办理，应由各商等径呈宜良县商会核转到会，再凭核办批复知照。③ 滇越铁路公司此次无理增加特货、银条、金子等项的运费，屡次经昆明市、宜良县等地商会及各方面提起抗议，并请云南省外交特派员办事处向法国交涉员提出抗议，严重交

---

① 《铁路公司所扣货物由市商会函外交特派员请向法方交涉发还》，《云南新商报》1932 年 7 月 29 日，第 3 版。

② 《铁路公司所扣货物由市商会函外交特派员请向法方交涉发还》，《云南新商报》1932 年 7 月 29 日，第 3 版。

③ 《市商会第六十一次常委会议纪录》，《云南新商报》1932 年 8 月 4 日，第 3 版。

涉。王特派员交涉经过情形向各界代表详为报告后，据法委答复，"对于运费加价一事，须以铁路公司协理，由河内来滇，自当得一和平之解决，请各方面勿任意加以攻击，以免有伤邦交而阻碍交涉，先后各情已志本报。该公司协理顿国开业已到滇，我外交当局向法方面一再提出交涉，业经顿协理圆满答复，面允即日取消苛加，运货仍照旧收费"①。此后，关于此案正式公文，各地商会虽未接到，但事实上已完满解决。

在各地商会组织马帮运输的过程中，也出现一些弊端，市商会通过协调处理后，特制定马帮条例加以整顿。"此次经委会所拟改善马帮条例，经开会通过后，应函各商会知照以后，马帮经理若不遵照条例履行，再发生私抽驮捐等弊，准由商会及人民告发，查明议处，以除弊端而维商艰，由敝会于 1933 年 12 月 20 日第六次执监联席会议通过，相应检送条例函达贵会希即委照办理。"② 昆明市商会致函通知山货业同业公会，"准昭通第二旅及第三团经济委员会函开：径启者准奉旅座面谕，查照办理。合行印发条例，通知该会转行各商知照"③。

昆明市商会组织马帮条例④

组织　马帮设经理一人，暂设护役二十名，附枪二十枝，每枪配弹一百发，由会发给马匹马夫，依商情随时增加，但每四匹马只设马夫一名，设哥头二名，伏头一名。

职责　经理受本会之监督，管马帮武器款项，调养马匹，管教夫役，保护商驮之运输。

人选　经理由本会聘任夫役，由经理负责雇用之。

待遇

第一款　经理每月给薪津镍津一百元，并于每届年终结算马帮鸿账，临时得酌量以纯利设几分之几酬劳之；

第二款　护役每月给工资镍津五十元；

---

① 《火车苛加运费已获圆满解决》，《云南新商报》1932 年 8 月 6 日，第 3 版。
② 《商会组织马帮及条例》，1934 年 1 月 19 日，档号：32 - 25 - 319，昆明市档案馆藏。
③ 《昆明市商会函件：通知山货业公会发二旅送发马帮条例》，1934 年 2 月 8 日，档号：32 - 25 - 319，昆明市档案馆藏。
④ 《商会组织马帮及条例》，1934 年 1 月 19 日，档号：32 - 25 - 319，昆明市档案馆藏。

第三款　马夫每月除伙食外，给工资镍津十五元，每次由昭上省，由省下昭，由昭下滩，转昭每名各给草鞋钱镍津二元（哥头伙头其待遇与马夫同）。

款项

第一款收入　每次驮价由经理负责收管，除开支外，列表缴会；

第二款支出　每月役工资暨伙食马匹、医药、钉掌、鞍架、碎修等费，由经理于经收款项项下开始，于每次驮货到昭列表呈会审核，其表式另订之；

第三款审核　经理每次所报账目，以一月内为审核期，如有疑问，须在一月内宣布查办，查清后经理方得脱去责任，如在一月内不宣布，即为默认经理解除其责。

马匹

第一款　马帮应设马匹，其数以将来能敷旅部及第三团出差之用，不致内外封雇为标准（照出差规定应需六十六匹），除现有之数外，由经理负责报请本会发款，陆续购补足额；

第二款　马匹应由经理编列号数，载明口齿毛色，呈会备查；

第三款　每次来往马匹，如有倒毙，经理须立即报告，由会查明事实，分别承认与否，如遇疾病或经险道等非人力所致之故，而倒毙则予承认，如因调养不力或载重过量、使用不当等情，以致倒毙则不予承认，经理须负责赔偿，他以类推。

规则

第一款　马帮除护送所驮商驮外，对于搭帮商驮，负沿途保险之责，不得私自包揽抽捐。但得对于会收搭帮货驮费内，每次以十分之一提给经理，作对商家负沿途马驮窃盗损失及马户不实靠等赔偿责任之用，其十分之九归会作会对商家负沿途保险防御盗匪责任，给养护役等一切需费之用；

第二款　不得包运违禁物品；

第三款　运输货驮不论商有私有，均须遵政府章程纳税，不得假借名义估看马关；

第四款　对民众交往不得有丝毫不和蔼之态度；

第五款　马帮不得干预民事。

附则

第一款　本条例经大会通过发生效力；

第二款　本条例如有未尽事宜，经三人以上提议，得以开大会公决修改之。

有些地方商会在此次运费加价事件解决后，也恢复铁路运输，并将其马帮组织解散。如昭通县的马帮组织由昭通县商会接收办理，并函请市商会转知各商会："本会为准备不对随时出差需用驮马，免临时封雇滋扰人民，特购置驮马，以备需用，平时驮运商驮继为便利商人起见，组织保帮。自成立以来，乃因马帮经理任用失慎，以致屡次滋事，不惟有碍本旅名誉，且贻累商人，本会深为抱歉，已将马帮解散，于十一月一日交由昭通县商会接收办理，此后举凡一切马帮事宜，统归昭通商会负责，本会既不过问，亦不负任何责任，通告各商号知照并道歉。"①

2. 抗议英缅征收银税，多方呼吁应对

近代滇缅贸易繁盛已久，滇商在其商业贸易中占有举足轻重的地位。②1932 年 10 月，英属缅甸政府突然下令增加滇商生银入口税，对此，昆明市商会致函外交部特派云南交涉员办事处，向英领事馆提出抗议，并请求解决。"以准英总领事照会，对于缅甸海关征收生银税率，约合百分之五十一案，除已向英领提出抗议外，嘱即转知有关系各商号知照。当即召集各该有关系商民到会，据该商民等面称，滇缅通商条约及中英商约对于由滇输入缅甸之生银，向来均未征收关税，今一旦征收如此之中，殊与缔订约章有悖，此应抗议者一又各国关税约章，对于征收税率如有变更，须于三个月前预为宣布，俾向来通商国家之商民，先事准备，今印度政府对于由滇入缅之生银骤然收最重税率，其实行加税日期系十月十五日，而英总领事转来电文至十月十七日始行到达。商民等事前毫无知觉，尚购有大批生银运输在途，若照规定，税率上纳，其中损失大大，此皆印度政府不照通章办理所致，此应请抗议者二。滇缅通商向称繁荣，其能□□□□

---

① 《第二旅部组织之马帮已经解散》，《云南新商报》1934 年 11 月 23 日，第 2 版。
② 滇商尤其是滇西地区的商人群体一度活跃于清代以来的滇缅贸易，近代滇西商帮占主导地位。相关论述参见赵善庆《滇西商帮与近代滇缅贸易》，《东南亚南亚研究》2014 年第 2 期。

或……实由滇商输运生银入缅以售。获生金银之款，转购缅地方各种货物或先输运货物，或由缅人名起存者，向印度政府承领公款，借与滇商均恃生银入缅售卖，以资偿还。今生银税率骤收之百分之五，上实不能再运。生银入缅不惟赊欠，缅商货价及借欠起存款项无疑偿还，且以后滇缅商务日渐衰落，殊于中英商务及睦谊大有妨碍，此应请抗议者三。以上所述三项均属实在情形，务恳转请外交部特派云南交涉员迅向英领提出严重抗议，照旧办理。"[1] 以上表明，昆明市商会提出了抗议此事的三个主要理由：破例设关有悖约章、骤然征税不先开会、滇缅商务大有妨碍。同时也提出，如果印度政府不重邦交，毅然施行，以后滇商无力购买缅货，滇缅商务停滞，其咎也不在滇商。在此事商，各商号签请当局严重抗议，提出非达到根本取消不止。

1932 年 10 月 28 日，腾冲商会致函昆明市商会，提出"照滇缅条约不应征税，请依据公理严重交涉"，并详细指出英属缅甸政府征收银税的种种不合理之处："第一，滇货由汉道入缅，照滇缅条约不应征税，即诸此约时效已过，但既未声明作废，又未拟订新约，在法理上当然认为继续有效；第二，迭谓如同缅甸已不受立约时限制，但中英非无约国家，在通商口岸税则变更，国际自有预先通告之义务，今突然宣布，对我未免失态；第三，凡征收令公布要施行要有期限，即以缅甸习惯论，亦复如此今公布与施行，同日已觉不合常例，况十五日公布，十七日始通，知我方面而施行，仍由十五日起算，此为追溯既往，与法律上之原则不符。"[2] 也指出其对滇缅贸易的不利影响，"凡此三端理，通告不可通，至事实则陡增重税，商人遭遇大打击，商业帝掣，市面动荡。诸各国通商互往之本旨，不应如此势危情追，应请依据公贯严重交涉，务达取消目的，无任追切待命之至"[3]。

1933 年 1 月，全国商联会得知此事后，严厉指责英国政府，积极抗议。"英国政府突然破坏国际商务，征收滇缅陆路生银进口新税，每盎司税一七安那，并禁止中国货币输入先行苛征，然后照会，实属摧残国际商务，滇缅数十万商民愤激，万伏誓死力争，电请声援。前来查中英两国邦

---

① 《市商会函覆交涉署，抗议英缅征收银税》，《云南新商报》1932 年 10 月 27 日，第 3 版。
② 《腾冲商会抗议缅征银税》，《云南新商报》1932 年 10 月 28 日，第 4 版。
③ 《腾冲商会抗议缅征银税》，《云南新商报》1932 年 10 月 28 日，第 4 版。

交素睦，今竟违反公约，苛征新税，俾我数十万侨胞陷于水深火热之中，为商民利害计，为国际地位计，应请全国军政党务暨各界一致力争，用维国体而拯商务，恳请迅向英国交涉取消滇缅陆路生银进口税，至为切祷。"[1] 同时，腾冲商会会长抵沪，代表缅甸华侨评论英国政府强征银税一事，积极呼吁各方加以援助。"云南腾冲一带毗连英属缅甸，双方贸易依据缅甸条约规定，向无入口税，不料十月十五日英政府下令各处运缅之生银须征收入口税，同时并在缅属八莫地方扣留滇商运缅生银六百余条。经仰光许领事交涉放运无效，缅甸侨商为使国内明瞭真相，并请一致援助起见，特托腾冲商会会长徐友蕃氏来沪之便，代为呼吁。"[2] 此外，在沪的缅甸华侨徐蕃也积极声援，"我滇接近缅甸，滇民旅缅经营各业者不下数万人，年来受世界经济衰落及卢比涨价，影响萧条不堪，失业者殊众，而商界营业则尤一落千丈，幸有滇缅条约保障，故尚能支撑营业。缅政府于本年十月十五日起征收运缅生银入口税，同时并在缅属八莫地方将滇商运缅生银六百余条强征重税，扣留不放，计每银四十四两须纳税十七卢比，约合现元九钱八，总合沪币二十三元有奇。该地商民呈请仰光许领事交涉无效，又经滇政府呈请中央，转饬外交部向英使交涉，又无批复。缅政府如此横征暴敛，我侨商所感受此苦诚难以言，此事关系国际条约之尊严，非仅滇省一地之得失也。余此次因事来沪，承商民托代作呼吁，希各界一致援助，达到撤销征税目的，不日拟晋京分谒当局，请求积极交涉"[3]。

在各界人士的呼吁声援和各方的力争之下，1933 年 3 月，英国领事最终答复两项办法：运回腾越则须缴纳罚款，运入缅甸则须补缴税款。"英外交部复称，印度政府特准所扣银块连同腾越至所扣银币，亦准运回，但须另付少许罚款。疑若该银币愿入印度内地，则仅须付与税银相等之罚款，以示优待。……又据仰光许领事呈称，现将对于处理该案办法关于扣留银条拟令银商另觅人证验证。此诉请求再审准予免税。当经一面再由本馆向当地政府交涉第二批银条，应先运回腾越。至关于银元一项，八莫关

---

① 《全国商联会电请交涉缅甸生银税》，《云南新商报》1933 年 1 月 10 日，第 4 版。
② 《腾冲商会会长抵沪，代表缅甸华侨评论银税》，《云南新商报》1933 年 1 月 11 日，第 3 版。
③ 《徐蕃代表缅甸华侨评论银税》，《云南新商报》1933 年 1 月 11 日，第 3 版。

十二月三日曾有通知茂记号准予运回云南，并罚款一百五十盾。现查该项银元（圆）本经云南省政府禁运出口，此次该商私自贩运，似未便再为交涉，至将来关于减成一项，已查明此项银条运输费用再行与当地政府商办。本部查核英外交部复函谓，此项税率之提高，系以增加税收为目的，并将以保护本国工商业为目的，又谓华商前此运缅之银货并非为结账或支付货价之用，对于本案，印度政府之让步殊无实现。故该处主管税务司定有办法二种，许货主自采：一、如欲提出担保，将该项银货运回腾越，则须缴纳罚款；二、如欲速运入缅，则须补缴应缴之税。以上种种办法在彼已视为通融优待，语意甚为坚决，既已磋议至此。除银元（圆）一项已允略于罚款运回外，其第一第二两批银条应由驻仰光领事体察商情，量予议结。"① 此事遂得以解决。

到 1934 年，经过此前对进出口税权的力争，对外贸易秩序逐渐恢复正常。如印度运到腾冲的货物，印度政府已援照旧例，允准予以退还关税之便利，云南省政府训令昆明市商会予以遵照办理，"准驻滇英领事照会，关于由密支那复出口至腾冲之货予以退还，所纳关税之便利一案，令饬知照。关于由仰光运入缅甸政府，由新街腾冲复行运出口至中国之货一事，前于 1904 年经印度政府批准，退还所纳之关税在案。据华商呈请，对于由密支那复出口至腾冲之货予以同样便利。印度政府已准如所请作为试办，将增进滇缅商业，已允许此种便利之事，通知滇省政府咨达过署，照会贵主席转饬各商帮知照"②。

三　云南商会在边疆民族地区社会治理中的参与

随着"新云南"建设方略的有序推进，云南边疆民族地区的社会经济发展也逐步加快，由于受到国民政府统治力和外来力量的合力作用，云南地区的社会组织发生了显著的变动，呈现多元化的态势。在基层社会制度的建设上，中央和地方政府也不得不强化和改变对云南边疆民族地区的社

---

① 《交涉银税之结果》，《云南新商报》1933 年 3 月 8 日，第 4 版。

② 《印度货至腾冲，予以退还关税之便利，印度政府已援例允准》，《云南新商报》1934 年 3 月 25 日，第 2 版。

会治理措施，逐步让云南边疆民族地区融入国家强有力的治理体系中。① 1928 年 9 月 15 日，国民政府颁布实行了《县组织法》，对全国县级行政组织进行改革以实现县治。根据《县组织法》的规定，云南省开始在边疆民族地区没有设立县级行政区的地方分设设治局与殖边督办，对边疆民族地区社会治理进行强化。由于民国时期云南边疆民族地区成为对外交流的前沿，尤其是蒙自、腾冲等地开埠后，通商成为当时云南边疆民族地区重要的商业活动，使商业贸易得到快速发展。云南沿边地区出现了很多商业中心，使当地出现了具有社会影响的商业组织——商会。在民国时期，由于地方政府力量弱小，各地社会治安动荡，商会不得不出面对当地社会秩序进行干预。于是，商会在民国时期成为云南边疆民族地区重要的社会组织，对地方社会产生了重大影响。

（一）商会设立改组与边疆政区建制的特殊关联

龙云确立对云南的正式统治以后，着手对云南的行政区划作重大的调整。由于云南省地处边疆、少数民族众多，加之社会经济发展水平参差不齐，在以省、县两级为主的区域行政主导建制外，还设立设治局、行政委员、县佐、弹压委员会等特殊的行政建制。沿边区域设置弹压委员，后改为行政委员。思普沿边地区为国防要地，1913 年设置思普沿边行政总局，管理边疆事务，下辖八个行政分局。为加强边区行政组织，1929 年，取消了思普沿边行政总局，另设置车里等 6 县及宁江行政委员。1930 年，国民政府又批准成立腾冲、宁洱督办区。而随着 1929 年国民政府新颁布《商会法》及《工商同业公会法》，商会之法人地位得到正式确立，商会终于取得法律与政治上的合法性。在国民党政府的督导之下，商会也在政府的政制体系中建立起自己的层级组织，并将对其的管控与治理纳入各地方政府的施政规划体系之中。云南边疆民族地区由于行政建制的特殊性，其商会的设立与改组也呈现特殊的面相。

民国时期，在云南行政区建制中，较为特殊的是设治局和对汛督办。根据云南省的自身实际情况，对于县域太大、地广人稀、交通不便的县

---

① 对云南地区基层建政与社会控制主要集中于龙云主政的前中期，尤其是抗战爆发后在中央势力渗入云南之前。相关内容详见刘永刚《龙云主政时期云南的基层建政与社会控制》，《中央民族大学学报》（哲学社会科学版）2013 年第 5 期。

份，设置县佐辅助县知事进行地方治理事宜。到 1932 年，云南全省共有县佐 10 个。[①] 在少数民族聚居或杂居地区，又建立了过渡性的行政机构设治局，这是国民政府统一地方行政建制的产物。民国时期共设置设治局 16 个，1932 年设立潞西设治局（原为芒遮板行政委员）、泸水设治局、梁河设治局、莲山设治局、陇川设治局、盈江设治局、瑞丽设治局、碧江设治局、福贡设治局（原为康乐设治局，1935 年改名）、德钦设治局、宁江设治局（原为临江设治局，1935 年改名）、贡山设治局、龙武设治局，1934 年设立沧源设治局，1935 年设立宁蒗设治局，1940 年设立耿马设治局。[②] 由于设治局所管辖的地区偏处滇西北大山深处，地广人稀，交通不便，商业活动较为冷落，因而商会的设立也是稀少的，设治局本身就承担了商会组织的职能，通过采取各种措施来开辟集市，发展商业贸易，促进商品经济的发展，从而推动当地社会的发展。在 16 个设治局中，只有德钦和碧江两地设立了商会组织，碧江商会于 1930 年 3 月设立，此后也并未改选上报，会员有 55 人；德钦商会于 1931 年 2 月改组，1935 年 9 月改选，会员有 46 人。1933 年，云南省政府设置河口、麻栗坡两个对汛督办署，其隶属于省政府管辖，职权是保护国界，查禁走私，办理沿边国防、外交、军事等事务。由于这两区同属边境贸易的前沿阵地，因而在河口开埠后就设立了河口商会，该会于 1930 年 1 月改组，1936 年 1 月改选，会员达 75 人之多，并已据相关法令，在改组后上报主管官署核备。麻栗坡商会成立时间较晚，于 1932 年 12 月设立，会长为胡安烈，由于交通阻隔，信息闭塞，远离政治统治中心，所以设立后也并未上报。[③]

　　土司制度在云南由来已久，明清时期的改土归流在云南这个僻处边陲的省份推行并不彻底，以至于民国时期还有少量的土司存在，其在地域上主要分布于远离政治、经济中心的山区或边远地区，这些多为低级别土司，部分土司的汉化倾向较为严重，分散于现今西双版纳、思茅、德宏、

---

① 王文光等：《云南近现代民族发展史纲要》，云南大学出版社，2009，第 209 页。

② 王文光等：《云南近现代民族发展史纲要》，云南大学出版社，2009，第 210 页；云南省地方志编纂委员会编《云南省志》卷一《地理志》，云南人民出版社，1998，第 108—109 页。

③ 此处相关的统计数据依据前节所列《1936 年云南全省商会一览表》，《云南建设月刊》1937 年第一卷第一期，第 42—48 页。

怒江、迪庆等地，集中在中维沿边（中甸、维西）、腾永沿边（腾冲、保山）、澜沧沿边、思普沿边（思茅、普洱、西双版纳）、河麻沿边（红河、文山）五个地区。① 土司制度在民国时期的云南还存在，表明地方民众对这样一种权力行为或管理模式的认可，土司制度存在区域的民众，被动接受既有管理模式的价值主体即土司的权力与管理。因此，在 20 世纪 30 年代，土司管辖之地设立的商会还普遍较少，土司分布较为集中和典型的滇南地区直到 1942 年才设立 13 个商会。如景谷县在 1936 年 6 月才组织成立商会，而且并未上报。但该会在建立后，也在地方社会中发挥了重要的作用，为使商民买卖公道，以防作假，设立公秤局，并规定"商民使用秤衡，除以脊毫秤称茶外，其余各物概以面毫秤衡使用；凡在景谷境内经商，无论来自何地，所经营计重货物，均须到公秤局过秤，向货主抽捐"②。依据新《商会法》按时改组的商会也为数甚少，思茅县商会和元江县商会于 1931 年改组，但也并未上报；佛海县商会于 1932 年 7 月改组，1934 年 8 月改选，会员有 63 人；缅宁县商会于 1931 年 7 月改组，1936 年 7 月完成改选，会员有 77 人。更为特殊的是，在各业同业公会设立后，这些地方的商会与同业公会并没有隶属关系，而只有经费关系。有的地方，同业公会的影响和权威要大于商会，如宁洱县石膏井盐业公会，熬盐灶户多，财大势众，商户较少，商会还仰赖于盐业公会。③

此外，土司还干预地方行政、司法，将地方政府官员的权力架空，从而牢牢地把持着边地的行政、司法大权。如在腾龙边区，遮放土司"独立为政"④，干崖土司对于设治局的政令"横省阻碍，并暗中密令各头人与职局隔绝，不使遵从"⑤。腾龙沿边土司上报公文时，往往不经设治局越级上呈，"致使设治局对于己身应办之事茫无所知，大权旁落，形同虚设，紊乱行政系统"⑥。当土司与地方政府因为利益冲突矛盾激化时，土司以武力与政府相见，而商会在其中充当中间调解人的角色，较为典型的是南甸土

---

① 纫秋：《云南民族概况》（一），《民国日报》1946 年 6 月 27 日。
② 张寿年主编《思茅地区商业志》，云南人民出版社，1994，第 217 页。
③ 张寿年主编《思茅地区商业志》，云南人民出版社，1994，第 218 页。
④ 云南省立昆华民众教育馆：《云南边地问题研究》上卷，昆华民众教育馆编辑，1933，第330 页。
⑤ 《干崖设治局关于办理自治保甲困难情形的呈函》，《德宏史志资料》第十集，第 120 页。
⑥ 《梁河设治局关于不能越级呈送公文的函》，《德宏史志资料》第十集，第 21 页。

司控告该县设治局一案。1912 年，李根源统兵莅腾拟推行"改土归流"计划，南甸宣抚司第 28 世土司龚绶为表示"与汉族合作"，呈文李根源将全族刀氏改为龚氏，同年设八撮县丞，仍旧保留土司的地位和征收三大款的权力。1932 年，殖边督办李曰垓改八撮县佐为梁河设治局，委袁恩膏为首任局长。龚绶知道袁恩膏的后台硬（除李曰垓支持外，袁恩膏的大哥时任腾冲县长，侄女婿鲁道源是龙云手下的旅长），便不敢小看。当袁恩膏到司署时，龚绶盛情款待，还叫儿子龚统政拜袁恩膏为亲爹。但在权利分配上，尤其在养兵问题上，龚绶寸权不让。① 1934 年，南甸土司又与设治局产生矛盾，龚绶一面控告设治局，一面调集人马向设治局示威施压。龚绶致电云南省政府，控告该县设治局，"初任设治局长袁恩膏急功近利，倡言改流，摇惑民心，勾结土劣杨育榜、尹世成、杨大鹏等反抗司署，截收职司二十二、二十三两年份之租款三万余元，即以截收所得之款，招集地痞组织非法队伍，专以职司为敌，必欲截尽职司一切收入，致职司于死命而后止。职司曾将各情呈报钧府，蒙指令督办李就近解决，嗣蒙李督办转令参议会张议长问德亲到南甸召集双方解决，已各具有切结，乃该土劣等事后并不遵行。职司复亲到腾冲恳求督办执行原案。督办复传齐双方到腾冲商会，命督署一科长及梁河周局长代为解决。结果由周局长敷衍数语，囫囵了事。当时虽未得职司认可，而督办遽下一指令，谓此款皆系小数，从宽免议，致职司两年租款无着。职司忍辛茹苦以至于今，旧款湮没，新款亦未得如数收清以供支用，故二十二、二十三两年之款共三万余元，应请如数追赔，由政府支配，或办实业，或兴学校，以杜横暴"②。袁恩膏回昌宁招募了百余兵丁，陈兵大厂，截收了土司民国 22 年、23 年的三大款计 3 万元大洋。龚绶针锋相对，调集傣族兵 200 余名和干崖土司兵一排驻防遮岛，又调陇川、干崖、遮放各司兵入境，将反土亲流的芒东乡长蚌自珠杀害。土流双方剑拔弩张，引起社会动乱，腾（冲）八（莫）路被阻。腾冲商会电请省政府设法安定。龙云为缓和矛盾，将袁恩膏调走。③ 在商会的调和下，龙云对边疆各土司迁就安慰，维护了西南边疆地区社会秩序

① 本书编委会编《梁河县志》，云南人民出版社，1993，第 835 页。
② 《龚绶控告该县设治局的呈文》，《德宏史志资料》第五集，第 88—89 页。
③ 本书编委会编《梁河县志》，云南人民出版社，1993，第 835 页。

的稳定。

从弹压委员、行政委员的设置到设治局，之后又设乡、镇、保、甲、商会组织等，大体反映出国民政府在云南土司地区行政设置变迁的轨迹。土司制度与保甲制度合而为一，土司、土目或亲信头人就任区、乡、保长，从某种程度上又加强了对土司辖区的管理。① 1931 年，设治局局长袁恩膏与土司在权力分配上争夺，通知土司不许到八撮收款。龚绶不甘示弱，调集兵丁集结于遮岛，与设治局抗争。由于局势紧张，影响了腾八商道的畅通，腾冲商会请求国民政府调走袁恩膏。② 可见，在抗战爆发前，腾龙沿边土司与国民政府之间存在较为复杂的关系，土流政权的争夺也更加激烈，中央和地方政府之间的关系在对抗、对话与合作中回旋。设治局与土司博弈的结果，维持了云南残存的土司制度，形成地方政权与土司统治并存的二元政治格局。③ 商会的介入，在一定程度上缓和了这种二元对抗格局，作为新兴的社会组织，商会有效调适了边疆民族社会秩序的有序运行，其参与也使边疆民族地区形成了多元化的社会治理格局。④ 这一时期商会在云南地区普遍设置的情况表明，由于云南政治区划设置较为特殊，民族政治格局与社会组织又呈现多元化的特点，因而云南商会的设立与改组情形也彰显了商人团体在边疆民族地区的特殊样态，其生存空间的拓展、职能的有效运行和与其他社会组织的离合都面临极其复杂的社会环境。

（二）商会与边疆民族地区的社会治理

云南边疆民族地区在开埠通商后成为中外商业贸易的重要地区。民国时期，虽然政治上动荡不安，但一些地区商业得到了很好的发展，一些商人群体为了自己的利益，利用政府认可的商会组织对自己的利益进行保护，使云南边疆民族地区商会组织作为一种社会控制力量在边疆民族地区

---

① 王明东等：《民国时期云南土司及其边疆治理研究》，社会科学文献出版社，2015，第 3 页。
② 蓝佩刚：《南甸宣抚司》，《德宏州文史资料选辑》第 10 辑《德宏土司专辑》，第 117—118 页。
③ 王明东等：《民国时期云南土司及其边疆治理研究》，社会科学文献出版社，2015，第 5 页。
④ 由于近代云南政治生态的特殊性所在，民国时期云南边疆民族地区形成了多元化的社会治理格局，既有传统的土司制度，又有新置的殖边公署、弹压委员和行政委员、设治局、对汛督办公署，还广泛地推行了保甲制度，此外，不同地区还有民族宗教组织。以上各类民族社会组织的治理举措，详见胡兴东《治理与认同：民族国家语境下社会秩序形成问题研究——以 1840—2000 年云南边疆民族为中心》，知识产权出版社，2013。

产生重要影响。商会成为新型的社会控制力,每个商会有自己的规章制度,有解决会员之间纠纷的机制。同时,商会为了保证自己所在地区的社会秩序,还对整个地区的社会管理进行参与,成为本地区社会控制的力量。商会组织介入边疆民族地区社会体制,从一定程度上有效化解了国民政府对边疆地区的治理困境与边疆事务执行中的冲突,强化了中央权威对边疆民族社会的控制与治理。商会作为 20 世纪 30 年代云南边疆民族地区社会控制和社会建设的一种力量,主要分布在腾冲、下关、鹤庆、蒙自、文山、河口等地,商会职能的发挥,对边疆民族地区社会公共事业的建设、社会秩序的维护和民间对社会行政的参与都具有重要的示范意义。

滇西腾冲商会在 1913—1949 年经历 13 届,在当地社会的治理中起到了重要的作用。1929 年 11 月,腾冲商会奉令改组商会为常务委员会,以主席委员为首长,推出的商会主席为义务职。商会修路建桥、组织办理文化事业、维护社会治安、调解商务纠纷。为此,商会设立公断处,调处商人之间债务或商务引起的社会纠纷。1930 年,商会兴修古永铁板桥,由董友薰负责,一年多完工。商会将龙、怒两江的铁索桥改为铁板桥。商会会址由济善医院迁至五保街普济寺内,附设商业英文夜校。1932 年,商会组织 100 人的武装商团护路,以李典章、赵保忠为大队长,保障客货的安全。此外,为了严防火灾,商会还组织消防队,设置消防水缸,每隔十户设地缸一个,容量为 80—100 担,每隔五户设石缸一个,容量为 10 担;购置消防器,每铺户派一人参加消防队,由商会主席兼任大队长,并按期加强训练。[1] 1932 年,因腾冲县粮食受灾减产,商会牵头组织从缅甸进口大米三千驮,规定出缅马帮回来时,三分之一的马匹必须运输大米。[2] 这对平抑当时米价、缓和市场大米供应起到了良好的作用。1933 年,商会下有花纱、匹条、百货、皮革、土杂、医药、珠宝玉器、屠宰 8 个同业公会。[3]

"九一八"事变后,腾冲县商会成立抗日救国会,除教育所有商人抵制日货、不经营日货外,还成立商业改进会,积极动员商人捐输,支援东北义勇军。在一次动员会上,著名商家蔡益斋、黄九如两先生积极宣传抗

---

① 罗佩瑶:《腾冲县商会》,《腾冲县文史资料》第 3 辑,第 13 页。
② 罗佩瑶:《腾冲县商会》,《腾冲县文史资料》第 3 辑,第 12 页。
③ 本书编委会编《腾冲县志》,中华书局,1995,第 605 页。

日救国，当讲到东北沦陷，日寇杀我同胞，烧我房屋，奸淫我妇女，抢掠我财物时，两先生均声泪俱下，群情激愤，纷纷捐献财物。① 1935 年夏，腾冲商会还牵头举办了一次国货展销会，号召所有商号和民众买卖中国货、用中国货，提倡国货，抵制日货。② 抗日救国之声，遍及城乡，一定程度上增强了边疆民众的国家认同和民族认同感。

梁河邦角山官的祖先于 19 世纪初进入邦角任世袭酋长（山官），梁河位居中缅两国的商业通道。为保障商道通畅，清朝地方官吏和腾冲等地的一些大商人，需要梁河邦角山官来保护往来客商，因而加以大力扶持。在南京国民政府时期，地方政府还为该山官建立了衙门，并让其做国大代表、"保商队长"等。其势力在强盛时，辖区已扩大到 48 寨，居民 2300 多户。③ 保商款是山官的一项重要经济收入。因此，邦角山官具有相当大的权力和经济实力，腾冲商会也委任他为"保商队长"，邦角山官每年向腾冲商会领取银洋 1440 元。④ 这表明，腾冲商会在维护区域商业贸易、推进社会发展中有显著作用。

下关、大理地区的商会于 1930 年完成改组。按照《章程》，商会有接洽商情、维持信用、提倡实业、代人排解债账的职能和义务，在一定程度上还有规定部分物价的权力。下关商会在此时期也一度主导滇西地区的商业行政事务，在区域市场上发挥了重要的作用。如市场上肉类、粮食、茶叶等主要商品的买卖价格，堆店、旅馆、马车运输等收费标准，都由商会评价委员会统一规定。同时，市场度量衡的改变和使用，也由商会统一规定，但被大商号控制的棉纱、棉布等商品的价格，多由各大商号自己"开小会"决定，商会不过问。⑤ 商会也出面向政府承包各种商业税收。下关、大理商会曾向当地税收机关承包关卡税，按月按季由商会向政府统一送

---

① 罗佩瑶：《腾冲县商会》，《腾冲县文史资料》第 3 辑，第 12 页。
② 罗佩瑶：《腾冲县商会》，《腾冲县文史资料》第 3 辑，第 13 页。
③ 桑耀华：《景颇族山官问题初探》，《当代中国民族问题资料·档案汇编·〈民族问题五种丛书〉及其档案集成》第 5 辑《中国少数民族社会历史调查资料丛刊》第九十九卷，中央民族大学出版社，2005，第 92 页。
④ 桑耀华：《景颇族山官问题初探》，《当代中国民族问题资料·档案汇编·〈民族问题五种丛书〉及其档案集成》第 5 辑《中国少数民族社会历史调查资料丛刊》第九十九卷，中央民族大学出版社，2005，第 93 页。
⑤ 本书编委会编《大理白族自治州志》卷四《商业志》，云南人民出版社，1999，第 85 页。

缴,而货物进出关卡时不再出税,这种包税一般要比关卡税所抽额低。每年三月街、松桂会、渔潭会前,下关、大理商会亦出面向政府税收机关包税,然后按商号营业多寡摊派。下关各项经常性的商业税收,也都由商会的税务委员会向地方税收部门按月按季包下来,而商会则根据各商号资金和营业额的多寡,把商号划分为甲、乙、丙、丁、戊 5 等,按等级摊派税收。此外,商会还经常出面要求政府减免某项商业税收,保护商会成员利益,代购军粮、慰问军队等。商会还经常出面主持社交活动,凡路过下关、大理的军政要员,均由商会设宴款待。[1] 商会内设"商事公断处",由商会推选处长 1 人、公断员(调解员)数人,公断处长及公断员(调解员)均由商界德高望重、办事公道之人担任,负责调解处理商人之间的债权债务、合伙分伙,以及买卖方之间、劳资之间、各行业之间的矛盾,调解本地商人与外地商人因贸易关系所发生的各种纠纷等。一般商事案件多不经过法庭,往往申请到商事公断处解决。[2]

位于滇西北地区的鹤庆商会除有一定的组织模式外,其职权和作用也有相应的权域。商会的职权是领导和管辖本地各个商贸行业;调解处理商人之间的债权债务、合伙分伙事宜;解决买卖之间、劳资之间、行业之间的矛盾;调解本地商人与外地商人因贸易关系所发生的各种纠纷;在一定程度上规定某些物资的价格;统一规范和监督市场度量衡的使用;制定和监督堆店、骡马运输及行商"过路税"的标准。[3] 商会行使权力,则要当事人提出请求评理的申诉后,方有权受理,否则无权干涉。商会对纠纷的处理,仅是调解性质,无法律约束力,双方当事人中如有一方认为商会的调解不当,完全有权否定,并可向当地政府申诉。商会在当时所起的作用:一是组织保商武装,为商帮运输货物押运物资,保商通行;二是维持市场秩序和治安;三是以承包商业税收的形式,为当地政府征收商业税(从中谋取利润),出面要求政府减轻或减免某项商业税收,保护商人的利益。[4] 20 世纪 30 年代,由于土匪横行,鹤庆至下关的运输途中,货物时遭抢劫。鹤庆商会为保护商旅安全,成立了保商队,有武装 25 人,任命张阿

---

[1] 本书编委会编《大理白族自治州志》卷四《商业志》,云南人民出版社,1999,第 85 页。
[2] 本书编委会编《大理白族自治州志》卷四《商业志》,云南人民出版社,1999,第 86 页。
[3] 章天柱:《鹤庆商会史略》,《鹤庆文史资料选辑》第 8 辑,第 47 页。
[4] 章天柱:《鹤庆商会史略》,《鹤庆文史资料选辑》第 8 辑,第 48 页。

卷为队长，其所需的枪械弹药、服装粮饷由商会负责供给，经费来源为抽收商旅驮捐，每驮大洋五角。[①] 在抗战爆发以前，到大理、下关的牛街和北衙两条道路"山箐丛密处，时有盗匪聚劫往来货驮"。鹤庆商会组织了40 余支保哨队，在各重要哨口保哨。遇有商队过路，由保哨队持枪护送。因各种原因外出的行人，也都与商队结伴而行。保哨队"经费由各商号担负，即于本属出入货驮，输纳驮捐为常年款项"（见《民国鹤庆县志》）。保哨队护送商队时，还收保哨费，作为他们的额外收入。[②] 此外，在市场交易中，为了保障交易双方的公平买卖，鹤庆商会制定了商会铜尺，统一度量衡，设立天秤砝码，校正量器，[③] 通过采取这些措施，保障了市场秩序的正常运行。

地处茶马古道的云县（旧为云州）商会，作为民间商人团体，在地方社会治理和商业经济发展中做过许多有益的工作。一是为外籍同乡会服务，提供便利，实行管理；二是工商业户须要解决商务、债务、房产纠纷，当时镇公所也受理纠纷案件，但收费过高，手续繁多，而商会受理案件，解决及时合理，协调细致，不收费用，得到商户和群众信赖；三是为商户牵线搭桥介绍生意，为商户赊货借贷，所以很多农民在农闲时也肩挑马驮外出到镇源安扳井挑盐或走夷方（沧源、耿马一带）做生意；四是参与市场管理，减少了短斤少两、哄抬物价的现象，当时全县范围内的主要街道集市都设了市场管理和统一"称捐"。[④]

清代大量汉族移民入滇，加上文山地区本身盛产三七，促进了文山地区的商业发展。清康熙初年至宣统年间，江西、湖南、广东、广西、四川、贵州以及省内建水等地商贾陆续流入，商品贸易活动突起，今文山地区 8 县一些主要集镇形成商品交换集散市场；清末至民国年间，各县县城以及较大集镇涌现出外籍人和本籍人开设的商店，坐商与行商并存。[⑤] 于是，民国时期商会纷纷成立。红河地区近代由于法属殖民地商业的发展，特别是中越铁路的修通，到红河地区经商的人越来越多，商会力量随之增

---

① 潘寿山：《鹤庆商会纪事》，《鹤庆文史资料选辑》第 1 辑，第 160 页。
② 熊元正：《清末至民国期间鹤庆的集市与贸易概述》，《大理州文史资料》第 6 辑，第 89 页。
③ 潘寿山：《鹤庆商会纪事》，《鹤庆文史资料选辑》第 1 辑，第 161 页。
④ 黄凤桐主编《云县工商业联合会（商会）志》，第 19 页。
⑤ 本书编委会编《文山壮族苗族自治州志》第二卷，云南人民出版社，2002，第 18 页。

大。商会在云南边疆民族地区的产生和生存与商业发展、社会政治密切相关。当时，商会为了维持自己的利益，组成武装力量——商团。商会有了武装力量后开始对当地社会治安进行武力干预，当地县政府由于力量弱小，不得不借助商人力量对当地社会进行治理。在多重因素作用下，商会组织成为重要的社会力量。为保护商贩的安全，各县商会按照会章设立商团武装，设置队长、副队长各 1 名，团兵 30—40 人，选壮丁充任，经费由县商会开支，不足部分由县内富商资助。① 商会对所在地区社会秩序形成产生了重要的影响。同时，鹤庆商会对活跃边疆民族地区的商品经济，调剂边远地区、山区农村的余缺，促进对外贸易的产生和发展也起到了较大的推动作用。

滇东南地区的商会中，河口商会影响最大，其成为与官府并行的重大社会管理机构。河口商会对当地社会进行了全面的管理，如设立河口天南医院，并设中西医科，为病人免费治病，家贫无力的死者由医院施与棺木，代为埋葬，其成为当地最大的慈善组织；设立学校兴办教育，读书不收费，还给予各种支持；解决居民吃水问题，建造储水池；设立工厂（被称为太平厂），收容乞丐，让他们在工厂工作；设立公断处，调解商人之间的纠纷。② 20 世纪 30 年代，河口商会在当地社会控制中成为重要力量，对整个河口社会治理起到了不可低估的作用，可想而知当时商会势力之大。在非正式权力领域，商会对城市也具有相当大的控制力。20 世纪 30 年代，河口商会的力量空前强大，其组织也积极投身于地方社会建设事业和公益慈善事业。河口商会在当地筹办电灯公司，提供市区照明③；筹建"天南医院"，为病人免费医病；设置劝学金，资助地方教育事业；建造过滤储水池，解决吃水问题；设置太平厂，收容乞丐等。④ 当然，在 30 年代前期，河口商会为地方社会事业的发展作出过贡献，它是沟通大户商号与官府的渠道，商人通过商会与官府相互合作，共同推进地方社会的有序发展，从而达到互惠互利的目的，同时也获得了更多的商利。1940 年以后，河口的"畸形"繁荣一去不复返，河口商会形同虚设，在地方社会治理中的作用已逐渐消失。

---

① 本书编委会编《红河州志》第七卷《军事篇》，三联书店，1993，第 472 页。
② 何怀仁：《河口商会》，《河口文史资料选辑》第 1 辑，第 192—194 页。
③ 黄日雄：《河口商办电灯旧话》，《河口文史资料选辑》第 1 辑，第 172—177 页。
④ 廖怀仁：《河口天南医院的兴衰》，《河口文史资料选辑》第 1 辑，第 178—180 页。

小　结

　　龙云正式主滇以后，基于地方政权稳固与建设的需要，开始致力于"新云南"的建设。在"新云南"主政方针的指引下，云南地区保持了相对稳定的局面。1930年2月，依照新颁《商会法》，撤销商民协会。1931年3月，昆明市商会正式成立。各地商会也依照新的《商会法》及其实施细则相继改组和改选，组织架构也趋于完善。但这一时期，由于中央政府对地方控制力不一样，导致各地政府与商会之间也不存在完全一致的关系模式。云南商会此时也显现出"一边倒"的趋势，从一定程度上助推了云南地方实力派的"独立性"趋向。

　　1937年以前，中央对云南政治、经济等的介入基本上难以发生实质性的影响，但形式上也依然与之保持着必要的政务往来，这显然是龙云政治统治合法性的条件之一。这一时期，云南的商会组织依据新颁布的《商会法》及其实施细则，奉上级党政机关的指令，陆续进行了改组事宜。但由于云南地方政权的独立性所在，加之国民党的统治力在边疆民族地区也较为薄弱，云南商会在这一阶段的变动并不十分明显，多数商会只作了形式上的改变，部分商会也未完全符合相关的改组法令，新设立的商会并不多见，商会组织的发展呈现"马鞍形"的态势。同时，由于政权的稳定性，商会组织结构也逐渐趋于完型。在中央与地方、政府和商会的双重博弈中，云南商会在此时期形成了常态化发展的格局；在各方的权力制衡中，商人团体通过国家、社会和自身组织的"三维"治理，在社会经济发展的运行秩序中获得更大的生存空间，呈现出迥异于其他地区商会发展的样态。

　　总体而言，"新云南"建设时期，云南商会的发展显现出一种"常态"格局。云南各地商会随即改组整顿，历时余年，通过改组也逐渐被纳入政府的治理体系中。这一时期，商会成为云南边疆民族地区重要的社会组织，对地方社会的治理产生了重大影响。随着组织规模的日益发展和运行体制的逐渐完善，云南商会也切实履行商人团体"辅助商政"的职能，在建立云南独立经济体系的实践中，商会竭力贡献建议和意见，并针对政府的各项举措，予以积极的接洽和应对，切实维护了广大商人的利益，也保障了区域市场秩序的稳定，同时也对政府的经济政策的制定和调整产生了重要的影响。

第四章

抗战时期云南商会的组织嬗变与因应

　　时局的变动，是影响商业发展和商人组织演变的基本环境因素。全面抗战爆发以后，国民经济剧烈震荡，市场秩序面临失序危险，社会经济环境亟须整顿。国民党政府通过推行战时经济统制体制，加强对商会的督导与管控。全面抗战爆发后，云南作为西南大后方之一，由于内迁和滇缅战局的转变，云南商业呈现繁荣的景象，商会组织的数量和规模也不断增长，组织规范性也不断得到加强。在战局不断转变的形势下，云南地方党部和政府对商会的督导改组和组织规范也尤为重视，昆明、下关等主要地区的商会组织有显著变动，省级商联会也得以筹组。商会组织与时俱进地采取了新的应对举措，从而能够适应形势发展的需要，不断完善自身的组织制度，使商会的职能更好地服务于战时需要。同时，商会也被纳入云南地方政府的施政体制之中，有效地配合了战时国民党政府对西南边疆民族地区的社会治理。

一　抗战时期云南商业的凸兴和商人组织的演进

　　全面抗战时期，僻处西南边陲的云南成为大后方之一，由于战略地位的特殊性和内迁带来的剧烈变化，云南地区的商业贸易，尤其是对外贸易有了快速的发展，商人组织也因此急剧增长。而由于国民党政府对商会战时政策的变动、大后方战局的转变和中央与地方关系的变动等多重因素的影响，战时昆明、下关等主要市、县的商会组织有显著的变动，其组织演变具有一定的代表性和特殊性。

（一）战时云南商业的凸兴与商人组织的激增

1937 年全面抗战爆发后，随着东北、华北和东南沿海地区大片国土的沦陷，云南地区由于其独特的地缘优势，成为抗战大后方之一，中东部沦陷地区的工商企业、政府机构和高等学校相继内迁到滇。对此，苏联《真理报》也著论赞许："在战争以前，云南省本来是个偏僻省份，它坐落在中国的内部，……省内的经济情况，在工业生产方面，所可提到的是矿产——主要的是锡，每年出产可以值两千万元，论中日战争的一开始，该省在进出口的工作方面确有了重大意义，譬如，锡运出去，换了枪炮回来，因此，中国的中央政府对云南省经济发展特别注意了，全国民族资源委员会、银行和建设委员会都搬到该省的省城昆明去了。各种大学和政府的机关都开始论事采访这广大的边境区的各部分的工作了，短时期内已断定，省内皆富于煤铁蕴藏，这样就有在这里建设可以供给战争用的巨大钢铁工业的可能，许多矿产成分中现的硫化铜砂、银、铅及其他砂产到处可运到，这一切的开发都可促进重工业发展的推动。上海陷落后，有许多中外的银行家和实业家都注意到云南，中央政府与地方的关系更加强了，因为对于中国抵抗日本侵略者的战争这一点，云南省具有很大的意义的。"[①] 随着战局的加剧，大量人口、工厂、企业、商业、学校被迫从沿海各省先后迁到云南的昆明及其地方各州县。1941 年太平洋战争爆发后，数十万军队和 2 万多美国盟军进入云南。城市人口剧增，扩大了经济经营范围，工商业也有了很大的发展。因此，云南的商业贸易又进入了一个新的发展阶段，甚至一度出现了"盛极一时"的景象。尤其到抗日战争中、后期，昆明作为战略大后方的战略地位日益显露。抗战时期，云南地区的社会资本结构形成了中央官僚资本、云南地方官僚资本、民族资本三股经济力量并存和竞争的局面。其主要特点是：企业规模虽小，但行业俱全，多数是工商结合，既搞生产，又搞运销；不少企业内外贸易结合，进口业务的资金比重很大；金融市场活跃，既有银行资本投资工商业，也有商业资本渗入银行，仅昆明就有公私银行 49 家，南屏街一带银行大楼林立，出现暂时繁荣。1944 年，全省（缺腾冲、龙陵两县）有商户 289288 户，占全省总户

[①] 《苏联真理报著论赞许云南在抗战中的地位》，《云南新商报》1938 年 6 月 18 日，第 2 版。

数的 4.4%。[1]

云南与东南亚国家山水相连，作为滇越铁路、滇缅公路、中印公路、驼峰航线、川滇公路等重要通道终、起点的昆明，扮演着枢纽、中转、交汇等角色，军需物资和进出口商品都集中于省会昆明和下关等地，云南的商业贸易顿时兴旺起来。特别是 1938 年滇缅公路通车后，进口物资涌进，进一步扩大了商品流通，全省主要城镇，尤其是滇西地区的商业贸易迅速发展，行业与商号逐渐增多，市场繁荣。1938 年广州沦陷后，滇越铁路承担了相当一部分以重庆为中心的整个非沦陷区的对外贸易重任。1940 年日军占领越南后，滇越线中止国际贸易。这时，于 1938 年修通的滇缅公路便成了当时中国唯一的国际交通要道。其时，滇缅公路沿线的商业相当繁盛。这一时期，云南的对外贸易达到了空前的繁荣，昆明成为中国对外贸易的中心城市。云南的外贸从 1919 年开始连续 17 年的入超到 1936 年一跃而为出超，而且出超数额逐年增大，到 1939 年仅蒙自关就出超法币 1290 余万元。[2] 1941 年，云南外贸出口额达 5869.8 万美元，进口额达 2922.1 万美元，创历史最高水平。[3] 但日寇"南进"，1940 年登陆海防，先后占领了越南、缅甸，又攻占云南腾冲、龙陵和怒江以西大片国土，先后截断了滇越铁路和滇缅公路，使云南的国际通道只剩由丽江、德钦到西藏拉萨转印度噶伦堡的一条通道。此后，云南外贸大幅度下降，到抗战胜利的 1945 年，仅出口 1585 万美元，进口 2281.5 万美元。

全面抗战爆发后，昆明货品"向遍及滇黔川三省，遍及滇黔川康四省……又遍及三迤，及滇池沿岸各县，滇池沿岸各县之销量，由本市直接运去，可达本市之各个区域，迤东各县，由曲靖、威远、昭通转去，迤西各县，由大理、腾越转去，迤南各县由蒙自、个旧转去"[4]。1936 年，昆明有商号 3730 户，全面抗战爆发后，商业迅速发展，除原有的行业外，增加了新的行业。据 1939 年 12 月昆明市商会统计，昆明有商业行业 99 个，

---

① 云南省地方志编纂委员会编《云南省志》卷十四《商业志》，云南人民出版社，1991，第 3 页。

② 时事问题研究会编《抗战中的中国经济》，抗战书店，1940，第 255 页。

③ 李珪主编《云南近代经济史》，云南民族出版社，1995，第 517 页。

④ 丁小珊：《边疆到门户：抗战时期云南城市发展研究》，科学出版社，2014，第 82 页。

有批发商 50 余户。① 抗战时期的种种际遇，使昆明商业发展出现难得的时机，商业贸易大幅增长。到 1945 年 8 月，据相关统计，政府登记在案的商号增加到约 10000 家，而没有登记的商号更是多达 20000 余家，这个发展的规模和速度尤为可观。究其原因，即昆明在全国商业体系中占有重要地位，其成为大后方最重要的对外贸易枢纽。从昆明内部来看，一方面是大量的人口在短时间内涌入昆明，消费能力和消费水平都大幅度增长，刺激了本市商业贸易的繁荣；另一方面，大量的资本进入昆明，为商业的繁荣提供了条件。在滇西地区的滇缅公路沿线，下关在滇缅公路通车后，也随之成为滇西物资转运枢纽和集散中心。本地和外地商人纷纷到下关经商，一时商贾云集，人口骤增，市场繁荣，商帮迅速发展。鹤庆帮在抗战期间发展起来的大商号有 40—50 家。其中大多数在抗战前只有几千、几万半开资本，到 1945 年发展到几十万、百万、几百万资本。以永昌祥、锡庆祥为代表的喜洲帮进一步发展为"四大家""八中家""十二小家"的格局。下关除各帮大商号以外，还有 1500 余家中小商店，经营 50 多种小行业。② 此外，抗战时期内地商人到边疆经商的逐渐增多，促进了边疆地区商业的发展。例如元阳，抗战时期进入该地区的汉族商人增多，形成了一些较大的市场，市场上出现百货、火柴、煤油、手表等商品。③ 沿着各大交通线，形成了以昆明为中心的区域商业网络。

此外，在 1944 年史迪威公路修通后，滇缅公路成为中印公路的一段，从这条路可以直接通到印度阿萨姆。1940 年之后，这是西南唯一的国际交通线，又因为日本占领缅甸而中断。此时，陆上还有一条商贸孔道，就是经过丽江、中甸、德钦到拉萨，再到印度。但是，这条路崎岖又艰险，只能依靠马帮运输，从丽江到拉萨就要 3 个月。因为其他道路的断绝，这条唯一的通道就显得非常重要，日军全面封锁了各条通道，此时内地物资奇缺，所以，尽管道路艰险又漫长，它依然是当时唯一的国际通道。一时间，省内各大票号商号都组织马帮，涌上了这条运输道，比如大商号茂恒、永昌祥、恒盛公、洪盛祥、永茂和等。还有丽江传统经营滇藏贸易的

---

① 云南省地方志编纂委员会编《云南省志》卷十四《商业志》，云南人民出版社，1991，第448 页。
② 李珪主编《云南近代经济史》，云南民族出版社，1995，第 508 页。
③ 李珪主编《云南近代经济史》，云南民族出版社，1995，第 510 页。

商号，以及山东、北京都有 10 余家商号经营这条线路，还有丽江和西康、西藏的头人、资本家，以及拉萨、昌都的上层官商都加入了这个队伍。很多商号都在印度噶伦堡、加尔各答设立分号，经营滇印贸易。一时间，丽江通往拉萨的崎岖山路上的马帮，由原来几千匹骡马增加到一万多匹，甚至动用了西藏的牦牛加入驮运的队伍。通过这条孔道，运输黄丝、药材、瓷器、土特产、猪鬃、羊毛等货物出口到印度，又有一部分辗转输入英美，换回棉纱、布匹、呢绒、染料、药品、手表等物资。这条路运量有限，而且路程很长，所以贸易额大大缩减了。

如上所述，抗战时期，云南商业获得了一个空前发展的环境，云南各地区的商人组织规模和数量都明显增加。至 1938 年年底，据云南省社会处统计，全省上报依法成立商会的有 85 个市、县，未成立的有 20 余县。到 1940 年 1 月底，云南省共成立商会 67 个，同业公会有 331 个。[①] 到 1942 年，全省共有 98 个县设立商会组织，未成立的有 10 余县，地处边远及尚未建县的设治局未设立商会的有 19 个县、局。当时设有商会的县有马关、石屏、宣威、江川、巍山、武定、勐腊、麻栗坡、保山、罗平、绥江、广南、腾冲、盐津、云县、临沧、晋宁、路南、江城、曲靖、南华、凤庆、沪西、玉溪、禄丰、华宁、昭通、富民、金河（今属金平）、大理、文山、镇雄、个旧、盐丰（今属大姚）、澄江、永胜、河西（今属通海）、牟定、西畴、思茅、墨江、弥渡、金平、景谷、丘北、祥云、广通（今属禄丰）、建水、富宁、凤仪、大关、永平、邓川、宾川、鹤庆、镇沅、德钦、巧家、晋宁、峨山、蒙自、通海、中甸、陆良、勐海、华坪、会泽、丽江、南峤（今属勐海）、呈贡、大姚、普洱、宜良、禄劝、龙陵、楚雄、维西、鲁甸、姚安、彝良、永仁、兰坪、洱源、寻甸、剑川、云龙、沾益、元江、镇康、易门、永善、开远、元谋、安宁、新平、河口、潞西、勐烈（今属江城）。[②]

云南省商联会成立后，云南省社会处要求各地依法改组商会组织，委

---

① 《西南地区的商会及同业公会数统计表》，《中华民国统计简编》，中央训练团印行，1941，转自周天豹、凌承学主编《抗日战争时期西南经济发展概述》，西南师范大学出版社，1988，第 252 页。

② 《云南全省商会一览表》，1944，档号：32－25－269，昆明市档案馆藏；云南省地方志编纂委员会编《云南省志》卷十四《商业志》，云南人民出版社，1991，第 45—46 页。

员会制一律改为理监事制。到 1945 年 7 月，组织已登记者有沾益、晋宁、会泽、镇南、蒙自、曲靖、平彝、澄江、牟定、泸西、大姚、姚安、宣威、昭通、建水、武定、富民、陆良、个旧、石屏、祥云、广通、盐津、马关、盐兴、弥渡、罗平、凤仪、弥勒、鲁甸、师宗、宜良、元谋、楚雄、江川、墨江、昆明市、昆明县、蒙化、漾濞、禄丰、镇越、大理、呈贡、玉溪、昆阳、开远、思茅、文山、寻甸五十县、市、局商会及同业公会并商联会。[①]

全面抗战爆发后，随着省内外工商企业的内迁，作为商会的基层组织同业公会也不断增加。据 1944 年昆明市商会的统计，昆明市商会所属各行业公会已达 129 个，随着商业结构的变动，与 1931 年原有的 80 个对照，其中粮食商业同业公会，煤炭业、薪炭业同业公会，新药业、化妆品业同业公会，火腿腌腊业、丝绸呢绒业同业公会等均为更名，黄白铜业同业公会消失，新增加的同业公会有 48 个，其中属商业同业公会的有 31 个。[②] 相较昆明而言，各县商会所属的同业公会相对较少，但比战前又有显著增加。据相关统计，到 1945 年 7 月，已正式上报成立同业公会的有蒙自、曲靖、富源、沾益、南华、澄江、晋宁、会泽、牟定、泸西、大姚、姚安、宣威、昭通、建水、武定、富民、陆良、个旧、石屏、祥云、广通、盐津、马关、盐兴（今为禄丰）、弥渡、罗平、凤仪、弥勒、鲁甸、师宗、宜良、元谋、楚雄、江川、墨江、昆明、巍山、漾濞、勐腊、大理、呈贡、玉溪、昆阳、开远、思茅、文山、寻甸 48 个县，共有同业公会 377 个，多的每县 10—20 个（如蒙自、个旧、大理等县），一般为 8—9 个，少的仅有 2—3 个。[③] 这表明，由于战局的影响和内迁工商企业的分布差异，战时云南各地区的商业发展是极不平衡的，商会和同业公会的新增地在布局上有明显的地域差异。

（二）战时昆明、下关等主要地区商会组织的变动

抗战时期，国土大部沦陷，云南以有利的战略地位而成为抗战大后方

---

① 云南省志编纂委员会编《续云南通志长编》（下册），第 204 页。
② 云南省地方志编纂委员会编《云南省志》卷十四《商业志》，云南人民出版社，1991，第 46 页。
③ 云南省志编纂委员会编《续云南通志长编》（下册），第 205—223 页。

之一。因国际物资缺乏，加上法币贬值，云南地区"商人握货在手，无不利润百倍"①，许多商人趁机囤积居奇或经营走私生意，云南商人及其团体组织都获得了一个很好的商业环境。因此，抗战时期云南各地区的商会组织不仅在规模和数量上都有明显的增加，而且各主要市、县的商会在组织架构和职能上也有一些拓展和变革。

1. 昆明市商会的组织建设

昆明市商会于1931年筹组成立，昆明市商会成立后，还组织了同业公会，到全面抗战爆发以前，已达85个。② 按照会章，商会每届任期四年，第一届任期届满后，因经办劝募救国捐款及受理大烟倒号的债权债务工作未了，呈请党政机关核示暂缓改选，延至1937年春才结束，在任期届满两年的中期也未改选半数。全面抗战爆发前，商会于1937年4月召开第二届代表大会，选举产生第二届市商会，周守正等15人当选执委，周润苍等7人当选候补执委，马筱春等7人当选监委，沈献之等3人当选候补监委，复由执委选出周守正、陈德斋、李岐山、赵道宽、周芸生5人为常委，又由常委选举周守正为主席。监委7人中推选何劲修为监委主席。③ 1938年12月周守正病故后，推选陈德斋继任主席，并以执委李沛阶继任常委。昆明市商会在第二届任期满两年的中期，因国民政府新颁《修正商会法》，奉党政机关命令，依照新法改组同业公会，故未改选半数。④

抗战前期，在组织结构变动上，昆明市商会最主要的表现是对工会是否划归商会的商讨与处理。1937年11月10日，昆明市召开党政联席会议，昆明市工会奉令查填技术人员，以备战时动员，转饬各属会遵办，"惟本市战时有关技术人员或未组织，或已组织尚未加入该会，于填报时多有未便，请将已加入商会之工人团体划归该会，应由市商会分别查明性质，具报核办"⑤。对此，11月24日，昆明市商会召开第二届第38次常委会，根据市党部、市政府的指令，据本市总工会主任理事于懋德呈请，将

① 中国人民解放军西南服务团研究室编《昆明市概况》，内部资料，1949，第61页。
② 京滇公路周览筹备会云南分会编《云南概览》"市政"，1937，第6页。
③ 《昆明市商会第二届理事会议议事纪录》，1937年4月，档号：32—25—6，昆明市档案馆藏。
④ 《昆明市商会第二届第十一次常委会议纪录》，1938年12月，档号：32—25—12，昆明市档案馆藏。
⑤ 《昆明市第五次党政联席会议纪录》，《云南新商报》1937年11月14日，第2版。

已加入商会之工人团体划归工会，经党政联席会议决，饬令分别性质，议决交总务、商事、财务、调查四科主任，依照法规查明签会，再行核办。[①] 12月2日，昆明市商会召开常委会议，通过决议："奉市府暨市党部令饬，将已入商会之工人团体划归工会，遵查法规，拟具办法，请核示，议决交常委复查明白，再行办理。"[②] 此后，自1938年1月起，商会将运输、夫行、木器、花璃木、刊刻、香料等业划归总工会。[③]

全面抗战爆发后，由于沿海沿江的诸多地方逐渐沦陷，大量工矿企业内迁云南，近代云南工业实现了跨越式的发展，工矿业在战时云南社会经济发展中占重要地位。[④] 因此，战时云南虽未单独成立工业会，但此时原属商会组织范畴的工会已提出明确要求，要求政府和商会将工业同业公会划归工会，此后为适应战时社会经济发展之需求，将独立于商业同业公会，实现"工商分流"。1938年2月24日，昆明市党部、市政府召开第12次党政联席会议，通过了相关各业公会是否划归工会的决议。"一、关于前次党政会议拨肥皂等十九业同业工会划归市总工会管理一案，查所呈议决案引用工业同业公会法条文，本府会未奉上级命令颁发施行，未便援用，该会引用条文，亦未适合，本府会前所划拨各团体均系依法办理，且依照中央颁布修正人民团体组织法第十三条'凡边远省份有特殊情形，不能援用一般法规方案组织人民团体时，得酌量另定之'之规定，本市所划分之各团体，多属工业性质，虽闻有商店牌号之组织，但多属工人组合，以技术、劳力谋生，不能与商业相提并论，况当此非常时期，关于工人之组织训练及管理，迭奉中央令饬加紧办理，各该团体亟应明白划分，以赶事机。该会所称'不能划分'等语殊属错误，仍饬该会遵照前案即日划分，并令市工会从速接收管理及分令各该同业公会遵照。二、香料业函称，该会不愿加入工会，香料业系属该市商会自愿划拨，并经呈报党政双方备案，及令由市工会接收。该会议事纪录所载，殊属离奇，且在二月十五日各团体代表谈话会议时，据该香料业公会代表表示，并无不愿加入工会之处，且稍亦无致函商会情事，其中有无别情及兹函所称各节，已否召

---

① 《市商会第三十八次常委会议纪录》，《云南新商报》1937年11月24日，第2版。

② 《市商会第十次常委会议纪录》，《云南新商报》1937年12月9日，第2版。

③ 《市商会议决运输各业划归总工会》，《云南新商报》1937年12月12日，第2版。

④ 赵善庆：《抗战时期企业内迁与云南近代工业的跨越》，《求索》2015年第7期。

集职会员大会通过之处，应派员查明，再提下次会议核办。"① 3 月 2 日，昆明市商会奉市党部指令，划拨制革等 19 业归工会管理，但于法不符，而且引据条文多属错误，免予划拨，"被划团体属于该会具有悠久历史及经济上之密切休戚关系一节，尚属实情，准由该会根据此点，专案详呈来会，以便提出党政联席会议核定"，商讨后通过决议，此案迭据各业纷纷推派代表申述理由，均以所拨各业同业公会依照法令及商业、经济、历史、习惯种种关系均应属于商会，不能划拨，自应再行订期召集各业主席常委开会商讨后，再行呈请市党部、市政府核办。② 3 月 3 日，昆明市商会也召集各业代表，对制革等 19 业划归工会一案进行了商讨，笔墨、肥皂、丝线、首饰等业纷纷推派代表申述不能划拨理由。此后，昆明市商会召集所拨各业主席常委到会开联席会议，共同讨论，各业代表一致认为："首饰业、染纸业、酒业、帽业等十余业代表吴振埜、张鑫国、张吉祥、何劲修、王至仁、袁文光等提议，所拨十九业同业公会确与商会有密切关系，万不能划归工会管辖，应请商会根据法令及商业经济习惯，再行呈请党政机关收回成命。"③ 议决全体一致通过，即请商会遵照办理。

1940 年，昆明市为了配合大后方经济建设，也竭力推动商会组织建设，但仍有"少数商人尚固（故）步自封，未经登记入会，对于推行政令及促进工商业务不无窒碍"。昆明市商会经讨论，拟订健全各业公会计划，要求全市商号总登记，饬令分别加入公会。其计划中，商会协助公会进行总登记，并成立各业公会联合办事处。召集各业公会负责人会议，对拒绝入会及不纳会费会员分别予以警告及议罚有期停业、永久停业之处分。办法经呈报主管官署批准实行。④ 与此同时，昆明市商会制定了详细的整顿方案。"甲、整顿要点：（一）协助各业公会举办会员总登记，并确定会费单位；（二）成立各业公会联合办事处。乙、实施步骤：（一）由商事科拟具计划，呈会核定后逐步施行；（二）由会组织工作队，派往各公会协助登记；（三）召集各公会负责人谈话，并招待新闻界茶会，及请党政双方莅临指导，并印发告商界同胞书；（四）各公会开执监会，确定会员会费

① 《昆明市第十二次党政联席会议议决事项》，《云南新商报》1938 年 3 月 1 日，第 2 版。
② 《昆明市商会第七次执监联席会议记录》，《云南新商报》1938 年 3 月 5 日，第 2 版。
③ 《昆明市商会第七次执监联席会议记录》，《云南新商报》1938 年 3 月 5 日，第 2 版。
④ 《昆明市商会拟订健全各业公会计划》，《国际劳工通讯》1940 年第 7 卷第 9 期，第 96 页。

单位，并召开大会，通知商会派员参加；（五）妨碍登记拒绝入会及不纳会费会员，得分别予以警告及议罚有期停业、永久停业之处分；（六）登记后发给会员证；（七）组织审查委员会审查登记会费是否公允；（八）登记后由会派员汪各商店查看有无遗漏，有兼营数业者，并应分别入会。"①昆明市商会主动强化组织管理，也是为应对战时的各类复杂事务。

1940 年 4 月，昆明市商会召开第三届代表大会进行改选，严燮成、庾恩锡、黄子衡、黄美之等 21 人当选执委，董澄农、田澜泉、何劲修等 11 人当选监委，李琢庵等 11 人当选候补执委，高文卿、王汉声等 5 人当选候补监委；复由执委互选严燮成、周润苍、李梦白、赵海如、邓和凤、甘汝棠 6 人为常委，常委互选严燮成任主席。后因执委中杨显成辞职，依法由候补执委李琢庵递补执委，后又增选其为常委。② 第三届任期满两年改选半数时，适值国民政府颁布《非常时期人民团体管制方案》和《民众团体组织法规》，《民众团体组织法规》是对市商会组织管制最为严厉的一项法令，在整个抗战时期，它是确定政府管理同业公会及实行同业统制的法律依据。③ 于是又按照新的法规，市商会的组织机制由委员制改为理监事制，并召开会员代表大会，改选第三届下期的市商会理监事。此次改选依法选出理事李琢庵等 9 人，监事李岐山等 3 人，复由理事互选严燮成、王振宇、黄美之、李琢庵、甘汝棠 5 人为常务理事，严燮成为理事长。1944 年改选第四届理监事，周润苍④当选理事长。⑤ 周润苍当选理事长以后，认真履行

---

① 《昆明市商会拟订健全各业公会计划》，《国际劳工通讯》1940 年第 7 卷第 9 期，第 97 页。

② 《昆明市商会改选第三届理监事纪录》，1940 年 4 月，档号：32 - 25 - 99，昆明市档案馆藏。

③ 《非常时期工商业及团体管制办法》，1941 年 6 月 17 日，档号：173 - 95，中国第二历史档案馆藏。

④ 周润苍（1907—1990），四川西昌人。1922 年随父在昆自学、做学徒。1931 年，在昆明接任父亲创办的大道生布庄经理，从此潜心研究棉布织染技术，1932 年筹资银圆 5 万元，创办庸民织染厂，使大道生由商转集产、供、销为一体的大型私营工商企业。此后，又在云南各地设立织布分厂，资本额总达法币 60 万元，成为全省最大的织染工商户，大道生牌号畅销省内外及东南亚各国。抗战时期，在中共地下党的影响下，周润苍积极支援抗战，为抗战胜利作出了贡献。而抗战时期，大道生的销售额逾法币 100 万元，为全省同行业之冠。同时，周润苍被选为昆明市商会第四届理事长，竭力办好商会的各项事务。中华人民共和国成立后，他衷心拥护党对工商业"利用、限制、改造"的方针政策，积极配合政府搞好生产，1955 年，大道生织染厂实现公私合营。

⑤ 中国民主建国会云南省委员会、云南省工商业联合会编《云南工商史料选辑》第 1 辑，第 229 页。

商会职责，为发展工商业尽心尽力。1944 年初，市场物资紧缺，政府又实行限价法令，昆明工商企业面临崩溃。在此危局下，周润苍亲自面见省政府龙云主席，历陈限价危害，龙云在采纳他的意见后，指令云南省物价管委会增补周润苍为管委会委员。由于商会的介入与协调，限价风波得以平息，工商界避免了倒闭危机。

从昆明市所属各县的执行情况来看，抗战时期各县商会也遵照新商会法及非常时期人民团体管制方案筹划改组事宜。1943 年，云南省社会处派员到晋宁，会同县政府建设科长李松指导改组县商会，按照新颁布的商会法及同业公会法进行改组，先由各行业依法组织同业公会，并加入县商会为会员。按同业公会组织法规定，凡商店行号，不论坐商、行商或专业兼营，同业每满 7 家以上者，都要独立组设本行业同业公会。因此，各行业为了维持共同利益，矫正共同弊害，经县商会筹备会讨论确定行业的划分，从而进行各行业成员的登记，随即分别召集各行业成员开会推选负责人（即理事）组设同业公会。又结合晋宁县工商业的具体情况，先后组设同业公会，有杂货业、食盐业、屠宰业、食馆业、布匹业、茶馆业、粉丝业、榨油业、医药业、酿酒业、杂织业、文具业、糕点业、碾米业、直斜木业、马车运输业等 19 个行业。各同业公会推选的负责人为该县商会理事，又从理事中推选 7 人为常务理事，5 人为监事，从常务理事和监事中推选理事长和常务监事各一人。晋宁县商会改组后，曾先后两次募捐筹资慰问国民党军政部第九十八后方医院驻晋宁的抗日伤员。[1]

2. 下关商会的组织变动

抗日战争时期，下关为滇缅公路交通要道，商业迅猛发展，成为滇西工商业重镇，下关商会及所属各行业同业公会也迅速发展壮大。在战时经济统制体制下，下关商会在组织建设上也更趋完善。1937 年，下关商会改组为委员会制，原系会长旧制，至 1943 年已改选三届，每届两年，1943 年 9 月 1 日进行第三次改选，至此，下关商会会员已达 221 人，系由九个同业公会[2]

---

① 梁琨：《解放前晋宁县商会组织简况》，《晋宁文史资料选辑》第 1 辑，第 85—87 页。
② 九个同业公会分别为洋纱业公会、茶业公会、百货业公会、棉业公会、绸布业公会、药材业公会、皮革业公会、堆店业公会、卷烟业公会，见《下关工商团体一览表》，1943 年，档号：20 - 10 - 7 - 2，大理州档案馆藏。

组成。① 下关商会的理监事，由各同业公会代表选举产生。下关商会的会长职务，主要由喜洲、鹤庆、腾冲三大商帮大商号的经理轮流选任。1941年7月，腾冲旅榆关同乡会就选举事宜曾致函下关商会："下关商会已届期满，遵章于七月二十二日即应改选。下关商会主席职务，向由腾、榆、鹤三帮轮流充任。腾帮因五人肯出工负责，经推选他属会员办理。经于七月十八日召开同乡会公决，推定许晋廷、杨育贤两君备充本届腾帮下关商会常务委员，以备届时接办本届会务。"② 如喜洲商帮复春和商号经理尹辅成、腾冲商帮美利商行经理许晋廷及鹤庆商帮复协和商号经理洪振武等先后担任过下关商会会长。

表 4-1　1943 年下关商会第一届当选理监事名册

职别	姓名	籍贯	商号	职别	姓名	籍贯	商号
理事长	许晋廷	腾冲	美利商行	常务监事	赵铁珊	昆明	复瑞昌
常务理事	李绍猷	大理	绍兴祥	监事	张映棨	大理	元春茂
常务理事	洪振武	鹤庆	复协和	监事	施博夫	鹤庆	惠和公
理事	杨文山	大理	永昌祥	候补理事	邹锡安	四川南溪	宝元通
理事	杨亚东	大理	鸿兴源	候补理事	李达五	凤仪	永兴源
理事	毕习之	腾冲	茂恒	候补理事	龚纯峰	腾冲	汇昌
理事	朱舜生	昆明	振昌	候补理事	李光晋	鹤庆	恒盛公
理事	朱蔚久	鹤庆	信丰	候补监事	杨赞臣	腾冲	协树昌

资料来源：《下关商会第一届当选职员名册》（注：此表为改组后经 1943 年 9 月 20 日选举的新一届理监事），1944 年 9 月 30 日，档号：20-10-1-1，大理州档案馆藏。

1943 年 12 月，社会部颁布《人民团体会员训练办法》，以期推动会员的训练，以此来加强对商会组织的领导。③ 下关商会也遵照法令，举办"下关商会所属各同业公会会员训练班"，由下关商会具体负责实施，其目的在于"使各业公会会员认识国家时代，熟悉民权运用，增进工作职能，

---

① 《下关商会概况表》，1943 年 3 月 30 日，档号：20-10-8-1，大理州档案馆藏。
② 《腾冲旅榆关同乡会致下关商会公函》，1941 年 7 月 20 日，档号：20-10-21-20，大理州档案馆藏。
③ 秦孝仪主编《抗战建国史料：社会建设（二）》，《革命文献》第 97 辑，1983，第 360 页。

改善生活习惯，健全团体组织，严密管制效能起见"①。此外，下关商会还制订了加强工商团体管制实施计划，"以加强工商团体组织，协助政府推行限制物价、工资为主要任务"②。特别是在战时管制方案下，下关商会还协同县政府、下关警察局、镇公所组织检查队，实行强制入会办法，规定"先从必须品业，次重要业，次普通业三种工商团体着手办理。先行普查，勒令入会。最后实行抽查，如发行有抗不入会与限制退会之规定，惩处之"③。为此，下关商会还设立了工商团体书记，阮理廷（1942 年 2 月任职到期）、施沛泽（1941 年 5 月任职到期）两人先后担任下关商会的书记一职④，办理各工商团体会务。下关商会择要将管制各业，依照职业团体书记派遣办法，逐渐派遣书记。同时，在云南省商联会筹组之际，下关商会作为重要的地方商会之一，也积极参与商联会的各项组织筹备工作，并承担了相当一部分会费，"省商联会经费每月共需五万元零，下关商会列为甲等，每月派缴一千五百元"⑤。为了保障战时商旅的顺利通行，1943年云南省商联会致电下关商会，要求免征驮捐税，指出大理防空部查抽收驮捐有违中央禁令，要求严予取缔，以利商民。⑥ 商会配合政府实施行业管制，保障商旅通行的举措，增强了政府行政的效能，使战时的经济管理体制与经济动员相适应。同时，商会在面对战局不断转变的特殊环境中，发挥其自治职能，这对维持市场的稳定具有重要意义。

在抗战中后期，下关商会为了应对时局变动而积极筹设警察局，以确保商业秩序的正常运行。1941 年 12 月 31 日，为适应战时需要，云南省警务处李鸿谟报省政府核准后令："为适应战时需要，扩大下关警察局组织，委任高竹秋为筹备主任、郑继煌为副主任，并会同大理、凤仪两县长暨下

① 《下关商会所属各同业公会会员训练实施报告》，1944 年 9 月 30 日，档号：20 - 10 - 5 - 1，大理州档案馆藏。
② 《凤仪县下关镇三十二年度加强工商团体管制实施计划》，1943，档号：20 - 10 - 7 - 15，大理州档案馆藏。
③ 《凤仪县下关镇三十二年度加强工商团体管制实施计划》，1943，档号：20 - 10 - 7 - 15，大理州档案馆藏。
④ 《下关工商团体书记简历表》，1943，档号：20 - 10 - 9 - 36，大理州档案馆藏。
⑤ 《关于省商联会成立及会费问题的信函》，1942 年 12 月 2 日，档号：20 - 10 - 19 - 72，大理州档案馆藏。
⑥ 《关于禁收驮捐税的快邮代电》，1943 年 6 月 11 日，档号：20 - 10 - 19 - 40，大理州档案馆藏。

关警察局。"① 1942 年 5 月 23 日，高竹秋、郑继煌给省务处呈电："下关商号迁闭，市面萧条，恳请暂缓筹设警察局。"5 月 27 日，省警务处李鸿谟电示："下关迤西第一重镇，奉上峰命令，积极筹组警局，事在必行。乃该筹备主任等，稍受边区战局之影响，即行电请缓办，殊有未合，应会同当地绅商，积极筹备，以形早日成立，用维治安。所请暂缓进行之处，应毋庸议。"② 同时，下关商会向云南警务处呈文，提出了筹设警察局之缘由，"缘警局之设，系为地方维治安，为人民造幸福。而下关又为迤西之重镇，频临战区，警局之组设，诚属迫不容缓。本会应宜竭忱相助，以期速成"③。7 月 6 日，云南省政府指令："下关滇西重镇，警局之筹设，无论平时战时，均关重要，应饬继续筹设，早日成立为尚。"1942 年 10 月 13 日，云南省政府主席龙云训令："下关警局所需经费，由下关商会筹还。下关为滇西重镇，警局为永久性之行政机构，勿论平时战时，均关重要，极待成立。"④ 筹办期间所需薪饷公费，暂由省库垫支，后由商会筹还。⑤ 1942 年 11 月，云南省警务处颁布指令，准允下关商会出面筹设，指出"成立下关警局之起因系省政府有鉴于时势之需要，提经省务会议决提前成立者。而开办费及每年经常费，规定悉由贵会负担，经敝主任奉委到关筹办。……而警局之成立，又刻不容缓，自是以观，贵会筹款之责，自无旁贷"⑥。在警局筹组之际，也得到了下关各商号的鼎力资助，如喜洲商帮的"四大家"之一复春和商号尹辅成曾为筹设警局暂垫国币三千元，以作筹备之用，"此次兄等莅临筹组，实系维持治安，加强抗战。对于经费，弟理应竭力筹拨，以期速成。敝会既无法筹措，只得由弟私人暂垫国币三千元，以作兄等开支"⑦。可见，下关商会在战时局势的变动中，筹设警察局的举措为维护地方社会治安和市场秩序提供了保障，也为战时滇西地区

---

① 向天明等：《中华民国时期大理警察机构概况》，《大理州文史资料》第 6 辑，第 230 页。

② 向天明等：《中华民国时期大理警察机构概况》，《大理州文史资料》第 6 辑，第 230 页。

③ 《下关商会关于筹设警察局问题的公函》，1942 年 5 月 16 日，档号：20 - 10 - 27 - 1，大理州档案馆藏。

④ 向天明等：《中华民国时期大理警察机构概况》，《大理州文史资料》第 6 辑，第 231 页。

⑤ 大理市史志编纂委员会编《大理市志·公安篇·机构建制》，中华书局，1998，第 661 页。

⑥ 《下关警察局筹备处召开筹备会议的通知》，1942 年 12 月 24 日，档号：20 - 10 - 10 - 15，大理州档案馆藏。

⑦ 《尹辅成为警局筹备处垫款的信函》，1942 年 5 月 22 日，档号：20 - 10 - 27 - 23，大理州档案馆藏。

商业的发展提供了良好的社会环境。

此外，这一阶段，地处滇西北的鹤庆、丽江、大理等地的商人数量、开设的商号及其同业公会都迅速增长。大理城区在抗战前仅有三四十余家商号，到 1945 年已发展到 180 余家。① 鹤庆商帮中新增了恒盛公等较有实力的四五十家大中商号，一些原来因鸦片贸易而倒闭的商号重新恢复起来。② 基于此，1942 年鹤庆县政府的年度中心工作计划中，已将如何督饬工商业团体改组列入其中，"查县属各同业公会虽经成立，惟尚未遵照新法办理，故组织不甚健全，特饬令商会负责，将县属各同业公会一律依法组织，以利营业"③。到抗战中后期，由于战局转变，滇印贸易一时兴盛，丽江地区商业空前繁荣，因此，这一阶段丽江商人及其商号也增长较快。到 1942 年 9 月，根据当时统计的丽江县商会会员表，丽江县商会登记在册的商号有 56 家，商会会员 56 名。④ 到 1945 年 12 月，商号与商会会员已增至 156 家，而其中绝大多数会员都是本地籍商人。⑤

二 云南省商会联合会的筹组与运行

根据南京国民政府社会部的安排，陕、甘、宁、青、渝、川、康、滇、黔、桂后方 10 省市应于 1940 年 4 月底，完成商会改组或新设立手续，但因战局形势的转变，商会改组未能完全依既定计划完成，而从整体上看，作为大后方之一的云南地区，商人团体得到进一步发展与完善。在战局转变和经济统制的大背景下，云南地区筹组了省商会联合会，这在战时经济管制中发挥了重要的作用，也为战时地方应对提供了充分的保障。

---

① 梁冠凡等调查整理《下关工商业调查报告》，载《白族社会历史调查》（一），民族出版社，2009，第 131 页。
② 梁冠凡等调查整理《下关工商业调查报告》，载《白族社会历史调查》（一），民族出版社，2009，第 130 页。
③ 《鹤庆县政府三十二年度建设中心工作计划》，《民国时期西南边疆档案资料汇编·云南卷》第八卷，社会科学文献出版社，2014，第 35 页。
④ 《1942 年丽江县商会会员名册》，1945，档号：44-2-445，云南省档案馆馆藏。
⑤ 《1942 年丽江县商会会员名册》，1945，档号：44-2-445，云南省档案馆馆藏。

（一）云南省商联会的筹组始末

云南自 1931 年 2 月成立昆明市商会以后，十余年内没有省级商会组织。全面抗战爆发以后，云南的战略地位尤为凸显，昆明市及省内各地区因交通之发展，商业倍加繁荣，因此，省内商界同人都希望有必要组织全省商会组织以资领导，以应战时之需要。而在此前，已对成立省级商会组织有了一定的筹划，"商人之有团体，一方面为矫正营业弊害图谋公益，一方面为秉承政府法令，调节供需。以广义言机构之组设，宜力求健全；就狭义论，基层之设置，宜力求完备。依商会法规定，市县商会之下有各业同业公会之组织，此下层基础也；市县商会之上有全省商会联合会之组织，此中上级之机构，亦即将来筹组全国商会联合会之基础也。本省于十九年内，即有筹组省商联会之举，以各县商会未尽健全，遂迄中辍，抗战以还，中央对于工商管制，极为重视。上年（1940）秋，昆明市商会鉴于云南工商日趋繁荣，联合各县组织团体之急要，因邀得三十八县之同意，呈准党政机关之许可，发起组织全省商联会，以资领导全省各市县商业团体，适应非常时期需要，不料正积极筹组之际，缅局变化，腾龙不守，奉令饬办救侨防疫，及筹款劳军等事项，未克如期办理"①。与此同时，云南地方党政机关也期望甚佳，1941 年 7 月，昆明市商会奉昆明市党部转社会部令饬从速筹组省商联会，经开会商讨后形成两项办法："1. 呈请市党部转请省党部将现有县商会名表抄发以便函电联络发起筹组；2. 筹备期间经费呈请党政机关补助俾便推进，经市商会分呈检示旋奉市党部呈转，省党部抄发各县商会名单到会当即一方面电约下关蒙自等八县商会发起，并分电各县商会一致参加，一方面起拟筹备章则既经费预算。"② 截至 1942 年 2 月，计先后电函答复并表示赞同有 16 县。此后，因滇缅抗战局势紧张，昆明市被敌机扰乱狂炸，济灾救侨，工作繁重，而各县商会复电赞同者，尚未达全省三分之二，筹组工作，遂未趋积极。

1942 年 3 月，云南省社会处成立，在其推动督导下，昆明市商会着手

① 《云南全省商会联合会成立大会暨理监事宣誓就职宣言》，1942 年 11 月 21 日，档号：32-25-439，昆明市档案馆藏。
② 《云南全省商会联合会筹备组织之经过》，1942 年 11 月 17 日，档号：32-25-439，昆明市档案馆藏。

进行筹组省商会联合会的工作。到 8 月 15 日，省社会处又奉转政府之令予以催促和督伤其筹组，并派组训科商运股长周坤到会督导与协助，筹组工作又向前迈进。9 月 11 日，昆明市商会再电达各县商会遵限组织完成，每一单位，即日各派代表一人至二人持委托书，于 10 月 15 日以前到省报到，以便召开全省代表大会，并声明若因途程遥远赶期不易，可委托驻省商号代表，均经电达积极办理。① 云南省社会处就各县市代表中，指定严燮成、邓和凤、甘汝棠、董裕如、赵丽川、李琢菴、王振宇、张茂廷、陈德齐、王燮和、刘良山、马超群、董澄农、周润苍、李岳嵩、候佩卿、曹星北、张福彭、李德和、庚晋候、黄子衡、田澜泉 22 人为筹备委员负责筹备，并电催各县代表先期报到。此时，省商联会的筹备工作已日臻完善和具体化。筹备会于 10 月 19 日开始办公，经多次开会，各项事宜大体筹备就绪。10 月下旬，各县商会代表纷纷到昆明报到，截至 11 月 17 日，共到商会单位 82 个，计代表 141 人，符合法定人数。

对于省商联会的筹组成立，中央及地方党政机关予以热切的期望与悉心的督导。首先，国民政府对组织商联会而于抗战建国方略的实施给予肯定，同时省商联会也向林森和蒋介石分别致电，表达谢意。致林森的电文中写道："宵旰频劳，动犹丕焕。虽见国运之日益昌隆，而距抗建之成功尚远。发展经济，在策群力，长民抚世，端赖志成。南滇翘首，无限倾心。兹代表等谨于组织全省商联会之初，特代表全滇商民虔诚致拥戴之忱。"② 在致蒋介石的电文中也提到了商联会所承载的历史使命："艰苦抗战，已逾五载，钧座日理万机，为民族竞争生存而尽瘁；出入险阻，作盟国打击侵略之前锋。恂见国运日昌，万民戴感，旌旗灿烂，寰宇同钦。迩者盟国之胜利频传，前方之反攻屡捷。钧座复召示全国，亟宜发展经济建设，以充实物资，管制全国物价，以安定民生。"③ 同时，省商联会也致电云南省政府主席龙云，表达了对省党政机关的感谢："西南坐镇，劳苦功高；抗战卫民，勋猷益懋。代表等凤隶幢懞，时义领导，懋迁有无，全省谧安，际此非常时期，发展经济，管制工商，完密工业团体组织，实加强

---

① 《云南全省商会联合会筹备组织之经过》，1942 年 11 月 17 日，档号：32 - 25 - 439，昆明市档案馆藏。
② 《呈林主席致敬电》，1942 年 12 月 8 日，档号：32 - 25 - 439，昆明市档案馆藏。
③ 《呈蒋委员长致敬电》，1942 年 12 月 8 日，档号：32 - 25 - 439，昆明市档案馆藏。

抗战之基础，属会爰依照商会法之规定，积极筹组全省商联会，藉以完成商人之使命。"①

其次，云南省党部、省政府建设厅、省社会处分别派代表参加商联会成立代表大会，并给予督导与训示。省党部代表陈玉科对商联会的成立意义和今后所担负的职责提出了自己的见解。他坦言："省商联会成立后，不但商界同胞有进一步团结，即于推行政令，拥护抗建国策上，亦有莫大关系。连日报载大会所通过各地代表提议案，小之关系地方利弊，大之关系国计民生。"其在发言中也特别对商联会参与物价管制的意义作了阐释："本届中央第十次全体执监会议，闻对今后经济问题及物价管制问题，均有详细检讨。相信政府明年实施之时，定有极大决心及勇气。惟欲求方案推行有效，主要仍靠各级政府及民众团体推动及力行。本省商联会成立，希望以实践精神，忠诚拥护此方案的实行。在商界立场，更应本所得实际经验，尽量对政府作积极献替。近年以来，因战事种种转变，社会上少数暴发显宦巨商，招摇市井，穷极奢靡，流风所及。人人以发财为荣，而不计其发财是否出于正道，以致社会上无是无非，无善无恶。贪污违法，视为正常。行险侥幸，及足怪异。人心如此，世道堪忧。本会成立，希望对于此种不良风气，逐渐有所纠正，而对于守法奉公，谨慎为实，热心公益，效力国家，商人要有所鼓励助勉。"其还对省商联会以后进行的工作指出了方向："本省接壤缅越，对外贸易向有基础。今后发展经济更非此莫由。惟往日对外贸易纯系商人个别努力，而非政府计划行动。今后政府对此自有良好计划。惟在商联会立场，实应首先注意及此。适终严理事长报告劝各县商界同胞，转移游资于工业建设，以期增加生产，供给社会需要，以及开办学校，培植人才等等，均属必要之事。此外，如网络人才，充实商联会机构，俾其发挥指导及顾问效能，以及改良簿记，矫正商界保守腐败恶习，保障商人合法利益，发挥商人应有道德等等，亦是切要而不可忽视的。"②

云南省政府建设厅厅长张邦翰对省商联会成立的意义和对本省商业发

---

① 《呈龙主席致敬电》，1942 年 12 月 8 日，档号：32 - 25 - 439，昆明市档案馆藏。

② 《陈玉科代表省党部致词·所望于本省商联会者》，1942 年 12 月 8 日，档号：32 - 25 - 439，昆明市档案馆藏。

展的作用作了详细的阐述。他认为："世界任何国家的繁荣强盛，无不奠基在工商社团组织的完备；社团组织的完密，工商业务才能发展；工商业务发展，国家经济才能繁荣；国家经济繁荣，国家力量才能充实。所以农工商会，不啻为国家组织的生命细胞。尤其是商会，商会属下有各种业务的同业公会，他们各据社会生活的一环，天天和人民发生关系，所以要使国家强盛，首先便要健全商会的组织，使他发生伟大的力量，促成国家经济的发展。我们云南全省一百三十余县局行政单位，此次省商联会首届代表大会，参加的已有八十二单位，可见全省民众对于商业法团的重视。有的县份每每借口经济困难，不去组织商会，殊不知地方经济枯涩，便更应该发展工商业，赶紧组织商会，共谋发展工商业务，地方经济终能充裕。"他还指出："商会好比一架机器，会员是他的齿轮，每个齿轮的推动，整个机器终能推动。每一个会员参加商会，商会的组织终能健全，力量终能发展，工作终能展开。然后可以为社会，为会员谋福利。我们要希望由商业来推动工业，工业已经生产的物品，要商业分送出去消费，工业没有生产的物品要商业投资去鼓励其生产；工业虽有生产，而成品不够精良的，更要商业去协助其改良。政府在人民团体立法上，特别把商业同业公会、工业同业公会及输出业同业公会一同隶属于商会之下，可见商会对于国家所负责任之重大，和政府对于商业团体的重视。"①

云南省社会处除对商联会成立的程序给予引导帮助外，还指出在抗建国策的大背景下，商联会应适应新的时代要求，担负起所肩负的伟大历史任务。对此，省社会处代表高科长认为："本会是本省工商业者的会，当此抗战期间，应如何发动本省的经济实力，争取最后胜利，应如何奉行工商管制，使政府能确实的掌握整个国家的经济力量。尤其在盟国并肩作战的今日，收复缅甸为当务之急，本省毗连缅境，为国家西南重镇，在反攻之前，应如何以经济力量响应军事行动，在收回之后，应如何以缅甸为根据，建立海外贸易的规模，使我国能加入世界经济主角的一员，上述种种皆为本会之重大任务，远非昔日一般商会可比的。……吾滇商界同胞，过去对于历次革命过程中，曾有多数商人做到有钱出钱，有力出力，贡献国家社会的力量，实属不小，此种光荣的历史，深望省商联会成立后，领导

---

① 《张厅长训词》，1942年12月8日，档号：32-25-439，昆明市档案馆藏。

全省商界同人，将此种精神发扬而光大，完成抗建中商人应负的伟大使命。……抗战胜利在望之际，商界同胞必须将个人的福利贡献于团体，团体的福利贡献于国家，增强国家抗战力量以争取最后的胜利，战事胜利后，商人得到的福利才是真正伟大的福利。"①

从以上多方的认识可以看出，省商联会的成立具有特殊的意义，不仅是战时广大商民的一致诉求，也赢得了中央与地方各党政机关的认同与支持，省商联会在各方的鼎力协助下得以顺势成立。

1942 年 11 月 17 日，云南省商会联合会成立大会在昆明市商会内举行，省内 64 个市、县的商会推派代表出席参加，并选举产生了第一届省商会联合会理监事人员（表 4 - 2）。严燮成、周润苍、李奂若、甘汝棠、李琢庵、邓和凤、杨耀东、朱又安、罗敬持、张茂廷、刘良山、者绪昌、杜谓卿、田澜泉、张福彭、杜暇龄、孟止仁、王振宇、赵丽川、孙耀东、艾志诚 21 名代表当选为理事，庚晋候、陈德斋、黄子衡、董澄农、李岳嵩、孔致中、余仲斌 7 名代表当选为监事，由理事中互选严燮成、孙耀东、甘汝棠、王振宇、赵丽川 5 人为常务理事，全体理事就当选的常务理事中票选严燮成为理事长，监事中票选陈德斋为常务监事，理监事就此产生。从当选的理监事人员构成来看，省商联会的领导层地域来源涵盖战时云南商业发展较快的主要市县，外籍的内迁商人只有极个别入选，由此可见，战时内迁虽然对云南的商业结构变动有重要影响，但对商会组织的内部架构并未产生实质性的影响，在商会组织中占主导的仍是本省商人；从营业结构来看，因为云南在战时的地缘交通优势，如国际出入口贸易、汽车运输等新兴行业盛极一时，经营这些行业的公司行号资本不断扩大，因而在商会组织中有很大的话语权，严燮成等商会领导人亦在战时发挥了重要的作用，对地方社会有重要影响。此外，由于战时中央权威的渗入，国民党的"党治"体制逐渐融入商会的组织机制中，因而省商联会的领导层有近一半的理监事为国民党，这与抗战前商会领导层的政治身份相比，是较为明显的。1942 年 11 月 21 日，各理监事宣誓就职。至此，云南省商会联合会正式成立，会址仍设于昆明市福照街昆明市商会内。

---

① 《省社会处高科长训词》，1942 年 12 月 8 日，档号：32 - 25 - 269，昆明市档案馆藏。

表 4-2 1942 年云南全省商会联合会第一届当选理监事名册

职别	理事长	常务理事			理事								
姓名	严燮成	孙耀东	甘汝棠	王振宇	赵丽川	周润苍	李负若	李琢庵	邓和凤	杨耀东	朱文安	罗敬持	张茂廷
籍贯	大理	通海	晋宁	腾冲	宣威	西康、西昌	个旧	大理	曲靖	腾冲	通海	盐丰	建水
营业种类	国际出入口贸易	丝棉、匹头	图书文具	国际出入口贸易	肥皂	棉纺织、布匹	锡矿业	棉纱、布匹、茶叶	汽车运输	棉纱、杂货	布匹、百货	染织	棉纱、匹头
教育程度	大学	法政学校商科毕业	中央政治学校毕业	大学	中学	中学及国学专修科	大学	中学	中学	中学	大学	高中	中学
是否党员	是	否	是	否	否	是	否	是	否	否	否	是	否

职别	理事				监事			常务监事		监事					
姓名	刘良山	者绪昌	杜渭卿	田澜泉	张福彭	杜暇龄	孟止仁	艾志诚	陈德斋	庚晋候	黄子衡	董澄农	李岳嵩	孔致中	余仲斌
籍贯	四川蒲江	河西	峨山	曲靖	浙江宁波	蒙自	牟定	蒙化	昆明	墨江	昆明	大理	鹤庆	宣威	丽江
营业种类	堆店业	棉纱	纸卷烟	棉纱	布匹、杂货	罐头业	百货	药材	肥皂、新药	百货	燃料	山货	棉纱	盐	汽车运输
教育程度	中学	前清附生	高中	中学	中学	大学	中央党政训练班毕业	大学	中学	大学	大学	大学	中学	师范学校毕业	中学
是否党员	是	是	否	否	否	否	是	否	是	是	否	否	否	是	否

资料来源：《云南全省商会联合会第一届当选理监事名册》，1942 年 11 月 17 日，档号：32-25-439，昆明市档案馆藏。

对省商联会担负的历史使命，在理监事宣誓就职宣言中已形成一致认识："今后誓在贤明领袖主席龙公领导之下，对商业之发展，供需之调节，务必殚精竭虑，勉力以赴，冀不负党政长官之期许，与各县商会代表之负托，以充裕国家经济，争取最后胜利，懋迁有无安定后方民生耳。今兹全省商联会成立，同人等感于环境之艰，责任之大，谨揭吾人目前所应努力者数端，冀与各县同仁，一致推行，并藉以自励焉。"① 省商联会从如何应对战时商业发展的角度，从调整工商业、安定民生、疏畅战时交通、管制物价四个主要方面对其职责进行了筹划："（一）调整工商业，发展经济生产事业。……本会为全省商业意志联合之最高团体，对于调整工商业投资生产增裕税收，以发展经济力量实负有重大之使命，此应尽心努力者一也。（二）抢运物资，安定民生。……本会有领导全省商人，遵奉政府执行法令之责任，而争购国内外物资，调节供需，懋迁有无又属吾商界同胞之本业。此后自当协同各县商业同人，积极从事办理，以期民生需要，不虞匮乏，一切税收不致锐减，物资源源而来，物价不再增涨，民生日趋安定，俾抗战意志涨增坚决。此应尽其力所能及，积极努力者二也。（三）研究疏畅运道，以济战时交通。……此后为欲达到争购国内外物资内运，以均供求起见，对于设法疏通运道组织人力兽力，加强运输力量以济战时交通，达成商人之责任。实本会当前之重要工作，此应尽其力所能及从事研讨努力者三也。（四）协助政府管制物价。……本会有补助政府，平抑物价之责，对于加强管制物价方案仅当竭诚拥护，尤当协助管制。今后同市县商会劝告各业同仁，服从政府功令，于争购物资，懋迁有无之原则下，力图供求平衡，物价稳定，以安维全民生活，培养抗战力量，此应尽其力所能及努力以赴者四也。"② 围绕以上四个方面的工作，省商联会要求各地加强市县商会及所属各业公会组织，协助政府，取缔囤积，限令商店一律依法入会，以便实施管理，协同工会酌定工资，以免工资暴增影响物价，协助各工厂增加生产等一切事项，均与稳定经济、平抑物价有密切关系。

在省商联会新选举的第一届理监事的宣誓就职仪式上，理事长严燮成

① 《云南全省商会联合会成立大会暨理监事宣誓就职宣言》，1942 年 11 月 21 日，档号：32 - 25 - 439，昆明市档案馆藏。
② 《云南全省商会联合会成立大会暨理监事宣誓就职宣言》，1942 年 11 月 21 日，档号：32 - 25 - 439，昆明市档案馆藏。

也代表主席团，提出了对此次代表大会的希望和对于将来理监事会的要求，"领导全省各市县会员商会，健全组织，发挥效能，一方面图谋工商界本身的福利，一方面协助政府，推行抗战建国的国策，并为战后繁荣本省工商业及发展对外贸易的根基"①。严燮成还指出："现在不但是军事第一，而且是经济第一，所以政府已立定决心，务必贯彻总动员法令，实行管制物价，稳定经济。管制物价，稳定经济，与商界同胞关系密切，痛痒最深；亦唯有商界同胞之竭诚拥护领袖最高决策，始易贯彻。本会成立以后，即将协助政府，负此大时代的无比重任。"② 在省商联会成立大会的致辞中，严燮成还着重谈到了树立商会的信仰问题。他认为："商会有协助政府、推行政令的责任，但是要商会尽到这种责任，先要使商会的组织健全起来，更要把商会的信仰树立起来。要树立商会的信仰，健全商会的组织，商会必须要能替商人解除意外的痛苦。但是商联会是一个新组织的联合团体，基层薄弱，恐是没有多大力量，这就非靠政府随时的协助不可，假若商会不能替商人解除苦，商会的信仰便不能树立，商人对商会既不信仰，如何能组织健全？更如何能协助政府推行政令？所以商会要能协助政府，推行政令，先要请政府使商会发生信仰，健全组织。"③ 最后，他还从三个方面详述了商联会所承担的三个方面的职责，即应如何解除商人的痛苦，增进商人的幸福；如何协助政府矫正工商业的弊害；如何从技术和知识层面图谋工商业务及对外贸易的发展。

从以上云南省商联会成立的经过可以看出，居于大后方之一的云南，在抗战时期国民党政府对云南地方的控制能力渐趋加强，在商联会筹组中政府已处于领导和主动的地位，而商会作为组织主体则成为被动的。当然，从商联会筹组的初期来看，由于滇缅战局的转变，特别是国民党地方党部的统治在云南各地方还比较薄弱，所以诸多法规还未得到切实执行，那些在抗战中大发国难财的官员视之具文，地方政府官员也以各种借口拒

---

① 《云南全省商会联合会第一届代表大会开幕辞》，1942 年 12 月 8 日，档号：32—25—439，昆明市档案馆藏。

② 《云南全省商会联合会第一届代表大会开幕辞》，1942 年 12 月 8 日，档号：32—25—439，昆明市档案馆藏。

③ 《云南全省商会联合会成立大会致词》，1942 年 12 月 8 日，档号：32—25—439，昆明市档案馆藏。

绝执行。① 所以，在筹组动员的初期，诸多县商会并未积极响应和答复。

（二）战时省商联会的组织机制与工作实效

云南省商联会在《章程》中规定，省商联会的宗旨是谋求工商业与对外贸易的发展、增进工商业的公共福利和矫正共同业务弊端，重要事务包括筹议全省工商业改良及发展、工商业调处及公断、工商业调查统计、国际贸易方面的介绍及指导、设立商品陈列所、工商职业学校或其他公共事业、工商业之维持救济等事项。② 在商联会成立的"大会宣言"中对成立目的有明确的阐述，"以工商为经济之枢纽，经济为国家之命脉，欲谋经济之发展，须求工商业之健全"，在抗战建国之关键时期，发起组织商会联合会，"俾全滇各级商人团体，有一贯之系统，作整体之团结，上以便党国之提挈，下以利百业之改进"。宣言指出，商联会要努力奉行"三民主义"，加强国民经济建设，增加生产与提倡国货，充分发展国际贸易，协助税政、充实税收等要务。③ 依照省商联会组织大纲的相关规定，省商联会主要进行以下工作："甲、关于工商业之改良及发展；乙、关于工商业之征询及通告等；丙、关于国际贸易之介绍及指导等；丁、关于工商业之调度及公断等；戊、关于工商业之维持救济；己、办理会员登记；庚、筹募省商联会基金。"④ 由此看来，云南省商联会的成立与政府强化工商团体管制的意旨是一致的，商联会也将协助施政作为核心事务。在战时经济统制体制中，因商会在政府与各同业之间所担负的双重责任，政府也难免将商人团体视为政策工具，商会则须在维护商利方面求得平衡。

云南省商会联合会成立后，开始了联系全省各县市商会的工商工作。其议定了办公经费由各县市分担，为避免机构重叠的浪费，省商联会没有单独设立工作部门，而是由省商联会的工作人员分别加入市商会原设的各科办理省商联会的工作，除了与各县市联系的工作由省商联会的工作人员办理外，对昆明市发生的重大工商事件，则由省商联会和昆明市商会共同

---

① 李景汉：《对于昆明市工商团体的检讨》，《社会建设月刊》1945 年第 1 卷第 4 期。
② 《云南全省商会联合会章程》，1942 年 12 月 8 日，档号：32-25-439，昆明市档案馆藏。
③ 《云南全省商会联合会成立大会暨理监事宣誓就职宣言》，1942 年 11 月 21 日，档号：32-25-439，昆明市档案馆藏。
④ 云南省社会处编报《抗战期中之云南社会行政》，《民国时期西南边疆档案资料汇编·云南卷》第四十一卷，社会科学文献出版社，2014，第 426—461 页。

协作、合力办理。① 从商联会的组织机构来看，章程规定"本会为执行会务便利计，得设秘书室、公断处暨总务科、组训科、调查科、研究科分办会内一切事物（务），秘书处、公断处及各科职员均酌给薪津，惟公断处长应由理事会就理事中推选之公断处之评议及调查员由理事会就会员中聘任之"，又规定"本会视事务之需要，得设各种专门委员会办理临时事项，其委员人选由理事会聘任之"②，并对其职员和各自的工作职能作了详细的划定，"本会商事公断处设评议员、调查员若干人，函聘省内商界名流及重要市商会理事长担任，其人选由公断处长商同常务理事会推定，评议员、调查员任务由处长斟酌远近，指定评议调查事项，关于商事纠纷调处事项均由公断处长负责"③。可见，其组织机构是较为完善的，也便于各种事务的开展。

云南省商会联合会自正式成立以后，"即照部规定先行举办总登记，令饬各县遵办，凡采取委员制者一律须改组为理监事制，过去所称之委员等则一律废止，不得沿用，经办理总登记后，各县呈报之县商会为数不少，未曾普遍成立，故为发展商人团体促使普遍组织，计先后曾派员前往各县局筹组"④。从商会的职能而言，抗战时期因国民党政府对云南地方的渗入，中央对云南的管控力度不断加强，这点可从云南商会各个阶段的《章程》中得到体现。例如，在 1942 年云南省商联会的《章程》中就规定商会的职权之一就是负责办理主管官署交办的工商业事务，同时也有回复政府机关咨询和委托事务的义务。在商联会的经费规定上，《章程》中规定"事业费由会员代表大会议决经地方主管官署核准筹集之"，这说明商联会的事业发展费用在政府允准的基础上基本也是自行筹集。从商联会的工作实效来看，1944 年和 1945 年，省商联会"奉行法令事项，以及政府训令转达各县市商会共 14 项"⑤。由此表明，在国民党政府对云南地方统

---

① 中国民主建国会云南省委员会、云南省工商业联合会编《云南工商史料选辑》第 1 辑，第 232 页。

② 《云南全省商会联合会章程》，1942 年 12 月 8 日，档号：32 - 25 - 439，昆明市档案馆藏。

③ 《云南全省商会联合会办事细则》，1942 年 12 月 8 日，档号：32 - 25 - 439，昆明市档案馆藏。

④ 云南省社会处编报《抗战期中之云南社会行政》，《民国时期西南边疆档案资料汇编·云南卷》第四十一卷，社会科学文献出版社，2014，第 426—461 页。

⑤ 《云南全省商联会工作概况报告书》，1944 年至 1945 年，档号：32 - 25 - 269、32 - 25 - 440，昆明市档案馆藏。

治力加强的政治环境中，商会的职责权限及活动范围已发生明显变化，商会组织的职能运行已被纳入政府的施政行为之中。

从 1943 年至 1945 年云南省商联会的工作概况报告书（表 4 - 3）中可得知，在抗战后期近三年的时间里，云南由"大后方"转变为抗战的"前沿"，在战局转变的关键时刻，云南省商会联合会对奉行法令事项、各县市商会呈请事项、本会建议事项、战时社会活动、限价事项和组训事项等主要事务开展了卓有成效的工作。

表 4 - 3　1943—1945 年云南省商联会工作实绩

年份	奉行法令事项	各市县商会呈请事项
1943 年	云南税务管理局交办印发税额表；端正各商号名称之应用文字及其取义；向各市县商会转达行政院有关国家总动员之令与人民团体集会之部电；转发非常时期商会及商业同业公会职员办理目的事业奖惩办法；附发云南省会计咨询所咨询规程及咨询请求单；颁发人民团体职员资历证明书；转发改订商业登记规费表；附发工商登记总调查及工商同业公会会员调查一览表；核定造送商会及同业公会简表办法；督饬银钱行庄筹组同业公会；转达人民团体组织办法四项；转达工商团体督导及工作会报实施要点。	峨山县商会要求严令制止估卖在峨情报台，以安商情；昭通商会请求为便利商货运输，应培修盐津县津横驮运马路；文山县商会为查缉所长借口检查扰乱商场，请转主管机关制止；宣威县商会为该县发生盐荒，请设法救济；会泽县商会请求查明会泽税局所征税额是否与法相符；下关商会关于修筑关蒙段公路来文，请依照向例由下关镇担负十三分之三。
1944 年 1 月—1945 年 10 月	机关团体及各业员工厉行储蓄办法自本年三月份起一律停办；工商团体得视实际需要厘定会费，提大会通过，呈主管官署备案后施行；为层奉院令，以战时货运管理局裁撤后，其业务仍由财部特许进出口物品审查委员会办理；为转奉部电，以生丝、羊毛及各种结汇物品惠准免领内销转许证；颁发战时抢购物资品目表内应加注明除外各项清单；颁发封锁线输入实物结算出口证；茶叶内销须凭出国境再转入沦陷区或内地者，准免领用准运卡自由运销；规定全国商联会出席代表产生办法；对川运沱茶在筠连被扣，补征税款案，已饬宜宾税局查复；为茶叶运销沦陷区准暂免办理实物结算手续；为转奉部令，指定机器、染厂二业为主要工业；印发进口物恢复征收全税一览表；规定报验货物出口办法；调整各种单据售价。	个旧县商会为日来十元、五元小票充斥市面，银行不能尽量收兑，奸商乘机渔利，币制无形低落，不加以调剂，对币制影响非浅；下关商会为银行公会不缴征购军粮补助费，请转呈令县执行；下关商会呈请函转财政部税务局核减本年所利两税，准照上年预算配缴，以恤商艰；盐津县商会函请捐款一百万元，用助修理盐津大桥，以利商运；昭通县商会为胜利声中物价下跌，金融恐慌，于国家复员关系至巨，请设法救济；腾冲县商会为请处置人民债务偿还币价问题；下关商会电请转呈免予负担征购军粮，以恤商艰；陆良县政府函请按月发给洋纱十包，俾资纺织滞销。

续表

年份	本会建议事项	社会活动事项
1943 年	建议国家总动员委员会邓特派员请转上峰疏畅印度商运及缜密调整限价标准五项；建议外交部请向印度政府迅予交涉，将我国存印货品迅予放行；建议经济部请分别转咨核发印度货物出品单及起运证明；建议外交部驻云南特派员公署请转部将国内赴印采货办法予以变通；伤兵之友社函请指定高级职员一人为总干事，负责策动征募事宜；伤兵之友社函请理事长惠予担任该社理事。	赞助儿童福利；响应龙公发起之捐献滑翔机运动；附送劝募劳军事宜劝募办法，请查照迅筹；开送宪政研究委员名单；推派代表出席双十节晚会；转达全体职员参加扩大纪念周暨户籍宣传大会；转达全体职员参加七七抗战六周年纪念会。
1944 年 1 月— 1945 年 10 月	请政府公布积极奖励自由出口，所得外汇限令商人自行购办国内日用必需品物资，俾举尽量交流，则供需、结算、物价事关国际民生处受其益；请实行核准制度，供给商人外汇或请由中英借款划出一部分以供进口贸易之需要；请准许商人自购车辆自行转运进出口物资或商洽英印政府对我运物资得利用加价各答线转运回境；请政府切商英印政府令同盟互助，严明在我政府核准商运条件下，由印政府填发出口证，准我购办必需品出口；请政府详实登记侨民洽商英印政府，务请保留缅侨原有一切权利，并于可能时期准许侨民自由回境。	发起书报劳军运动，踊跃捐献书报，以供将士阅览；劝导所属对七七献金；云南省慰劳抗战将士委员会为请迅速筹办鞋袜劳军，派代表参加党政军联合纪念周；为考试院省县公职候选人视导团委员到滇，参加省县公职候选人座谈会；抗建八周年假省党部举行庆祝，派代表十二人参加；请全体职员参加毕命先烈纪念暨青年节。
年份	有关限价事项	组训事项
1943 年	花纱布关系军民服用，应积极增产；应依法积极统制同业公会，并加强其组织，以利管制物价；核定限制药内运费调整；芋类价格准由各专卖机关拟定，报由部核定施行；取消胜利红茶及普洱、景谷茶叶限价；颁发制定非常时期奖助必需品，商业同业公会办理共同购运办法；各业经营限价物品应限价核定税额；订定限价议价物品种类补充办法；为民生日用必需品之限价，勿轻予变更议价物品；颁发处罚违反限价条例；核定管制物资名词解释表；制定省县商会有关限价主要必需品业同业公会一览表及实施管制工作月报表。	个旧县商会送呈第五届当选理监事姓名表；洱源县商会请求核办改组理监事制事宜；下关商会第四届理监事制改组事宜；筹办商业学校，造就商业人才事宜。

年份	有关限价事项	组训事项
1944 年 1 月— 1945 年 10 月	令发加强管制物价方案紧急措施；为嗣后遇有物价上涨，报管制会核定；颁发处理违反经济管制案件办法，以资遵循；为皖敌在各地组织物资交换委员会，吸收我方物资，饬严防注意；印发物资移动实施办法、移动证、申请书等项；云南省物价管制委员会印送第十五次委员会会议纪录；昆明煤炭业公会为滇越铁路宜良路警分局长王印源威逼同业，请核办案。	邓川县商会函报成立经过请备查暨指示加入商联会办法；颁发人民团体组织办法四项；下关商会为改选理监事并宣誓就职事宜；会同督饬各地银钱行庄组织同业公会；嵩明县商会函请检送有关各项法令规章等项；应依法积极统制同业公会，并加强其组织，饬遵办，以利管制；推派出席全国商联会代表。

资料来源：《1943 年云南全省商联会工作概况报告书》，1943 年，档号：32 - 25 - 204、32 - 25 - 269，昆明市档案馆藏；《云南全省商联会三十三年一月至三十四年十月工作概况报告书》，1944 年至 1945 年，档号：32 - 25 - 440，昆明市档案馆藏。

从以上近三年的工作报告中可以看出，省商联会在战时局势下还是取得了诸多的工作成绩，在经济统制政策下，商联会的作用表现得极为突出。在奉行法令事项方面，商联会积极响应和执行了战时国民政府对人民团体的督导管理措施，加强了对工商同业公会的管理，在物资管制、战时货运和税收征收等方面也积极地予以应对；对各县市商会呈请的事项，诸如市场管理、社会救济、马驮货运、税额修订等方面，商联会协同各县市政府和地方商会、同业公会予以规范；对于商联会自身建议事项，如货运疏导、进出口贸易等，商联会也积极向行政院、外交部等相关主管部门呈报，即时解决了各种困难；在社会活动方面，商联会较为积极踊跃，如对抗战支援前线、劳军捐献、相关纪念活动等都派员参加，积极动员广大商民踊跃捐献，共同支援抗战；在有关限价方面，商联会积极应对市场调节，依法加强对同业公会的管理，以利管制物价，保障了战时云南地区市场秩序的有效运行；在组训事宜上，商联会积极督导各县市商会进行改组改选，加强其对各地方商会和同业公会的管制，还筹办商业学校，这些都对战时云南商会的进一步完善与发展起到了重要的推动作用。

1945 年 12 月 1 日，云南省商会联合会召开各县代表大会，选举第二届理监事，严燮成等 15 人当选理事，孙耀东等 5 人当选监事。严燮成连任理事长，邓和凤、李琢庵、甘汝棠、苏梓农 4 人为常务理事，孙耀东为常务监事。在此期间，云南省商联会还创办出版了《商友》周刊，由常务理事甘汝棠担任主编，并聘白平阶为编辑，编辑方针是以爱国主义为中心，加强与各县市商会的联系，发挥交流及指导作用，内部发行到各县级商会，每期刊载包括各县市商会的会务活动、市场商情、商业知识、社论、重要时事及文艺小品等文章。刊物出版了二十多期后，因人事调动而停刊。[①] 至此，云南省商联会的各级组织也完成了在抗战时局下艰难曲折的发展历程。

（三）舆论认同：社会媒介对成立省商联会的关注

在战局转变之际，云南省商会联合会的成立，对于"抗战建国"方略的实施有特殊的意义。除赢得中央政府与云南地方政府的支持和肯定外，社会媒介积极关注这一省级商人组织的筹组成立经过，《中央日报》《民国日报》《云南日报》《昆明周报》等多家新闻媒体纷纷发表社论，对商联会的成立提出了各自的见解，给予了高度的评价。

《中央日报》发表社论，对战时商联会成立的意义和赋予的使命作了阐述。"在这时代的经验中，我们第一迫切需要的就是彼此的往来转换，第二就是合作共赴，因此我们觉得团体是十分必要，有团体利益，个人利益终有保障，彼此终有通融，为之加强团体，不惜牺牲个人的自由，贡献所有的力量，以求大家业务的共同发展，抗战以来，昆明市商会以及各重要县份的商会，的确为大家做了不少的事情，主持商会的各位，任劳任怨，忍受了许多左右为难的痛苦，揆其用心，无非想促进市面繁荣，货物流畅，民生有赖，商人也有利可图。……今天的局势，商人的责任更大了，第一，我们的对外运输受了限制，民生和生产两大部门的供应要靠政府和人民尽心筹划，除了努力增加农产品和发展工业制造以外，尤其要提高现有货物原料的流通能力，在交通工具万分困难之中，我们要利用一切动力，使物资不断运输。第二，在敌人掠夺沦陷区物资，'以战养战'毒计之下，我们政府要鼓励商人，商人也要勇往奋发，展开争取物资的经济战，我们赞成任何方式，仅景（是）把物资拿进来，因此我们无条件地维护出入口商，我们主张给出入口商以极大的便利与可能的协助。第三，抗战至今，我们的军事算是有了办法，而经济则已呈现办法不够的现象，物

---

① 中国民主建国会云南省委员会、云南省工商业联合会编《云南工商史料选辑》第 1 辑，第 238—239 页。

价高涨，政府公费浩繁，人民生活日形艰苦，表面上看来，关于社会繁华，尤有增进，人民应用不减从前，但中上层的生活，开销时时加大，中上层已觉拮据不堪，假如我们一听发展下去，物价更高，物资更少，大多数人的生活也苦，将何以善其后？商界同胞平时的职务是买卖货物，互通有无，对于物价高涨，物资缺乏，虽然不是商人为力可以援救，但绝不是毫无责任可言，何况市场冷落，经济凋敝，商人本身就不能存在，一个本身消减的危机，岂不可坐视不救？所以今后商人不但对民生国计，责有攸归，对本身利益而言，亦当及时奋起，近五六年，有不少的商胞，经营出来相当规模，现在的场面，岂可畏难中辍，投弃全功，急刻重下决心，再加部署，为展开时代商人的神圣工作，不惜对本身利益的业务，加以重新的打算，尤其是生活家计已绝对不成问题的商界人士，应当领悟其时代人物，瞻望其伟大前途，拿出力量，协助政府，挽救经济的危运。"①

《民国日报》发表社论，对全省商联会的成立寄予厚望。"本省商业自抗战以来，本省商业的发展实在遇到了一个非常难得的时机，假使本省商人平昔组织严密，团体坚固，应当早已能够在这千载难逢的时机。……为加强抗建力量而制定公布实施的国家总动员法，对于商人有着密切的关系。例如平定物价一事，就是依照国家总动员法所应实施的主要业务之一，由于敌人的封锁，交通不便，物资来源缺少，政府就有管制民生日用必需品的交易价格、数量，并限制物资的运费、保管费、保险费、修理费、成租费的必要，此外还有禁运奢侈品，抢购物资，管制资金，以及取缔囤横操纵等各项政府法令，都非赖商界人士协力实施不可。全省商界代表已经一致议决拥护，管制物价方案就是奉行国家总动员法的表现，今后全省商联会成立，我们便盼望商界人士能由奉行管制物价的法令做起，更扩而充之，以求整个国家总动员法令的贯彻为职志，来决定会务的方针，使商人利益打成一片，而达加强抗战力量的目的，我们更希望全省商人都能首先自动依照国家总动员法的规定，加入各种同业公会及职业团体，以期集中力量于全省商联会之下，共同一致来奉行国家总动员的一切法令，

---

① 《中央日报社论·告省商联诸代表》，1942年12月8日，档号：32-25-439，昆明市档案馆藏。

尽其对于抗建大业应尽的职责。"①

与此同时，《云南日报》也发表社论，对省商联会的成立深表厚望，并主要从物价管制方面提出了些许看法。"抗战以后全国上下都在力谋团结，商界中人不少先见之上，也会大声疾呼，但因为利益所趋，少数不明大体的败类，加上不少发国财的投机政客，不将竞争手段移向于对外，反而在国内市场互相倾轧，以致于造成目今物价的恶果，破坏战时的物质生活，这现象并不单纯一部分投机商人所造成的，若果过分激越地说，全体商人有罪（无商不奸），不仅商界中人，如此次出席之某代表等认为不当，就是我们也觉得言过其实，一笔抹杀商界同胞的功绩。我们知道抗战五年余来，我们的物资供给，尚能维持一般的、食用不缺的，实在也得感谢无数冒险犯难以通有无的商界同胞。今后抗战愈艰苦，物资更缺乏，抢购沦陷区物资，更有特于大多数爱国商胞的努力。我们深愿全国人士认识商界同胞这般光荣功绩，也愿商界同胞自重自爱，同时更希望商界同胞不仅每个都洁身自爱，共谋互助合作，争取商人在国际市场上的光荣地位，尤要者还在互相监督纠举，以划出害群之马，不要因一人之利而害及群体，不要姑息少数投机奸商而毁损大家福利。不要让投机奸人假借商人的名，以破坏商人的信誉。则不仅代表们希望省商联会，为同业商人造福国计民生，当也受福不浅。"②

《昆明周报》发表社论，对云南省商联会所负之使命也作了详解。该报指出，本省商业随抗建大业之进展而兴，呈现空前繁荣，因此，有裨益于国民经济不少，造益于后方物资供应亦多。政府督令全省各县市商会联合会限期成立，于国家组织国民经济及商界利益，实为极有意义之工作，所幸全省商界均能体仰政府意旨，适应目前商业繁荣需要及商界应报效于政府者，故各市县报到已达七十余单位。云南作为战略上的大后方之一，其军事地理重要性较为突出，商业法团也有其特殊重要性。该社论对其重要性作了详细阐述："今政府确定抗建现阶段任务为经济第一。盖此时欲筑百年大计之始基，舍把握整个经济体系与机构莫属。而回顾六年来政府

① 《民国日报社论·对全省商联会成立的希望》，1942 年 12 月 8 日，档号：32 - 25 - 439，昆明市档案馆藏。

② 《云南日报社论·祝省商联会成立》，1942 年 12 月 8 日，档号：32 - 25 - 439，昆明市档案馆藏。

上下战斗之艰苦，以其谓政治不能配军事进步，勿宁谓经济不能强调政治以配合军事之为愈。领袖于最近手订管制物价方案，即为对症之针砭。但政府对于商业资金，并非因为属于私人，而有所歧视。资金、贸迁商品实为国民生活应供之主力。商业资金之消长，国家政府痛痒相关，但商界亦须了然本身利益实与国家利益不可分离。如何使国家整体及商界自身交受其惠，此为商业观念之根本问题，亦即省商联会工作应负荷之第一义。本省既为军事地理要冲，德国反攻太平洋方面，首先一着当为收复缅甸。此举由军事上说，为保障印度及完成对敌环形攻势；其对于经济方面，实使我国物资有补血换气之功。推以政府之军事达成此任务时，商业为国家经济之中枢神经，云南商业尤为此中枢神经之触角，其肩负之责任，即为整个后方生活日用品之供应。溯忆年前昆明市商会在严燮成君努力服务下，当敌人危及越南时，号召全省商界协助政府抢运越南我存物资，似应以此精神赴之。云南全省商界之未来任务，关系全国人民生活至钜，此为本省商联会工作应负荷之又一义。"[①]

同时，《昆明周报》也指出省商联会在云南社会行政体系中的地位和作用："省商联会系法团，与农会、工商同属国家立体组织细胞；乡镇保甲为国家组织之平面细胞，两者即所以构成民主政治国家之基层建筑。保甲以行政力量自上至下推行政府法令，法团则民众自身力量自下而上推动人民福利。故法团实为民权之雏形试验，往昔有因法团狃于利害不同之偏见；或因负责人不习于团体生活，不习于为大众服务，每多形成有名无实或仅有组织而无工作表现。然而政府于民众团体之嘱望与时俱增。证之商界年前协助政府抢运我越南存货之举，具见法团报效国家之忱，随而保证中小商人购买外汇之权利，以谋充实生活用品，亦界之昆明市商会先全国市县商会而办理。省商联会既扩展为全省性组织，工作亦望百尺竿头更进一步，故负责人之选举须以工作为前提条件，工作又以人选为前提条件。"[②] 最后，该社论指出："盖商联会之成立，于政府于人民，物价之平抑，物资之争取，负极重大之责任，本经济第一之原则，仰体政府措施，

---

① 《昆明周报社论·云南省商联会所负之使命》，1942 年 12 月 8 日，档号：32 - 25 - 439，昆明市档案馆藏。

② 《昆明周报社论·云南省商联会所负之使命》，1942 年 12 月 8 日，档号：32 - 25 - 439，昆明市档案馆藏。

俯察人民生计以为主要任务；而以自身利润为辅之于后，始不负全省商界之委托，政府及社会人士之厚望。"①

三 战时统制之下云南商会的因应

在战时全面经济统制的背景下，国民党政府加强了对云南商会的管控，云南省社会处成立后，商会也被纳入"抗战建国"的总方略之中，尤其是中央势力介入后，更加强了对商人团体的管控。此时商会组织的演进，在一定程度上也聚焦了中央和地方势力在抗战时局中的博弈。为适应抗战建国之需要，国民党政府开始施行经济统制，尤其在大后方的各省市，商会通过经济调控和民众动员方面的职能行使，在国民党政府施政体系中的地位不断得到提升。此时，政府对商会的组织和职能的影响力也空前增强，商会也因之被纳入统制经济的实施体制之中。而此时国民党将商会指导管理权移至政府，颁布一系列法律规章加强对商会的监管，又采取多种手段对商会的组织和活动进行渗透，逐步建构起组织管理与业务管理相结合的双重管理体制。② 对于云南而言，由于中央威权的逐渐渗入，商会的组织变革和职能运行呈现更为特殊的面相。

（一） 战时国民党政府对云南商会的渗透与督管

抗战时期，国民党政府对于商业组织和商业活动的管理，制定了种种法规，如颁布了公司法、商业登记法、商标法、各业同业公会法、商会法等，以适应推行战时统制政策的需要，尤其是强化行业组织。战前西南商业不甚发达，多为小规模经营，单位众多。国民党政府认为："惟是吾图企业，尚未发达，规模愈小，单位愈多。欲求政府与各企业单位一一直接联系，事实上殊不可能，故为推行尽利起见，宜自健全人民经济团体始。"③ 因此，为了把规模小、单位众多、一盘散沙式的工商业组织起来，

① 《昆明周报社论·云南省商联会所负之使命》，1942 年 12 月 8 日，档号：32 - 25 - 439，昆明市档案馆藏。
② 郑成林：《抗战时期国民党对商会的管理与控制》，《华中师范大学学报》（人文社会科学版）2011 年第 6 期。
③ 《行政院工作报告》，转自黄立人《抗日战争时期国民党开发西南的历史评考》，《云南教育学院学报》1985 年第 4 期。

国民党政府敦促各工厂、商号、银行、钱庄都成为同业公会会员，又促令每一同业公会都加入商会，成为商会会员，这样，"形成一有机组织"，以便利国民党政府对商业贸易实行统制。国民党政府强化商会组织，其主要目的是推行统制政策，但因同业公会和商会乃工商业者自身的组织，商会及同业公会的成立有利于行业与行业之间和同业间的相互联系和交流，有利于行业的发展。

全面抗战爆发后，国民党将商会指导管理权移至政府，同时颁布一系列法律规章加强对商会的监管，同时又采取多种手段对商会的组织和活动进行渗透，逐步建构起组织管理与业务管理相结合的双重管理体制。①1937 年 10 月，昆明市党部转奉中央令，"人民团体之组织，严格按照第四届中央执行委员会第七十五次常委会通过修正人民团体组织方案之规定，方准许可备案，其未经合法手续者，应即予取缔"②。同时，"本市各商店依法自应加入各该公会，惟自同业公会依法颁布后，尚有少数仍未加入，不但于法未符，即于本会整理前途，妨碍不浅。为确实办理起见，拟请由会制表派员分组按街按户于最短期内查填具报，再为分类，庶于办理商业统计，整理公会，及本会会费均能一举数得"③。基于此，昆明市商会要求各业商人应加入公会，尚未改选之公会限期改选，并推举赵道宽、李沛阶、李岐山、何劲修、孙耀东、张宜轩、赵松年七委员拟具办法，提会核议，再行分别办理，由李岐山召集。除此之外，昆明市商会还要求对未入会之商人在战时仍应征收会费，"本市尚有未经入会之殷实商号以及官营业、官商合组营业暨外商等均应核定等级，征收会费，由调查科切实调查，送整理经费委员会统筹办理"④。

1937 年 11 月，为应对战时需要，昆明市党部及市政府召开第五次党政联席会议，要求整理人民团体，组织战时民众训练委员会。对于如何整理人民团体，作了以下要求："（一）分别团体性质，派员督饬整理，商会推张委员友仁、刘科员注东，工会推顾委员致中、章主任佩龙，农会及其

① 郑成林：《抗战时期国民党对商会的管理与控制》，《华中师范大学学报》（人文社会科学版）2011 年第 6 期。
② 《市党部转令市商会，取缔不合法人民团体》，《云南新商报》1937 年 10 月 16 日，第 2 版。
③ 《市商会第十八次常委会决议》，《云南新商报》1937 年 8 月 2 日，第 2 版。
④ 《市商会第二十六次常委会决议》，《云南新商报》1937 年 8 月 17 日，第 2 版。

他文化公益等团体推谢委员一民、王科员应岐；（二）市党部、市政府会衔分会各团体，将所在地及负责人姓名限文到一星期内，分别呈报党政机关备案；（三）已呈报完毕后，订期召集负责人谈话；（四）各人民团体应遵章依限改选，改选时仍应呈报党政双方派员指导监督。"① 通过战时民众训练委员会组织大纲，其参加组织之机关团体，决定如下：昆明市长、省会警察局长、市党部执监委员为当然委员，并函请政训处、国民军训委员会、宪兵司令部、防空协会、卫生实验处、昆华民众教育馆各派高级职员一人参加组织，并由省妇女抗敌后援会、省学生抗敌后援会、省教育会、小学生抗敌后援会、市商会、市工会、市农会、慈善会、红十字会、律师公会、日报公会、西医公会等团体各派代表一人暨六区区长会同组成。②

基于此，云南省政府建设厅对商会改组事宜也有相应的安排："修正商会法及商业同业公会法施行以来，已及一载其商业同业公会法第二条，重要商业亦经本部陆续颁定公布，值此抗战时期有后方平定物价等经济设施都与商业团体组织有关，亟应由各地主管官署强制各重要商业一律依法成立同业公会，并督促商会改造，事关推行要政。……本厅令饬各该商会改组情形具报核办，尚未据复，转饬所属商会迅即查照指定商业强制成立之公会并依法改组，限本年十二月底以前，并业照报核办，若逾期不改组具报，即遵照部令规定，认为该县商会不再存在，幸勿自误为要！"③ 1938年11月，云南省建设厅根据国民政府所颁布修正商会法及工业、商业、输出业三同业公会法的施行细则，对各地方提出具体要求："各地工商业（一）经指定而未成立公会者，限六个月内组织成立；（二）经指定而已设有公会者，限六个月内依法改组完毕；（三）未经指定而已设有公会者，得于六个月期限内重行办理设立手续，逾期不重办设立手续，认为不存在；（四）已设立之商会及商会联合会，应于一年以内依法改组完毕，逾期不改组认为不存在，相应电请查照，严加督饬遵办，并自十一月一日起，凡依旧法组织改组或改选呈报备案者，应请发还原件分别依照上开各

---

① 《昆明市第五次党政联席会议纪录》，《云南新商报》1937年11月4日，第2版。
② 《昆明市第五次党政联席会议纪录》，《云南新商报》1937年11月4日，第2版。
③ 《云南省建设厅训令（省政府秘建字第七三〇号训令）》，1939年12月29日，《云南省政府公报》第十二卷第十期，第25—26页。

点饬知照办。"①

1938 年，国民政府颁布了《非常时期农工商团体维持现状暂行办法》，规定："凡战区之农工商团体，暂适用本办法；农工商团体会员大会之举行，及职员之改选均延期办理，在延期内不得解除责任；农工商团体应由其干事民副干事长、或理事或执行委员会主席或常务委员将延期办理情形呈由其住居地或邻近之主管官署转报经济部备案，但在直辖行政院之市，得迳呈经济部；农工商团体无干事长、理事、执行委员会主席、常务委员时前条之呈报，得由干事或执行委员为之；违法第二条之规定者，其决议及改选无效；接近战区之农工商团体得援用本办法，但须呈经主管官署转请经济部核准。"② 对于此项规定，云南省建设厅也转令各地方所属工商团体遵照办理。除在法令法规和办事程序上对人民团体加强管制外，在组织运行上，比如会议的召开等，云南省政府还要求人民团体不得擅行召集联席会，应先呈请党政机关核准并派员指导，"省府奉军委会代电，以据政治部转呈汉口特别市党部函，以各人民团体事先未呈经当地主管机关核准，擅行召集不相隶属之其他人民团体举行联席会议，如所议之事件正当固无问题，但如成为向例，不问所议之事件为何尽可任意召集，其流弊之大，实有不可思议之危险，若漫无限制，影响抗战，关系非轻，请指示制止，或另行制定不相隶属之人民团体举行联席会议办法各规则，通饬遵守。查不相隶属之人民团体职司或异，如遇有举行联席会议者，自应以制止为原则，倘确有特殊情形，必须举行，须事先呈请当地党政机关核准，并派员出席指导监督，嗣后一律准此办理，勿庸另订章程"③。

1940 年，云南省政府根据国民政府社会部的相关法规规定，对非常时期工商业及团体加强管制，并制定了非常时期加强工商团体管制的相应办法。"一、抗战发生，社会经济变动在所难免，惟变动应求合理，而不可因人为的操纵或垄断畸形现象。查近来物价波动颇剧可见，经济现象显有

---

① 《云南省建设厅训令（省政府秘二建商字第一七三号训令）》，1938 年 11 月 3 日，《云南省政府公报》第十一卷第十一期，第 40—41 页；又载《经济部限期施行修正商会公会法》，《云南新商报》1938 年 11 月 20 日，第三版。

② 《非常时期农工商团体维持现状暂行办法，建设厅转令各属遵照施行》，《云南新商报》1938 年 5 月 22 日，第 2 版。

③ 《人民团体不得擅行召集联席会，应先呈请党政机关核准并派员指导》，《云南新商报》1938 年 7 月 16 日，第 2 版。

未尽调和之势。本部前奉国民政府军事委员会委员长蒋手令饬，即迅速完善各业同业公会组织，加紧管制，以期平抑物价，镇定人心，用本斯旨，特呈，经行政院制定本办法，分令本部经济督导……二、平抑物价亟应健全工商团体机构加紧管制，然其先决问题一在督促各工商业依法严密登记，一在督促各工商业依法强制加入各该业公会。近年来，大量人口内移，需要增加，工商业日臻繁荣，具有公司行号之正当商人转输货物……为政府所许与保障然，一般非从事工商业者而有商业行为，竟不设立公司行号而不申请登记，其流弊所致不堪变乱，社会组织破坏政府法令，在平时不应如此，在战时更应绝对取缔，故本办法第四条至第八条之规定，主管官署将须从严施行，勿使投机取巧之徒利用抗战机会损人自肥而影响国计民生也。至各业公司行号或工厂之应加入各该业公会或商会，早经法令规定，自应遵照办理。惟各地工商团体所属各业，或因观念错误，或因昧于私图，往往规避加入工会及藉词。恳会致工商团体组织终鲜健全，不克尽其本身应尽之责任，对于政府所定之战时经济动员、民众动员之各种方案，均难期实现，人自为谋，步骤不一，非宜战时人民团体所应有之现象，故本办法有第十条及第十一条之规定。三、职业团体书记极关重要，依其性质为各该团体执行机关之命办理事务，并负推进各该团体各种活动之责任。中央洞鉴及此特订定职业团体书记派遣办法，以加强职业团体之机构与活动办法。颁布以来，成效不甚显著，兹值实施工商团体管制之际，书记之训练与派遣，主管官署必须遵照规定，切实执行，尤须斟酌实际情形，按步实施，勿以事实困难迟延徘徊，致团体机构仍蹈过去积习，而管制政策之施行亦变莫大影响。四、工商团体任务在修正商会法及工商输出各业同业公会法规定基详，本办法应为战时要求，适应环境需要，将另规定，使工商业及团体受制之精神筹以具体实现执行。"①

依据以上办法，云南省政府之主管官署须切实导行，仅此为工商团体对其所属会员之责任，主管官署不应直接处理者，只须鼓励工商业合作，敷衍固所不许，防此为运用团体组织力量而发挥管制效能。各地主管官署诚能依照办法认真推行，则可收平抑物价之功效，而符镇定人心之本旨。

---

① 《云南省政府训令（建秘字第二五三三号）》，1941，《云南省政府公报》第十三卷第八十二期，第12—13页。

此外，云南地方政府还派员担任检查工作，为主管官署直接施行之监督制度允宜处理，周密裁判公平，务使货源流转供需求，工商发达、市面繁荣而团体组织力量得因益臻健全，以促成管制之严密。

值得关注的是，1942 年云南省社会处成立后，将商运工作列为其社会行政事业的核心任务之一，因此，对商会的管制与督导也成为云南省社会处的重要职责之一。云南省社会处的设置可视为战时中央势力渗入云南地方实力派主滇格局中的重要表现之一，"各省社会行政事业，过去系由省党部、民政厅、赈委会等机关分别办理，致事权分歧，无统筹之计划及有系统之组织，以致社会行政进展迟滞。中央有鉴及此，特设社会部综管其事，并于各省设社会处以专司其职，盖所以构成有系统之组织，俾社会行政可以逐步推进也"①。在此背景下，1942 年 1 月，国民政府行政院任命裴存藩为云南省社会处处长，负责筹建云南省社会处，同年 3 月 1 日云南省社会处成立，受国民政府社会部和云南省政府双重领导。在这样的领导体制下，商运工作由之前的"党治"体制督导转变为由行政主导，这意味着商会指导管理权随之由党部转变至政府。而随着中央势力在滇域内的渗透，各种党政部门的下属机构纷纷设立，也无疑分化和削弱了云南地方政府对滇政的管控力，因此，商会除接受云南省政府的直接指导外，还要听命于国民政府行政院的监管。1943 年 3 月，云南省社会处公布了《云南省社会处管制工商团体施行细则》，遵照此法之规定，昆明市商会及各县市商会相继改组，商会组织由委员制改组为理监事制。当然，由于国民党中央势力在云南各地的触角并非一致，各地商会的改组进程和情形也参差不齐，但此时中央权威对西南边疆民族地区的统治力已经逐步形成。随着战局的转变和云南地方实力派实力的分化，云南商会组织由 1942 年之前相对"地方化"的发展势态逐渐衍化为归属国民党政府统治体制的民众团体。

在战时统制体制下，为了达到动员民众完成以"抗战建国"为目的的大后方建设，云南地方政府在逐步完善自身行政体系的同时，也极为重视商会的新设、改组和组织体系建设，将商人团体的管制、改组和整理纳入地方政府的施政体系之中。1940 年，云南省政府的年度行政计划中，就对如何组织商业团体作了规定，"本省商业团体，自奉修正商会法及各业同

---

① 云南省地方志编纂委员会编《续云南通志长编》（下册），第 233 页。

业工会法施行后，即经不断督导，已据昆明市及少数县份，依法将各商业同业公会组织，并将商会改组具报。其他边远县份，尚未依限办理竣事。本年度，应加紧推动。本年度应继续督饬各县商会依法改组，本省各县商会，因商人教育水准过低，对于法令无确切之认识，致未能依限改组具报。本年度，再予展期六月，限于六月底，一律依法改组完竣报核。若再逾延，即照部规定，认为该县商会不再存在"①。例如，向来商务繁盛的思茅县，在 1943 年的年度施政计划中就认识到："一县之经济充裕与否，胥视商务之兴衰，而商务之兴衰，端赖商会之主持擘划，如商会能联系各同业公会，以推进业务，则商务发展，经济充裕，始克达到目的。"并指出："本县商会，虽历史悠久，迄今已成立三十余年，但征之战时人民团体组织，仍有不健全之感，亟应从事整理。兹经遵令转饬改组为理监事制推举商界之有名望者为理监事，逐一分别整理，俾其内部健全，决于本年内改组完竣具报。"② 当然，因战时局势的转变和云南特殊的历史环境，各地商会在战时的变动情况也呈现一些殊相。例如，1940 年日军在海防登陆，国民党政府炸桥毁路，封锁边境交通。各大小商号纷纷迁散，商会形同虚设。③ 1942 年进行了改选，但其组织发挥的作用已经非往日可比。地处滇西门户的腾冲在 1942 年沦陷以后，大小商号也纷纷迁散，1945 年腾冲光复后，商会组织才陆续恢复。④ 而在边疆少数民族地区，商会的改组进程也相对迟缓，如 1942 年 6 月云南省建设厅的工作报告中就提到："据中甸县呈复县区夷多汉少，无法组织商会。又车里、华坪两县各呈，以地居边陲，工商幼稚，请免组织各同业公会，当经分别令饬，陆续倡导办理。"⑤

（二）战时统制经济体制下云南商会的应对

全面抗战爆发后，国土大部沦陷，云南以有利的战略地位而成为抗战大后方之一。抗战期间，国内政治经济形势全面恶化，维护社会经济秩

---

① 《云南省政府二十九年度行政计划》，《民国时期西南边疆档案资料汇编·云南卷》第一卷，社会科学文献出版社，2014，第 173 页。

② 《思茅县政府民国三十二年度施政计划》，《民国时期西南边疆档案资料汇编·云南卷》第十七卷，社会科学文献出版社，2014，第 49 页。

③ 黄日雄：《河口商会起源及两次改组》，《河口文史资料》第 3 辑，第 28 页。

④ 罗佩瑶：《腾冲县商会》，《腾冲文史资料选辑》第 1 辑，第 13 页。

⑤ 《云南省政府令准省建设厅呈〈民国三十一年度六至九月工作报告汇编〉》，《民国时期西南边疆档案资料汇编·云南卷》第三十三卷，社会科学文献出版社，2014，第 29 页。

序、凝聚抗日力量成为持久抗战的必要条件。为适应抗战建国之需要，国民党政府开始施行经济统制。1938 年，国民政府通过了《抗战建国纲领》和《非常时期经济方案》，以军事为中心，提出了战时进行经济统制的政策，统制的范围包括银行业务、统制外汇、整理进出口、调整工商业、彻底改革财务行政等。这些政策，其实是要把地方的经济尽可能收归中央，云南原本相对独立的经济体系也在这时候开始被纳入中央体系。尤其是在大后方的各省市，商会通过经济调控和民众动员方面的职能行使，在国民党政府施政体系中的地位不断得到提升，此时，政府对商会的组织和职能的影响力也空前增强。商会也因此被纳入统制经济的实施体制之中。较之于战前云南地区商会相对宽松的市场调控环境，战时云南商会的社会责任更重。

基于战时民众团体的特殊身份及其与政府之间的多重关系，国民党政府认识到，在战时后方的国防建设和经济管制中，商会在协助政府施政方面居于重要地位。[①] 由于南京国民政府政治、经济中心向西南迁移，云南成为战时国家经济建设的后方重镇之一，加之人口迅速膨胀的压力，全省物价水平上涨。因此，抗战时期云南商会在经济调适方面的作用表现得尤为突出，集中表现在稳定物价、物资管制和商情调查、战时转口税开征等方面。

1937 年 9 月，云南省建设厅令饬昆明市商会召集各业组织调平物价委员会，以免操纵，并奉昆明市政府会议决遵办，本会推陈德齐，各业公会中推李岐山、刘耀东，并分别函呈。[②] 此后，“建设厅以市面物价高涨，影响民生，扰乱人心，关系至巨。适奉实业部令饬调平物价，以安人心，当即转令各县会同各地商会办理，复以省内各处日用货品大多由本市运往，若本市价格过高，则全省均受影响，乃复组织一调平物价委员会，审查各货底价，评定价值，以免奸商扰乱。委员定为七人，除由该厅派工商科科长朱映杓参加外，并分别函咨民政厅、市政府、警察局、市商会请各推派代表一人，各业公会共推代表一人共同组织之，一俟各机关委员推定，即

① 魏文享：《商人团体与抗战时期国统区的经济统制》，《中国经济史研究》2006 年第 1 期。
② 《市商会第二十七次常委会决议》，《云南新商报》1937 年 9 月 14 日，第 2 版。

与民政厅会衔呈请省府备案"①。

1937年9月25日,云南省调平物价委员会成立,其活动经费由市商会暂行借垫,并协同各公会对时下物价高涨之情形予以制止。略举一例:1937年10月,昆明市药材业同业公会主席张万钟、委员左之纯报告,本省中药产品并未涨价,其所以涨价者,系川、浙、豫、甘、秦等省所产之参、术、草、当归、地芍等类,但川省由滇来帮运者尚多,因本省价低之故,至本日零检中药价值,城内与城外不同。现在公会已订期召集警告各同业不得涨价,已闻会后将结果呈报,并请派员调查核办。经议决,即由该公会迅即召集同业会员切实警告,倘以后仍有无故增高价格者,一经本会派员查出,即照章予以惩处,并通知该会将标准价格列表报会,以凭考核。②基于此,调平物价委员会定期召集昆明市米、糖、油、肉、燃料、成衣、木器等业公会负责人到市商会商讨标明物价办法,规定不得任意抬高市价。1937年年底,昆明市政府"以本市近日米价高涨,关系民食,至要且巨,值兹非常时期,安定民生,尤为重要。昨经布告取缔高抬市价,并派员密查,严禁奸商囤积居奇,并令市商会转饬米杂粮同业公会,从速议拟调平市价办法,即日具报。经呈复称,粮食涨跌与供求关系互为因果,近虽新谷登场,各县委积谷填仓计,均积极收旧填新,致来源稀少,使本市米价稍涨,值兹新旧交替之际,为权予调平米价,以裕民生起见,拟请转呈绥署省府通令产米各县,对于米价出境,不得再行禁止,又军需局采办军米,除在军米区就地收买外,对于在本市收买下米交局者,亦请禁止,当以所呈调平办法,尚属公允"③。此外,昆明市政府还指令市商会采取措施来积极平衡盐价,"市府以本市食盐近日价值突然骤涨,前昨两日,售价由旧币一元八角涨至二元二角不等,昨日又续涨至二元五角左右,以市上情形而论,尚无止境,推厥原因,显系奸商从中操纵,阴谋巨利,若不设法补救,影响民食,何堪设想,该府除函盐务管理局设法调平外,并令饬市商会遵照,迅将骤涨原因查照呈复,并速召集盐商商讨设法调平,以维民食"④。

---

① 《建设厅拟组织调平物价委员会》,《云南新商报》1937年9月23日,第2版。

② 《调平物价会第七次委员会议议决》,《云南新商报》1937年10月27日,第2版。

③ 《米粮业同业公会议拟调平米价办法》,《云南新商报》1937年12月5日,第2版。

④ 《市府积极平衡盐价,令商会速办以维民食》,《云南新商报》1938年11月29日,第2版。

1940 年 2 月 7 日，昆明市商会针对云南省政府提出的"对变通粮食管理办法，提出不再限制米价准人民自由采购运销，各机关等整数食米仍由粮管会供应"一案，在《民国日报》提出了建议实施的具体办法 6 条，由于其措施内容不仅符合购销双方的经济利益，而且具有较强的可操作性，因而被政府所采纳并实施。此外，在抗战时期，商会还协助云南省物价调整委员会对平抑物价做了诸多行之有效的工作，如要求各商家填报所经营商品的成本底表，以为有关决策部门确定不同商品的合理售价提供依据；参与核定商品及服务单位的售价等。① 为稳定物价，发展经济，云南省商会联合会理监事在就职宣言中明确指出其成立的目的在于"（一）调整工商业，发展经济生产事业。（二）抢运物资，安定民生。（三）研究舒畅运道，以济战时交通。（四）协助政府管制物价，近因各地物价不断增涨，对于国民经济影响甚大……本会有辅助政府平抑物价之责"②。由此可见，省商联会在战时扮演了发展经济、稳定物价、安定民生的主要角色，并发挥了重要作用。

为调节全省粮食、平定米价，适应战时供求，云南省政府依据省政府委员会第 674 次会议决议案，于 1939 年设置云南省粮食管理委员会，其隶属于省政府，设置于云南省党部内。粮食管理委员会可择要于各县分设某县粮食管理委员分会，由党政及有关机关负责人会同组织，粮食管理委员会遇必要时对各县粮食分别加以统制。③ 在此背景下，云南省粮管会训令昆明市商会及各地方商会切实负责调平米价，以保障战时粮食供需，"云南省粮管会以昆明市米价高涨，显系奸商操纵，特训令市商会主席陈德齐负责积极调平，切实注意，勿稍玩忽延徇。又粮管会电大姚县长，以该县先后两次请准予统制购卖米粮，并电请准粮食统制，照市减二成给价前来，该会以此事与云南省府通令违背，且该县奉令派工赴姚安修路，工粮一项，各区食米早已弛禁，仅可自由购买，所请不准，并饬将以前购买人

① 《云南省物价管委会的训令会议纪录》，1943，档号：77 - 4 - 59，云南省档案馆藏。
② 《云南全省商会联合会成立大会暨理监事宣誓就职宣言》，1942 年 12 月 21 日，档号：32 - 25 - 439，昆明市档案馆藏。
③ 《粮食管理委员会组织简章及分会大纲》，《经济动员》第 3 卷第 11—12 期，转自郝银侠《社会变动中的制度变迁——抗战时期国民政府粮政研究》，中国社会科学出版社，2013，第 34—35 页。

民米谷减低价值退还，倘再借词违功令，定即重惩不贷"①。

1940 年，云南省政府规定："于非常时期内，有粮食管理委员会之组织，除直接向安南定购越米外，并指定省内三十县中，限数解省，以资调剂民食，宜良、路南二县划为军米区域后，除军队可以随时向该区采办外，商民不得自由采购。除军米区域外，商民可以自由采办并由粮食管理委员会议定详细办法。"② 云南省政府于 2 月 6 日召开会议讨论市商会代电请将粮食管理办法变通，饬由粮食管理委员会专购越米及收集 30 县仓谷，撤销公米行，分设专处平价。议决案三条为："该商会建议各节，准予照办，粮食管理委员会对于米价，应即免予限制，准其自由采购运销；凡在昆明市之学校、工厂、机关所需之米，需用整数米量者，仍由粮管会负责供应，凭折购买，至一般市民所需之米，概向米商自行购买，但须由该商会负责办理，以免任意高抬，影响民生；此案一切详细办法，应如何方臻妥善，以及何日实行等项，应由粮管会即日召集会议，会同商定。"③

1940 年 2 月，昆明市商会也在上述方案指导下，召集昆明市各米商通过监督本市米商购运食米及代客售米暂行办法。此办法共 19 条，与粮食统制政策直接相关的主要条款有："第一条——本办法遵照省政府第六九五次会议核准本会建议变更粮食管理办法，及粮管会遵案会商决定实施办法订定之；……第四条——本市各米商，对于各县米商或农民运省投店之米，一律随客投店，不得明争暗夺，只许代客随市销售与食户，同时得按照旧照旧规，从价收取百分之十五佣金，不准居间操纵，收买食米，或同业互相翻买翻卖，藉图渔利，并须视米源之情形，切实负责陆续设法减低其价值；第五条——本市各米商得自由向各县采购食米销售，其售价须按米贩者减低，以期达到米价日平之目的；第六条——本市各米商售卖食米，除机关、学校、团体、官营工厂所需按量食米，统归粮管会售卖外，其余一般市民需要均须负责尽量供应；……第八条——各碾米厂如仅以碾

① 《战时经济消息·云南省粮管会令商会切实负责调平米价》，《云南日报》1939 年 3 月 2 日，载《经济动员》1940 年第 4 卷第 4 期。

② 《昆明市各业调查·昆明市之碾米业》，载重庆图书馆编、任竞主编《重庆图书馆藏抗战大后方调查统计资料》第三十一卷，南京大学出版社，2015，第 19—20 页。

③ 《昆明市各业调查·昆明市之碾米业》，载重庆图书馆编、任竞主编《重庆图书馆藏抗战大后方调查统计资料》第三十一卷，南京大学出版社，2015，第 20 页。

米为业，除代客碾米外，即不得再代销米，应听客户自由投店，其有碾米厂兼营米店业者，方得代客销售，照规收佣，至逐日寄存客米及碾厂，平日流存食米，不论专营及兼营碾米厂者，均应照规定填表申报查考，但平日流存之米，如满五公石时，须提出销售，或交米店代销，倘有违背，一经查觉，应予惩处；……第十条——本市米商，如有囤积居奇，或从中操纵及隐匿不报情事，经查明或受检举属实，应呈请严厉处办；……第十四条——本市米商，如有违反本办法者，由本会视其情节之轻重，呈准予以后列之处罚：（一）定期停业，（二）罚金，（三）永久停业，以上三项并于处分后，由本会报请粮管会备核；第十五条——本市米商如有恪守办法采购大量食米，或招致米贩办运大批食米投店供应市面，而能使米价日平，成绩昭著者，由本会按月考核分别情形，得照后列奖励，呈请政府衡核颁给：（一）传令嘉奖，（二）颁给匾额，（三）奖金；第十六条——米业公会负责人及各城专管委员，如有怠职溺职，又或成绩优越有利民食者，由本会查明情形，体照本办法第十四、十五条之规定分别惩奖之；第十七条——本市米商及各方米贩、各地米户，在省有指定三十县地方，除宜良、路南两县外，采购运输食米者，如有阻碍情形，得随时列举事实，呈报该管县长查办，并具报本会，转呈政府，以妨害民食，从严治罪……"①通过此办法的实施，昆明地区的粮食限价政策得以有序运行，市场渐趋稳定，既保障了大后方的民食需求，又维护了市场秩序的稳定。1943 年，随着战局的转变，云南省已有 11 地②实施"全面限价"政策而实施粮食限价，在西南大后方诸省中居首位，因而云南主要县市商会也承担着更为繁重的粮食统制任务。

地处滇西地区的下关商会，在战时也依照加强工商团体管制办法及配合限制物价工资之规定，并参酌本业情形，自定管制办法，呈奉核准后施行。首先是健全组织，县政府指定管制之工商业及团体，已有组织者，先

① 《昆明市商会米业暂行办法十九条》，详见《昆明市各业调查·昆明市之碾米业》，载重庆图书馆编、任兢主编《重庆图书馆藏抗战大后方调查统计资料》第三十一卷，南京大学出版社，2015，第 24—29 页。

② 《全面实施粮食限价概况表》，行政院编纂《国民政府年鉴》（第二回），1944，转自郝银侠《社会变动中的制度变迁——抗战时期国民政府粮政研究》，中国社会科学出版社，2013，第 303 页。

行严格考核，如组织松懈、会务废弛及应行合并或分开者，应加强组织，调整健全。主管制已有组织之纱、茶、百货、棉绸、布、药材、皮革、堆店、卷烟9个商业同业公会，遵照牌号归商会、工人归工会办法，将其重要业类斟酌地方情形，使其另组织职业工会，以资管制，并确实划分分会、支部、小组，以健全其组织。其次是实行强制入会办法，先从必需品业，次重要业，次普通业三种工商团体着手办理。先行普查，勒令入会。最后实行抽查，如发现有抗不入会与限制退会之规定，惩处之。此外，还派遣各业工商团体书记事宜，由县政府先就各业参酌地方情形，在下关商会内成立联合办事处，设书记二人，办理工商团体会务，并择要将管制各业，依照职业团体书记派遣办法，逐渐派遣书记。同时，推派代表参加限制物价工资评议机构，并对于议定物价工资后，应采取各种有效办法，向各同业宣传，劝导所属会员切实遵行。此外，下关商会还组织纠查队，经常实施纠查与检举垄断操纵、囤积居奇及其他违反物价工资之行为。①

在抗战后期，为了配合政府更好地推行管制政策与贯彻限价方案，下关商会及各同业公会采取各种措施积极应对。棉花同业公会提出："本省虽产棉花，惟产量有限，大多仍须缅花及湖花运入供应。近以物资管制移动限制极严，致来货越感稀微，限价尤觉碍难。应请转呈按月分配，俾供求平衡，则贯彻限价方案，亦可减少困难。"②烟丝业公会也认为："下关烟丝多由宾川、蒙化两县输入供应。卖价每高于议定价值，无法贯彻限政，应请变通办理。"③经各同业公会上呈下关商会后一致决议："下关地区多以物资缺乏，形成各货陡涨，致虽实行物价管制，惟以供不逮求，难于贯彻限政。事虽属于不虚，但各公会不尽职责，亦难辞咎。特规定数项，以期标本兼治，挽救当前危机。"④

在组织监管方面，诸如理发同业公会提出："本会会员多属寄居客籍，

① 《凤仪县下关镇三十二年度加强工商团体管制实施计划》，1943，档号：20－10－7－15，大理州档案馆藏。
② 《下关商会及同业公会工作汇报纪录》，1944，档号：20－10－5－5，大理州档案馆藏。
③ 《下关商会及同业公会工作汇报纪录》，1944，档号：20－10－5－5，大理州档案馆藏。
④ 《下关商会及同业公会工作汇报纪录》，1944，档号：20－10－5－5，大理州档案馆藏。

且有以军人为护符，抗不参加公会者。应请予制裁，加强工商管制。"[①] 对此，下关商会提出以下应对办法："（一）各公会人事，应力加调整，使其健全；（二）会员证书，照章应由各公会填发，样式由会规定，以昭划一；（三）各公会应于每月月初召开评议会，评定物价、工资，呈报本会核准后公布实施；（四）下关所有商人，限十月内分别性质，参加各公会。除由会布告公告通知外，应由各公会切实调查登记。倘有不遵，准予报会转函警局惩处。如仍顽固不理，定即予以停业处分，贯彻工商管制；（五）各公会会员，应一律征求入党。每公会编为一小组，直属本区分部。以后各公会应以党为核心，切实推动业务，增强工作效率；（六）各业公会应合组联合办事处，附设本会，其经费由公会分级负担。以期工作运转，便于指挥办理。"[②] 由此可知，由于国民党中央政府势力的渗入，抗战后期政府对工商团体的管制有所加强，"党治"因素逐步遍及西南边疆民族地区，从社会行政的层面加强对工商团体的管制，也可视为与"抗战建国"方略同步的边疆治理举措。当然，抗战时期由于工商同业公会组织的完善与治理结构的成熟，商人团体也由上至下形成了"金字塔式"的层级结构，这也凸显出在战时管制下其团体样态的特殊性。

在战时物资管制中，云南省商联会的成立适应了战时经济统制体制的需要。《章程》具体规定了云南省商联会会员的来源，即在省内各县市和市镇商会推派的会员为代表出席省商联会大会，其中每会员商会以一人至二人为限，县市会员商会其下级有商业同业公会十个以上者得增加代表一人。[③] 此时，省商联会已形成"金字塔式"的层级架构，即基层是以各同业商家为会员组成同业公会，中层则是以各地同业公会为会员组成各县市商会，再以各县市商会代表为会员组成全省商联会，这样一种组织网络管理体系在协助政府战时物资管制中获得了较好的效果，也维护了大后方市场秩序的有效运行。

而对于外来物资内运的管制，行政院也指令云南省政府转呈商会，采取有效办法予以协助，"中印间空运中航机内运量，依日前情形，月约一

---

① 《下关商会及同业公会工作汇报纪录》，1944，档号：20－10－5－5，大理州档案馆藏。

② 《下关商会及同业公会工作汇报纪录》，1944，档号：20－10－5－5，大理州档案馆藏。

③ 《云南全省商会联合会章程》，1942 年 11 月 17 日，档号：32－25－439，昆明市档案馆藏。

三〇〇顺专运政府各机关急要物资，其顺分配每月……事委员会运输会议，物资内运优先管制会议核定，陆运方面在滇缅公路尚未复兴之前，本部现正计划继续利用……存印物资自可迳洽该公司办理"[1]。昆明市商会疏运海防存货委员会就海防货物的运输也集中进行了讨论，通过了修正疏运办法草案，加派代表三人办理疏运存货事宜，由市商会通知各有关同业公会推选候选人，并规定"外部禁止入口货物，在公布期前即运抵海防或起运在途者，业经呈请省府转电财部，已核示到滇再为办理，未奉准前暂从缓"[2]。与此同时，昆明市商会还修正了疏运海防存货办法十六条。

　　第一条，昆明市商会鉴于商人存积海防货物，数钜期久，关系甚大，特商获滇越铁路法国公司总办之同意，召集有关各业代表会议，决定公推代表前往海防办理疏运存积海防商货事宜；第二条，代表驻在海防，负责向滇越路公司接洽运货车兜，以之分配于当地之转运商行，俾将各商家委托转运货物陆续装运出境；第三条，分配各转运商行之运货车兜，以所代理客货之多寡为比例；第四条，驻防代表应将每月派获商货车兜分为两关（半月一关），或三关（十天一关），计分配之；第五条，各转运商行，每关疏运商货应由驻防代表就商货登记先期审核，拟定次序，填发准单，交由各转运商行查照装运；第六条，驻防代表填发准单所拟次序应以下列各项为准则：（一）疏运商货以均沾普遍为原则，凡便于起运，易于报关，能分批装运至货物，应尽量分关轮期装运，存货多者，多运存货，少者少运，其在五件以下，得一次装运；（二）各商家存防货物，若因报关纳税发生困难，而不能将货分关轮装者，得将该商应轮关期并计扣算，一次装运；（三）各商家装放露天地面之货物，已发现霉烂损坏者，得提请装运；（四）各商家货物有装放私贪未能报关者，驻防代表应尽量协助，代向海关交涉，若手续完成，易于起运者，亦得轮期装运；（五）各商货物若情形相同，而车兜不敷分配时，得以到防日期之先后参酌办

---

① 《云南省政府训令》，1944 年 7 月 18 日，《云南省政府公报》第十六卷第三十三期，第12 页。
② 《战时经济消息·市商会商定海防存货疏运办法》，《云南日报》1939 年 9 月 19 日，载《经济动员》1939 年第 3 卷第 9—10 期。

理；（六）俏有特别事故，有应提前装运之货物，得由驻防代表，报请昆明市商会召集有关各业开会议决处理；第七条，驻防代表对于填发各转运商行之准单，应严密监督依次装运，倘有故意违反发生流弊情事，得由代表函请铁路公司严予纠正；第八条，各商家存防货物，若未向市商会登记者，得于商会代表到防后一星期内，迳向海防代表办事处请求登记，并由办事处汇报市商会备案；第九条，存积海防货物，以九月十七日为截止期，凡期后入海防口者，应已期前存货运毕，再为办理；第十条，各转运商行依照代表签发准单，将代理客货派定装运后，将该关起运货物详细列表，交由代表汇寄市商会，以备查考；第十一条，各商号登记之货物，不论大小，不分种类，每件预收国币五角，其有特殊情形者，经报请本会审查后，得酌予减收；第十二条，各商号预交之登记费，于缴纳办公费时，分批退还之；第十三条，凡已向商会登记之货物，不能中途退出，其有改走同等方面公路运输者，须先行呈报市商会转函驻防代表查照，或迳报代表亦可，改途运输货物，除登记时所交每件五角之登记费外，不再另外收费；第十四条，有货物存积海防之商家，不得向驻防代表作提前装运之请求；第十五条，本办法大纲，应由市商会函送滇越铁路公司及河内海防领事馆、海防商会，请予协助办理；第十六条，本办法大纲，经代表会议通过施行，并由市商会呈报省政府、建设厅、市政府备案。[①]

商会也发挥其组织效能，努力维护市场秩序，确保后方稳定。昆明市商会为便于市民购买日用品以谋调平物价，得政府之支持，组织一大规模消费合作社，售卖一切日用必需品。具体筹备由商会委员马筱春负责，拟定章程及核办事宜。[②] 为了保障战时商旅的顺利通行，1943 年云南省商联会致电下关商会，要求免征驮捐税，指出大理防空部查抽收驮捐有违中央

---

① 《战时经济法规·昆明市商会修正疏运海防存货办法》，《云南日报》1939 年 10 月 4 日，载《经济动员》1939 年第 3 卷第 9—10 期。

② 《战时经济消息：昆明市商会筹组消费合作社》，《民国日报》1939 年 8 月 3 日，载《经济动员》第 3 卷第 7—8 期。

禁令，要求严予取缔，以利商民。① 商会配合政府实施行业管制，保障商旅通行的举措，增强了政府行政的效能，使战时的经济管理体制与经济动员相适应。同时，商会在战局不断转变的特殊环境中，发挥其自治职能，这对维持市场的稳定具有举足轻重的作用。

此外，在抗战期间，国民党中央政府对云南经济实行统制政策，使战时民营工业遭到不同程度的打击而普遍衰落。例如，个旧一地的民营矿业在 1938 年约有 5000 户，矿工达 10 万多人，但到 1944 年，其已仅剩 440户，矿工则已不足 2000 人。② 当然，对个旧大锡生产面临的困难，个旧商会也予以积极救济，"据县属厂炉铣号商民到会声称，查大锡跟单一项照政府原日规定促跟五赊，今则增至七赊，致商人损失益多，又跟水汇率，原日规定促照市汇减五百元，今市率为一四六，而银行牌价则为一二五，覆受亏二万有奇，重重损失，实难负荷，且上指损失直接虽由客籍号当之，实际仍是生产者担负，当此前方抗战，后方应注重经济建设之秋，而本省所恃税收，唯此锡产为大若，使厂民等长此受损，势必生产无力，则于国际民生不无相当影响，拟恳钧会代为转恳政府俯赐救济，仍一并准照原日成案办理，俾恤商艰"③。面对种种情况，1944 年，云南省商联会在全国工业协会的指导下，以分会会员的资格制定了云南工业协会分会章程，其中明确指出了云南工业协会的主要任务，即促进全国工业化和工业金融的发展，对工矿业进行调查、统计和编纂，增进劳工福利与推行事业保险，办理技工劳工补习教育，举办工矿展览，请求政府维护其生产事业等。④ 这表明，在抗战后期，云南商会的此举与南京国民政府社会经济发展战略的制定是相互弥合的。也可以看出，关于云南工业化的发展问题，已成为民间和政府部门的具体决策机构的普遍共识。

从以上所论可知，随着战局的转变和社会经济发展的态势，云南商会在战时经济统制方面的功能不断地深化和扩展，但一脉相承的是其与工商

---

① 《关于禁收驮捐税的快邮代电》，1943 年 6 月 11 日，档号：20-10-19-40，大理州档案馆藏。

② 《个旧矿业普遍之衰落》，《云南日报》1944 年 3 月 17 日。

③ 《云南省政府训令（秘二富总字第四三六号）》，1938 年 6 月 16 日，《云南省政府公报》第十卷第五十八期，第23—24 页。

④ 《云南工业协会分会章程》，1944，档号：32-25-124，昆明市档案馆藏。

业经营者的利益诉求是密切相连的。

小 结

综论之，抗日战争时期，云南商会的组织架构和职能运作必定带有一定的战时色彩，此时国民党政府与商会的关系演变进入了新的历史阶段。全面抗战爆发后，国民党政府为适应战时需要，对商会的管理体制进行了重大调整。由于抗战内迁，大后方之一的云南地区商业发展繁盛一时，商会、同业公会的数量和规模与日俱增，组织体系也较战前健全。国民党政府实行组织管理和业务管理相结合的双重管理体制，促使战时云南地区的商会和同业公会在数量及组织的规范性上都有了加强，又通过云南地方政府的不断督导，尤其是云南省社会处的有效督办和各县区政府设计规划的施政体制，政府部门与商会组织间建立起了经常性的沟通机制。

在战局不断转变的形势下，云南地方党部和政府对商会的督导改组和组织规范也尤为重视，商会组织在战时统制体制下采取了多种举措加以应对，在组织变革中不断完善治理体系，使商会更好地服务于战时需要。此外，战时国民党政府对西南边疆地区实施的相关新举措，尤其是中央势力对之前相对独立的云南地方实力派的渗入，对于促进云南地区商会在战时的演变也产生了重要的影响。在战时统制经济的实施过程中，作为大后方之一的云南地区，商会、同业公会在物资管制、平抑物价、行业调控、维护市场秩序方面发挥了不可替代的作用。

值得注意的是，抗战时期是一个较为特殊而又极为突出的时期，昆明、下关等主要地区的商会组织变动也积极配合了地方政府的施政体制，省级商联会的筹组也积极适应了抗战的需要，因而对其实际影响的分析和把握也应该结合战时社会经济环境作出恰如其分的评价。当然，其在战后的回落是形势转变的条件下出现的历史结局，是不可避免的。

| 第五章 |

多方权势博弈时期云南商会的式微与转轨

抗战胜利后，卢汉主滇，这一阶段云南地区面临多种政治势力纷争的格局：一是中国共产党领导的人民革命斗争，二是以卢汉为首的云南地方实力派，三是蒋介石在云南的政治和军事势力。国共之间、国民党中央政权和云南地方政权之间都存在不可调和的矛盾与冲突。在复杂的政治生态下，国民党政府在恢复战后政治秩序和重建社会经济运行体制的同时，也着手对商会组织加强控制和渗透，以维系其统治根基。云南地方政府也希望通过改选和整理商会组织，从而获得更广泛的社会与民间力量的支持。此外，内战爆发后，中共云南地下党和武装组织也积极团结工商界人士，尽量争取商会中的上层人士，为云南的和平解放事业获取更大的支援和拥护。因此，战后的云南商会是在以上三方的博弈中生存，其组织运行效能也明显地衰退，随着时局的转变，在云南解放后，商会组织也面临新的转轨。

一 战后云南商会的衰变

战后的云南社会面临多种政治势力相互较量的政治格局，此时，随着国民党统治的逐渐衰变，战后云南商业的发展渐趋衰落，商会组织也逐渐失去了昔日的角色和地位，成为国民党中央政权、云南地方政权和中共云南地下党组织这三方力量博弈中的一个"变量"，其组织架构也日渐衰变。

（一）战后云南的社会局势与商业的衰退

抗战胜利后，卢汉奉命率第一方面军赴越南接受日本投降。蒋介石的意图是很明显的，借受降之机把滇军主力调离云南，以为其之后解决云南省主席龙云作准备。1945 年 10 月，蒋介石下令解除龙云在云南的本兼各职，令其赴重庆就任有职无权的军事委员会军事参议院院长一职，同时任命卢汉为云南省主席，在其未到任前，由投靠蒋介石的云南人李宗黄任民政厅厅长代理省主席。蒋介石任命卢汉为云南省主席，固然有打龙拉卢、安抚云南军民的用心，但其真正目的是最终以李宗黄取代卢汉，以实现其梦寐以求的在云南建立国民党中央的直接统治。卢汉在主政期间，把"保境安民"作为其治滇的执政纲领和首要目标。为了完成这一政治目标，他从就任省主席之日起，就始终不渝地把建立和发展云南地方武装作为核心头等大事来抓。卢汉主滇的四年，正值国家多事之秋，因此，他在军事、政治、经济方面采取多项应对举措，在一定程度上对恢复社会经济和安定政治局面有积极作用，并有利于抗拒国民党中央企图加强控制云南的斗争。在较长的一段时期内，卢汉对国民党中央的态度具有二重性的特点。"一方面，他从维护云南地方实力派的利益出发，始终不渝地进行抗拒国民党中央控制云南的斗争；另一方面，他作为地方政权的行政首脑，为了取得其合法的生存和发展的空间，又不得不表示拥护以蒋介石为首的中央政府。"① 这种既抗蒋又拥蒋的策略，表面上似乎是互相矛盾的，然而在实践中，卢汉却运用自如、并行不悖。由于表示拥蒋，他也才能够多次从蒋介石那里得到政治上和财政上的支持，不断扩充云南地方武装力量，增强云南地方经济实力，其结果又反过来加强了他反蒋斗争的实力和地位。

同时，云南作为西南边疆的多民族省份，在广大农村和少数民族地区，交通闭塞，国民党统治基础较为薄弱，各地方大小实力派、民族上层与国民党中央势力存在矛盾。这种特殊的社会政治条件为中共云南地方党组织开展革命斗争提供了回旋余地。按照中共中央南方局的指示，云南地方党组织在省工委领导之下，动员广大党员和党的外围组织成员，利用各种社会关系，深入农村、城镇各行业及滇军中，开展统战工作，建立了一大批工作据点。云南中共组织经过长期积极的准备，至 1948 年年初全省发动武装之前，已掌握了 12 支近 2000 人/枪的秘密武装和接受中共领导的统战人士的武装，在 18 个县建立了武装斗争据点，形成了全省范围内的反对

---

① 牛鸿宾、谢本书主编《云南通史》第六卷，中国社会科学出版社，2011，第 322 页。

蒋介石独裁统治的局面。① 云南人民革命武装斗争的发展，有力地配合了全国解放战争的胜利进展，沉重打击了国民党在西南的统治根基。1949年11月后，解放军南下野战军发起了向西南进军的战役，滇桂黔边纵队按中共中央的指示，为阻止国民党军队白崇禧、胡宗南集团退入云南，继续进行艰苦斗争，积极向国民党军队进攻，控制、封锁和破坏各战略要道，分割、孤立敌军，打击反动顽固的地霸武装，建立农村革命政权，形成了农村包围城市的局面，为争取卢汉起义和云南解放创造了有利条件。

总而言之，1946年至1949年，以卢汉为首的地方势力治理云南大致经过了这样三个阶段：1946年至1947年的"求安定"，1947年至1948年的"求进步"，1949年的反蒋起义。在前两个阶段，其中心点一是扩充军事实力，恢复和巩固地方上层势力对云南的统治权；二是在全国政治形势激烈变动、国民党日趋崩溃的条件下，竭力维护云南地方实力派的统治局面。云南表面上较北方及内地战场平静，实则各种矛盾斗争错综复杂，云南地方实力派、国民党中央势力与中共地下党组织武装三种主要势力的斗争互相交织、互相影响，在战后云南社会的政治格局中形成"三足鼎立"的局面。

面对时局的转变，1946年以后，为支持内战的军事开支，国民党政府一方面加紧对人民的掠夺，另一方面通过滥发纸币搜刮财富以弥补其庞大的军费支出，致使国统区工商业百业凋敝，工人失业，农民破产，经济处于严重危机之中。云南地方当局虽然勉强支撑，但仍呈现经济衰落的总体趋势。

国民党发动内战，要支撑愈来愈庞大的战争经费支出，别无他法，只有乞灵于印钞机。因此，法币的发行额不断扩大，导致法币贬值，物价上涨。到1948年，国统区的通货膨胀已经到了无法收拾的地步。此后，国民党政府颁布了《财政经济紧急处分令》，规定以金为本位币，准备发行金圆券，限期收兑已发行的法币及东北流通券，限期收兑人们所有黄金、白银、银币及外国币券，逾期任何人不得持有。金圆券刚发行，物价便直线上涨到不可收拾的地步。在昆明，三个月内，物价上涨十余倍到数十倍。

---

① 中共云南省委党史研究室编《中国人民解放军滇桂黔边纵队》，云南民族出版社，1990，第315—319页。

加之国民党中央银行此时又加发大钞，此前由上海印的 50 元钞一律作废，遂引起金融大混乱。此时，云南的金融混乱，币值低落到金圆券发行时已达于极点，人们拿到的金圆券等于废纸。云南向来有用硬币的习惯，国民党政府在发行金圆券时，即下令收缴黄金、白银等，这是一次席卷性的大搜刮，自然会引起和加剧社会的混乱。当时在昆明市面流通的货币是半开银币，为本省造币厂所铸造，两个半开抵大板（袁头、孙头银币）一元，由富滇新银行铸造流通。省政府又饬令各征税机构以半开为现金收税，工薪人员凡是持纸币的，转手即换成银币或洋纱实物，以便保持币值。改用金圆券，使云南民众又遭受一次浩劫。此外，抗战胜利后，美货充斥市场。1945 年冬到 1946 年春，昆明《正义报》报道，"中美联合实业股份有限公司曾与渝、昆各行号代办之原料，已于上月向美国纽约汽巴顿厂购妥，计 5 万吨，已由美舰载就，自纽约开出"，"大量香烟由沪运渝昆"，"昆明东成公司、南裕商行、庆正裕等商号向美国芝加哥巴布里士旧货行订购男女旧大衣约 4000 件，大批运滇"。① 从汽车、布匹、颜料、香烟到旧衣的美货源源不断涌入云南市场，这对云南民族工商业的发展是沉重的打击。

由于上述状况的发生，战后云南商业的发展逐渐走向衰落，市场渐趋萧条。昆明市商业户数由战时的 3 万多户到云南解放前锐减到只有 6000 余户。据 1949 年的不完全统计，昆明城区共有 173 个工商行业，25134 家店铺，按当时昆明市和昆明县的人口计算，平均 32 人才有 1 个商业网点。② 地处滇西的保山，在抗战胜利后，大量军政人员撤离保山，货币流通减少，市场更趋衰退，到 1949 年保山城区只有商业户数 342 户，较之 1938 年滇缅公路通车后有一二千户坐商下降很大。③ 滇东北的昭通地区，1948 年过境物资减少 3 成左右，匹头百货业由原来的 28 家大小店减少到 18 家，纱布业连同布摊共 100 余家，倒闭 30%，盐业倒闭 20%。④ 曲靖、沾益地

---

① 李珪主编《云南近代经济史》，云南民族出版社，1995，第 512 页。
② 李珪主编《云南近代经济史》，云南民族出版社，1995，第 513 页；云南省地方志编纂委员会编《云南省志》卷十四《商业志》，云南人民出版社，1993，第 449 页。
③ 李珪主编《云南近代经济史》，云南民族出版社，1995，第 514 页。
④ 云南省地方志编纂委员会编《云南省志》卷十四《商业志》，云南人民出版社，1993，第 461—462 页。

区,1944 年有商业 11 个,行业 734 户,各行业总计 952 户。至云南解放前,商号倒闭甚多,下降到 348 户。[①] 此外,云南解放前夕,有部分资本大的商号及贸易公司将其资金转移到香港及国外泰国、缅甸等地,如墨江县的有些工商业主,将大量资本买成金、银等贵重物品,赶着骡马前往泰国、缅甸侨居。有一些工商企业在云南解放前夕或解放时自行停业,商业资本则隐匿或抽逃。另外,抗战胜利后,由于国民经济全面崩溃,出口商品萎缩,云南的对外贸易一落千丈,如 1946 年云南最主要的外贸商品大锡只出口了 20 吨,只相当于最高出口年的 1/500;生丝也只出口了 21.2 吨。[②] 到云南解放前,对外贸易的发展态势也始终没有回升。因此,抗战胜利后直至云南解放前,云南的商业发展呈现明显的衰落态势,商人及商会组织的境遇也因此而改变,其组织结构及运行实效也渐趋式微。

(二) 战后云南商会组织的改选与衰变

抗战胜利后,国民政府社会部曾拟修正战前 1929 年颁行的《商会法》,并会同经济部拟订了草稿,以及检发各地商会征求意见,但因国民党的败退而未能如愿。[③] 因此,战后各地商会改选所依据的法规仍然是 1929 年颁行、1938 年经修正后的《商会法》及其《施行细则》。另外,还要继续遵从战时和战后的一系列法规,如《非常时期人民团体组织法》等。而在组织体制上,仍然延续战时的理监事制。由于云南政治生态的特殊性所在,加之商业贸易严重衰落,战后云南商会总体上呈现衰变的态势。

战后,依据商会组织法规的要求,在云南省社会处的督导下,商运工作成为云南地方政府社会行政的核心事宜,商会的自主能力削弱,基本被纳入政府对社会的管控范畴之中。"商人团体之组织,以谋工商业之发展,增进工商业公共之福利,并配合行宪之需要,本处成立后,经督饬各县局加紧策劝筹组,并由处派员分赴各县督导,截至本年二月底止,计组织成立者,有省商联会一单位,市县局商会八十七单位,商业同业公会六百一十二单位,工业同业公会四单位,镇商会二单位。自本年三月起至八月底止,经上紧督饬各县局筹组,据组织成立呈报备案者,计有龙陵等十七县

---

① 李珪主编《云南近代经济史》,云南民族出版社,1995,第 514 页。
② 李珪主编《云南近代经济史》,云南民族出版社,1995,第 524 页。
③ 马敏主编《中国近代商会通史》第四卷,社会科学文献出版社,2015,第 1674 页。

局商会十七单位，弥勒等五县镇商会五单位，绥江等县商业同业公会三十三单位，直属部之工业同业公会，由处代为派员指导组织成立者，有第九区机器工业同业公会、第六区面粉工业同业公会、第十一区火柴工业同业公会、第二十一区金属品冶制工业同业公会、滇黔区煤矿业同业公会、第六区电工器材工业同业公会等六单位，其余应组织商公会之县局，现正督饬加紧办理，统限于本年底一律完成组织具报。"①

到1948年，云南省政府委员会还将对商业团体的组织及会务督导工作列入其政府关于社会行政的决议事项中进行商讨。"本省商业团体之完成组织者，计有省商联会一，市商会一，县局署商会一〇三，镇商会三，商业同业公会六三九，总计会员三〇六五三人。自本年一月起，至六月底止，经督饬筹组成立者，有景谷、曲靖、宾川、威信、马龙、通海、耿马、潞西等县局商会五，镇商会一，同业公会一五，其余应组织商公会之县局，仍应加紧办理，并饬健全会务，以配合戡乱工作之需要。"②

1946年12月，云南省商联会第一届四年任期届满，召开第二次代表大会，卢俊卿③当选理事长，李琢庵、严燮成、赵永年、黄美之、甘汝棠当选常务理事。在第一、二两届省商联会当选理事的有孙耀东、苏莘农、蔡淞沄、毕仰之、王燮和、吴瑞生、赵如九、何劲修、姜肃仪、梁杰三、陈现南、杨西园、朱文高、赵泽公、李奂若等人。④ 1948年，卢俊卿以所任银行公会理事长的任务繁忙，拟请以常务理事赵永年暂代理事长职务，经理监事会研究讨论通过。当时赵永年是第五届市商会理事长，即以一身任市商会理事长并代理省商联会理事长。第三届理监事宣誓就职后，旋即通电各地进行通告："本会第二届理监事任期，业已届满，当于三十七年九月四日，召开全省会员代表大会，举行票选，蒙社政主管首长莅临监

① 《云南省社会处工作报告》，1947年10月30日，《民国时期西南边疆档案资料汇编·云南卷》第四十卷，社会科学文献出版社，2014，第452页；《云南省政府令发民国三十六年度上半年工作报告》，1947年11月，《民国时期西南边疆档案资料汇编·云南卷》第三十一卷，社会科学文献出版社，2014，第271—272页。
② 《云南省政府工作报告》，1948年7月，《民国时期西南边疆档案资料汇编·云南卷》第三十一卷，社会科学文献出版社，2014，第417页。
③ 卢俊卿：云南省商会联合会第三届理事长，昭通人，时年46岁，原任昭通县商会理事，省立第一中学毕业，经营昭通义成商号。
④ 《云南全省商会联合会第三届当选监事姓名表（联秘总字第一五号）》，1948年10月25日，档号：76-1-76，武汉市档案馆藏。

选，结果……并于九月二十二日举行就职典礼，惟俊卿等才薄能鲜，谬膺巨任，绠短汲深，陨越堪虞，尚冀时锡南针，匡济不逮，是所祈祷。"① 省商联会并没有设立单独的工作部门，而是省商联会的工作人员分别加入市商会原设的各科办理省商联会的工作，除了与各市、县联系的工作由省商联会工作人员办理外，昆明市发生的重大工商事件，则由省、市商会共同协作，合作办理。②

而战后昆明市商会的改选较为集中反映了此时商会衰变的具体状况。昆明市商会于1944年改选第四届理监事，周润苍当选理事长，至1946年任期满两年的下期改选，李琢庵③当选理事长，严爕成、王振宇、朱文高、甘汝棠等当选常务理事，其中甘汝棠系国民党云南省党部委派（表5-1）。"敝会第四届第一任理监事任期届满两年，依法改选半数，经于本年九月六日十一日依法改选，开票结果，爕成等五人当选为常务理事，文卿当选为常务监事，并由常务理事五人互选琢庵为理事长，经于九月二十二日宣誓就职。"④

表5-1 昆明市商会第四届第二任理监事一览表

职别	姓名	籍贯	商业行号	职别	姓名	籍贯	商业行号
理事长	李琢庵	大理	成昌号	常务监事	高文卿	昆明	永安布庄
常务理事	严爕成	大理	永昌祥	监事	李岐山	昆明	桂馨齐

① 《云南全省商会联合会公函（联秘总字第一五号）》，1948年10月2日，档号：76-1-76，武汉市档案馆藏。
② 中国民主建国会云南省委员会、云南省工商业联合会编《云南工商史料选辑》第1辑，第232页。
③ 李琢庵（1894—1964）：大理人，幼读私塾，16岁入下关商会做录事达15年之久。1924年辞职后在下关开设永庆隆百货店。1927—1931年与友人合伙在昆明开设天成祥，1931年分伙，独资经营成记商号。1936年与大理喜洲杨显成合营成昌，总号设在汉口，汉口沦陷后，总号迁昆明，在国内外多地设立分号，进口棉纱，出口黄丝。先后组织公私合营云南木棉公司、暹缅木材贸易公司。1940年当选为昆明市商会第三届候补执委、执委、常委。1946年任昆明市商会第四届下期理事长。1950年1月，当选为昆明市商联总会监察委员，年底昆明市工商联筹委会成立后，任主任委员。1953年任云南省工商联主委。其中于1942年加入国民党，1946年任国民党昆明市党部执行委员、昆明市商会区分部书记，1946年还任云南人民自由保障委员会常务执行委员。在新中国成立后，李琢庵为推动全行业公私合营作出积极贡献。
④ 《昆明市商会公函（商组字第三号）》，1945年12月12日，档号：B0038-001-00051-0039，载自中国档案信息网，青岛市档案馆藏。

续表

职别	姓名	籍贯	商业行号	职别	姓名	籍贯	商业行号
常务理事	甘汝棠	晋宁	大生物品社	监事	蔡淞沄	腾冲	华裕昌
常务理事	王振宇	腾冲	茂恒公司	候补理事	欧子全	四川华阳	协心美诚记
常务理事	朱文高	昆明	老福源金店	候补理事	何劲修	湖南邵阳	庆云乡
理事	陈德斋	昆明	均益公司	候补理事	方绍坤	曲靖	普利拍卖行
理事	黄美之	建水	美兴和	候补理事	张万钟	四川	张鸿记药号
理事	邓和凤	曲靖	永和商行	候补监事	杜宗琦	峨山	同心利
理事	金人宣	昆明	振昌	候补监事	孙耀东	通海	东顺昌

资料来源：《昆明市商会第四届第二任理监事一览表》，1945 年 12 月 12 日，档号：B0038 - 001 - 00051 - 0039，载自中国档案信息网，青岛市档案馆藏。

1948 年改选第五届理监事时，在一次各同业公会负责人联席会议上，李琢庵痛切陈述作为理事长的痛苦心情，激动时哽咽泪下，要求大家不要再选他当第五届的理事长。同业公会的负责人们从他的发言中理解到，在他这一届两年任期中，正是蒋介石发动内战加紧镇压人民，加紧榨取人民血汗并激化和云南地方政府矛盾的时期，市商会已更进一步地成为国民党政府压榨人民的御用工具，李琢庵作为市商会的理事长，自然首当其冲，无止境的予取予求，苛扰压榨，使他感到应付维艰，处境困难，不愿再当理事长，既是痛苦心情，也是反抗压榨的心情。大家对他寄以同情，也就没有再投他的票。① 就在此时，常务理事邓和凤②早有竞当商界领袖之意，见此情状，即四方活动。同时，黄美之③也急于在商界崭露头角，于是邓、

---

① 中国民主建国会云南省委员会、云南省工商业联合会编《云南工商史料选辑》第 1 辑，第 229—230 页。

② 邓和凤（1888—1981）：曲靖人，早年开设新春和商号，颇获赢利。1917 年与聂定一、刘永安等合资在昆明三市街成立新世界电影院，邓任经理。抗战爆发后，滇缅公路通车，邓和风投资经营汽车运输业，他在商界活动达二三十年，颇著声望，曾当选昆明市商会常务理事兼商事公断处处长。云南和平解放初期，他响应中共的号召，协助并掩护中共地下党对敌伪资产的调查工作，为准备迎军接管作出了贡献。昆明市商会改组为昆明市商业联合总会后，邓和凤当选主席。

③ 黄美之（1904—1972）：红河建水人，经商 48 个春秋，先后于建水、个旧、蒙自、昆明、下关、保山、柳州、梧州、贵阳、武汉、上海、香港，以及国外的缅甸、泰国等地，以独资或合资方式，创办了工商企业 40 多个。曾任"美兴和"董事长兼总经理、个旧县锡矿商驻昆代表、昆明市纱业同业公会、布业同业公会理监事、昆明市商会常务理事、云南省商联会理监事、美兴和国际贸易有限公司董事长、中国进出口贸易协会云南分会理事长、省建水会馆理事长、建水县"国大"代表等职务。

黄两人之间展开激烈竞争。邓和凤以汽车运输业、盐业、煤柴炭业作基础，串联中等行业，并以商会的老资格号召一些小行业拥护他。黄美之以纱业公会常务理事的关系，依靠纱、布、银行等大行业和他的同乡、前社会处处长范承枢为其游说活动。黄美之是纱业大户，竞选中肯花钱请客，每次请客不下 10 桌，连续请客 10 多次，范承枢次次都到。根据当时的竞争阵势，黄美之颇占优势。不料又出来一个竞选的马筱春①。马筱春在商界服务多年，与工商界的联系较为密切，而且担任百货业同业公会常务理事，与纱、布、银行等几个大行业在业务上关系密切。② 黄子衡想利用马筱春竞选商会理事长，以为竞选成功就可以进一步利用商会帮他竞选省参议员。黄子衡和建设厅厅长张邦翰是亲家关系。建设厅是市商会的主管机关，张邦翰当时虽已下台，但在建设厅他的旧部仍然很多。黄又利用这种关系来恐吓马筱春，马便决心竞选。于是形成了黄美之、邓和凤与马筱春 3 人逐鹿的局面。为此，范承枢曾邀约邓和凤、黄美之和商会的几个负责人严燮成、李琢庵、蔡淞沄、朱文高、张子明及陈子量等进行调解，实际上是想压制邓和凤，劝邓下届再当理事长，其他人也主张让黄美之来担任，因为黄美之和金、纱、布、银行都有密切的业务联系。同时，他是纱业大户，经济实力比较雄厚，舍得花钱，这是当时做商会工作必不可少的条件。不料邓和凤坚决不让，范承枢话未讲完，邓和凤摩拳擦掌，大发雷霆。后经几次调解，都无成效。

在关键时刻，赵永年趁大家将注意力集中在黄、邓竞选上的大好时机，便和一部分小行业的负责人如梁杰三、莫文灿等联合向工商界小业小户展开宣传。他们宣称，历届商会委员都被大业大户抢去，小业小户都没有份，他们当选后一切事务都是为大业的利益着想，不管小业，但出钱却要小业出。那时小业正被税捐压得透不过气来，小业小户也渴望从他们当

---

① 马筱春（1906—1963）：回族，云南昆明人，企业家。承其父志，实业救国。一生致力于民族工业。早年毕业于东陆大学（云南大学前身）。"九一八"事变后，抵制日货，协助李康年筹设上海中国国货公司。1937 年，与缪云台在越南河内和昆明先后举办中国国货展览会，不久又成立中国国货股份有限公司，任总经理。后又受中华职教社委托，成立昆明商业职业学校。抗战胜利后，任云南星五聚餐会会长。与上海部分工商同仁办大昶公司，经营锡业。

② 李师程主编，云南省政协文史委编《云南文史集粹》（五）《工商·经济》，云南人民出版社，2004，第 282 页。

中选出人来。在 100 多个同业公会中，中小行业占大多数，这就为赵永年的竞选提供了有利条件。另外，邓、黄、马的竞选纠缠不清，一部分同业公会对他们已感到厌倦，很想另选一些人出来负责。这也为赵永年的竞选提供了精神上的支持。在第五届第一次代表大会召开的时候，出席人数都拿着一份赵永年印发的名单，而携带邓、黄、马 3 人所发的名单则很少。选举揭晓后，邓和凤、黄美之、马筱春均失利，赵永年、朱文高、梁杰三、金人宣、莫文灿、何劲修、蔡淞沄、朱幼庵、吴瑞生等当选为理事。经理事互选梁杰三、金人宣、朱文高、蔡淞沄、何劲修为常务理事，又互选出赵永年为理事长。赵永年当选后，对大行业负责人仍然团结拉拢，聘请了严燮成、李琢庵、张子明、陈子量、张植斋、洪宇文等为名誉理事。[①]这些人中多数是中小业户，经互选又选出了小行业斜木行的赵永年为理事长。本届市商会成立后的第二年即 1949 年 12 月 9 日本省起义，全省人民欢庆解放，这也是最后一届的市商会。[②]

此次改选风波表明，商会内部争权夺利的结果，最终导致商会在地方社会中的地位和影响受到严重削弱，其纠葛最后也须依赖于政府的介入才得以平息。在内战局势加剧的背景下，地方政府加强了对人民团体的管控，对商会等人民团体的选举和组织事宜进行监督和训导。"人民团体职员选举通则第六条规定，人民团体职员之选举，其选举权及被选举权以曾经登记，取得会员资格者为准，故人民团体在选举前必须登报，登记会员，造具会员名册，呈报到府，始准派员指导监选。乃日久玩生，各团体于每届改选之前并未依法造报会员名册，以致选举时会员出席人数无据查考，往往发生纠纷。为确定各该团体会员人数资格，俾便于监选时稽考起见，规定凡属本市所属人民团体，在改选前十五日须将会员登记手续办理完竣，造具名册，呈报来府，始准派员指导监选，尤以各同乡会会员较其他团体异动频繁，故在办理登记时，应特别注意，如有疑问，可由主办人迳向本府民政局面商，庶免临时发生错误，自经本府此次通令，如再不依

---

① 李师程主编，云南省政协文史委编《云南文史集粹》（五）《工商·经济》，云南人民出版社，2004，第 283 页。

② 中国民主建国会云南省委员会、云南省工商业联合会编《云南工商史料选辑》第 1 辑，第 229—230 页。

法办理者，本府概不派员监选，其选出之理监事长作为无效。"① 在抗战胜利后，商会组织内部因派系争斗和权力冲突而导致其职能削弱和社会影响力下降，虽然就全国的总体情况而言，这并不具有普遍性，但对于既非全国政治中心亦非经济中心的边陲地区而言，一定层面上也反映了西南边疆民族地区商会发展的特殊性。

在滇西地区，根据战后时势的变化，大理县政府也要求各地将其商会组织设置到基层乡镇，指令要求各地方组织乡镇工商会，以加强其对社会的控制。"本县工商会早经组织完成，但各乡镇分会尚未成立，拟在本年内分别组成，以期权利义务得到平衡。"② 1947 年 9 月，下关商会进行了第二届理监事会的选举，于 9 月 26 日召开会员代表大会，依法投票改选。"曾蒙凤仪县党政长官亲临指导监选，选举结果：洪振武、李德昌、毕学周、杨润清、杨锡琨、杨云兴、李光蓥、李襄丞、杨嘉训等九人当选为第二届理事。李伟玺、郭荣九、王文忠等三人当选为监事。赖敬衡、张馨云、甄国樑、杨维基等四人当选为候补理事。刘振武当选为候补监事。复由当选理监事复选洪振武、李德昌、毕学周三人为常务理事。李伟玺为常务监事。并由当选常务理事互推洪振武为理事长。当经坚辞不获，勉于本年十月七日正式宣誓就职。"③ 到 1949 年改选之际，商会因无法召集各同业公会代表参加选举事宜，只能从在下关商业中居于主导地位的传统四大商帮中推选候选人。"大理、腾保、鹤丽、本地帮：查本届理监事任期，均已超过两年，依法早应改选。惟因时局动乱，以致延缓未办。兹以本省解放，局势已趋稳定，亟应依法改选，以符规章法令。当经本月十四日扩大联席会议议决，当此新商法尚未公布，亟应依照旧法改选半数，以补足缺额为原则。并将出缺理监事按其帮籍，分别通知各帮推举候选人，限于一星期内报会，以凭依法票选。贵帮现有李德昌、杨锡琨请假及候补理事一人，李襄丞、李伟玺请假，李蔚久及候补理事一人，杨嘉训请假出席。希于文到一星期内，推举理监事候选人三人、二人、一人。将其姓名、年

---

① 《昆明市商会公函》，1948 年 5 月 28 日，档号：32 - 25 - 1242，昆明市档案馆藏。
② 《大理县政府三十六年度中心工作计划书》，1947 年 9 月 17 日，《民国时期西南边疆档案资料汇编·云南卷》第十三卷，社会科学文献出版社，2014，第 235 页。
③ 《关于下关商会第二届理事会选举情况的公函》，1947 年 12 月 5 日，档号：20 - 10 - 2 - 78，大理州档案馆藏。

龄及现任职务函送来会，以凭定期改选。倘逾期不办，即以弃权论。"① 从其选举的程序而言，这已表明商会组织在地方商业秩序的运行中已逐渐衰微，其对地方商业的调控仍以地域商帮为主导力量。

表 5－2　1948 年滇西北各县署局商人团体概况

县别	团体名	负责人姓名	会员总数（人）
丽江	县商会	赖敬庵	125
大理	县商会	李 壮	218
永胜	县商会	杜应文	182
中甸	县商会	周汝奇	30
维西	县商会	李积道	73
鹤庆	县商会	罗勋臣	35
华坪	县商会	李升贞	12
剑川	县商会	张永庆	29
邓川	县商会	段作栋	364
宁蒗设治局	县商会	孔利田	92
福贡设治局	局商会	赵升堂	64
德钦设治局	原设有，现已无		

资料来源：《民国三十七年云南省社会处商人团体登记册》，卷宗号 44 － 2 － 396，云南省档案馆藏，1948。

面对商会组织在这一时期不断衰退的迹象，国民党地方政府也力挽狂澜，试图将对其组织的管控操纵于地方政治体制中，所以三令五申下关商会将会员户口编入保甲管理。1948 年 4 月，凤仪县政府要求下关商会将会员所属户口编入保甲管理。"下关商会户口，应编入乡镇保甲直接管理，以免行政措施纷歧案。议决下关商会户口，由保甲编制管理，自属正办。应咨请县府饬下关商会及镇公所，依法办理。以后商会一切负担，应列入保甲，以昭公允，而符规定。"② 下关商会对此予以答复："本会所属户

---

① 《关于推举出缺理监事候选人的通知》，1949 年 12 月 15 日，档号：20 － 10 － 9 － 12，大理州档案馆藏。

② 《凤仪县政府关于将下关商会户口编入保甲管理的训令》，1948 年 4 月 6 日，档号：20 －10 － 15 － 90，大理州档案馆藏。

口，早经编入保甲，应即据实呈复。"① 到 1949 年年底，凤仪县政府对此再次向下关商会作了要求，"据职镇第五保保长杨国产、李执中，甲长杨正清、李子义等十一月十日报告称：窃职保文兴纸烟铺，初开设时已编入职保七甲之户籍。对一切门差役款，亦担负有四月余矣。曾于昨该甲甲长报称：该户业已入商会，领有通知及入商会证件，理应核销负担。但职保之花户，查皆穷家贫户，稍有殷实即被商会吸收加入。若不严令制止，则将来一切负担，联保何能胜任重责。一律禁止商会吸收住街营业之户，以免保甲户籍无形减少，而负担增加，实沾公便。商会吸收会员，自属份内之事，职所不合干涉。惟商会属于法团，不合包庇保甲负担。商会之对于镇所前曾会议决定，按月负担镇经费，而其入商之会员亦有固定。继后虽逐月吸收，而其负担并未增加。近年以还，其会员已增加数倍，而其负担则丝毫未增。按月拖欠，全部停止。虽经函知，均置之不理，该商会实属目无政府。地方保甲生活困难，而担负日益加剧，亦属事实。准予严饬商会吸收会员，应以不妨碍保甲担负之原则下办理。并饬按月负担保甲经费，以轻平民担负，而重保甲。除以查居民愿入会籍，或列保甲，事先本所听任。至镇所既经编入保甲籍以后，即不能任意更动，有碍章制，使办理感殊多困难。此后，凡商会吸收会员，如经编制，已负担地方门户者，应予限制。否则其原负担之经费，即应由商会代缴，以免纷更，而避取巧"②。由此表明，商会的自主生存空间已经丧失殆尽，组织治理机制已无法再继续运行。

在商会组织具体的运作中，由于受到国民党统治过度的干预与管控，下关商会也出现了会员退会的现象。1949 年，在下关商业中居于前列的恒庆商号和裕大商号相继退会，两大商号纷纷向下关商会提交申请书。一为恒庆商号，"具申请商行恒庆，住洪盛祥店。为账务结束，各伙分析，恳请注销负担事。民国三十四年，敝行组织于腾冲，以保、关、昆为三分栈，经营土杂业三年于此。昨奉腾冲总行将各栈人员齐集腾冲，分别结束。已于阴历九月全盘结束清楚，按股分析。除请腾冲商会备案外，登报

---

① 《下关商会关于凤仪县政府要求将户口编入保甲管理的拟办意见》，1948 年 4 月 11 日，档号：20 - 10 - 15 - 90，大理州档案馆藏。

② 《凤仪县政府关于商会会员户口问题的训令》，1949 年 11 月 24 日，档号：20 - 10 - 16 - 15，大理州档案馆藏。

申明，至此全盘已告落，一切经营早已停业。理合备情申请前来，恳请将下关敝行之一切负担，予以注销，则感戴不朽矣"①。二为裕大商号，"具申请小记裕大，呈为生意损失，恳请注销事。窃缘小记乃系合股，于腾冲、保山、下关等地分设小号，经营杂货生意。不料今年三月间，迤西事变后，以上各地小记所有商品、银钱均遭惨重损失。今因一蹶不振，难于支持，所以经各股东议决，只好将各地号事撤销，分请各地商会注销。是以小记恳请钧会即为注销，从此以后，小记不能再为负担一切"②。

此外，地处滇东地区的曲靖县，在战后县政建设的施政计划中，也对商会组织的职能作了明确规定，并加强了对商会组织的管控，以挽救商业危局。"本县交通便利，抗战以后，交易货物为数尚多，市场一度活跃，商业已有繁荣现象。胜利到来，本地区亟谋发展，以资维系，其计划如下：甲、应由商会加强各商业团体组织，灌输商人道德，遵守商业法规，不得因个人私利妨害同业；乙、由商会每日揭示各地商情及物价表，使知国内外商场情况；丙、由商会介绍一般小资本商人，由县银行或其他商业银行低利借贷；丁、由商会筹组一大规模运输机构，解决商货运输问题，减轻其成本；戊、由商会随时鼓励地方商人，对本县出产品、出品数量随时增加，以资提倡；己、由商会开班训练各部门专门人才，合资组织一商品公司购办大量货物薄利转售，各小商店或代售或出售。"③

当然，较为特殊的是腾冲县商会，在日寇入侵腾、龙两地以后，腾冲商会瓦解，抗战胜利光复后，腾冲县商会复员改选。腾冲县商会理事长谢树楷已将其组织恢复事宜的筹备经过呈请云南省商联会备核。"查腾冲沦陷，时将三年，城市乡村，均被敌寇蹂躏，本会一切文卷器具完全损失。克复后，商场渐趋繁荣，曾奉县政府训令，饬即成立，自应遵办，现已积极筹备。"④ 而位于茶马古道重镇的顺宁，在国民党溃败之际，该县商会组织也负担了政府的很多苛捐杂税，商会的生存已艰难维系，"本县遭此变

① 《恒庆商号关闭退会申请书》，1949 年 1 月 13 日，档号：20 - 10 - 16 - 22，大理州档案馆藏。
② 《裕大商号关闭退会申请书》，1949 年 9 月，档号：20 - 10 - 16 - 49，大理州档案馆藏。
③ 《曲靖县政建设三年实施计划草案》，1946 年 10 月 2 日，《民国西南边疆档案资料汇编·云南卷》第十八卷，社会科学文献出版社，2014，第 446—447 页。
④ 《腾冲县商会公函 （第 30 号）》，1945 年 2 月 26 日，档号：32 - 25 - 1319，昆明市档案馆藏。

乱，公私损失，难以数计，兹虽收复，然驻军尚多，其副食费一项，公处既无款可支，而人民又不便摊派，拟仍照地方习惯，暂时征收行商驮捐，以作开支，以前县商会所征收之茶捐、桥捐、驮捐等名目，一律取消，一旦县财政宽裕，或驻军副食可向上级机关领取时，此项行商驮捐即行取消"①。在此情况下，政府还继续加强对商会组织的管控，以图稳定地方社会秩序。"本县自共革盟发生，商务即已一蹶不振，市面萧条，金融奇紧，即应改组商会，以图复兴，而臻繁荣，至各级工会及同业公会、教育会、妇女会，亦应速为恢复，以增加生产，其有误入歧途参加共革盟之会员，亦应由会劝导复业，勿再妄生异想，紊乱社会秩序。"②

二 战后云南商会的式微与运营困境

抗战胜利后，云南商会在多重政治势力的管控与渗透之下，商会组织的治理结构呈现衰变的趋势，其组织运行机制渐趋削弱，职能也得不到有效的发挥，这与全国其他地区，尤其是战后重建的诸多商会组织截然相反。同时，商会为了继续开展会务，也对其经费体制和征收方式作了调整，试图维系商会组织的正常运营，但由于此时云南商业逐渐衰落，商会经费陷入困境，严重影响了其组织的正常运营。

（一）商会组织运行效能的式微

20 世纪 40 年代后期，内战局势对国民党的统治愈加不利，由此引发一系列的社会问题，就云南地区而言，诸如苛捐杂税增多、金融秩序混乱、物价飞涨、币值低落等问题也十分突出。作为市场经济的中介组织，为缓解上述这些社会经济问题，各地商会协助政府做了必要的工作，力图最大限度地挽救即将崩溃的统治。而此时由于商会组织的衰变，商会的诸多职能无法继续有效运行，商会在地方社会中发挥的作用已渐趋微弱。以下主要从商会被动参与税政和艰难维系金融秩序两个主要方面加以阐明。

① 《顺宁县三十八年度下半年行政工作计划报告书》，1949 年 10 月 28 日，《民国西南边疆档案资料汇编·云南卷》第十五卷，社会科学文献出版社，2014，第 465—466 页。

② 《顺宁县三十八年度下半年行政工作计划报告书》，1949 年 10 月 28 日，《民国西南边疆档案资料汇编·云南卷》第十五卷，社会科学文献出版社，2014，第 474—475 页。

1. 被动参与税政

抵抗不合理的捐税、维护工商业者的权益是商会的重要职能之一。抗战造成的巨额军费使国民党政府的财政早已入不敷出，随后爆发的内战进一步加剧了这种情况。为了弥补财政亏空，维系国民党政权机构的运转，地方政府对工商业者加征各种名目的捐税，令商民苦不堪言，而且还给商会摊分了参与征税的职能。另外，对于政府不合理的税捐，商会也尽力与政府商洽或呼吁政府减免征收或暂缓征收。但在实际的决策与执行中，由于此时商会的组织权威已经被政府弱化，其税政参与的话语权渐趋微弱，征税事务中的执行力也不断衰退。

国民党政权统治的后期，全国各地关卡林立，各地商人都承担着沉重的税收负担，云南无一例外。在商业贸易逐渐衰落的情势下，各地商会也向国民政府财政部提出了请求，要求裁撤部分关卡，减轻商人的负担，以维系商业的发展。1945 年年底，云南省商联会代表一起向财政部关务署呈请，要求裁撤下关、上关海关所设分卡，以利运输。"据下关商会代表张定波等提议，为商运艰困拟请裁撤上关、下关海关所设分卡以利运输而维商旅一案，当经本会审查，提付大会讨论议决，照案通过呈请财部核示办理。"[1] 同时，省商联会也提出"拟请大会呈请财政部陈述上关、下关既非国际要道，为减轻商民负担，立将两地海关予撤销，以利民生"[2]。对此，关务署随即向总税务司呈明情况，并要求予以解决。"自胜利以来，各沦陷区已渐次恢复常态，旧有海关亦多恢复国家税收。上关、下关乃属内地，凡进口物资经缅甸而来者，已于腾畹缴纳，自无漏税可言。至由西藏经丽江而来者，均系驿运，为数不多，积一年所来之物资仅够海船一艘之装载，商民历尽千辛，经年累月始能到达。在胜利以前，海口被封锁，适物资缺乏之际来税，于缴纳国税后尚有微利。自胜利后，百物下跌，商民运来之货，售去两驮仅能发付一驮之运费。政府素以扶持工商为本，且上

① 《云南全省商会联合会致财政部呈》，1945 年 12 月 26 日，《民国时期西南边疆档案资料汇编·云南广西综合卷》第五十卷，社会科学文献出版社，2014，第 157 页。

② 《云南全省商会联合会代表呈请裁撤上关、下关海关所设分卡以利运输案往来函电》，1945 年 12 月 26 日，《民国时期西南边疆档案资料汇编·云南广西综合卷》第五十卷，社会科学文献出版社，2014，第 157 页。

关、下关并非海口，又不属国际要道，理应裁撤而苏民困。"① 此后，海关总税务司署发文："云南全省商会联合会二十四年十二月二十六日呈称案：据本会十一月二十九日第二届改选代表大会第一次会议，下关商会……昆明关所辖分支机构内仅有下关支关，并无上关名称。原呈所称上关分卡究系何地关所，其所请裁撤上关、下关两地海关机构一节应由该署分别查明，议复凭核。"② 此事虽有海关总税务司即时的答复，但收效甚微，而且由于此时地方商会的权威衰弱，省商联会"代商言政"之名也已逐渐被国民党的强权统治所掩盖，所以也无法再取得更大的收益。

茶叶作为云南对外贸易的主要商品之一，从 20 世纪 30 年代中后期开始，下关成为滇茶加工中心。先后在下关设厂加工茶叶的商号有复春和、复顺和、复义和、炳春记、成昌及川帮的宝元通等，但都不能与永昌祥、茂恒两大商号相抗衡。茶叶贸易引起官、民竞相经营。③ 在此背景下，政府也逐年增加对茶叶贸易的税赋，商会也在其中充当了重要的角色。抗战胜利后，国民党政府依旧对茶叶开征统税，并分等级对所交易之沱茶按类征税。在征收的实际操作中，下关商会和下关茶业商业同业公会对其征收方式和比例，与财政部云南区货物税局进行商洽，尽力维护各大经营茶叶商号的利益。"茶叶开征统税，案关充裕税收，自应遵照办理。惟查沱茶一种，系以春尖、二水、底茶三种制成。其中所含成分，底茶约占十分之五，其余春尖、二水，不过各占二、三成。所有茶厂，大多照此揉制。其售价虽有差别，系以各厂之牌号及信用而区分。例如创办较早，货色始终如一者，则售价较新牌略高，实则茶皆一类。此次复征茶税，沱茶一种，蒙分为甲、乙、丙三等计征。似此办理，在稽征机关，因系依价规定，以别品类。惟遇茶商纳税，为辨别等级，则问题丛生。际兹开征伊始，即应呈明实情，以免推行滞碍。准将沱茶等级简化为一，并按最低一等课税。

---

① 《关务署致云南总税务司署代电稿》，1945 年 12 月 26 日，《民国时期西南边疆档案资料汇编·云南广西综合卷》第五十卷，社会科学文献出版社，2014，第 163 页。
② 《海关总税务司署发文》，1945 年 12 月 26 日，《民国时期西南边疆档案资料汇编·云南广西综合卷》第五十卷，社会科学文献出版社，2014，第 163 页。
③ 云南省地方志编纂委员会编《云南省志》卷十四《商业志》，云南人民出版社，1993，第 75 页。

以恤商艰，而利推行。"①

但由于战后商业经营的不景气，加之各种税收、捐款经费的加重，茶叶贸易也陷入危机之中。为此，在下关茶业同业公会理事长萧文周等的提请下，呈文下关商会，要求政府豁免茶叶统税。"据所属茶商毕学周等三十九人联名呈称：'本省产茶为数虽微，但多数农商均赖此以维生。昨当非常时期，因课税加重，出路又被敌人封锁，形成农村经济破产，几至无法挽救。去岁幸蒙行政院长宋，悯念民间疾苦，毅然豁免全国茶税。复于胜利以后，积极鼓励外贸，奖励出口，冀以挽救战后之经济危机。人民赖以复苏，无不感沾德惠。'不意正当竞争贩运，加强生产之际，忽奉财政部云南区货物税局大理分局通知：茶叶统税，奉令于本年十月一日起开征，饬即照章上纳。伏思豁免茶税之案，墨迹未干。而商民自受物价惨跌影响，正处于水深火热之中。尤以云南茶叶产量，虽属无几，而活人甚众。且当政府鼓励外贸，挽救入超危机之际。如再恢复茶税，无异增加国产成本，似与励销主旨不无矛盾。兼之八年抗战，农商均已肩负巨任。际兹喘息未定，应请转呈豁免，以舒民困。……并转呈财政部收回成命，准将茶叶统税豁免，以恤商艰，不胜迫切待命之至。"② 又由商会呈请云南省参议会，指出"复征茶税，因为充实国库，惟当此农村经济破产，人民迫望挽救，及政府鼓励外资，期与外货竞争之际。对于国产茶叶，似不能不请豁免国课，以符政府扶持工商之德意。请贵会查照，烦即采纳研议。并转呈财政部，俯念民疾，准予收回复征茶税成命，则茶业前途幸甚"③。但此时，由于商会组织自身的政治参与力量已经严重削弱，加之国民党的统治矛盾重重加深，要求豁免统税的请求未见成效。

1947 年，云南省直接税局长召集省、市商会的全体理监事开会，宣布国民党中央政府下达的三项税收措施：一是催收欠税；二是加征所利得税；三是预征 1947—1950 年的税款。宣布后，还假意以征询的口吻，要理

---

① 《关于下关沱茶税收问题的公函》，1946 年 10 月 3 日，档号：20 - 10 - 29 - 45，大理州档案馆藏。

② 《下关商会请豁免茶叶统税的公函》，1946 年 9 月 30 日，档号：20 - 10 - 29 - 41，大理州档案馆藏。

③ 《下关商会请豁免茶叶统税的公函》，1946 年 9 月 30 日，档号：20 - 10 - 29 - 41，大理州档案馆藏。

监事们发表意见。理监事们联想到长期以来备受种种苛捐杂税的压榨，现在除了加税，还要预征几年的税款，更激起了心头怒火被激起，只是敢怒不敢言，会场一时沉寂，气氛显得紧张。这时省商联会的常务监事杨西园起立发言，指陈加税和预征税款不可行。他指出，人民生活现已十分困难，不少人饥寒交迫，加税和预征税款，表面上是工商界纳税，但工商界只有通过提高物价的办法来负担税款，这实际上是把税款转嫁给广大的消费人民，对生活已十分困难的人民，无异火上烧油。发言完毕后，引发一片评论声，会议遂草草收场。① 事后经了解，此事是国民党政府想通过加征、预征税款的残暴压榨手段，帮助其挽救濒临崩溃的经济，为了防止过激生变，故先作试探，因各地强烈反对，此后也就没有下文。但当时的省商联会监事杨西园却因此被扣上"共党份子，破坏税政"的罪名，就有所谓侦缉队的督察去跟踪他，要拘捕他，他闻讯后逃避，过了数月又托人送了贿赂，才幸免于难。② 此后，对反动政府的横征暴敛也就没有人再敢违抗了。

1949 年，云南省财政厅开征 1948 年下半年至 1949 年上半年的直接税时，正值国民党政权总崩溃前夕，加上当时昆明民主气氛高涨，反蒋浪潮与日俱增，财政厅不得不故作姿态，由厅长出面，先行召集市商会及各行业理事长开会讨论如何征收的问题。大家鉴于杨西园"破坏税政"的教训，自然不敢提任何反对意见，但又怕税负过重，工商界承受不起，理事长们陈述了历年税收的种种弊端，主要是一方面税工人员贪污舞弊，索贿受贿，包庇工商业者偷漏税款，另一方面则是工商业者虽然少纳了税款，但税工人员索贿的欲壑难填，也不堪其扰，实际受损失的是政府，最后建议这次税收，请政府提出一个合理的税额，由市商会按各户实际情况负责评议，统一缴纳。财政厅同意了这个建议，经过考虑后，提出了本届税款应收半开银币五十万元的任务，市商会也即表示愿意承担这个任务。市商会随即通知各业，每业推出一至二人，组成评议委员会，按各业营业额的多寡，逐业自报公议，评定应交税款，所收税款由各同业公会存入银行，待各业收齐后，再由市商会计算总数，开列各业交税的户数、金额，汇交

① 中国民主建国会云南省委员会、云南省工商业联合会编《云南工商史料选辑》第 1 辑，第 259—260 页。

② 中国民主建国会云南省委员会、云南省工商业联合会编《云南工商史料选辑》第 1 辑，第 260 页。

税务机关收讫后，由税务机关分别开出收据，送交各业各户存执。事后，各业代表反映，办理此次税款，较之历年税局办税，由于杜绝了贪污中饱，时间既快，各业负担也比较轻。① 其实，征税是税务机关的事，但由于反动政权的腐朽，商会才越俎代庖代办此事。一定程度上，商会被动地参与税政，正表明了此时商会组织效能已严重削弱，已经无法维护商人的权益。

2. 金融秩序的艰难维系

民国时期，地方金融市场的管理与调控，多由地方商会负责。抗战胜利后，云南因为货币流通的多元化状况，其金融市场较为混乱，"云南币制甚为复杂，成了世界货币的博览会"②。如在大理地区的市面上就出现金融混乱的情形，"最近数日，街面忽发生拒用中票（五百元至二千元），市面不免纷扰，影响整个金融，恳请出示严禁。据此，查榆、关各地，为滇西工商重心，金融枢纽，无论大钞小票，均应流通，以利民生。乃奸商宵小从中操纵，拒用中票，破坏金融，殊堪痛恨。除布告严禁，并分令有关机关随时派员明、密查报外，令该会迅予维持，严行查禁，以维金融"③。下关商会也尽快予以回复，"拒用中票，下关亦同样发生。最近已由县府开金融会议，议决搭用一赊，情况已渐好转。以后当与中国农民银行随时协商维持，以安民生"④。这也表明，商会此时在金融市场中只充当了中介的角色，对金融市场的调控力已经十分微弱，无法采取相应的举措来挽救市面危机。

到 1948 年六七月，下关市面还发生法币流通较为混乱的情形。"下关市面，近因外县传来拒用黑字万元法币及五百元（黑色）、二千元（绿色）、五千元（黑蓝色）等类关金消息。致一般神经过敏之行商小贩，恐受意外损失，竟盲从拒用。致使各业贸易，无形受其影响而停顿。查其原因，或由下列两点所致：（一）奸人造谣捣乱，企图破坏金融，而无知人

---

① 中国民主建国会云南省委员会、云南省工商业联合会编《云南工商史料选辑》第 1 辑，第 260—261 页。

② 李珪主编《云南近代经济史》，云南民族出版社，1995，第 399 页。

③ 《第十一区专员公署关于严禁拒用中票的训令》，1948 年 4 月 22 日，档号：20 - 10 - 3 - 3，大理州档案馆藏。

④ 《下关商会关于严禁拒用中票的拟办意见》，1948 年 4 月，档号：20 - 10 - 3 - 3，大理州档案馆藏。

民被其愚蒙，甚至以讹传讹，造成广泛拒用。（二）政府发行法币关金，版类过多，而样本仅存国家银行，鲜见布告通知，致使人民不辨真伪。加以闻谣缺乏判断，竞使皇皇法币关金，几等无用之物。如不速谋补救，影响戡乱建国及国民生计至巨。"① 对此，下关商会于 7 月 10 日召开临时会议，商讨通过挽救办法："（一）关于造谣奸究，应呈凤仪县政府，电请省府通令各县饬属严密查缉，使其无法活动。（二）关于维持金融，应分函中国、农民两行下关办事处，请检现在流通之法币及金关样本各五份（每种正反面各一张）送会，以便呈请大理专员公署，悬示大理及下关中心地区，并分令邻对各县悬示热闹地方，俾人民有所辨认，而免再有怀疑。一面并请布告，严禁拒用，一律照常行使。倘有违抗，重罚严办，以儆效尤。庶可安定商场，而维法币及关金之效用。"② 此举在当时也取得了一定的成效，但其应对策略只是暂时性而已，商会组织的运行机制与市场调节机制已经不能更好地相互对接与适应。

商会有"接洽商情，维持信用，提倡实业，排解债账"的职责。在地方经济生活中，地方政府也通过商会组织管理协调地方市场流通。例如，币值兑换比例不等，复杂多变，特别是抗战胜利以后，货币不断贬值，为商业经营结算带来了不少麻烦。这些问题一般都由商会向政府交涉，如下关锡庆祥因向兴文银行兑换大钞屡次受到刁难拒收，锡庆祥函请商会出面交涉事宜。再如，1949 年国民党"滇西剿匪司令"电令下关商会查办茂恒、永昌祥商号大洋折水问题（即大洋兑换半开低于官价），"袁头、孙头、墨西哥飞鹰三种大洋，与滇币、半开、银币比率，早经省府规定为大洋每枚合半开二元二角五分，并布告凡属交纳税款，商业交易以及公私债务、银行钱庄存款收付，一律流通使用，不得拒绝。若有奸商故意以剥削方法，欺骗平民，变更比率，即以扰乱金融治罪。最近本部所辖各部队所领经费及主食代金，均照比率折发大洋。惟市面竟有拒绝使用，及任意变更比率情事发生。应由该会告谕商号，务照政府规定一律使用，如有拒绝或变更比率情事，一经查觉，即以扰乱金融治罪。案关贯彻省令，应即照案办理。即希商号铺户，确遵照政府规定比率，一律流通行使。幸勿再有

---

① 《关于法币流通问题的公函》，1948 年 7 月 16 日，档号：20 - 10 - 3 - 12，大理州档案馆藏。
② 《关于法币流通问题的公函》，1948 年 7 月 16 日，档号：20 - 10 - 3 - 12，大理州档案馆藏。

拒绝或任意变更比率，至于惩处为要"①。下关商会经过查证，回复"关于大洋折水，详查并无实据。兹为慎重处理，已饬该号具结存查"，并建议"至以半开计价，实缘大洋尚未普及，故一般暂依旧习办理"。商会也在此情形下，保护了一批商号。

此外，下关商会还颁布了一些有关交易中货币使用的行业规定，如下关商会在 1949 年颁布的《关于零星找补一律通用滇铸镍币的公告》《关于行使滇铸二角银质辅币的公告》等。在通用滇铸镍币的举措上，下关商会提出："政府发行辅币，原为便利零星找补，安定人民生活。尤其滇铸镍币，早经中央明令，准予同样流通。不啻三令五申，殊有无知人民，对于滇铸镍币，不准自予轩轾。甚且发生拒用，致使找补困难，无形提高生活。如不速谋补救，影响国计民生至巨。本会有鉴及此，经于三月二十六日召开紧急会议，专案提付讨论。金以滇铸镍币，既经政府明令，准与中央辅币，同等效用流通，自不合违反此令，自绝滇铸镍币之生路。应即公告：以后凡属五角以下零星找补，应一律通用滇铸镍币，并按每十分折合辅币一角行使。倘敢仍有拒用，一经查觉，或被人民举发，即以妨害金融流通，送请司法机关重究。"② 在使用银质辅币上，下关商会也极力跟政府交涉："本省为巩固金融、安定民生，曾经省务会议议决：由省制造二角银质辅币，发行全省流通。现在上项辅币，业经省银行铸就发行。除所属各县局切实维护外，着由该会布告下关商民：不论大小交易，应照币面金额，一律十足行使，不得稍有折扣。倘敢违反，定即以破坏本省金融论，从严惩处不贷。"③ 并要求下关商民一体切实遵行，幸无违反。这些规定在旧政权行将就木、通货膨胀日趋严重的时期，虽然已经无法挽救市场上的金融乱局，但仍可以看出商会组织在调控地方流通上所发挥的作用。

而在国民党面临溃败之际，商会组织的自主生存空间渐趋收缩，虽然其仍协助国民党政府查禁变更银圆比率的奸商，但也已无法挽救统治乱

---

① 《关于通用大洋与半开的公告》，1949 年 10 月 25 日，档号：20 - 10 - 3 - 66，大理州档案馆藏。

② 《关于零星找补一律通用滇铸镍币的公告》，1949 年 3 月 28 日，档号：20 - 10 - 3 - 9，大理州档案馆藏。

③ 《关于行使滇铸二角银质辅币的公告》，1949 年 8 月 21 日，档号：20 - 10 - 3 - 46，大理州档案馆藏。

局。"袁头、孙头、飞鹰三种大洋与滇铸半开银币比率二二五，早经省府规定及指挥部召集会议议决。凡公私债务、交纳税款、商业交易、银行钱庄存款收付，均应照比率使用，不得拒绝。现有下关、大理奸商，对银元（圆）之汇兑使用不照比率，故意以剥削方法欺骗平民，变更比率，取巧牟利者。仰即转饬下关、大理警局、商会，认真查禁，并鸣锣制止，取缔跑换。如发现拒绝使用汇兑，变更比率，及擅自提高物价等情事，经查觉或被人检举，定予严惩，并准予缉送本部惩办为要。即遵办查禁，并转函下关警局、商会认真办理，尤为注意商号汇兑汇水比率为要。"①

1949 年，由于物价飞涨，商会为了保障民生，积极建议政府发行银币以稳定物价。1949 年上半年，国民政府财政部部长徐堪为表示其关注物价一日数涨的一片混乱现象，到昆明与本省研议稳定物价办法，也单独邀请了市商会理事长赵永年征询意见。赵永年提出，物价飞涨，原因在于滥发钞票丧失信用，以至于人民被迫争购实物以求保值，为了稳定物价，必须发行银币，才能生效。②徐堪表示可以考虑采纳，已与本省当局研议，如条件许可，即发行银币。以后经本省研议，决定成立"云南铸币所"开铸银币，刘幼堂为所长，杨文清、詹秉忠、赵永年为检验委员，由即将成立的云南省银行供给白银，铸出银币也交省银行发行，所铸银币为面值大洋五角的半开银币。银币流通后，市面货物均以银币计价，物价即趋稳定。③此外，昆明市商会还向省政府提出坚持"发行半开本票"必须以黄金作保证的要求。事源于此，云南省银行于 1949 年 7 月成立后，拨出白银开始铸造银币。省银行考虑到当时市面上已大量流通着过去铸造的半开银币，加上新铸银币的发行，以后市面流通的银币数量必然不少，由于银币需要控制其外流，而且银币有一定重量，携带运输都不方便，影响工商贸易和物资交流的收交，对机关和公私企业的财政收支更增麻烦，故决定发行"半开本票"。当时财政厅厅长林南园征询商会对发行半开本票的意见，商会

① 《关于查禁变更银元比率奸商的公函》，1949 年 11 月 12 日，档号：20 - 10 - 3 - 67，大理州档案馆藏。
② 中国民主建国会云南省委员会、云南省工商业联合会编《云南工商史料选辑》第 1 辑，第 261—262 页。
③ 中国民主建国会云南省委员会、云南省工商业联合会编《云南工商史料选辑》第 1 辑，第 262 页。

坚持认为：本票既然代替半开银币的行使和流通，就应以金银硬通货作保证，否则，人们害怕重蹈过去滥发钞票的覆辙，必将形成流通困难。几经磋商，财政厅同意由省银行提出二万五千两黄金作保证，并只发行同值面额的本票数，随即由商会经手将省银行提出的二万五千两黄金送交富滇新银行仓库保管，取具收条，由市商会保存。运送黄金是派专车一辆运送，由财政厅厅长林南园和市商会赵永年、严燮成、何劲修、莫文灿、梁杰三、蔡淞沄等人护送，交到富行仓库。① 此项半开本票一直行使到云南解放后，到1951年3月军管会成立后，由省银行移交给军管会并由军管会用半开银币全部回收。

1949年4月，中国人民解放军百万雄师横渡长江，国民政府首都南京被解放。为了挽救败局，国民政府又施展新招，企图发行"银本位"纸币来修补已崩溃的金融体系。7月，国民党中央准备在云南发行"银圆券"，并强力致函云南省商联会和昆明市商会，要求商会及各同业公会遵照执行。"奉财政部财钱科七月十六日电开'中央银行鉴七一五四密奉行政院令金圆券，自银元（圆）及银元（圆）兑换券发行办法实施之日起，限两个月内收兑完竣。规定金圆券收兑期限应自本年七月二日起至九月一日止，逾期不兑者，一律作废。'"② 在财政部的压力之下，以卢汉为首的云南地方实力派向财政部提出了"银圆券"在滇发行的先决条件："在滇发行的银圆券要印有昆明地名；在滇发行银圆券时，财政部必须交十足等量的准备金运送昆明，运昆明的兑现准备金交地方和民意机关监督保管；公布银圆券随时无限额兑现。"③ 这些条件显然无法得到财政部的答应，银圆券尽管已运至昆明，但已无法流通。由此表明，商会此时已无法调适国民党中央政策的推行，只能依托于地方政府来制衡，商会组织的效能已得不到充分的发挥。

（二）商会的经费征收与运营困境

从全国范围而言，抗战胜利后商会普遍存在经费拮据的状况，多数地

---

① 中国民主建国会云南省委员会、云南省工商业联合会编《云南工商史料选辑》第1辑，第262页。
② 《云南省商会联合会、昆明市商会公函（第20号）》，1949年7月，档号：32-25-1242，昆明市档案馆藏。
③ 谢本书、李江主编《昆明城市史》，云南大学出版社，2009，第304—305页。

方商会组织的经费常常"入不敷出",在一定程度上也显现了商会组织已经处于衰变的边缘。下关作为滇西商业重镇,在战后其商业发展也随着大势而衰落,下关商会组织也接二连三地陷入经费困境,这已经严重影响了其会务的正常运作,因此,下关商会从其经费制度与构成、征收途径与方式等方面着手调整,力图维持商会的正常运营。

按下关商会章程的规定,商会设有经费委员会,负有"商会经费筹集、管理和使用"之职责。经费委员会设主任委员一人,会计股长一人,会计一人,出纳一人,委员四至五人。其中,仅出纳一人为专职,其余人等均为兼职。① 商会活动经费均由会员分摊,视会员商号、店铺大小及经营情况,分甲、乙、丙、丁四等捐摊,再由商会所属同业公会每月按规定数目收齐向商会上缴"月费"。② 此外,商会经费委员会还负有筹集"特殊款项"的任务,如社会捐赠款、救济款、认购债券等。1947 年 6 月到 9 月,下关商会承担着更重的费用,包括垫支补助下关镇征兵及壮兵队服装、警察及本会经常费,以及预备此项改选应需经费等,计共由各号借垫国币 1600 万元。第一届理监事会议议决:"应作一次分摊,由各帮负责催收归垫。并推定大理帮永昌祥、鸿兴源;腾冲帮茂恒、万通;鹤庆帮天宝源、庆成;下关帮和兴昌、万顺昌;昆明帮民兴商行;顺蒙帮福利和;四川帮宝元通;分别负责催收。由会正式通知,并将收据检送。务请于改选前交齐,交财务股分别归垫济用。倘有延误不交,即依法停止选举权。"③ 并获得全体代表的一致通过,随即照案实施。

1947 年 10 月,下关商会面对经费筹集的困境,进一步完善了经费委员会的组成人员。而此举也是为了谋求商会组织自身财务的独立,以维系正常会务的开展,并致函各商帮予以按期推举经费委员候选人。"为贯彻会计独立,及实行经济公开计,应组织下关商会经费委员会,负责筹集经费,审核开支,评议负担等级,出纳款项等全责,以委员十一人至十三人组织之。其人选由各帮会员中推举干员,由会聘任。以大帮二人,小帮一人为原则。由会分别通知,请于十月十五日以前推定函复,以便依据聘

---

① 马维勇:《清末民国时期下关、大理的商会》,《大理市文史资料》第 8 辑,第 207 页。

② 马维勇:《清末民国时期下关、大理的商会》,《大理市文史资料》第 8 辑,第 207—208 页。

③ 《下关商会关于分摊经费的通知》,1947 年 9 月 23 日,档号:20 - 10 - 9 - 28,大理州档案馆藏。

任。即应照案实施。烦于现任理事外，由会员中推举经费委员二人，于十月十五日以前函复，以便依据聘任，而利会务推行。"① 并对其聘任后的职责加以明确，以免推诿，"顺应贵帮之推举，敦聘台端为本会经费委员会委员，负经临各费之筹集、审核、评配、催收、出纳等全责"②。

1947 年 11 月 11 日，下关商会召开经费委员会成立大会，选举组成经费委员会，主任委员是杨盛馨（时任华侨下关支会理事长，兼商会公断员），会计股长是李慰久（下关商会理事，兼商事公断员），委员是李达五（时任下关消防大队长，商会理事，兼商事公断员）、孟制心（下关商会理事，兼商事公断员）、官美轩（兼商事公断员）、杨聚五（兼商事公断员）。③ 经费委员会成立后，为了维系会务的有效运营，实行经济公开，贯彻会计独立，由该会专门负责筹集经费。经该会开会议决，此后商会组织"凡有开支，必须经理事会通过后，通知照筹。权责既经分明，应即照案办理"④。基于此，下关商会制定了详细的经费方案："（一）本会经常费，昨据秘书拟具三十六年冬季月支预算到会，计每月应需国币三百一十二万三千元。当经理事、经委会通过，即由十月份起实施立案。以立待支发十及十一两月员工薪工，及归还垫支十及十一两月伙食公杂，暨准备支发十二月份公杂。应请一次将十至十二等月经常费筹集，以资分别归垫支发。尤有此项经常费用，虽照预算通过，惟因近来百物飞涨，生活又有变迁，除员工薪工既经核定，暂照预算支发。以后物价如仍上涨，俟至三十七年一月再行查酌调整外，其余伙食公杂，向系实支实捐。现在生活高昂，如照预算支付，显已难维现状。应请酌增为每月四百万元筹集，以免出纳困难。（二）下关警察局经费，截至十月份，原由本会每月补助三百二十余万元。自十一月份起，已经建设委员会调整，加为每月五百万元。曾经本会出席人承认，并提交第二次理监联席会议通过。现在十月份虽已由永昌祥、茂恒两号垫支，但须立即归垫。其十一月份亦将终了，势必照付，应

① 《下关商会关于推举经费委员的公函》，1947 年 10 月 10 日，档号：20 - 10 - 9 - 28，大理州档案馆藏。
② 《关于聘任下关商会经费委员的公函》，1947 年 10 月 17 日，档号：20 - 10 - 20 - 61，大理州档案馆藏。
③ 马维勇：《清末民国时期下关、大理的商会》，《大理市文史资料》第 8 辑，第 207 页。
④ 《下关商会关于筹集经费的公函》，1947 年 11 月 26 日，档号：20 - 10 - 20 - 55，大理州档案馆藏。

请一次垫支。该十月份及应付十一月份补助费，共合国币八百二十七万五千元筹呈，以资分别归垫支付。（三）准下关警察局公函，请爰例捐制夹衣五十五套、棉大衣二十件、制帽十五顶、绑腿二十双、皮带二十根一案。下关警察局，自孙局长到差热心整顿以来，对于维持治安，尚能确尽职责。际此隆冬将届，员警衣单，实难支持。且该局服装，历由本会捐制。应以治安为重，勉力照数捐制。"① 以上三项，均属于这一时期下关商会的急需筹办事项。对于如何办理，经费委员会也呈请商会理事会予以商洽解决，"惟应如何开源，抑仍照例分摊之处，希贵会迅予研议筹集，以应急需"② 此后，下关商会对于经费征收事项也并无多大进展，部分会务已无法正常有序地进行。

在征收会费的实际操作中，各会员商号由于经营不景气，也力图向商会请求降低等级，减免会费缴纳。例如，庆成商号"呈为定级过高，恳请降等事。窃思小记在关本微事小，且系专事收发，但不敢逃商人应尽义务，业经申请入会。不意在前会内评定等级负责人员，不赐详查小记情形，定入丁等，殊觉过高。故在前许理事长任内，曾经具辞恳请降等，可否不得批示。屈尽义务，已有年余之久。迨至钧长继任，为知小记情形，一经面陈，允以斟酌另定。理应再具呈辞，恳请钧会，赐查详情，准予降等"③。下关商会对此批复："本会对于会员等级，向系公开评定。其评定标准，不仅依据资本，且须查酌营业情形，考虑极为周密。以该号资本之雄厚，营业之活跃，早为一般所公认。现在评为丁等，众认已极公允。尤其负担会费比率，较前业已减轻。所请降低户门等级，未便照准，批示知照。"④

此外，部分会员商号还提出无力负担治安捐款等其他费用的申请，如下关开泰祥商号就向大理、凤仪两县政府和下关商会呈请："配捐治安经

① 《下关商会关于筹集经费的公函》，1947 年 11 月 26 日，档号：20 - 10 - 20 - 55，大理州档案馆藏。
② 《下关商会关于筹集经费的公函》，1947 年 11 月 26 日，档号：20 - 10 - 20 - 55，大理州档案馆藏。
③ 《庆成商号请求降低等级的呈文》，1948 年 3 月 7 日，档号：20 - 10 - 11 - 34，大理州档案馆藏。
④ 《下关商会关于庆成商号请求降低等级的拟办意见》，1948 年 3 月 8 日，档号：20 - 10 - 11 - 34，大理州档案馆藏。

费，并非本会主办，仰向大、凤两县联合办事处下关分处请求可也。自民国三十五年春遭回回禄波及被毁一空，旋因借贷，勉为建筑后，已无资本经营。一家数口，均嗷嗷待哺。于无法中，专理纸张微业，籍维现状。讵至本年三月迄今，生意异常减色，逐日开支均成问题，借款堆集无法应付。且商号住清碧乡，曾出过捐款一百元。对于住铺，系属大理之文献街，摊派捐款六元。旋奉商会转奉钧处派给捐款一百元，商号实无能力担负。且租铺营此纸业，资本微末，虽堆积，多数不惟不能售出，而全盘之货亦为数无几。加借款月息，累月未付。时逼处此情出无奈，惟有具情邀恳钧处俯念商号艰苦，准予从宽核免此项捐款。藉恤商情困顿，逾格恩施，以抒民困而轻担负。"① 下关商会予以批复："该号请求核免治安经费，已属言之再三。惟应否照准，应提大会审核办理。"② 其他会员店铺也纷纷提出申请，"大同堆店刘位三、金华旅社刘宗汉、交通旅社刘宗邦等，为清减免治安经费事。缘于六月五日，奉到钧处通知单，摊派民等治安经费，每户滇铸半开一百元。对于此项派款，为保障人民生命财产，得以安全，理应照缴。为民等市居僻街，无资经营。所开旅店，往来客商稀少，无有收入，生活尚不能维持。所有房产，亦稍以栖身耳。关于此项摊款，非是吝惜。惟民等一百元之负担，殊感困难，实无法筹交。尤恐迭误归垫，特具实情恳祈钧处减轻负担，姑怜民艰，则沾恩德之至"③。

到1948年年底，下关商会为使会员依期缴纳会费，经第四次理监联席会议议决："由十月份起，于催收会费之日，先发催收会费通知单，俾会员知所注意，而免再有延误，应即遵案办理。十月至十一月份通知单，已于本月填妥分发，惟恐有所遗漏，特此公告通知。凡属本会会员，尚未收到是项通知单者，限于公告日，到会申请补发。逾期无人过问，即认为业已收到。倘有缴款迟延，即照通知单第四项办理不贷。"④ 以上种种状况表

① 《下关开泰祥商号无力负担治安捐款的报告》，1948年9月，档号：20-10-11-83，大理州档案馆藏。
② 《下关商会关于开泰祥商号无力负担治安捐款的拟办意见》，1948年10月4日，档号：20-10-11-83，大理州档案馆藏。
③ 《大同堆店请求减免治安经费的申请》，1949年6月11日，档号：20-10-11-59，大理州档案馆藏。
④ 《下关商会关于缴纳会费的公告》，1948年11月11日，档号：20-10-15-182，大理州档案馆藏。

明，此时诸多会员商号已无力承担规定会费的缴纳，更无力承担治安捐款等其他各项苛杂，商会由于经费拮据，也陷入艰难运营的困境。

三　变革之际云南商会的因应与抉择

战后初期，和平建国成为所有中国人民的呼声。而对于战后中国的出路在哪里，国共两党有着截然不同的主张与策略，国共双方都进行了努力筹划，但终因在解放区政权、国家军队化等问题上分歧较大，没有达成一致意见，国民党最终将"双十协定"撕毁，内战爆发。此后，"求和平""求安定""求民主"也成为工商界和全国人民的共同愿望。具体而言，商会积极参与地方政治和民主运动，地方商会对国民党对其竭泽而渔式的掠夺和政治空间上的挤压也予以回应，在全国各地解放之际，云南各地商会也积极拥护本省和平起义，表现了对和平事业积极的热情。

（一）商会参与地方政治和民主运动

与其他地方一样，云南商会积极参与国民大会代表和各地参议会议员的选举，希望以此为平台，维护商人的权益；筹组云南人民自由保障委员会，保障人民团体的自由，也期盼能获得更大的政治空间；牵头组织商会请愿运动，营救民主人士。

1. 参选国大代表和地方参议员

抗战胜利后，云南商会也试图积极参与政府的经济决策，挽救工商业的全面危机。希望通过获选国大代表和地方参议会的议员，显示其在地方政治生活中的重要地位，也表现出商会力图进入上层国家权力机关的强烈政治欲望，但由于此时云南各地的商会组织已呈现衰变的态势，加之商会领导的内部矛盾，并未达到预期的效果。

在国民大会代表的选举中，昆明市商会应选出代表一名，先是李琢庵当选，严燮成作为候补，但两人最终都未得当选证，昆明纱布、纸烟等97个商业同业公会，代电有关上级力争无结果，没有人出席。[①] 据相关回忆，当时原国民党中央决定云南省商会应选出立法委员一人，昆明市商会应选

---

① 张廷勋、刘镇宇：《国民党云南省行宪国大代表名录及选举闹剧》，《昆明文史资料选辑》第 2 辑，第 194 页。

出国大代表一人。省商会理事长严燮成是云南有名的永昌祥大商号总经
理，又是国民参政员，在商业界的声誉较高，一般估计中央提名必然是以
严燮成为"立法委员"候选人。李琢庵是昆明市商会的理事长，在商场上
也有一定地位，很可能被提名为昆明市商会国大代表候选人。严、李二
人平时感情弥笃，交谊亦厚，均胸有成竹。但是，事与愿违。当全国总选
事务所来电，要省选举事务所派人到京协商有关立法委员分配名额时，当
时云南指派建设厅厅长范承枢赴京参加协商。结果云南省商业界原定应选
出立法委员一人，决定取消，并认为严燮成在云南资望比李琢庵高，中央
便提名严燮成为云南省昆明市商业界国大代表候选人。李琢庵闻讯认为，
严燮成贪得无厌，背信弃义，出卖亲友，不仅视若路人，甚至到处诽谤，
形同决裂，结果彼此攻讦不息，严、李二人都没有被选上，因此，昆明市
商业界应产生的国大代表流产，没有出席国民大会。① 商会的国大代表选
举因此成为一场闹剧。

　　抗战胜利后，在国民党、地方政府和中共地下党对云南统治权的争夺
中，商会以群体面貌再一次展现于地方政治的场域之中，不仅在地方权力
机构中有了自己的代言人，而且成为处理地方日常政务的重要力量之一，
这主要集中体现在商会领导或会员对地方参议员的选举权上。在 1945 年云
南各地方的参议员选举中，各县商会代表积极投身于选举活动中，且有一
部分人当选为参议员或候补参议员。诸如在大理县参议员的选举结果中，
当选的 8 位参议员中有 3 位是商会代表，9 名候补参议员中有 4 名是商会
人士②；鹤庆县参议会中，杨开泰、杨澄浦、李监廷 3 人被选为参议员，
罗勋臣、张正卿、董光亮 3 人当选候补参议员③；曾任丽江县商会会长的
赖敬庵当选为丽江县参议会议员，其他还有三位商会理事也当选为参议员
和候补参议员④。下关商会也通过法定程序选举了参议员，"先将合格参议

① 刘镇宇：《国民党在昆明地区导演国大代表立法监察委员选举纪实》，《昆明文史资料选辑》第 1 辑，第 170—171 页。
② 《民国三十四年丽江县商会参议员当选人姓名表及候补人姓名表》，1945 年 4 月，档号：11 - 4 - 289，云南省档案馆藏。
③ 《民国三十四年鹤庆县商会参议员当选名册》，1945 年 4 月，档号：11 - 4 - 284，云南省档案馆藏。
④ 《民国三十四年丽江县商会选举参议员名册》，1945 年 4 月，档号：11 - 4 - 387，云南省档案馆藏。

员候选人名单公告，并依核定选举日期，于五月十八日午后二时，召开选举大会。蒙吴监选员莅会监选，票选结果，绍猷得票十一票，当选为参议员。刘振武得票四票，晋廷得票二票，当选为候补参议员"①。当然，在各地方当选为参议会参议员的商会理事或会员，其商业资本也较为雄厚，而且在地方社会也有一定名望，是地方"商绅"阶层的代表人物，足可见商人及其商会组织在云南政治势力角逐中的重要影响。

2. 筹组成立云南人民自由保障委员会

抗战胜利后，蒋介石在全体抗日军民的伟大力量面前，采取了假和谈、真反共的手段，在 1945 年 10 月 10 日签订的"国共和谈纪要"即"双十协定"中，有了保障民权自由等的决定。1946 年 1 月召开各党派包括国共双方参加的政治协商会议，蒋介石又曾作出四项承诺，其中第一项就是"尊重人民团体、信仰、言论、出版、集会、结社等基本自由"。后来蒋介石一手撕毁了政治决议，发动了给人民带来深重灾难的内战，暴露了蒋介石许下的这些诺言只不过是一纸空话。但是，蒋介石为了掩盖他的独裁统治，仍然需要利用这些所谓"自由"的空话，作为空头政治口号来欺骗人民。由于多少年来人民渴望自由，这时许多省就在蒋介石的空头政治口号下，及时建立了人民自由保障委员会，希望凭借人民团体的力量，能够真正获得这些自由。② 在此情况下，云南省、市商会于1946 年和各法团发起筹组云南人民自由保障委员会，草拟了组织章程，呈报了党政领导机关核准备案。实际上，这个人民自由保障委员会正好为国民党政府的空头政治口号装点了门面，以欺骗中外人民，所以在召开选举成立大会时，省社会处就派其组训科长顾致中到会"指导"。

大会在章程通过以后，向各地各机关法团发表就职通电："我国近百年来，外受帝国主义之侵略，国家民族之独立自由，时被缚束；内受军阀贪污土劣败类之蹂躏，人民自由几全被剥夺。抗战期间，人民因倾力共赴国难，不计一切，而败类乃趁机侵凌其自由，肆行无忌。追怀往事，不寒而栗！兹幸抗战胜利，宪政即将实施之际，我国家民族之独立自由，固应

① 《下关商会关于参议员选举情况的呈文》，1945 年 5 月 19 日，档号：20 - 10 - 28 - 78，大理州档案馆藏。
② 中国民主建国会云南省委员会、云南省工商业联合会编《云南工商史料选辑》第 1 辑，第 256—257 页。

拥护；人民之合法自由，亦应实现。政府有鉴及此，曾于召开政治协商会议时，郑重决议，人民可组织自由保障委员会，以维人权。滇人得此启示，俱感无比兴奋！"① 并按照章程选出云南人民自由保障委员会的领导机构。"由云龙、李琢庵、严爕成、顾致中、曾昭德、缪嘉铭、李鑑之、方绍坤、杨文清、邓和风、张邦翰、徐佩璜、杜振东、夏同文、熊庆来、刘镇宇、何少诚、徐继祖、卢迪身、毕灿云、陈德齐、董佩畹、黄美之、朱健飞，监察委员钱沧硕、苏春膏、段道源、王齐兴、赵永年、何睿、李澍、熊廷柱、严明高等二十五人当选为执行委员，钱沧硕等九人当选为监察委员，继互选甘汝棠为主任委员，赵永年为常务监察委员。除呈报云南省政府备案外，复于四月二日就职，并呈省政府主席卢，派陈处长廷璧监督，即日正式开始工作。同人等今后当本外求国家民族之独立自由，协助政府，消除继来之外力；内求实现宪典所予之法定人权，协助司法治安机关，割除剥蚀人民自由之一切暴力。职任所在，当悉力以赴，义无反顾。惟同人等职力有限，尚希各界不吝赐教，惠予协助，本会幸甚，全省人民幸甚！"②

该会在组织成立就绪后，详述其宗旨职责，向全滇父老发表宣言："夫以个人奋起，保障自由，为力有限，收效不安，集体为之，庶几有豸，此本会之所以产生也！然试以本会同人与全滇人口相较，又何殊个人奋起，其为力亦感有限，收效究有几何哉？尚冀各界人士，对本会寄与莫大同情，直接间接，爱惜维护，补其所缺，而匡其不逮，俾本会同人不致贻折摧覆陈之讥，则对于人民国家，岂日小补！夫良医之治病也，治于未然，不治于已然。吾人之保障自由，当法良医。苟不于积极方面，事前宣传启示，使人人知自由之当尊重，而仅于消极方面，事后奔走呼号，保障被侵犯自由之人人，抑末矣！基于此义：窃愿上自政府，下迄民众，勿于法律之外而剥夺人之自由，勿于权威之下蹂躏人之自由，勿凭一时暴力而侵犯人之自由，勿存万种私心而灭绝人之自由，而受法律之制裁矣！苟人人能'自重''自爱''自省'，以行使其自由，则人我胥熙拥于自由之中，尚何保障之可言哉！今者战胜强邻，着手建国，我国民政府主席蒋

① 《云南人民自由保障委员会执监委员就职通电》，1946 年 5 月 6 日，档号：76 - 1 - 937，武汉市档案馆藏。
② 《云南人民自由保障委员会执监委员就职通电》，1946 年 5 月 6 日，档号：76 - 1 - 937，武汉市档案馆藏。

公，屡次昭示保障人民各种自由，而人民自由之保障亦无不载诸宪典，惜乎教育未能普及人民鲜识自由之真谛，益以尚有少数无纪律之军队，以及贪官污吏劣绅土豪，作祟其间，蹂躏人权，侵犯自由，亦意中事。如有此种事件发生，本会义难坐视，尚希受害者举以相告，本会誓就力之所及，加以检举，施以援助，藉保人民之自由。盖本会同人，对于保障自由，不仅愿贡曲突徒薪之谋，更愿作焦头烂额之人也，我父老昆弟诸姑伯姊，其共鉴之！"① 此后，该会将其组织成立情况通电告知全国各地商会："贵会秉承政治协商会议决议，发起组织依次筹备成立，足征办理敏捷，殊比钦佩，至对于解释人民之基本自由与合法自由，阐明意义尤为精当，新猷谠讼洵为各会倡导之资，兹准前由，除移知本处武汉人民自由保障委员会外，用特电复，并申贺忱汉口市商会整理委员会主任委员程。"②

云南人民自由保障委员会成立后，首先在各报发表了云南人民自由保障委员会的成立宣言，宣言发表后，各县纷纷响应，先后成立了许多县级人民自由保障委员会。这时正是蒋介石蓄意发动内战、积极镇压民主运动的白色恐怖时期，同样在昆明也出现了非执法机关对人民乱捕、拘押及私设法庭审讯等蹂躏人权事件。本会成立宣言发表后，接着就有本市和外县地区的人民纷纷来文申诉或到会呼吁，求助解决遭受非法侵犯人权的事实。这些经常向本会的申诉和呼吁，先后达数百件之多，经过调查了解，提经理监联席会议认真研讨，逐一答复。对侵犯人权的机关则函请其上级予以查办、制止和裁处，有的是执法机关违法，如宪警、军队、县府、法院等，在报刊揭发，并申请云贵监察使署查办弹劾。但在当时的政治和社会条件下，这种局面只是在人民的强大压力下的昙花一现，真正的人权自由是不可能得到保障的。③ 如在抗战胜利后，国民党发动内战的几年中，加紧压榨人民血汗，加紧滥发钞票，以供军需，从法币、关金券到金圆券等几种钞票滥了又改，改了又滥，到1949年，物价一日数涨，金圆券几成

① 《云南人民自由保障委员会执监委员宣誓就职敬告全滇父老书》，1946年5月6日，档号：76-1-937，武汉市档案馆藏。
② 《云南人民自由保障委员会致汉口市商会代电》，1946年5月6日，档号：76-1-937，武汉市档案馆藏。
③ 中国民主建国会云南省委员会、云南省工商业联合会编《云南工商史料选辑》第1辑，第258页。

废纸，人民不堪其苦。是年 2 月 12 日，当有人拿着 50 元面额的金圆券到昆明中央银行交付和兑换时，被盖上"伪钞作废"的图戳，接着就有大批持券群众纷纷涌入中央银行要求兑换，人群越聚越多，以至于秩序大乱，银行职员离柜逃避。此时群情更加愤怒，砸门破窗，捣毁了营业室。省主席卢汉闻讯派宪警前往弹压，并围捕了多人。卢汉随到现场，设置公案，草草审讯，当场枪毙了 21 人。[①] 此即所谓的"南屏街事件"。这次事件后，云南人民自由保障委员会召开了紧急执监联席会研讨，一致认为卢汉身为主席，如此蛮干，保障人权的工作已经无法进行，并即议决，发表通电，宣告结束会务。由此表明，云南省、市商会联合各法团、社会人士发起组织的云南人民自由保障委员会，最后的结果是以国民党政府的血腥镇压事件而告终。

3. 商会请愿营救民主人士

1949 年云南起义前夕，蒋介石政权反人民的种种暴行，激起了人民反蒋思潮的极度高涨，昆明各界人士，特别是省议员中的民主人士，在省参议会上指斥反动政权的各种倒行逆施最为剧烈。蒋介石以所谓"安定后方秩序，戡乱建国"为名，压迫卢汉做成一项政治交易，并即派遣军统头目徐远举、毛人凤等大批特务相继到昆，通过卢汉执行他要逮捕杨杰、陈复光等许多进步人士的任务。1949 年 9 月 9 日开始了由军统特务主持的"九九整肃"，大规模逮捕，一两天内就逮捕了民主人士、学生、工人等四百多人并投入监狱。9 月 12 日以后，又继续逮捕许多无辜群众，并在监狱中对被捕人员施用种种酷刑拷问逼供，一时恐怖气氛布满全城。在所谓军事法庭的审讯判处中，卢汉坚持认为，如果有判处死刑的，要有充足的证据和理由，一定要慎重，不可轻率从事。最后这个法庭作出枪毙 37 人的判决，其余数百人分别判处无期或有期徒刑和管制，并将判决书送请卢汉处理。以后特务们又几次催请执行，但卢汉有意久拖不决。

1949 年 11 月 8 日，代总统李宗仁来到昆明，欲与卢汉商谈滇桂联防反共事宜。此时即有省府委员杨文清秉承卢汉的指示，他告诉农会的负责人褚守庄转告市商会理事长赵永年，由市商会出面发起，约集其他人民团

---

① 中国民主建国会云南省委员会、云南省工商业联合会编《云南工商史料选辑》第 1 辑，第 258—259 页。

体向李宗仁请愿，要求从宽释放"整肃"被捕人员。市商会邀请了本市的工会、农会、教育会、妇女会等各人民团体共同商讨，一致同意联名向李宗仁请愿，并即拟具请愿书，由各人民团体联署盖章，然后公推省、市商会负责人赵永年、何劲修，代表各人民团体前往谒见李宗仁面呈。代表们到五华山，由卢汉引见了李宗仁，呈递了请愿书后，李宗仁答复说，已与本省当局商议，从宽处理。① 以后才知道，当时是卢汉在共产党对他做了许多争取工作后，已经逐步转到人民立场上来，有意要解决"整肃"问题，便利用李宗仁来昆的机会，发动各人民团体向其请愿，又央请原任云贵监察使的李根源，当面向李宗仁恳求释放。李宗仁见大势已去，落得做个顺水人情，在请愿书上批了"交卢主任从宽处理"八个字。11 月 12 日李宗仁走后，卢汉有了抵制军统特务挟持的光明正大理由，就下令按"从宽处理"原则重新受审，将"整肃"逮捕的人士分批请保释放，至 11 月下旬完全释放出狱。②

（二）商会对国民党强化地方统治的因应

商会作为国民党政府"党治"体系中的重要管控团体，在抗战时期发挥了特殊的作用。以云南省下关商会为例，商会在战时筹设警察局，既维护了地方社会秩序，又保障了战时的商旅通行。同时，商会在维系地方政权方面也发挥了重要的作用，如担负了大部分的地方政府政务经费，还承担了相当一部分兵役事项。而在战后，商会组织及其效能不断衰退，商会也无力再担负更多政府强加的重担，对此，商会也竭力与政府各方协调应对，一定程度上维护了商人的切身利益，也保障了战后商业的发展。

1. 商洽调整担负的警局经费

抗战时期，在下关商会的鼎力筹办下，为了保障商旅及地方治安秩序而成立下关警察局，下关商会也一直作为警察局经费的主要承担者。在战时的社会环境下，下关警察局为维护地方社会秩序和商业的发展发挥了重要的作用。抗战结束后，由于地方商业衰落，市场极其不景气，而此时国

---

① 中国民主建国会云南省委员会、云南省工商业联合会编《云南工商史料选辑》第 1 辑，第 248 页。

② 中国民主建国会云南省委员会、云南省工商业联合会编《云南工商史料选辑》第 1 辑，第 249 页。

民党的各项税捐也因战场局势的严峻随之增多，商人的负担也随之加重。在此情况下，大理、凤仪两县政府指令下关商会，要求调整下关警察局经费的分担比例，无形之中也加重了下关商会的负担。"以下关警察局三十五年度起，改隶大、凤两县政府指挥，其经临各费，列入县预算开支。如县级经费确属困难，得于省预算酌列补助，并将该局已领一、二两月份经临费由大、凤两县负担，每县各负担三十四万九千七百四十八元，由国税拨补款项下扣还。据下关警察局呈报，该局经临各费预算表，公粮预算表，人员编制表，请予鉴核。经提交本府第二十五次县政会议议决：除根据厅令呈请补助外，金以在抗战前下关警察局之经费，系由下关商会负担。该局既改隶县属，其经费照案仍饬由商会负责。"①

针对以上凤仪县政府的指令，下关商会也依据具体情况，向云南省商联会及理事长严燮成呈明了无力负担警察局经费的详细缘由，希望云南省商联会出面协调解决此事。"下关虽为滇西商场，但一般商人多属客籍寄居，当地并无恒产，去留均以商情为转移。战时因各省疏散人口集中此地，商场赖以繁荣。迨至胜利以还，商人既受物价惨跌影响，元气业已大伤。加以疏散人口纷纷复员，商情骤形冷落。兼之海岸开放，商场重心，转移各大商埠。各号经此重重波折，不仅倒闭时闻；而转移目标，结束他往者，更属不匪。截至目前，原有会员业已仅存二三。且因营业不振，均有根本动摇之现象。职会处此情况，正苦无法保障。如再饬其重负，不惟各号力有不逮，殊失政府恤民轻负之德意。……战前下关警局经费，虽由职会负担，惟当时之组织，仅一隶属凤仪之警察分局。其全局员警不过十四五人，每月经费最多未逾国币千元。且职会曾负担此项经费，原鉴于每年开支有限，事虽属地方义务，如门摊户派，未免近于苛扰。故慷慨允予补助，使不麻烦地方。此种义举，实开全国仅见之风。后以改组下关警察局，编制扩大，经费亦大量增加。前当筹备期间，职会即经郑重声明，无力再行负担。继经云南警务处考察属实，始核准由省款开支。惟以开办费用无着，仍饬就地筹备。时当腾龙沦陷，住民外避一空，筹备经年，迄无办法成立。后职会为贯彻政府计划，不惟借用会址，以利该局办公。复勉

① 《凤仪县政府关于下关警察局经费问题的训令》，1946年5月31日，档号：20-10-20-30，大理州档案馆藏。

力协同大理县玉洱乡及凤仪县下关镇，筹经开办费，以促该局成立。迄自开办迄今，每遇员警服装破烂，即由职会尽量捐赠。其余凡属卫生设备，无不量力协助。是职会对下关警察局，虽未负担常年经费，但一切协助，已尽最大努力。凤仪县府不恤商民艰苦，不察前后之事实，即饬独立负担该局常年经费，不惟全国，恐无此例。际此商场冷落，职会所属会员实亦力有不逮。仰祈钧会鉴核，俯赐转呈云南省财政厅及云南省警务处，顾念商民艰苦，对于下关警察局常年经费及公粮等，仍由省款开支。倘以碍于成命，则恳仍饬大理、凤仪两县，列入县级预算开支。俾免门摊户派，以符政府恤民轻负之德意。"①

因内战局势加剧，全国范围内的通货膨胀更为严重，各地财政日趋紧张，在此情况下，地方政府更加重了对商会的负担，对此，1947年年底，下关商会两次呈请大理、凤仪两县政府长官，要求缩减所承担之下关警察局经费。"查下关警察局经费，战时原由警务处发给。迨至复员，奉令归还地方建制，改隶钧府暨大理、凤仪两县监督指挥。嗣因县级财政支绌，改由地方负担。前经建设委员会第一次会议议决，由本会每月补助三百万元。近因通货膨胀，警局支出倍增，经费颇感拮据。复经建委会第二次会议议决，下关商会补助费加为每月五百万元。惟本会素无的款，一切负担，历由各会员分摊（会员仅一百余家）。对此巨额经费，颇感蚁负堪虞。查下关市场在战时虽经一度繁荣，但自胜利以还，商务重心，早已转变。多数商号，复受物价波动影响，濒于崩溃。市场日渐萧条，经济日渐枯竭。加以税捐繁重，生活成本高涨，本会所属会员，大部分不能维持现状。对此特殊负担，实感疲于应付。为特缕述详情，冒昧吁请钧府准予按月拨发该局公粮，并祈转请警保处核发经费，以维警务，而恤商艰，则不胜感祷之至。"② 此后，下关商会再次向两县县长提出请求，并明确提出了协商解决办法和警局经费调整方案。"下关警察局自由三十年成立以来，职会既筹开办费用，又复借用会址，已尽最大之协助义务，尤其每年春冬两季服装，迫于公情私谊，均由职会捐制。在前物价低廉，开支尚属有

① 《下关商会关于无力负担警察局经费的呈文》，1946年7月29日，档号：20-10-20-41，大理州档案馆藏。
② 《关于下关警察局经费及公粮问题的呈文》，1947年12月4日，档号：20-10-15-44，大理州档案馆藏。

限。本年因陋就简添置一部分冬服，竟需工料费至五千余万元之多。以有限之会员负担此项巨款，深感力竭声嘶。虽经一再劝勉，无如实力不逮，尚未收入十分之一。以人民团体，既未便强迫勒缴。而警局急需换发，又觉义之所趋，难于坐视不理。逐日东挪西借，形成疲于奔命。尤其对于镇所义务，原经议决，自负担警察经费之日起，不再照例补助。殊知名目繁多，依然有增无减。其余临时捐募，更见纷至沓来。课税之重，递年倍增。商人处此负担重重，实感呼吁无门。是以年来倒闭时闻，业已险象丛生。际兹商人破产已迫眉睫，对此与时具（俱）增之警察经费，实无力继续按月补助。伏祈钧府俯念商民艰苦，迅与大理、凤仪县府会商，准由三十七年一月份起，将下关警察局经费，遵照财政厅令，列入县级预算开支，以轻商民负担。"①

到 1949 年国民党溃败之际，下关警察局又再次向下关商会追缴经费。"本局经费，系由大、凤两县所属下关建设委员会审核，允准收屠宰、菜蔬等各项卫生检查费以资维持。其不敷款项，并承贵会筹集补助，是以日常生活及长警薪饷，得以按月维持领发，未稍贻误。乃查近来各地匪风猖獗，时局动荡不安，道路因有阻塞。致集散于下关之各地客商，来往渐次减少，影响旅店及香油两项检查费之收入颇巨。其旅店各业，皆纷纷请求减免或迳自停业。此外又有香油检查费，亦因来关销售之香油，已减至每街一二驮。以目下情势估计，两项额定每月收入之检查费，计半开四百五十三元。本月最多可收入一百六十元，计收差二百九十三元之巨。以固定之经费的款，实已难予维持。值兹治安重要时期，为使长警安心工作，以保地方安宁计，由本月份起，每月不敷之款二百九十三元，应请贵会鉴于确保地方安宁之重要，设法予以补助维持。俟时局稳定，商场繁荣之时，即予停止，以利事功。"② 同时，也向商会提出具体的筹缴办法，"商会各号俱属下关镇门户，对于镇所经费，照案应予负担。现该会既以负担警局经费为词，对镇所经费予以停止，则镇为筹集经费，就下关市内各项收入抽捐，本无不合。如下关商会对该镇经费停止补助，则警局抽收各捐，自

---

① 《下关商会关于警察局经费问题的代电》，1947 年 12 月 20 日，档号：20 - 10 - 20 - 45，大理州档案馆藏。

② 《关于下关警察局经费问题的公函》，1949 年 4 月 14 日，档号：20 - 10 - 20 - 12，大理州档案馆藏。

应拨归该镇办理。如警局仍欲抽收各捐，则该镇经费照案仍应由商会补助。惟为日已久，未准核复，殊碍办理。现奉指令，将下关市内各项收入抽捐，拨归敝所办理，自应照办。对警局经费，即由贵会负担"①。此时，商会也由于商业停滞，再也无力承担如此摊派。

2. 缩免担负的政务经费

下关商会在承担下关警察局的多数经费之外，还担负着地方政府摊派的多项政务经费，自卫队经费便是其中摊派数额较多的一项。对此，商会除担负力所能及的费用外，也力求政府缩减和免除其部分开支。由此可见，此时虽然国民党的统治已经危在旦夕，但地方政府还是希图维系，除对商会组织加强管控外，也将其运作经费强加于商会和商人身上。由此表明，商会在政权更替之际的生存也受到了很大的限制。

1948 年 7 月，下关镇公所组织成立维系地方治安的自卫队，将其组织和活动经费向商会进行了分摊，"经敝所开会，照规组织造具各级官员队丁名册，呈请备案核委。因开办费用及自卫常备班服装、经常费二项无从筹措，复经本月十二日召开镇商保联席会议议决：（1）民众自卫大队既奉上令组织，自应从速成立。关于开办费预算，计合国币六千三百九十八万元。由商会担负三分之一，其三分之二由本镇按六保比例分摊，以资开办。（2）本镇遵照规程组织常备班一班，关于服装费一项，不分商会保甲，由镇所邀同商会，向本镇殷实户募捐。至常备班之月需经费，仍不分商会保甲，由镇所会同商会评定摊派，由殷实户按月担负，一致通过。除募捐服装费日期及殷实户评订另为邀请外，关于上项开办费，贵会应担负国币二千一百三十三万元。请烦查照筹置！"② 下关商会也予以答复："关于组训民众自卫队一案，时于七月十二日由镇所召开镇商保联席会议，经职代表出席。对于议决情形，与函开各节无异。惟自卫大队部开办费，由会担负三分之一，合币二千一百三十三万元，已当会声明不再抽调自卫壮丁。并据该所警卫干事曾一铭报告，所有属于本会会员之壮丁，已完全删除，从未

① 《关于下关镇公所和警察局经费问题的公函》，1949 年 12 月 5 日，档号：20 - 10 - 20 - 8，大理州档案馆藏。

② 《下关镇公所关于下关商会负担自卫队经费的公函》，1948 年 7 月 13 日，档号：20 - 10 - 2 - 30，大理州档案馆藏。

列入册报。以后倘有再派壮丁情事，应即据此否认，以符原议。"①

此后，自卫队于1948年年底再次向商会追加所交经费，"战乱期间，自卫为当前之急务。本镇除早经成立民众自卫队外，并设常备班十六名，负经常治安责任。咋奉第十一区行政专员周面谕，常备班须加强组织，自应遵办。复经敝所呈报，将原有常备班增加为三十名。关于月支饷给，仍请贵会担负其半（十五名）。兹订每名月给金圆四十五元，如物价变动，按月调整。相应函请查照，于本年十二月十五日起，按月支付"②。对此，下关商会予以答复："本会只能照旧负担八名，其余增加之数，未便如函办理。"③"值此战乱时期，维护下关治安责任，较他乡尤属重大。拟请增设常备自卫班为三十名，以维地方治安。至该班服装、粮饷等，恳请令饬下关商会担负半数，经提交本府第一次扩大会议议决：在此冬防期间，所请应准增设（该镇镇丁不能混淆在内）。至所需武器，应由该所自行筹足后，方能扩增。服装、粮饷等，准由下关商会及保甲各负一半。自卫班成立后，所有巡更守夜，应饬该班负责。"④ 下关商会对此已坦言拒绝："依据第五次理监事联席会议决定，婉言呈复，无力负担。"⑤

而到1949年年初，随着自卫队常备班的扩充，所需经费也增加，其要求商会承担的经费也加重，"自卫队常备班奉令增设为三十名，关于薪饷、服装等项负担，曾经函请贵会照案担负半数（十五名）。近因币制贬值，生活日益高涨，前预算薪饷不敷至巨。经提请镇民代表会另行调整议决，以实物计薪，以免遭受物价刺激，计每名每月薪饷，以食米（关斗）二斗计算，由一月一日起照新预算实行。请烦查照新案负担。并希先垫半月薪

---

① 《下关商会关于负担自卫队经费的拟办意见》，1948年7月15日，档号：20-10-2-30，大理州档案馆藏。

② 《关于商会负担常备班经费的公函》，1948年12月11日，档号：20-10-20-11，大理州档案馆藏。

③ 《下关商会关于负担常备班经费的拟办意见》，1948年12月21日，档号：20-10-20-11，大理州档案馆藏。

④ 《关于下关商会负担常备自卫班费用的训令》，1948年12月26日，档号：20-10-2-17，大理州档案馆藏。

⑤ 《下关商会关于负担常备自卫班费用的拟办意见》，1948年12月31日，档号：20-10-2-17，大理州档案馆藏。

饷，食米三关石，以资维持现状。是否之处，尚希见复"①。对此，下关商会认为："本会业已独立负担警察局经费，对于增设常备班士名饷，未便照办，并案复办。"② 此外，下关镇公所还要求下关商会承担其公所的部分经费，"敝所第三届民选镇长就职后，对于人员经费，曾经代表会议审核决定。对于经费之负担，亦经代表会议议决，分由商会负担若干。函知商会决定后，再为筹措足额，请即克日见复，以便办理。对于敝所常备班名额，奉县府令饬加强自卫力量，经议决仍定为十八名，商会担负仍旧。请烦查照，按月照担负数字，将薪饷清交过所，勿再推延"③。下关商会答复道："本会独立负担警察经费，不再补助自治经费，早经建设会议议决，并呈报县府，有案可稽。尤其商场自经匪扰，至今未复旧观。致本会四至七月经费，迄今无法分摊，职员工薪已数月无着。所请负担自治经费，本会自顾不暇，歉难照办。至常备班饷项，能否援例补助，俟开会讨论再行函复。"④

此外，商会也斡旋于商人和政府之间，对商会难于筹集捐款之事和为商人请求减轻捐款负担之事，与政府积极接洽，力图使商人利益不受侵害，以维持政权更替之际地方商业的发展。1949 年年初，下关商会向大理、凤仪两县呈明了捐款收集困难的情形，要求政府予以解决，"市区店捐，原经大凤两县建委会议决，规定每人征收现金二仙五厘，合计全月店捐总数，收合现金二百五十元。近因邻县匪风猖炽，来往客商日渐少，是项捐款收集，颇感困难。且因各旅栈业受其影响，纷纷请求减免或停业。以目前情势估计，最多每月可能收入一百三十元左右，为顾全日后亏累计，特请转知商会予以设法弥补"⑤。1949 年 4 月，下关商会为了保障商人的利益，向政府呈请减轻捐款负担，"为紧急呈明困难，伏乞鉴核，减轻

---

① 《关于要商会负担常备班经费的公函》，1949 年 1 月 8 日，档号：20 - 10 - 20 - 3，大理州档案馆藏。

② 《下关商会关于负担常备班经费的拟办意见》，1949 年 1 月 9 日，档号：20 - 10 - 20 - 3，大理州档案馆藏。

③ 《请下关商会负担镇公所经费的公函》，1949 年 7 月 27 日，档号：20 - 10 - 20 - 22，大理州档案馆藏。

④ 《下关商会关于负担镇公所经费的拟办意见》，1949 年 7 月 29 日，档号：20 - 10 - 20 - 22，大理州档案馆藏。

⑤ 《关于捐款收集困难的呈文》，1949，档号：20 - 10 - 20 - 17，大理州档案馆藏。

负担，以免亏累事。窃包商张发祥，自接办各项捐款，业已六载。对于缴捐，并无欠少分文，皆在钧会洞鉴之中。惟前以市面繁华，生意畅达，亦足弥补空旺月缴款，以赴公命。但近月以来，受时局影响，路遭阻隔，货物出入不易，遂致各行生意，十分寥落。至本年一月份起，每二日平均二、三驮油，成交不过一、二驮而已。至菜捐一项，每挑驮定为一角。又兼教育局、镇公所地段，各处捐收。而且钱水逐日变迁，使卖菜者亏累，藉以畏而不来，皆在地方人士照彰耳目。祇以恳请钧会俯念苦衷，派员调查，轻减包额，否则实无办法应付矣。所请之处，即请核示"①。

3. 应对国民党征兵事宜

在国共进入大决战之际，国民党为了力挽狂澜，还大肆向地方搜刮兵源，而此时地方政府的统治权威也逐渐衰弱，因此，国民党的征兵事宜和征配名额也强加于各地商会。如下关镇公所在 1947 年 8 月接到政府指令，要求办理征兵之事，"奉发三十六年度征交新兵一大队征额配赋表一份，奉此自应遵办。本镇此次应征兵额计六名，除分令六保共征交三名外，其余依限征交兵三名，请勿延误！"② 下关商会对此也提出相应的拟办意见："本会对地方义务，向系十三份之三。不论任何负担，莫不依此比例推算。此次配征兵名额六名，按比例本会只合负担一名四弱。而该所竟任意配负三名，不知何所依据？且本会之员多属客籍，其兵役既在原籍应征，自不合再在下关应役。昨在兵役座谈会业已提出请示，经党大队长答复，俟转请师区核示，并行转知在案，惟至今尚无明令。究应如何应付，拟于最近召开临时会议，以便提府研议。"③ 此后，滇西师管区丽江团管区第一新兵大队部也给商会复电："下关争执兵役一案，遵照部颁兵役法第 23 条及征兵处理规则第四条之规定，对该镇长、会长等详细解释，依法公平处理。"④

针对此后不定期的征兵，1949 年年初，下关商会给云南军管区及滇西

---

① 《请求减轻捐款负担的呈文》，1949 年 4 月 4 日，档号：20 - 10 - 20 - 17，大理州档案馆藏。
② 《下关镇公所关于分配给下关商会征兵名额的公函》，1947 年 8 月 12 日，档号：20 - 10 - 2 - 49，大理州档案馆藏。
③ 《下关镇公所关于分配给下关商会征兵名额的拟办意见》，1947 年 8 月 16 日，档号：20 - 10 - 2 - 49，大理州档案馆藏。
④ 《滇西师管区丽江团管区第一新兵大队部复电摘要》，1947 年 8 月 19 日，档号：20 - 10 - 2 - 49，大理州档案馆藏。

师管区致电，要求免征兵役，给人民休养生息，安居乐业，以图幸免于战乱。下关商会作了如下呈请："下关素为滇西货物集散之区，四方商贾，莫不集此贸易。是以职会所属会员，多属客籍寄居。所有各号经理以及先生、学徒，均系临时组合。不惟籍贯各别，且无固定恒产。家属老小，尽皆安置原籍。多系春来冬归，行止无定，因有上述情形，其户籍被列入下关寄籍。原籍因未确定除籍，依法保留。故其兵役凡在适龄以内，无不仍由原籍抽调应征。此为势所必然，亦系兵役法所明定。是职会寄籍会员兵役，既在原籍应征，则寄籍地方，自不合重行征调。无如凤仪，县属人口素稀。尤其职会所在之下关镇，兵源尤为枯竭。每次奉令征兵，必按户籍抽调会员数人服役。而事实各号经理，既为一户之长，且须负担家庭生活责任。学徒则皆年幼，未达兵役适龄，依法均应缓征。倘抽调先生，则成一丁负担二役，亦属不尽情理。即便勉强应征，难免中途逃逸。致使办理困难，滞碍丛生。近幸钧长莅任，励精图治，整治役政，不遗余力。并蒙明定约法，布告军民遵守，不许违法苛扰黎庶，深沾德惠。现贱会事实如此，不能不请救济为待。不揣冒昧，据实历陈，伏祈钧长俯念下关商场情形特殊，会员兵役已在原籍应征，未便再在寄籍服役。关于以后应征兵役，准予援照兵源枯竭及产骡马地区办法，变通为以骡马代役，俾免办理困难，而维商场繁荣。"①

（三）商会对中共革命的支援与拥护

中共云南地下党作为战后云南重要的政治势力之一，在云南解放前夕，为了争取有利的支援，更顺利地完成云南的和平解放事业，中共云南地下党和武装组织也积极团结商会及各同业公会中的先进人士，尽量争取云南工商界人士的支援，为迎接云南和平解放出力。对此，各地商会中的上层领导也积极认清形势，在解放军进驻滇境之际，以实际行动拥护本省的和平解放事业。

1. 支援中共云南地下党的武装斗争

1945 年以后，在中共云南地下党和昆明民主运动的影响下，一些民族工商业者愈加同情、倾向并支持革命。王少岩、王昭明兄弟利用工商界人

---

① 《下关商会请求免征兵役的代电》，1949 年 1 月 15 日，档号：20 - 10 - 2 - 24，大理州档案馆藏。

士的身份，多次掩护中共地下党负责同志在王家召开秘密会议，并给予地下党经济上的支援。周润苍利用大道生创办的峨岷中小学校，吸收一批党员和积极分子担任教师，使该校成为中共云南工委长期开展工作的一个据点。办校十余年，先后有38名共产党员、15名进步教师在校工作过。黄美之慨然筹措半开银圆3万元，由自己开设在昆明的商号美兴和汇交中共个旧县委，为边纵游击队购买枪支弹药和医药用品。1948年，地下党指示杨青田竞选省参议会副议长，以利于工作开展。工商界人士刘淑清在南屏电影院宴请参议员80余人，帮助杨青田进行竞选活动。她还多次提供南屏电影院楼上会客室以作为进步参议员聚会的场所。郑一斋慷慨解囊，多次资助地下党及民主运动。①

工商界人士还支持中共地下武装斗争，1938—1949年，中共滇南地委重要活动基地建民中学开办期间，个旧工商界上层人士马亦眉任该校董事长，黄美之、邵连义、李振泽、刘福五等任校董，为中共在滇南地区开展武装斗争培养和造就了大批革命者。李振泽、刘福五等开办锡矿合作社，扶助中小厂商，为中共地下党提供活动经费银币半开3000余元，还为游击队购买枪支、药品等。1949年12月，中国人民解放军滇桂黔边纵十支队进驻个旧时，个旧商会为部队捐衣物1300余件，并筹集银圆半开6.8万元、粮食2万公斤、柴禾1万余公斤支援部队。②

1948年，鹤庆商会会长由第一任会长杨德宝的后代杨维基担任，此人为人比较开明，只任职十个月，因永胜"民主联军"占据鹤庆，商会瓦解。"民主联军"撤回永胜后，为维持局面和控制政权，县工委支持倾向于中国共产党的杨维基出任县长，表面上接受卢汉的委任，实际上服从地下党的指挥。③鹤庆宣布解放后，杨维基任鹤庆县政务委员会主任，后任大理州政协委员。

2. 拥护本省和平起义

云南省政府主席卢汉，在人民解放大军向西南胜利进军，蒋介石逃往台湾后，共产党对他做了许多启发、劝导、争取的政治工作，并经过许多

① 马文章主编《云南省工商业联合会简史》，云南人民出版社，2009，第25页。
② 本书编委会编纂《个旧市志》下，云南人民出版社，1998，第1045页。
③ 潘寿山：《鹤庆商会纪事》，《鹤庆文史资料》第1辑，第158—159页。

反复曲折，终于使他有了转变，站到人民的一边，决定在 1949 年 12 月 9 日晚 10 时宣布云南全省和平起义。全省人民欢欣鼓舞，拍手称庆。就工商界而言，过去虽然表现了依附反动政权的软弱性，但多少年来，在反动统治下经历天灾人祸和横征暴敛，已吃尽了苦头，特别是抗战胜利后几年，反动派变本加厉地镇压和榨取，币制贬值终至成为废纸，其对公行贿赂、贪污腐化，以及封仓、限价、派款等种种暴政，更有切肤之痛。其对此时的卢汉宣布本省起义，既有"大势所趋"的一致认识，更有"喜见光明"的强烈感受，所以衷心拥护。宣布起义的次晨，市商会理事长兼代理省联会理事长赵永年召开省、市商会理监事紧急联席会议，一致表示衷心拥护起义，决定由省、市商会立即发表拥护起义的庄严声明，以表明全省工商界喜迎解放的激动心情，当即拟具声明文告送往报社发表。① 11 日早晨，正义报已在第一版用大字刊出云南省商会联合会理事长卢俊卿、昆明市商会理事长赵永年率全省、全市工商业者"拥护本省起义"的公启。②

　　起义以后，大军尚未到来，成立了以卢汉为主席的临时军政委员会，以处理起义后和接管前这段过渡时期的军政大事。正当全市人民欢庆解放之际，逃到台湾的蒋介石却不甘心溃败，命令其驻滇第八军及二十六军组成第八兵团进攻昆明，妄图扼杀起义，以昆明作为他垂死挣扎的最后基地。当时敌军约六万人，起义部队只有四万人，部分尚在滇西，且多为才成立几个月的部队，装备很差，没有重武器。卢汉主席为了节约兵力，争取主动，收缩了战线，构筑了坚固的城防工事，于是展开了保卫昆明的激烈战斗。从 12 月 16 日开始至 20 日五天内，敌军发起猛烈进攻，并组织了敢死队多次冲锋，起义军士气旺盛，奋起迎击，多次打退敌军冲锋，战斗异常激烈，至 19 日巫家坝机场失守，形势非常紧张。全市人民在地下党组织的领导下，掀起了全力支援保卫战的高潮。省、市商会在战斗即将开始时，就发动各行业出动壮丁，征集大批防御器材如麻袋、木材等协助工事，在战斗中，又不断运送大量饼干、糖果、香烟、药品、粮食、毛巾、香皂等慰劳物品，并由汽车运输业出动汽车协助运输，所有理监事及工作

---

① 中国民主建国会云南省委员会、云南省工商业联合会编《云南工商史料选辑》第 1 辑，第 249 页。

② 中国民主建国会云南省委员会、云南省工商业联合会编《云南工商史料选辑》第 1 辑，第 250 页。

人员都日夜工作。由于传来解放军即将到来的消息，起义军士气大振，并力死守，以猛烈的炮火一再粉碎了敌军的冲锋。延至 21 日，敌军因解放大军前锋已抵曲靖，被迫放弃攻占昆明的企图，仓皇南撤。解放大军未进昆明，即沿逃敌路线，穷追猛打，歼灭逃敌于滇境。在保卫战进行中，反动派还从台湾派飞机前来配合进攻，滥炸市区，五华山省政府附近民房多处被毁，多人被炸死炸伤。① 一些畏惧空袭的铺户疏散逃避，形成商店关门、日用商品难于购买的状况。市商会及时出动工作人员，分头召集各同业公会负责人，说明保卫战在人民全力支持下，必能坚持下去，解放大军即将到昆，劝令大家协力同心渡过短期难关。经劝说后，大家都能看清形势，两三天内即陆续开门营业，恢复了市场供应。②

在争取鹤庆县和平解放的过程中，党组织鉴于当时的商会会长、宝兴祥商号经理杨维基比较开明，在鹤庆工商界较有声望，于是多次派人动员杨维基出任鹤庆县县长（原鹤庆县县长已逃亡），以稳定局势。在党组织的安排下，杨维基通过民选方式当上了县长，并得到了卢汉政府的委任。他就任县长后，重大政事都积极配合地下党的指挥。③ 在杨维基这个"两面政权的县长"的主动配合下，鹤庆县顺利迎来了 1949 年 7 月 1 日的和平解放。根据杨维基的回忆，当年组建地下党革命武装购买枪支时，"由于当时县上财政没有收入，只好卖积谷，但其得仍不够支付，不足的数是由我拿出来支付的"④。

（四）变革中的过渡：新中国成立初期的商联总会

就僻处边疆地区的云南省而言，新中国成立之后，商会改造的时间和进度也相对滞后和缓慢，其通过逐步过渡的方式实现了商会的现代转型。云南解放以来，人民政府一直遵循《共同纲领》的规定，在进行各种社会改革运动时，坚决地执行保护正当工商业的政策。同时，根据新民主主义经济的原则，帮助私营工商业者作了若干必要的改造和调整，并且为扶植

---

① 中国民主建国会云南省委员会、云南省工商业联合会编《云南工商史料选辑》第 1 辑，第 250 页。
② 中国民主建国会云南省委员会、云南省工商业联合会编《云南工商史料选辑》第 1 辑，第 251 页。
③ 《中共鹤庆县地下组织史料选编》（1947—1950），内部资料，1988。
④ 杨维基：《鹤庆解放前后——我的回忆》，《大理州文史资料》第 2 辑，第 48 页。

正当工商业的存在和发展，人民政府与国营经济部门曾进行了一系列的工作。① 在这一过程中，云南地区近代商会和同业公会的改造也在逐步进行，在国家政策的引导下，商会组织实现了新制度下的转型。当然，其中也有一些特殊的面相与复杂性存在。

1949 年 12 月 9 日，国民党云南省政府主席卢汉率部起义，宣布云南和平解放。1950 年 2 月 20 日，陈赓、宋任穷、周保中等领导同志率中国人民解放军二野四兵团进驻昆明，24 日中共云南省委正式成立，3 月 4 日成立中国人民解放军西南军区昆明市军事管制委员会，军管会先后接管了官僚资本的中国茶叶公司、中国猪鬃公司、中央信托局、云南纺织厂、裕滇纺织厂和云南锡业公司，以及私营企业中属于官僚资本的股份，成立了云南贸易总公司。② 军事接管初期，国民党政府留下的烂摊子千疮百孔，原料、资金缺乏，人民购买力低，产品滞销，市场萧条，工商业生产面临重重困难；市场上银圆、半开多种货币流通，投机之风使市场极不稳定，影响工商业的正常发展；民族工商业资本家对共产党的政策尚不了解，再加上原来就已经存在的紧张、尖锐的劳资关系，因而疑虑重重。针对这些情况，省委主要领导亲自出面做了一系列的工作。③

按照《共同纲领》规定的"发展生产、繁荣经济""公私兼顾、劳资两利、城乡互助、内外交流"的方针，1950 年 3 月 7 日，昆明市军管会召开 1570 余人参加的工人代表大会，省委书记宋任穷在会上指出，"劳资两利"就是要适当照顾工人的生活，同时又要使资方有利可图，资本家对工人有一定的剥削是允许的，如果任何一方只求"一利"，是不对的。④ 4 月 10 日，昆明市军事管制委员会在市商业联合会邀请工商界代表 300 余人举行座谈，听取代表对恢复和发展生产的意见，宋任穷在会上指出："当前工商业恢复发展生产中的困难是半封建半殖民地的中国经济所造成的，是国民党反动统治的结果，这种长期造成的困难，应经过一定时期的斗争努力和

---

① 《进一步发挥工商业者的经营积极性》，《云南日报》社论，1953 年 1 月 14 日，载《中国资本主义工商业的社会主义改造·云南卷》，中共党史出版社，1993，第 69 页。

② 《中国资本主义工商业的社会主义改造·云南卷》，中共党史出版社，1993，第 5 页。

③ 云南省地方志编纂委员会编《云南省志》卷四十三《中共云南省委志》，云南人民出版社，2000，第 730 页。

④ 《中国资本主义工商业的社会主义改造·云南卷》，中共党史出版社，1993，第 5—6 页。

改造而得到克服。"① 宋任穷号召"全市工商业者要自力更生，渡过难关"。

中共在云南解放初期对商会和广大工商业者改造的初步成效，主要归功于其对工商界施行了正确而有效的统战工作。首先，在思想上必须明确，对工商界的统战工作，是在城市统战工作中主要的一环。"因为资产阶级是四个阶级之一，为新民主主义社会较长期争取团结改造的对象，做好这一工作在发展生产，繁荣经济以及国家工业化上将起很大的作用，对于这点首先在思想上应当引起必要的重视。"② 其次，在对工商统战工作中必须在调整工商业，吸收工商业者中有代表性者参加政权工作，以及掌握团结与斗争方面进行工作。围绕这一点，云南省委统战部主要做了两方面的工作。一是掌握公私兼顾、劳资两利政策。对私营工商业进行工作，必须使国家有益、工人有利，同时使工商业者有利可图。"一般工商业者，在初期总是对我政策不了解，生产及经营不积极，经过全国调整工商业以后，人民政府各财经业务部门，作了一系列加工订货，收购贷款，调整地区及批发零售差价等措施以后，工商业者普遍体会了新民主主义的经济政策，这样，大大地鼓励了他们生产及经营的积极性。统战部门在这一工作中，协助政府工商部门进行具体工作，反映情况、意见，了解资方思想动态，进行教育，使之认识政策，解除顾虑，积极经营。"③ 二是吸收工商界代表性人物参加新政权的工作，在团结与教育提高他们上是不可缺少的措施。"这不仅在政治上团结了民族资产阶级，使他们感到'朝内有人'，而且使四个阶级之一的资产阶级与人民政府的关系也密切起来。经济上实行调整，政治上'朝内有人'，是对资产阶级两个不可分离的重要政策。"④ 因此，在筹组的商业联合总会和之后成立的工商联中，都有相当一部分旧有商会和同业公会的代表人士参与工作。

此外，开展组织学习，使工商业者首先与新政权的政策措施"见面"，解除了许多不必要的顾虑，加强了联系，使党的政策与资产阶级的脉搏跳

---

① 《中国资本主义工商业的社会主义改造·云南卷》，中共党史出版社，1993，第6页。
② 《中共云南省委统战部对昆明市工商统战工作初步总结》，《中国资本主义工商业的社会主义改造·云南卷》，中共党史出版社，1993，第32页。
③ 《中共云南省委统战部对昆明市工商统战工作初步总结》，《中国资本主义工商业的社会主义改造·云南卷》，中共党史出版社，1993，第32—33页。
④ 《中共云南省委统战部对昆明市工商统战工作初步总结》，《中国资本主义工商业的社会主义改造·云南卷》，中共党史出版社，1993，第33页。

动逐渐通气，起了一定的作用。其中最有效的途径，就是通过工商界自己的组织，通过其进步分子来进行团结教育一般资产阶级与教育少数落后分子，检举违法商人，贯彻实施我们的政策。"如在评税中充分发动群众，发扬了民主，分编工商大小组，成立税务推进委员会，在协助、宣传、评议、复查、征收、检举违法等方面起了很大的作用。"[①] 当然，由于云南各地方社会经济形势的复杂性所在，商会的改造并未形成完善健全的转型机制。较全国其他地区而言，云南对工商业的整顿工作也相对进展缓慢。

新政权建立后，着手对旧商会和同业公会进行全面彻底的改造，由于云南工商业发展及形势的特殊性，在组建工商联之前先将商会改组为商业联合总会。1950 年 1 月，昆明市商会改组为昆明市商业联合总会，简称"商联总会"，此后，各地商会相继改组为商联总会，而政策执行较晚的地区则直接改造为工商联组织。昆明市商业联合总会是一个过渡性的组织，成立后其主要工作是对旧政权工商业的接收接管和对旧式工商业者的思想改造。

1950 年 1 月 18 日，昆明市商会改组为昆明市商业联合总会。与此同时，云南省商会联合会停止会务。市商联总会设执行委员会和监察委员会。执行委员会设主席 1 人，副主席 4 人，执行委员 18 人。监察委员会设主席 1 人，监察委员 6 人。在各同业公会代表大会上，邓和风当选为执委会主席，陈子量、吴瑞生、李师同、田炎培当选为副主席。赵永年当选为监委会主席，严燮成、李琢庵等当选为监察委员。[②] 同年 1 月 13 日，云南省私营工业、少数较大的商业组织成立了云南省工商业工作者协会，同年6 月进行了组织调整。调整后，徐佩璜任总干事长，李琢庵、孙孟刚任副总干事长，原旧制商会中的理事严燮成、赵永年、邓和风、黄美之等人担任干事。[③] 1950 年 12 月，根据《共同纲领》的精神和昆明市的实际情况，昆明市商业联合总会与云南省工商业工作者协会合并后成立昆明市工商业联合会筹备委员会。1951 年 12 月底，经过市工商联筹委会接管整理委员会的工作，原 131 个同业公会整顿改为 82 个同业公会（计有工业 22 个，

---

① 《中共云南省委统战部对昆明市工商统战工作初步总结》，《中国资本主义工商业的社会主义改造·云南卷》，中共党史出版社，1993，第 34 页。

② 马文章主编《云南省工商业联合会简史》，云南人民出版社，2009，第 26 页。

③ 马文章主编《云南省工商业联合会简史》，云南人民出版社，2009，第 26 页。

手工业 18 个，商业 42 个）。① 1952 年 11 月 22 日，昆明市工商业联合会成立。1953 年 1 月初，云南省工商联筹备委员会成立。在筹委会的推动下，各地陆续改组和健全各县市工商联组织，进一步组织工商界学习，加强对私营工商业者的自我教育和自我改造。1954 年 1 月底，云南省工商业联合会正式成立，李琢庵任主任委员。截至 1954 年 6 月，全省正式成立工商联的县市为 46 个，有 65 个县设置筹备委员会，2 个县正在筹备成立筹备委员会，其余 21 个县因属于少数民族聚居的边远地区，尚无建立工商联组织的需要。②

昆明市商业联合总会除继续料理日常会务并为移交、接管进行必要的准备以外，还参加了"云南各界迎军筹备会"的活动，并动员各同业公会积极捐献慰劳礼品，1950 年 2 月 20 日，陈赓、宋任穷两将军率大军入城与全市人民相见，这一天，昆明全城沸腾，万人空巷，全市人民以无比激动的心情、从未有过的盛大场面，夹道迎接解放军。工商界在市商联总会的动员下，争先恐后地捐献慰劳礼品，表现了空前的热情，如布业捐献了棉布 100 匹、毛巾数百打及现金 4000 多元，西药业捐药品约值 2 万元，其他各业的捐献都不在少数。市商联总会的执委主席邓和风、监委主席赵永年各捐白蜜皂 1200 块，副主席吴瑞生捐盘尼西林针水 1000 多瓶，委员王炎炯捐火柴 5000 大包等，工商界捐献的礼品和现金总共值新人民币十多万元。③ 同月 22 日，在云南各界欢迎人民解放军的大会上，市商联总会代表本市工商界把一面大银盾作为礼品献给人民解放军。④

1950 年 3 月，国家发行第一次胜利折实公债，西南区的配额为 700 万份，云南省为 100 万份。昆明市商联总会组织各界成立推销胜利折实公债委员会，商会人士被推为委员的有严爕成、李琢菴、邓和风、赵永年、陈子量等人。接着昆明市商联总会也成立了商界推销公债委员会，负责劝购公债工作。在市商联总会的推动下，至同年底止，昆明市商界认购公债 60 万份，成功地完成了这一任务。认购公债的商号和个人数量最大的有茂恒

① 马文章主编《云南省工商业联合会简史》，云南人民出版社，2009，第 29 页。
② 马文章主编《云南省工商业联合会简史》，云南人民出版社，2009，第 39 页。
③ 中国民主建国会云南省委员会、云南省工商业联合会编《云南工商史料选辑》第 1 辑，第 270—271 页。
④ 马文章主编《云南省工商业联合会简史》，云南人民出版社，2009，第 27 页。

商号的王少岩、永昌祥的严燮成、锡庆祥的董仁明、万通的伍体贤等。①
这一期间,市商联总会还成立了税务评议委员会,由邓和风任主任委员,
协助税收机关办理评议事项,发动所属行业会员完成应交税款,使国家税
收工作能顺利进行。②

1950 年 4 月,昆明市第一届各界人民代表会议召开,工商界有 38 名
代表出席。商联总会的领导人等还参加了人民拥政会及拥政会所开展的活
动。在先后召开省、市第一届人民代表会议前,商联总会分别召开了各业
代表大会,按照规定名额选出了出席省人大的工商界代表 4 人,出席市人
大的工商界代表商业 23 人,工业 15 人,共 38 人。③ 经济上实行调整,政
治上"朝内有人",是对资产阶级两个不可分离的重要政策。云南省委特
别重视对工商界代表人物的政治安排,吸收他们参加政权工作,对他们进
行团结与教育提高,使他们与人民政府的关系密切起来。在 1950 年 12 月
25 日召开的云南省各界人民代表会议 895 名代表中,工商业者代表 93 名,
占 10% 多。④

1950 年 6 月 23 日,省委统战部召开第一次工商界代表茶话会,邓和
风、伍体贤、王昭明、严燮成、徐佩璜、陈子量等 20 位工商界代表人物参
加会议。宋任穷在总结发言中说:"今后的主要任务是调整工商业,发展
工商业。"他还对调整工商业的公私关系、劳资关系和税收问题作了阐述
说明。⑤ 他还强调:"希望各位一方面广为宣传解释,要大家打消顾虑,放
手拿出资金,发展生产事业。实现社会主义起码还得一二十年以后的事,
就是到了社会主义阶段,过去的私营工商业家,仍然有工作可以做,并且
还视其能力及工作的需要,使他们工作做得更好;另一方面希望各位在云
南工商业界中,起带头推动作用。"⑥

---

① 马文章主编《云南省工商业联合会简史》,云南人民出版社,2009,第 27 页。
② 马文章主编《云南省工商业联合会简史》,云南人民出版社,2009,第 27 页。
③ 中国民主建国会云南省委员会、云南省工商业联合会编《云南工商史料选辑》第 1 辑,
第 271 页。
④ 马文章主编《云南省工商业联合会简史》,云南人民出版社,2009,第 28 页;《党的统一
战线理论与政策在云南的实践和研究》,云南民族出版社,2007,第 231 页。
⑤ 《中国资本主义工商业的社会主义改造·云南卷》,中共党史出版社,1993,第 21 页;马
文章主编《云南省工商业联合会简史》,云南人民出版社,2009,第 27 页。
⑥ 《中国资本主义工商业的社会主义改造·云南卷》,中共党史出版社,1993,第 22 页;马
文章主编《云南省工商业联合会简史》,云南人民出版社,2009,第 28 页。

1950 年 9 月，为了使资产阶级工商业者了解《共同纲领》中有关工商业的政策，解除顾虑，积极经营，根据中共中央西南局的指示精神，昆明和贵阳联合组织了以工商业者为主的"昆筑北上参观团"，前往首都北京及重庆、武汉、天津、济南、青岛、上海等一些大城市参观。昆明参观团成员 33 人，其中工商业界有杨克成、王昭明、伍体贤、孙天霖、赵谦庵、施次鲁、张相如、杨润苍、李镜天、周作孚、苗天宝、聂叙伦、郑灿、赵桂馥（女）、周肇岐、李仲英（女）16 人。参观活动历时 3 个月，同年 12 月 19 日返回昆明。参观团在北京期间受到朱德、董必武、林伯渠等中央领导人的接见，聆听了他们的讲话，在上海受到陈毅市长和华东局领导人的接见和宴请。① 此次参观活动，使广大工商业者受到了教育，提高了思想认识。

小 结

抗战胜利后至新中国成立初期，云南的政治格局呈现出多元化的特点，国民党中央政权、云南地方政权、中共云南地下党组织三种政治势力相互间都存在不可调和的矛盾与冲突。商会组织作为三重政治势力博弈下的一个"变量"，在三者的夹缝中求生存。而此时由于云南政治生态的特殊性所在，加之商业贸易严重衰落，战后云南商会总体上呈现衰变的态势。在内战局势加剧的背景下，地方政府加强了对人民团体的管控，对商会等人民团体的选举和组织事宜进行监督和训导。此外，抗战时期部分地方瓦解的商会组织在战后得以重建，如腾冲、中甸、维西等地，但其职能运作已经没有多大成效，商会在地方社会中的角色和地位已经大不如之前突出。云南商会在多重政治势力的管控与渗透之下，其组织运行机制渐趋削弱，职能也得不到有效的发挥，这与全国其他地区，尤其是战后重建的诸多商会组织截然相反。

同时，商会为了继续开展会务，也对其经费体制和征收方式作了调整，试图维系商会组织的正常运营，但由于此时云南商业逐渐衰落，商会经费陷入困境，严重影响了其组织的正常运营。总之，战后商会内部组织的派系权力之争和冲突最终导致商会的社会影响力下降和削弱，虽然就全

---

① 马文章主编《云南省工商业联合会简史》，云南人民出版社，2009，第 28 页。

国的总体情况而言，这并不具有普遍性，但对于既非全国政治中心亦非经济中心的边陲地区而言，一定程度上也反映了西南边疆民族地区商会发展的特殊性。在国共政争之际，商会积极参与地方政治和民主运动，地方商会对国民党对其竭泽而渔式的掠夺和政治空间上的挤压也予以回应；在全国各地解放之际，云南各地商会也积极拥护本省和平起义，表现了对和平事业积极的热情。新中国成立后，云南由于地处边疆，加之解放之初面临的社会环境较为复杂，其商会改造的时间和进度也相对缓慢，通过逐步过渡的方式实现了商会的现代转型。

结 语

商会组织的出现，是近代中国特殊社会经济环境下的一种制度创新。从 1904 年晚清政府颁布《商会简明章程》到 1949 年新中国成立之后商会向工商联的转型，商会伴随着中国现代化的步伐，完成了历史赋予的时代使命，成为考察近代中国社会发展与变迁的一个重要坐标。商会的组织演进脉络，既是近代商人群体整合自身、参与社会的真实写照，又是商人作为历史主体和市场自为意识的体现，在不同的历史阶段有着发展形态的差异，又在时代发展的不同层面扮演着多重角色。

云南，既是僻处西南边疆的省份之一，又是多民族聚居区，并与东南亚、南亚国家相邻，其地理位置极其特殊。在晚清民国时期的政治变局中，因其地缘的特殊性，其地方政治格局又呈现出迥异于其他省区的面相。云南商会置身于这样特殊的历史场景中，也在不同历史阶段呈现出各自的时代特点，承载着时代赋予的历史使命。在不同的历史阶段，云南商会组织形态的演进更直接受到政权更迭和政治格局的影响。地方政治格局、区域社会经济环境和商人主体因素往往互相作用，从而对商会组织结构、治理机制和职能运行产生影响。因此，近代云南商会组织的演进与承载的历史使命在各自不同的阶段呈现出鲜明的时代特点。云南商会在国家与社会、中央与地方、商人与政权、商人与社会、商人与市场、政党与民众的多重博弈中，形塑了自己的历史角色，展示了在近代中国社会变迁和转型中的特殊面相。

一 透过组织看边陲

云南地处西南边疆，与东南亚、南亚国家相邻，多个少数民族跨境而居。相对于中央政权的政治中心和经济重心区而言，云南处于中央视野中的边缘地带。在不同历史阶段，中央政权在商会制度的法律与决策安排上掌握着主导权。政权更迭或时局变动时，政府往往对商会进行整顿或改组，以使其符合新的制度目标。在遵照中央的指令之下，由于边陲社会经济和政治生态的不平衡性，商会的组织形态和改组步调呈现出不同面相。"中心—边缘"的内涵，在不同的时空背景下也有着不同的含义。较之以往的商会史研究，从边缘的视角去认识近代云南商会发展轨迹中凸显的地方性特质，有助于对其活动的历史场景进行更加全面的探究。因此，云南地区商会的组织结构、治理机制与地方政权的形态、政治格局、治理模式（方略）息息相关，呈现出商会组织在边疆地区的特殊面相。

第一，组织命名与边疆行政建制的特殊关联。

依据清政府和民国北京政府颁布的商会法规定，"总会"的命名应以省会城市之名命名，然而在龙云掌握滇政后，1928 年才正式设立昆明市政府，所以，在未设制以前，均未有"昆明商务总会"或"昆明总商会"之命名，在全国范围内以省名来命名的为数甚少。具体而言，清末新政之际，清政府为了达到"保商振商"的目的，于 1904 年颁布《商会简明章程》26 条，谕令各省迅即设立商会，其中规定"凡属商务繁庶之区，不论是系省垣，系省城，宜设立商务总会，而于商务稍次之地，设立分会"①。据此规定，云南商人顺应商业发展的趋势与地方商人对组织认同度的增强，禀陈云贵总督丁振铎奏准设立云南商务总会。辛亥重九起义以后，云南军都督府成立，在"军政合一"的治理方针下，云南商务总会更名为云南全省商务局，兼理工商行政事宜，1913 年 1 月，又奉省府之令更名为云南商务总会，仍属社会团体。护国战争胜利以后，适逢北京政府新颁布的《商会法》到滇，据此改组为云南总商会。到 1931 年，昆明市商会才正式成立。

在命名特殊性的背后，又反映了另外一个实质性的问题，此时云南商务总会和云南省总商会的章程虽然明确规定其管辖范围只限于昆明县属区域，但其实已发挥"总会"的作用，在全滇区域商会网络中占主导地位，

---

① 《光绪朝东华录》（五），中华书局，1958，第 5122—5123 页。

而在清末至民国前期相当长的时间之内，昆明市还未正式建制，因而以省名来命名商务总会和总商会之举，自有其合理性。此外，部分地区商会的命名，与地方行政区划的设置相关，随地方政制的变动而有变化。诸如下关虽然分属于大理、凤仪两县，但在经济上相对独立。尤其是在云南总商会改组之前，下关商会就已经设立，并直接隶属农商部，与各省总商会平行，在云南地区成立的地方商会中，也仅下关商会处于这样特殊的地位。随着铁路通车以后，昆明的商业地位提升，下关逐渐被纳入以昆明为中心的市场体系后，1920 年政府便要求下关商会改县属管辖。此后，下关商会属凤仪县管辖。由此可见，云南作为西南边陲，由于其行政建制的特殊性所在，虽然未能与中东部的大城市商会形成统一的步调，但其商会组织的设立也自有其合理的依据，这是可以阐释的。

第二，组织机制的边缘化异态。

由于云南地处边陲，长时期游离于"中心"的统合权域之中，因此，云南商会组织在团体架构和运行机制上，与中东部大商会相比，又有显著的差异。清末之际，由于商务总会和各地方商务分会的基层组织都以各行帮为主，因此，总、协理下除设会董外，还设有帮董。会董由会员选任执行会务，帮董由会员就各业代表选任，协助会董执行会务。"二董"同治凸显了此时云南商会在组织机制上的鲜明特点。辛亥革命后，云南军都督府力求革新弊政，于原设会董、帮董外，还在云南全省商务总局中设置参议长和参议员，商会开始将其职能向多个领域渗透。云南省总商会分别设立执行委员会、常务委员会和主席团，三者负责统筹会务。云南总商会的领导层历经五届改选，其群体构成展现了区域商业和商人组织的特殊面相，而其选举机制又体现了由传统向近代的过渡。1931 年，昆明市商会成立后，组织架构更趋于完善，各地方商会也相继改组，云南商会组织在治理结构上基本形成了"五科一处"的架构，商会组织运行机制较为健全。由于战局形势的转变，为适应战时统制事务的需要，云南省商会联合会筹组成立，云南地区省级商会组织正式设置，为全省商业事务的有序开展提供了保障。战后，云南地区的商会组织整体衰变，商会职能的运行难以维系。在发展态势上，云南商会与中东部地区也是大相径庭的，不仅未能实现战后的整理与改组，而且在多方权势的博弈中艰难维系，其生存空间不断受到限制。云南和平解放后，旧商会的改造进程相对滞后，商会先改组为商业联合总会，此后，又逐步改造为工商联组织。综观之，在组织架构的变动上，云南地区基本依照中央政府颁布的商会法规进行组织治理事宜，其组织架构与其他地区大致相同，但也呈现出一些异态。

由于云南各地区社会经济发展水平参差不一，各地商会的发育程度呈现出显著的差异，其组织架构和运行效能也有明显的层次性。从前文所述的相关情况可知，不同时期，云南各地商会在会员数、年收入、地理空间分布、增加幅度、普及程度、活动情况等方面都有很大的地域差异，各地商会组织发展水平也参差不齐。清末民初之际，由于蒙自关贸易的快速增长，蒙自道内的商会年平均收入约达 3000 元，是腾越、思茅道的将近 10 倍。蒙自道商会普及率、增加幅度都占第一位。不论是商会经费，还是商会的设立数目或活动，都体现出蒙自道的优越性。随着滇越铁路的开通，昆明逐渐成为全省贸易的中心，因而如前文所述，云南商务总会和云南总商会的管辖范围虽以昆明县属区域为主，但实质上扮演"总会"的角色，在全省商会组织中居于"领袖"地位，其组织治理结构和运行机制较为完善和成熟。同时，滇西地区由于地理位置的独特性，其商人组织在滇缅贸易和川滇藏三角贸易中占据主导地位，因而该区域如下关、鹤庆、腾冲等地区的商会组织相对较为健全，滇西地区的商人亦在商务总会、总商会、昆明市商会和省商联会等组织中扮演重要的角色，在社会经济事务运行中得以发挥重大的能量和作用。而思茅地区由于中法战争后商业贸易的不断衰落，加之普洱茶在国际竞争中的衰变，思茅道所属的商会组织较为稀少，其组织也较为散漫，活动能量也较为弱小。

第三，转型中的交叉与并存。

由于云南地区社会经济发展的不平衡，近代云南商会建立在原有行帮、商帮和会馆等传统商人组织基础之上，使这一新式商人社团组织也融入了不少旧式传统因素，内部构成呈现出新旧杂糅的局面。因此，近代云南商人组织向近代转型和商会组织演进的历程中，就呈现出新旧商人团体转型中交叉与并存的特殊面相。在商会组织创设与发展的同时，各地会馆和商帮还发挥着重要的影响，并在商会职能运行中起到助推和调适的作用。诸如一些地方商会设立后，其会址均建立在当地原先的会馆内，会馆内的部分人员也在商会内部机构中任职，这就决定了其在城镇和区域社会经济中作用的发挥仍然离不开会馆、行业公会等传统商人组织的协作与支持。这一现象主要集中体现在滇西和滇南地区，如下关商会就设立在由临安（建水）、四川、迤西三帮商人在清末组建的丝花会馆，而下关地区的鹤庆会馆在职能上也已具有商会的雏形。民国时期，滇南地区的会馆多设于思茅、宁洱两地，思茅县城先后有两湖会馆、江西会馆、四川会馆、两广会馆、贵州会馆、迤西会馆、玉新嶲会馆、石屏会馆、建水会馆、云府会馆，因此，思茅商会在具体的商务事宜操作中离不开各会馆的支持和帮助。此外，墨江、景东等地仅有石屏会馆和四川会馆，由于石屏籍商人在墨江地区占有很大的比例，因而墨江商会也设立于县城的石屏会馆内。在一些更为偏远的边疆民族地区，虽然成立了商会组织，但由于传统习俗等多方面因素制约，城乡民间商业经济管理上依然是会馆的一统天下，许多重要事务仍需会馆组织处理。可见，在近代以来，商会在云南地区的商人组织中虽然逐渐占主导地位，但会馆依然存在，商人组织的嬗变历程中商会与会馆同时并存，共同推动区域商业贸易的发展。

商帮为地域性的同乡或同族群商人组织。云南商会在演进的历程中，虽以行帮或同业公会为基层组织，但由于云南独特的地域和人文环境，商帮依然在商会的组织形态和运行机制中产生重要的作用。例如，下关商会在 1930 年之后，商会会长或主席虽是通过投票的方式选举产生，但实质都是按当时资本最雄厚的四大帮（喜洲商帮、鹤庆商帮、腾冲商帮、四川商帮）分期轮流担任，而董事或常务委员，每帮必有一人。因此，选举是帮与帮之间对商会领导权的争夺和确定。其中，四川商帮势力逐渐衰落，往往受到排挤，轮到该帮当会长或主席时，有时职权会被别的商帮争夺过去。而僻处滇西北的中甸商会，其会员构成基本以鹤庆商帮和丽江商帮为主，1918 年 5 月，中甸商会改选时，鹤庆商帮德广通号邰以简当选为会长，云昌号鲍定当选为副会长，当选的 12 名会董中，鹤庆商帮占 7 人，丽江商帮占 5 人。由此可见，在商帮组织较为活跃的滇西和滇西北地区，商会在运行机制上，商帮仍有重要的影响。

综上所述，商帮、会馆和商会等新旧商人组织作为支撑近代云南地区商业网络经营者活动的聚散点，在维系整个商业网络的运作过程中发挥着十分重要的作用。三者互为援手、相互配合、交叉转型，共同推动了近代云南民族地区的商业贸易与区域社会治理。

二 变动社会中的多维关系

综观近代云南商会的演进轨迹，商会既是云南地区商人作为历史主体和市场自为意识的体现，又受政权、政局、政党等各方力量之形塑。近代云南的政局多变，其政权具有既不同于以往也不同于他省的显著特征。晚清之际，随着西南边疆危机的加剧，清王朝对云南的治理逐渐削弱。但辛亥革命之际，云南勇开风气之先，发动重九起义，建立云南军都督府；1915 年又率先发动护国倒袁运动，此后，南北政局分裂，中央统一政权失控，西南军阀竞相割据，云南也长期游离于中央威权的控制之下。1925 年国民革命以后，国民党虽然形式上统一了中国，但云南尤具得天独厚的地理位置优势，也使其相对独立的局面一直维持到 1945 年。而抗战胜利后，云南地区又处于三方权势的博弈之中，地方政府的权势基本处于一个"变量"。因此，从云南商会的实践层面而言，云南商会的组织演进和职能运行存在多重的复杂关系，即地方政治结构变动中商会与中央和地方政府的双重关系、商会与政局变动的内在关联、商会与政党体制等。其组织机制的普遍同质性，体现出商会的国家观念性特征。但由于地处偏远，多民族聚居，其又有异质性的一面。

具体而言，清末之际，清廷的统治已危在旦夕，即使边陲之地也开启了"新政"来挽救其对边地的管辖和治理，但收效甚微，清廷政令已无法对诸多地区产生影响，加之云南地区"山高谷深"的地域环境，设立商会的主张也不能遍及全滇，因此，清末之际设立的商会数目是偏少的，仅限于商务发达的地方和交通枢纽地带，地方商务分会的设置也并未合乎法令的规定。辛亥鼎革之际，云南都督蔡锷实行"军政合一"的治理方略，商会兼理工商行政事宜，其职能有所扩大，已经渗透到各个经济领域的活动，但组织结构未有实质性的变动。由此可见，清末民初之际，云南商会虽然在设立上是商人自为意识占主导，但与政府有密切的关联，政府对其采取扶持与管制并行的政策，而商会也有其独立发展之一面。

滇系军阀统治后，军阀连年混战，此时，在军阀政权下，商会权衡应变，又根据自身生存空间的需要，采取必要的合作，争取实现商人利益的最大化，这集中体现在"云土贸易"中政府、商人、商会组织三方的利益博弈上。此时，虽然云南商会的组织结构尚未健全，但相较于其他社会秩序较为安定的地区而言，云南商会的生存环境是较为复杂的，地方政权对其兴衰的影响明显大于中央政权对其的管控。龙云统滇后，在"新云南"建设方针的运筹下，云南获得了独立的发展空间，商会组织呈现常态化的发展格局，商会组织已形成完善的"五科一处"的治理结构。而此时，云南地方政府也较为重视商会组织的建设及其作用的发挥，诸多县市将商会事务纳入其年度施政计划之中，并将商运工作作为其社会行政的核心事务。在这一阶段，随着商会的职能运行步入正轨，商会组织作为边疆治理的新元素介入云南边疆民族地区，对边疆民族地区的社会治理和社会建设起到了重要的推动作用。虽然此时国民党党部已渗透到云南地方的政治生态中，但其势力还相对微弱，还不能有效地对云南地区的社会团体进行管控。

全面抗战爆发后，在中央势力渗入地方和战时经济统制下，国民政府的"党治体制"才正式渗透到云南商会的运行机制中。因此，战时昆明、下关等主要地区的商会组织有较大变动，其组织体制也逐步地向理监事制转变，其职能运行既因应了中央势力的渗透，也适应了战时的需要，推进了大后方社会经济的暂时繁荣与跨越式发展。与其他地区相较而言，战时沦陷区或国统区的商会组织在战后得以重建或整理，其组织结构更趋于完善，因而相较于战时而言，商会的职能得以更充分的发挥。云南地区商会组织正恰恰相反，随着战后社会经济的衰退，战后不仅未得以切实健全其组织架构，反而组织机制正逐渐衰退，商会组织运行渐趋式微。这从一定程度上说明，多重政治势力的角逐和国民党中央政权对云南的管控是云南商会衰退的关键因素。虽然商会是全国范围内普遍设立的"法人"社团，其运行机制由中央政权所主导和管控，但与龙云治滇时期"独立政权"下的发展状况和战时凸兴情况相比，战后云南商会发展的态势表明，独特的政治经济生态正是云南商会发展的内部动因。

三　族际互动新构件

云南是中国少数民族最多的省份之一，多民族聚居使云南形成了独特的人文环境，省境内分布着 25 个少数民族，历史上少数民族占全省人口的大多数。因此，在地域分布上，云南形成了"大杂居，小聚居，交错杂居"的居住格局。但是，大约有80%的少数民族都居住在山区，特别是居住在边境地带的山区，聚居于平坝地区的有回、满、白、纳西、蒙古等民族，由于其交通的便利和素有经商的传统，因而回族、白族、纳西族等民族的商业较为发达，有群体不断整合的趋势，地域商帮和少数民族商帮逐渐崛起，在向近代商会转型之际，这些民族的商人也在各地的商会中占有一席之地，如商务总会总理马启元为玉溪回族，祁奎为鹤庆白族，其他还有诸多少数民族商人也在各地商务分会中占主导地位。各民族交错杂居的格局也在商会的会员构成中有明显的体现。诸如滇中昆明地区，除了是汉族集中地之外，还杂居着彝族、白族、回族等少数民族；滇西的保山县有汉族和彝族、傈僳族、傣族、白族、苗族等多个少数民族。[①] 这些民族中有许多擅长经商的商人，其资本雄厚者为数较多，因此，在省城昆明的云南商务总会和云南省总商会，以及昆明市商会、云南省商联会等组织中，就有约一半的理监事为少数民族商人，各地商会组织中民族商人占的比例就更多。而在政局不断变动的时势下，商会的有效运转依然要依靠各民族商人的共同推动，这在一定程度上表明，近代云南的民族关系是较为和谐融洽的。各民族之间互通有无，在商业贸易上频繁交流，促进了省域内民族经济的融合。

云南不仅少数民族多，而且社会发展极不平衡。云南的地理条件使云南各民族的交往受到了很大的限制，尤其是在滇西北横断山脉高山峡谷地带。这同样对各少数民族的发展造成了阻碍，不同的民族只能在相对狭小的地域范围内生存与发展。因此，云南地区形成了多层次、多元化的社会经济发展结构。相较而言，回族、白族这两个民族的社会经济发育程度较高，加之有擅长经商的传统，其商业较为发达。在特定的地域内，如滇西北的纳西族也擅长经商贸易。这一特征集中体现在滇川藏间的三角贸易中。明清以来，滇川藏在贸易往来和文化交流中形成了当今学者所言的"滇川藏民族走廊"。该地带的商会组织在汉族、白族、彝族、纳西族、藏族等民族之间的族际贸易和互动中发挥了重要的作用，诸如下关商会、大理商会、鹤庆商会、丽江商会、中甸商会和德钦商会（阿墩子）等商会组

[①]　王文光：《云南近代民族发展史纲要》，云南大学出版社，2009，第224页。

织，而在其会员构成中，白族和纳西族商人占主导地位，尤其是在丽江商会和中甸商会的成立及会务运作中，大理和鹤庆地区的白族商人凭借雄厚的商业资本，在其商会组织中有很大的话语权。同时，这一地带的商会组织在民族地区的社会治理中发挥了重要的作用，推动了近代滇西北社会的重构与转型。滇西北地区的各地商会组织不仅有力推动了区域商业贸易的发展，而且对其市场格局的形成有重要的影响，其将滇川藏地区的市场联结为一个整体，加深了滇西、滇西北地区各民族的经贸往来和族际交流，为西南边疆地区向近代社会的转型提供了重要的契机。

总而言之，晚清民国时期是中国社会的大变革和转型时期，西南边疆地区受外国侵略势力入侵较早，其社会经济发展水平也较为滞后，因而在其向近代社会转型的进程中有其特殊的历史复杂性。民国肇建以来，中国在向民族国家构建的过程中，商会作为一股巨大的社会力量，积极参与到社会建设和国家治理的具体事务之中，并对社会体系的形塑和现代公民身份的塑造产生重要影响。从云南边疆民族地区的社会结构转型而言，近代以来，云南地区的商人组织相继崛起，各地商帮大量涌现，清末民国时期的新式商人组织，诸如商会、同业公会等持续发展，这些团体不仅重塑了地方社会的权力体系和社会结构，而且也为边疆民族地区的社会治理提供了新的路径和新的媒介。这种社会结构的变动，在一定程度上推动了省内商人群体的整合与民族关系的融合，而且对近代云南商业的发展与转型产生了"革命性"的影响，较好地形塑了商会作为"中介"的角色。因此，与国内学界既往的商会史研究所运用的"国家—社会"研究范式不同，边疆民族地区商会史的研究应立足于地方史的研究路径，通过自下而上的视角，透过"中心"与"边缘"之间持续的互动及动态转换过程，以考察商会组织形态的演化和特殊面相的呈现为研究的核心与主体，深化对近代商会的认识和探究，这也是突破商会史研究瓶颈的新尝试。

附　录

云南省垣商务总会章程

云南地处边陲，得风气较晚，商业素未讲求。近年中外互市，铁路将通蒙自、思茅、腾越等处，进出口货日见充斥，商务渐臻繁盛，亟应整顿考查，力除积弊，以维自有之权利。现奉督宪谕饬遵照商部奏定章程，设立商会，名曰云南省垣商务总会。

本会之设为振兴商务起见，要以开通商智扶持商业为第一要义，调查各埠商务之盛衰，考较中外实业之美恶，因地制宜实力讲求，更期制造日精，利益日扩，又必众商团结，俾无涣散倾轧之虞。

本会总理一人，协理一人，现经督宪，谕由商务局设箱众投票公举，嗣后一年期满遵章更换，每届仲冬即由会董会议或另行公推或清留续办，须以熟悉商情，素孚重望者，议定数人禀由商务局详请督宪，季冬核定，以便来正接办（奉部覆由商部札委奏请颁发关防应用）。

会董十二人，帮董三十二人，应遵部章，以才地资望四者为合格，由各帮众商，公举议决后，总理即将各董职名分别呈明商务局，以备考查或仍留办或另举充，均以次年正月为定。

本会总理、协理及各会董、帮董等，均宜各尽义务，以明权限而专责成。（一）总理协理有主持会务之责任，凡拟定章程、考查利弊、呈报商情、申诉商屈及有关各商损益者，悉应参酌众议，细心访询，均遵部章第七款办理；（二）会董有参议会章，会同总理、协理商办一切事宜之权，届期议事，应由各会董轮流照料。本会事务以均劳逸，凡各商有无利弊以及物产丰歉市面行情，各会董自应随时调查，条陈所见，详细开报本会，以便稽考，遵照部章第九款办理；（三）帮董亦有与会之责，每届会期，务求亲到，协同议事，使各商近情彼此接洽，偶有兴革庶免窒碍。

本会议事分为常会特会二种。（一）凡遇重要事件，关系商务大局者，准于常会之外随时酌开特别会议。（二）常会以每月初六、十三、二十、二十八等日为会期，是日以午后一点钟开会，三点钟散会，不得先后参差致碍本人商业。（三）无论常会、特会，议事总须开诚布公，各抒所见抑或详具说帖，当交本会从众定议，所议是非，应按多数为断，注明簿记归总理签字作准。（四）凡会议之时，均有一定规则，应当遵守，特立禁约如下：（甲）赴会议事，均有赞成事务之责，必须秉公议论，勿稍含糊其词，依违两可；（乙）议事时不得各执己见，互相争论；（丙）议事时不得闲谈喧哗；（丁）无论何人出议，同人均应静听，令毕其词，倘未允协，再为更迭置议，从重公决；（戊）会董帮董或遇会期有要事不到者，先须声明本会，不得屡次托故不到，始勤终怠。

各帮、行、号、铺、店所用管事、学徒人等，均应谨守号规，勤慎从事。勿得败行玷名白干未便：（一）管事人等终岁勤劳筹算无遗。或酌增薪俸或加分鸿股。及代贸外埠遇有不测，查无别故，亦由号东量给殡殓归梓等费，以示体恤。无分远近，行坐安危寿夭，均各听天安命，其家属不得藉故需索。（二）管事人等如有欺蒙偷空情事，一经觉查，本号立即逐出。辞主不能荐咎犯事之人，应遵商律一百二十九条送请地方官究治，倘有别号徇情容留藉故再用者，随报本会以罚。（三）招用学徒，必须当凭保人书立投师文券，倘不遵本号规约及有偷窃、违误、潜逃等事，除将学徒科以应得之罪，惟保人是问。

各商本业倘有窒碍受亏之处，亟宜整顿者，准由各商自拟章程，送交本会公同酌议妥善，即为转呈商务局立案，切实保护。

各商贩运货物，沿途必赖地方官保护。一遇窃抢轻则亏损资本，重则倾家殒命，虽经报缉终难获案，拟请各通饬地方文武官员，随时认真保护，如有前项情事，务期贼脏两获从严惩办。

各商贩运货物进出滇靖，均系马驮夫挑，途次不免时有拆包、窃取、掉换、偷逃等弊，本会亟应严加防范，嗣后雇夫挑运取，该夫妥保切结，雇马驮运取该驮户妥保切结，沿途均责成堆店具保，遇有前项情事，本号须令出结人赔偿，报明本会随请地方官讯究。

凡行号、铺店均应公平交易，循分营业。如米、粮、油、豆、柴、炭等物均为民生日用攸关，或遇雨阳不时，奸商囤积，无故高抬把持垄断，本会自应留心稽查，如有前项情弊，随时传集会议照市平价。倘故违不悛，本会即遵章送请地方官援例究惩。

凡以低伪货物，假冒招牌、图记、人名、仿单，有碍本商名誉事业者，准由本商赴本会报明代为呈请地方官究治。

行使假银、仿造伪票，如有拿获，报明本会，随即送请地方官跟究，按律治罪。

各商交易收付银钱，多以票据为便，或偶有失遗，易滋事端，议定嗣后失票者，应即报明本会，无论票注银钱多寡，即以百分之五作酬。取票检票之人，亦不得格外需索，倘有扯票不还及原票久不出现，已一月期满，即由本会呈请地方官存票以作废纸。

各商有被地棍、吏役、劣绅、豪者讹诈勒索藉端欺压及厘税关卡、书巡格外需索留难，准报本会查确代为分别呈诉局宪地方官究办。

凡集股外贸借本经商托言亏折，实系侵蚀滥用倒闭卷逃希图脱骗被累者，赴本会报明查确，即行送请地方官究追，或情事较重，匿不到案潜逃他省，应由本会呈请商务局查封家产备抵转详督宪咨行通缉务获究治，倘在外埠另立牌号约外代贸，一经觉查，即呈请地方官封禁移送归案。

滇省五金并产煤矿尤旺，无论独立开厂、集股办理或设立公司，有报明本会注册者，均应一体保护（奉部复公司注册应报明本会备文呈请商部注册以昭划一）。

华洋各商遇有交涉龃龉等事，应遵部章十六款仍准被屈人报明本会代为伸理。

各商有能独出心裁，创造新奇器物或编译新书有切时用以及将中外原有货物改制精良，便于通行者，经本会考核呈报商务局评请督宪咨明商部给予专照年限。

滇省如有贩运货物出洋贸易及自费出洋考查，制造品物等事，本会即应呈明商务局详请督宪给发护照，并照会各国领事以资保护。

商家钱债各事应先赴本会报明，由总理、协理暨会董等秉公妥议调处，倘理曲者，诬骗狡诈藉故隐匿，即由本会送请地方官从严比追，勒限偿还。

乏本贸易者，偶遇行市疲滞，难资周转，势必将货贱售以应急需，渐次亏折或至倒闭累及他商，嗣后如有此等情事，必须先期告知会董，邀集同业预为设法补救，庶免妨碍各商。倘有只图己便，不顾公益，本会查知应即议罚以儆效尤。

滇省市平，先年俗名曰库市平，又名曰号平、票平。即近时之龙元。局晋兹以藩库制平砝码比较，每百两实九十六两西钱为准，弊因向无公设平码，渐由市面任意短少，现每百两竟短至二三四线不等，本会自应亟力整顿，拟以省垣公估四家设立公平，更名曰玖陆肆滇省商会平。以期通行，而归划一。

本会原为联络商情，保护商业而设，不能不仍于各商酌输经费以供会需，谨遵部章二十一款注册，凭据簿册三项筹费如下：（一）注册费。滇省各商资本充足者固多，而小贸经营者亦复不少，若会一律照缴，诚恐力有不逮，自应酌量变通，按照各业注册之实数，拟每两酌输一厘；不上百两者，一概免输。无论输纳多寡，均由本商面缴本会，掣取收条为准（奉部复缓办）。（二）凭据费。凡各商买卖契约外贸合同抵押券定货议单并一切凭据均以所载之实数以期限之多寡，酌输会费，由执据人缴清，本会盖用图记为准（奉部复缓办）。（三）簿册费。各商进付收放存欠歉折及词诉胶葛，均以账簿为凭，如不划一盖图真伪难分。兹遵章由本会照部颁簿册格式分给各商，遵式自备送交本会加盖图记为准，其费容后酌输（奉部复缓办）。

本会专理商务，凡不关系商务者概不干涉。

各商如有因商务要事，拟禀商务局者，应将原呈录送本会代呈，以便抄存备查。

本会凡有商务要件，经众议决，应由总理签字呈明商务局者，一经批准，即当遵循，如未奉批核准，不先事擅行。

本会议决重要事件，未经宣布以前，凡在会者，均宜格外慎密，不得浅陋事机。

凡品行不端、执业卑贱及负债倒闭未经清偿者，一概不得入会。

凡入本会者，务宜恪守会章，秉公办事，不得欺侮同类及败坏本会名誉。

本会创设伊始经费无出，已将来筹款有余，自当随时设立商业学堂、商务报馆并劝工陈列，各场渐次扩充。

以上八章均系滇省设立商会、创办章程，尚欠详备，所有一切未尽事宜，本会自当随时次第采择举行，呈请商务局核定转详督宪咨部立案。

云南省总商会章程

（民国六年六月）

第一条　本总商会依法改组，定名为云南省总商会。

第二条　本总商会以振兴商务促进改良工商业为宗旨。

第三条　本总商会区域以省会昆明县所属区域为限。

第四条　本总商会事务所设于省城内福照街。

第五条　本总商会设会长一人，副会长一人，会董五十八人，特别会董八人，均为名誉职。

第六条　本总商会除前条规定职员外，得设下列办事各职员，均由会长任雇，酌给薪资。文牍一人；会计兼庶务一人；书记四人。

第七条　会长、副会长、会董之选举，特别会董之推选，以及各职员之选任解职等事项，悉依商会法及施行细则所规定者办理。

第八条　会长主持全会事务，副会长协助之。会长缺席时，副会长代行其职权，特别会董及会董有参议协助会务之权责。

第九条　文牍、会计、庶务、书记秉承会长分别办理一切应办事宜。

第十条　关于本总商会之职务，悉依商会法第十六条第十七条办理，但商会法第十六条第七款规定事项，另由公断处办理。

第十一条　本总商会会议，分常期会议、特别会议两种。常期会议分年会、职员会。年会每年举行一次，职员会于每月初八、十八、二十八等日举行，特别会议无定限，遇事关重要时行之。

第十二条　本总商会议事，会长为主席。如遇会长、副会长同有事故不能到会，就得特别会董及会董中公推一人为临时主席。

第十三条　本总商会经费分事务所用费、事业费两种。前项事务所用费由会员负担。

第十四条　本总商会经费之预算决算及其事业之成绩，每年编辑报告刊布之。除依前项之规定办理外，每年事业之成绩并呈报地方最高行政长官转咨农商部查核。

第十五条　本总商会依商会法施行细则第三条之规定，得附设全国商会联合会云南省事务所，悉依联合会章程办理之。

第十六条　本总商会依商会法施行细则第四条之规定，得附设商事公断处，悉依商事公断处章程并细则办理之。

第十七条　本章程未经规定各事宜，悉依商会法及施行细则办理。

第十八条　本章程如有未尽事宜依商会法第二十八条之会议增册、修订、呈奉核准行之。

本章程依商会法第五条呈奉核准行之。

昆明市商会章程

（民国三十一年十一月十七日）

第一章　总则

第一条　本章程依据修正商会法及修正商会施行细则并遵照非常时期人民团体组织法订定之。

第二条　本会定名为昆明市商会。

第三条　本会以图谋工商业及对外贸易之发展，增进工商业公共之福利为宗旨。

第四条　本会以昆明市行政区域为区域事务所，设于福照街本会会所。

第二章　职务

第五条　本会之执掌如左（下）：

一、筹议工商业之改良及发展事项；

二、关于工商业之征调及通报事项；

三、关于国际贸易之介绍及指导事项；

四、关于工商业之调处及公断事项；

五、关于工商业之证明事项；

六、关于统计调查编纂事项；

七、得设办商品陈列所、工商业补习学校或其他关于工商业之公共事业，但须经该管官署之核准；

八、遇有市面恐慌等事，有维持及请求地方政府维持之责任；

九、办理合于第三条所揭宗旨之其他事业。

第六条　本会举办之事业，应由理事会计划办理，但重要者须经会员大会决定之。

第七条　本会得就有关工商业之事项建议于中央或地方行政官署。

第八条　本会应答复政府及自治机关之咨询并接受其委托。

第三章　会员

第九条　本会会员分左（下）列两种：

一、公会会员：凡本区域内工业、商业及输出业各同业公会，依法加入本会为会员者属之。

二、非公会会员：凡本区域内同业公会之工商业、输出业、公司、行号或他区域之工厂所设售卖场所，经依法登记，而单独加入本会为会员者属之。

第十条　公会会员及非公会会员，均得举派代表出席本会，称为会员代表。会员代表以中华民国人民，年在二十岁以上者为限。

第十一条　会员须遵守本会章程，服从本会决议案，并按时缴纳各种会费。

第十二条　会员非公会解散或公司、行号迁移其他区域，或废业、或受永久停业之处分者不得退会。

第十三条　本会会员代表，有各该业同业公会，就理、监事中举派，至多不得逾五人：非公会会员代表，每公司行号一人，以主体人或经理人为限。

第十四条　有左（下）列条款情事之一者不得充本会会员代表。

一、背叛国民政府，经判决确定或在通缉中者；

二、曾服公务而有贪污行为，经判决确定或在通缉中者；

三、剥夺公权者；

四、受破产之宣告尚未复权者；

五、无行为能力者；

六、吸食鸦片或其他代用品者。

第十五条　会员代表经会员举派后，应给以委托书，并附具履历送经本会，审查合格后方得出席，出席代表有表决权、选举权及被选举权。

第十六条　会员代表之表决权、选举权比例于其缴纳会费单位额，由所派之代表单独或共同行使之，每一单位为一权。公会会员代表之表决权、选举权以其所缴会费比照单位计算权数。会员代表因事不能出席会员大会时，得以书面委托他会员代理之。

第十七条　会员代表，得由原举派之公会会员或非公会会员随时撤换之，并应书面通知本会。但当选为本会职员者非有依法应该任之事由，不得将其撤换。

第十八条　会员代表丧失国籍或发生第十四条所列各款情事之一者，原举派之会员应撤换。

第十九条　会员代表有不正当行为，致妨害本会名誉、信用者，得以会员大会之会议决议，通知原推派之会员撤换之。

前项撤换之代表自除名之日起，三年以内不得充任会员代表。

第四章　组织及职权

第二十条　本会设理事九人，监事三人，由会员大会就代表中，用记名连选法选任之。以得票最多数者为当选，选举前项理事、监事时，应另选候补理事四人，候补监事一人，遇有缺额，依次递补，所补足前任任期为限，未递补前不得列席会议。

第二十一条　本会设常务理事三人，由理事长就理事中，用记名连选互选之。以得票最多者为当选。

第二十二条　本会设理事长一人，由理事就当选常务理事中，用记名单选法选任之。以得票满投票人数之半数者为当选者。若一次不能选出时，应就得票最多数之二人决选之。

第二十三条　理事及监事均为名誉职。

第二十四条　理事及监事之任期均为四年，每二年改选，半数不得连任。前项第一次之改选以抽签定之，但理、监事人数为奇数时，留任者之人数得较改选者多一人。

第二十五条　理事长及常务理事缺额时，由理事会补选之，其任期以补足前任任期为限。

第二十六条　本会理监事有左（下）列各款情事之一者应即解任：

一、会员代表资格丧失者；

二、因不得已事故，经会员大会议决准其辞职者；

三、旷废职务经会员大会议决令其退职者；

四、于职务上违背法令、营私舞弊或有其他重大之不正当行为，经会员大会议决，令其退职或由经济部或由地方最高行政官署，令其退职者。

第二十七条　本会为执行会务便利计，得设总务、财务、商事调查、交际、宣传等科暨公断处，酌设主任及办事员，分办会内事务，办事员得酌给薪津。

第二十八条　本会视事务之需要，得设各种专门委员会，办理临时事项，其委员人选由理事会聘任之。

第二十九条　理事会依本章程之规定及会员大会之议决行使职权。

第三十条　监事会之职权如左（下）：

一、监察理事会执行会员大会之议决；

二、审查理事会处理之会务；

三、稽核理事会之财政出入。

第五章　会议

第三十一条　会员大会分定期会议及临时会议两种，均由理事会召集之。定期会议每年开会一次；临时会议于临时会议认为必要，或经会员代表十分之一以上之请求，或监事会函请召集时召集之。

第三十二条　会员大会之议决，以会员代表表决权过半数之出席，出席过半数之同意行之。出席权数不满半数者，得行假决议，在三日内将其结果通告各代表，于一星期后，二星期内重行召集会员大会。以出席权数过半数之同意对假决议行其决议。

第三十三条　左（下）列各款事项决议，以会员代表表决权数三分之一以上之出席。出席权数三分之二以上之同意行之；出席权数不满三分之二者，得以出席权数三分之二以上之同意行假决议。在三日内将其结果通告各代表，于一星期后，二星期内重行召集会员大会。以出席权数三分之二以上之同意对假决议行其决议。

一、变更章程；

二、会员或会员代表之处分；

三、理事之解职；

四、清算人之选任及关于清算事项之决议。

第三十四条　理事会每月至少开会一次，监事会每两月至少开会一次，理事、监事开会时，不能委托代表出席。

第三十五条　理事会开会时，须理事过半数之出席，出席理事过半数之同意方能决议。如同数时取决于主席。

第三十六条　监事会开会时，须有监事半数之出席，临时互推一人为主席，以出席监事过半数之同意决议一切事项。

<h3 style="text-align:center">第六章　经费及会计</h3>

第三十七条　本会经费分左（下）列两种：

一、事务费

乙、公会会员以其公会所收入会费总额十分之一至十分之二充之，如本会支出经费不及时，得召集各业公会联席会议增加之；

丙、非公会会员，比例其资本额缴纳之。每一单位定为国币陆元。

（一）事业费由会员大会议决，经地方主管官署核准筹集之。

（二）自由捐本会如遇支出经费不足时，得由热心之公会会员及非公会会员自由捐助之。

第三十八条　会计年度以每年一月一日始至同年十二月三十一日止。

第三十九条　本会预算、决算须经会员大会之议决。

第四十条　本会之预算、决算及其事业之成绩，每年须编制报告刊布之，并呈地方主管官署转呈省政府，转报经济部备案。

<h3 style="text-align:center">第七章　附则</h3>

第四十一条　本章程未规定事项，悉依修正商会法及修正商会法施行细则，并照非常时期人民团体组织法之规定办理之。

第四十二条　本会各科、处办事细则及专门委员会章则另订之。

第四十三条　本章程如有未尽事宜，经会员大会之决议，呈准昆明市政府修改之。并逐级转报社会经济两部备案。

第四十四条　本章程俟呈准备案之日施行并层转备案。

<h2 style="text-align:center">云南省商会联合会章程</h2>

（民国三十一年十二月八日）

<h3 style="text-align:center">第一章　总则</h3>

第一条　本章程依据民国二十七年一月十二日公布修正商会法及其施行细则与民国三十一年二月十日公布非常时期人民团体组织法订定之。

第二条　本会定名为云南省商会联合会。

第三条　本会以谋工商业及对外贸易志发展，增进工商业公共福利及矫正共同业务上之弊害为宗旨。

第四条　本会以云南省行政区域为区域，会址暂设于昆明市福照街昆明市商会内。

第二章 职务

第五条 本会之执掌如下：

一、筹议工商业之改良及发展事项；

二、关于工商业之征询及通报事项；

三、关于国际贸易之介绍及指导事项；

四、关于工商业之调处及公断事项；

五、关于工商业之证明事项；

六、关于工商业之调查统计编纂事项；

七、关于设立商品陈列所、工商业补习学校或其他关于工商业之公共事业事项；

八、关于工商业之维持救济事项；

九、关于合于第三条所揭示宗旨之其他事项；

十、主管官署交办有关之工商业事项。

第六条 本会举办之事业应由理事会计划办理，但重要者须经会员代表大会决定之。

第七条 本会得就有关工商业之事项建议于中央或地方行政官署。

第八条 本会有答复政府及自治机关之咨询，并接受委托之义务。

第三章 会员

第九条 凡本省之市县商会暨商业繁盛市镇单独或联合设立之商会，均应依法加入为本会会员。

第十条 本会会员均得举派代表出席本会，大会会员代表以中华民国人民有法律行为能力者为限。

第十一条 会员须遵守本会章程，服从本会决议案，并按期缴纳各种会费。

第十二条 本会会员非因特殊情形，经主管官署核准解散或停止执行职务者不得退会。

第十三条 会员代表由各会员商会就其会员中举派之，每会员商会以一人至二人为限，但县市会员商会其下级有商业同业公会十个以上者，得增加代表一人，其数目按每五个商业同业公会增派代表一人比例举派之。

第十四条 有下列各项情事之一者，不得充本会会员代表：

一、背叛国民政府，经判决确定或在通缉中者；

二、曾服务公务而有贪污行为，经判决确定或在通缉中者；

三、褫夺公权者；

四、受破产之宣告，尚未复权者；

五、无行为能力者；

六、吸食鸦片或其他代用品者；

七、有违背三民主义之言论及行动者；

八、违害国家民族之利益者。

第十五条　会员代表经会员举派后，应给委托书，并具履历，送经本会审查合格后给与出席证，方得出席，出席代表有表决权、选举权及被选举权。

第十六条　（一）会员代表之表决权、选举权比例于其缴纳会费单位额由所派之代表单独或其共同行使之，每一单位为一权会员代表之，表决权、选举权以其所缴会费比照单位计算权数，但最多不能超过十权；（二）会员代表因事不能出席会员大会时，得以书面委托他会员代理之。

第十七条　会员代表得由原举派之会员商会随时撤换之，并应以书面通知本会，但当选为本会职员者，非有依法应改任之事由，不得将其撤换之。

第十八条　会员代表丧失国籍或发生第十四条所列各款情事之一者，原举派之会员商会应撤换之。

第十九条　会员代表有不正当之行为妨害本会名誉信用者，经会员代表大会之决议，通知原推派之会员商会撤换之。

第四章　组织及职权

第二十条　本会设理事二十一人，监事七人，由会员代表大会就代表中用记名连举法举任之，以得票最多数者为当选，次多者为候补。

第二十一条　理监事如遇出缺时，以候补理监事依次递补，以补足前任未满之期为限，在未递补前，不得列席会议。

第二十二条　本会设常务理事五人，由理事会就理事中用记名连选法互选之，以得票最多者为当选。

第二十三条　本会设理事长一人，由全体理事就当选常务理事中用记名单选法选任之，以得票最多者为当选，监事由监事中选举一人为常务监事。

第二十四条　理事及监事均为名誉职。

第二十五条　理事及监事之任期均为四年，每二年改选半数，不得连任。

前项第一次之改选，以抽签定之，但理监事人数为奇数时，留任者之人数得较改选者多一人。

第二十六条　理事长及常务理事出缺时，由理事会补选之，常务监事出缺时，由监事会补选之，其任期均以补足前任任期为限。

第二十七条　本会理监事有下列各款情事之一者，应即解任：

一、会员代表资格丧失者；

二、因不得已事故，经会员代表大会议决，准其辞职者；

三、旷费职务，经会员代表大会议决，令其退职者；

四、于职务上违背法令，营私舞弊或有其他重大之不正当行为，经会员代表大会议决，令其退职或由经济部或由主管机关令其退职者。

第二十八条　本会为执行会务便利计，得设秘书室、公断处暨总务科、组训科、调查科、研究科分办会内一切事物，秘书处、公断处及各科职员均酌给薪津，惟公断处长应由理事会就理事中推选之公断处之评议及调查员由理事会就会员中聘任之。

第二十九条　本会视事务之需要，得设各种专门委员会办理临时事项，其委员人选由理事会聘任之。

第三十条　理事会依本章程之规定及会员代表大会之议决行使职权。

第三十一条　监事会之职权如下：

一、监督理事会执行会员代表大会之议决事项；

二、审查理事会处理会务情形；

三、稽核理事会之财务收支。

第五章　会议

第三十二条　会员代表大会分定期会议及临时会议两种，均由理事会召集之，定期会议每年开会一次，临时会议于理事会认为必要或经会员代表十分之一以上之请求，或监事会函请召集时召集之。

第三十三条　会员代表大会须有会员过半数之出席，始能开会，出席过半数之决议，方能表决，出席权数不满过半数者，得行假决议，在三日内将其结果通告各代表，于一星期后二星期内重行召集会员代表大会，以出席权数绝对多数之同意，对假决议行其决议。

第三十四条　下列各款事项决议，以会员代表表决权数三分之二以上之出席，出席权数三分二以上之同意行之，出席权数不满三分之二者，得以出席权数三分之二以上之同意行假决议，在三日内将其结果通告各代表于一星期后二星期内重行召集会员大会，以出席权数三分之二以上之同意，对假决议行其决议。

一、变更章程；

二、会员或会员代表之处分；

三、理监事之解职；

四、清算人之选任及关于清算事项之决议。

第三十五条　理监事会每月至少各开会一次，必要时并得召集理监事联席会议。

第三十六条　理事会须有理事过半数之出席，方能开会，出席过半数之同意，方能决议，如可否同数时，取决于主席。监事会开会时，以常务监事为主席，并须有监事过半数之出席，出席监事过半数之同意，方能决议一切事项。

第六章　经费及会计

第三十七条　本会经费分下列三种：

一、经常费由会员商会缴纳之，每一单位每月暂定国币一百元，如本会支出不敷时，得召集会员代表大会增加之；

二、事业费由会员代表大会议决，经地方主管官署核准筹集之；

三、本会如遇经费不足时，得由热心之会员商会或商人自由捐助之。

第三十八条　会计年度以每年一月一日始至同年十二月三十一日止。

第三十九条　本会预算决算及其事业之成绩，每年须编制报告刊布之，并报主管官署备案。

第七章　附则

第四十条　本章程未经规定事项，悉依修正商会法及修正商会法施行细则及非常时期人民团体组织法办理之。

第四十一条　本会各处科办事细则由理事会另订之。

第四十二条　本章程如有未尽事宜，经会员代表大会之决议，呈准主管官署修改之。

第四十三条　本章程自呈准备案之日施行。

参考文献

一 历史档案

1. "民国云南省总商会档案"卷宗，全宗号：32－25，昆明市档案馆藏。
2. "民国昆明市商会档案"卷宗，全宗号：32－12，昆明市档案馆藏。
3. "民国昆明市工商同业公会档案"卷宗，全宗号：32－30，昆明市档案馆藏。
4. "民国云南省建设厅档案"卷宗，全宗号：77，云南省档案馆藏。
5. "民国云南省社会处档案"卷宗，全宗号：44，云南省档案馆藏。
6. "民国云南省秘书处档案"卷宗，全宗号：106，云南省档案馆藏。
7. "民国云南省民政厅档案"卷宗，全宗号：11，云南省档案馆藏。
8. "云南省实业司档案"卷宗，全宗号：89，云南省档案馆藏。
9. "下关商会档案"卷宗，全宗号：M20－10，大理州档案馆藏。
10. "宾川县商会档案"卷宗，全宗号：M118－17，大理州档案馆藏。
11. "弥渡县商会档案"卷宗，全宗号：M124－12，大理州档案馆藏。
12. "腾冲县政府档案"卷宗，全宗号：BS－M1、BS－M3、BS－N3，保山市档案馆藏。
13. "蒙自县政府档案"卷宗，全宗号：036，蒙自县档案馆藏。
14. "个旧县政府档案"卷宗，全宗号：74，个旧县档案馆藏。
15. "顺宁县商会档案"卷宗，全宗号：M88－21，临沧市凤庆县档案馆藏。

二 报刊

云南地区报刊：

以《云南民国日报》（1930—1946）、《云南日报》（1935—1947）、

《云南省政府公报》、《云南实业公报》、《云南新商报》（1930—1938）、《云南总商会周刊》（现存第 1、4、9 期）、《商协特刊》为主，其他还有《云南建设公报》《云南实业改进会季刊》《云南建设周刊》《云南建设月刊》《云南实业杂志》等。

全国性报刊：

《申报》《东方杂志》《实业公报》《商业月报》《行政院公报》《银行周报》《财政日刊》《交通公报》《中国商会联合会报》《经济动员》《实业季报》《财政日刊》等。

三　史志资料

（一）史料汇编

1. 中国科学院历史研究所第三所编《云南杂志选辑》，科学出版社，1958。

2. 中国科学院历史研究所第三所编《云南贵州辛亥革命资料》，科学出版社，1959。

3. 云南省档案馆编《云南档案史料》（1982—1994 年共 48 期），内刊。

4. 云南省历史研究所编《清实录》有关云南史料汇编，云南人民出版社，1984。

5. 云南省地方志编纂委员会编《续云南通志长编》（上、中、下册），云南省地方志编纂委员会，1985。

6. 中国民主建国会云南省委员会、云南省工商业联合会编《云南工商史料选辑》第 1 辑，中国民主建国会云南省委员会，1988。

7. 江苏省商业厅、中国第二历史档案馆：《中华民国商业档案资料汇编》第一卷，中国商业出版社，1991。

8. 刘大清、车志敏主编《云南对外开放交通经济地理资料集》，1992（内刊）。

9. 戴鞍钢、黄苇主编《中国地方志经济资料汇编》，汉语大词典出版社，1999。

10. 大理州档案馆、大理市工商联合编《下关商会档案史料选编》，2001（内刊）。

11. 方国瑜主编《云南史料丛刊》（1—13 卷），云南大学出版社，1997—2001。

12. 李文海主编《民国时期社会调查丛编·社会组织卷》，福建教育出版社，2005。

13. 牛鸿斌等点校《新纂云南通志》第七卷，云南人民出版社，2007。

14. 《近代中国商会史料汇编》（第5册），全国图书馆文献缩微复制中心，2013。

15. 云南省档案馆编《民国时期西南边疆档案资料汇编·云南卷》（影印本）（共80卷），社会科学文献出版社，2013。

16. 中国第二历史档案馆编《民国时期西南边疆档案资料汇编·云南广西综合卷》（影印本）（共98卷），社会科学文献出版社，2014。

17. 庄兴成主编《滇越铁路史料汇编》，云南人民出版社，2014。

18. 云南省档案馆编《抗战时期的云南档案史料汇编》，重庆出版社，2015。

（二）民国丛书和县志

1. 龙云等编《云南行政纪实》，云南省财政厅印刷局，1943。

2. 龙云、卢汉修，周钟岳等纂《新纂云南通志》（铅印本），1948。

3. 沈云龙主编，王闻韶修《续云南通志稿》，文海出版社。

4. 《云南通志馆征集云南省各县商务资料》，云南省图书馆馆藏。

5. 张肖梅：《云南经济》，中华民国国民经济研究所，1942。

6. 钟崇敏：《云南之贸易》，民国资源委员会经济研究室，1939。

7. 郭垣编著《云南省经济问题》，正中书局，1940。

8. 万湘澄：《云南对外贸易概观》，新云南丛书社，1946。

9. 张维翰修，童振藻纂《昆明市志》（影印本），台湾学生书局，1968。

10. 陈度：《昆明近世社会变迁志略》四卷稿本，云南省图书馆藏。

11. 张培爵等修，周宗麟纂《大理县志稿》（全6册），成文出版社，1974。

12. 段绶滋纂修（民国）《中甸县志稿》，1939。

13. 杨金铠纂修（民国）《鹤庆县志》（共12卷）。

14. 李焜：《蒙自县志》，成文出版社，1967。

15. 李根源、刘楚湘主纂，许秋芳主编《民国腾冲县志稿》（点校本），云南美术出版社，2004。

（三）文史资料选辑、民族调查资料汇编与商业史志

1. 云南省政协文史委员会：《云南文史资料选辑》第1—54辑。

2. 《云南文史集粹》共 10 卷，云南人民出版社，2004 年。

3. 云南省地方志编纂委员会编《云南省志》（《商业志》《经济综合志》《对外贸易志》《工商行政管理志》）。

4. 陆复初编《昆明市志长编》卷七至卷十三（近代卷），昆明市志编纂委员会，1984。

5. 昆明市政协文史委员会：《昆明文史资料选辑》第 1—33 辑。

6. 昆明市政协文史委员会：《昆明文史资料集萃》共 10 卷，云南科技出版社，2009。

7. 其他：《丽江文史资料》《鹤庆文史资料》《大理州文史资料》《大理市文史资料》《腾冲县文史资料》《红河州文史资料选辑》《蒙自文史资料》《个旧文史资料》《河口文史资料》《建水文史资料》《文山州文史资料选辑》《德宏州文史资料》。

8. 《白族社会历史调查》（一、二、三、四），云南人民出版社，1983—1991。

9. 《云南省腾冲县商业志》，德宏民族出版社，1989。

10. 《大理州商业志》，大理州商业局商志办公室，1989。

11. 《丽江县志·商业志》，丽江县商业局，1990。

12. 《昆明市商业志》，云南人民出版社，1994。

四 研究著作

1. 陈庆德：《民族经济学》，云南人民出版社，1994。

2. 陈庆德：《资源配置与制度变迁：人类学视野中的多民族经济共生形态》，云南大学出版社，2007。

3. 陈庆德：《商品经济与中国近代民族经济进程》，人民出版社，2010。

4. 陈延斌：《大理白族喜洲商帮研究》，中央民族大学出版社，2009。

5. 陈征平：《云南早期工业化进程研究 1840—1949》，民族出版社，2002。

6. 陈征平：《云南工业史》，云南大学出版社，2005。

7. 陈征平：《民国政治结构变动中的云南地方与中央关系研究》，中国社会科学出版社，2012。

8. 陈志让：《军绅政权——近代中国的军阀时期》，广西师范大学出版社，2008。

9. 戴鞍钢：《发展与落差——近代中国东西部经济发展进程比较研究：1840—1949》，复旦大学出版社，2006。

10. 丁小珊：《边疆到门户：抗战时期云南城市发展研究》，科学出版社，2014。

11. 董孟雄：《云南近代地方经济史研究》，云南人民出版社，1991。

12. 董孟雄、郭亚非：《云南地区对外贸易史》，云南人民出版社，1998。

13. 段金生：《南京国民政府的边政》，民族出版社，2012。

14. 段金生：《南京国民政府对西南边疆的治理研究》，社会科学文献出版社，2013。

15. 方铁主编《西南通史》，中州古籍出版社，2003。

16. 范淑萍：《13—20世纪前期红河地区城市研究》，云南人民出版社，2012。

17. 何一民主编《近代中国城市发展与社会变迁（1840—1949年）》，科学出版社，2004。

18. 何耀华总主编《云南通史》（第五、六卷），中国社会科学出版社，2011。

19. 冯静：《中间团体与中国现代民族国家的构建（1901—1937）》，复旦大学出版社，2012。

20. 冯筱才：《在商言商：政治变局中的江浙商人》，上海社会科学院出版社，2004。

21. 葛永才：《清末巨商王炽——同庆丰纪事》，云南民族出版社，1998。

22. 胡兴东：《治理与认同：民族国家语境下社会秩序形成问题研究——以1840—2000年云南边疆民族为中心》，知识产权出版社，2013。

23. 胡兴东等：《西南少数民族地区纠纷解决机制史》，中国社会科学出版社，2014。

24. 胡阳全：《云南马帮》，福建人民出版社，1999。

25. 蒋文中：《茶马古道研究》，云南人民出版社，2014。

26. 孔凡义：《近代中国军阀政治研究》，中国社会科学出版社，2010。

27. 况浩林：《中国近代少数民族经济史稿》，民族出版社，1992。

28. 李珪：《云南地方官僚资本简史》，云南民族出版社，1991。

29. 李珪：《云南近代经济史》，云南民族出版社，1995。

30. 李娟婷：《商会与商业行政：北洋政府时期的政商关系（1912—1927）》，经济管理出版社，2015。

31. 李蔚主编《昆明商会的沿革与近代商业的发展》，云南人民出版社，2009。

32. 廖乐焕、孙丹：《云南马帮经济变迁研究》，人民出版社，2011。

33. 凌永忠：《民国时期云南边疆地区特殊过渡型行政区研究》，中国社会科学出版社，2015。

34. 刘云明：《清代云南市场研究》，云南大学出版社，1996。

35. 罗群：《近代云南商人与商人资本》，云南大学出版社，2004。

36. 罗群、罗敏：《话说滇商》，中华工商联合出版社，2008。

37. 罗群、黄翰鑫：《王炽与晚清云南商业社会》，云南人民出版社，2014。

38. 马敏、朱英：《传统与近代的二重变奏——晚清苏州商会个案研究》，巴蜀书社，1993。

39. 马敏：《商人精神的嬗变——近代中国商人精神观念研究》，华中师范大学出版社，2001。

40. 马敏：《官商之间：社会剧变中的近代绅商》，华中师范大学出版社，2004。

41. 马敏主编《中国近代商会通史》（四卷本），社会科学文献出版社，2015。

42. 马文章主编《云南省工商业联合会简史》，云南人民出版社，2009。

43. 马雁：《转型中的中央与地方关系：以清末民初云南边疆法律变迁为例》，中央编译出版社，2010。

44. 马子商等讲述，李旭撰写《茶马古道上的传奇家族——百年滇商口述史》，中华书局，2009。

45. 缪云台：《缪云台回忆录》，中国文史出版社，1991。

46. 潘先林：《云南彝族统治集团研究》，云南大学出版社，1999。

47. 秦和平：《云南鸦片问题与禁烟运动》，四川民族出版社，1998。

48. 秦树才：《云岭金江话货殖——云南民族商贸》，云南教育出版社，2000。

49. 申旭：《中国西南对外关系史研究——以西南丝绸之路为中心》，云南美术出版社，1994。

50. 孙代兴、吴宝璋：《云南抗日战争史》（修订本），云南大学出版社，2005。

51. 盛美真：《近代云南社会风尚变迁研究》，中国社会科学出版社，2011。

52. 史继忠：《西南民族社会形态与经济文化类型》，云南教育出版社，1997。

53. 唐力行：《商人与中国近世社会》（修订本），商务印书馆，2006。

54. 唐凌：《自开商埠与中国近代经济变迁》，广西人民出版社，2002。

55. 谈萧：《中国商会治理规则变迁研究》，中国政法大学出版社，2011。

56. 谈萧：《近代中国商会法：制度演化与转型秩序》，法律出版社，2017。

57. 王恒杰：《迪庆藏族社会史》，中国藏学出版社，1994。

58. 王笛：《跨出封闭的世界——长江上游区域社会研究》，中华书局，2001。

59. 王笛：《走进中国城市内部——从社会的最底层看历史》，清华大学出版社，2013。

60. 王红梅：《商会与中国法制近代化》，南京师范大学出版社，2011。

61. 王明达、张锡禄：《马帮文化》，云南人民出版社，1994。

62. 王明东：《民国时期滇越铁路沿线乡村社会变迁研究》，云南大学出版社，2014。

63. 王明东、李普者、陈乐平：《民国时期云南土司及其边疆治理研究》，社会科学文献出版社，2015。

64. 王文光等：《云南近现代民族发展史纲要》，云南大学出版社，2009。

65. 王玉芝：《滇越铁路与滇东南少数民族地区社会变迁研究》，云南人民出版社，2012。

66. 王振刚：《云南行政中心的历史变迁及疆域形成》，社会科学文献出版社，2015。

67. 魏文享：《中间组织：近代工商同业公会研究》，华中师范大学出版社，2007。

68. 吴承明：《中国的现代化：市场与社会》，三联书店，2001。

69. 吴松弟主编，杨伟兵等著《中国近代经济地理》第4卷《西南近代经济地理》，华东师范大学出版社，2015。

70. 吴兴南：《云南对外贸易——从传统到近代化的历程》，云南民族出版社，1997。

71. 吴兴南：《云南对外贸易史》，云南大学出版社，2002。

72. 吴兴帜：《延伸的平行线：滇越铁路与边民社会》，北京大学出版社，2012。

73. 肖良武：《云贵区域市场研究（1889—1945）》，中国时代经济出版社，2007。

74. 薛祖军主编《大理地区喜洲商帮与鹤庆商帮的分析研究》，云南大学出版社，2010。

75. 谢本书、牛鸿宾：《蒋介石和西南地方实力派》，河南人民出版社，1990。

76. 谢本书主编《云南近代史》，云南人民出版社，1993。

77. 谢本书、冯祖贻主编《西南军阀史》，贵州人民出版社，1994。

78. 谢本书、李江主编《近代昆明城市史》，云南大学出版社，1997。

79. 谢本书、温贤美主编《抗战时期的西南大后方》，北京出版社，1997。

80. 杨聪：《大理经济发展史稿》，云南民族出版社，1986。

81. 杨福泉主编《2012 中国西南文化研究》，云南科技出版社，2012。

82. 杨海滨：《明清中国的商人组织与市场整合研究》，经济科学出版社，2014。

83. 杨天宏：《口岸开放与社会变革：近代中国自开商埠研究》，中华书局，2002。

84. 杨毓才：《云南各民族经济发展史》，云南民族出版社，1989。

85. 虞和平：《商会与中国早期现代化》，上海人民出版社，1993。

86. 云南省历史学会、云南省中国近代史研究会编《云南辛亥革命史》，云南大学出版社，1991。

87. 云南省档案馆编《清末民初的云南社会》，云南人民出版社，2005。

88. 云南省档案馆编《抗战时期的云南社会》，云南人民出版社，2005。

89. 张晓松：《云南民族地方行政制度的发展与变迁》，云南人民出版社，2005。

90. 章开沅、罗福惠主编《比较中的审视：中国早期现代化研究》，浙江人民出版社，1993。

91. 章开沅、马敏、朱英主编《中国近代史上的官绅商学》，湖北人民出版社，2000。

92. 郑成林：《从双向桥梁到多边网络：上海银行公会与银行业（1918—1936）》，华中师范大学出版社，2007。

93. 朱英：《晚清经济政策与改革措施》，华中师范大学出版社，1996。

94. 朱英：《转型时期的社会与国家——以近代中国商会为主体的历史透视》，华中师范大学出版社，1997。

95. 朱英、郑成林：《商会与近代中国》，华中师范大学出版社，2005。

96. 朱英：《近代中国商会、行会及商团新论》，华中师范大学出版社，2008。

97. 朱英：《辛亥革命时期新式商人团体研究》，华中师范大学出版社，2011。

98. 朱英：《商民运动研究：1924—1930》，北京大学出版社，2011。

99. 周天豹、凌承学主编《抗日战争时期西南经济发展概述》，西南师范大学出版社，1988。

100. 周荣德：《中国社会的阶层与流动：一个社区中士绅身份的研究》，学林出版社，2000。

101. 周智生：《商人与近代中国西南边疆社会——以滇西北为中心》，中国社会科学出版社，2006。

102. 周智生：《晚清民国时期滇藏川毗连地区的治理开发》，社会科学文献出版社，2014。

103. 张永帅：《空间视角下的近代云南口岸贸易研究：1889—1937》，中国社会科学出版社，2017。

104. 赵晓荣：《物以载志：中国第一座水电站的历史人类学考察（1910—2012）》，社会科学文献出版社，2016。

105. 中共云南省委统战部、中共云南省委党史研究室编《中国资本主义工商业的社会主义改造·云南卷》，中共党史出版社，1993。

106. 中共云南省委党史研究室：《中共云南地方史》，云南人民出版社，2001。

107. 〔美〕陈锦江：《清末现代企业与官商关系》，王笛、张箭译，中国社会科学出版社，1997。

108. 〔美〕戴维斯：《云南：联结印度和扬子江的链环》，李安泰、和少英等译，云南教育出版社，2000。

五　研究论文

（一）学位论文

1. 周智生：《近代丽江纳西族商人研究》，硕士学位论文，云南大学，1999。

2. 姚继德：《回族马帮与西南丝路网络》，博士学位论文，云南大学，2002。

3. 薄井由：《清末民初云南商业地理初探——以东亚同文书院大旅行调查报告为中心的研究》，博士学位论文，复旦大学，2003。

4. 刘鸿燕：《近代云南商会研究：以云南商务总会为主体的考察》，硕士学位论文，云南大学，2006。

5. 郝儒梁：《近代云南商会的制度分析》，硕士学位论文，云南师范大学，2007。

6. 李艳林：《重构与变迁——近代云南城市发展研究（1856—1945)》，博士学位论文，厦门大学，2008。

7. 石俊杰：《近代云南红河区域经济地理研究（1889—1949)》，硕士学位论文，云南大学，2010。

8. 时攀：《近代云南总商会商事公断机制探析》，硕士学位论文，云南大学，2011。

9. 黄沛峰：《昆明市商会研究（1931—1949)》，硕士学位论文，云南民族大学，2011。

10. 尹礼艳：《民国时期云南腾冲商人研究》，硕士学位论文，云南大学，2011。

11. 王喆：《民国时期昆明银行同业公会的中间组织功能研究》，硕士学位论文，云南大学，2011。

12. 胡月红：《湖南商人在昆明》，硕士学位论文，云南大学，2012年。

13. 刘正聪：《民国时期昆明同业公会研究》，硕士学位论文，云南大学，2014。

14. 张思媛：《抗战时期的昆明市商会与地方社会》，硕士学位论文，云南民族大学，2016。

（二）期刊论文

1. 蔡勤禹：《抗战时期国民政府对工商业团体的管制》，《河北师范大学学报》1998年第3期。

2. 车辚：《清末民初的云南地缘政治形态及其成因》，《学术探索》2007年第1期。

3. 车辚：《晚清云南的商业经济地理结构》，《曲靖师范学院学报》2009年第1期。

4. 车辚：《清末民初昆明的城市商业形态》，《四川民族学院学报》2013年第3期。

5. 陈征平：《中国近代商会在官商互动中的组织形变及意义——云南商会的个案分析》，《近代史学刊》第1辑，华中师范大学出版社，2001。

6. 陈征平、毛立红：《经济一体化、民族主义与抗战时期西南近代工业的内敛化》,《思想战线》2011 年第 4 期。

7. 陈征平:《辛亥革命前西南边疆少数民族商品经济发展形态及特点》,《中央民族大学学报》(哲学社会科学版) 2012 年第 4 期。

8. 陈征平、杨娟:《近代西南边疆的抵货、进口替代与商品流向变动》,《思想战线》2014 年第 1 期。

9. 陈征平:《抗战时期西南边疆商贸的国内一体化表征》,《昆明理工大学学报》(社会科学版) 2015 年第 5 期。

10. 崔恒展:《清〈商部奏定商会简明章程〉中的商会职能及其启示》,《山东社会科学》2007 年第 5 期。

11. 冯筱才:《1911—1927 年的中国商人与政治——文献批评与理论构建》,《浙江社会科学》2001 年第 6 期。

12. 冯筱才:《近世中国商会的常态与变态:以 1920 年代的杭州总商会为例》,《浙江社会科学》2003 年第 5 期。

13. 付海晏:《民初商会舆论的表达与实践——立足于商事裁判权的历史研究》,《开放时代》2002 年第 5 期。

14. 高言弘:《西南军阀与鸦片贸易》,《学术论坛》1982 年第 2 期。

15. 宫宝芝:《扶持与管制并行:晚清中国商会发展策略》,《贵州社会科学》2014 年第 9 期。

16. 何伟福:《清代滇黔地区的内地商人与市场网络体系的形成》,《思想战线》2007 年第 6 期。

17. 洪振强:《清末民初(1902—1927)商会网络结构探析》,《华中师范大学学报》(人文社会科学版) 2002 年第 4 期。

18. 洪振强:《近代中国对商会的早期认识述论》,《安徽史学》2004 年第 2 期。

19. 黄福才、李永乐:《论清末商会与行会并存的原因》,《中国社会经济史研究》1999 年第 3 期。

20. 李刚:《民国时期西南军阀统治与鸦片政治探析》,《贵州民族研究》2015 年第 9 期。

21. 李辉源等:《突破传统的尝试——民国时期云南凤仪县下关镇的商人节》,《西南民族大学学报》(人文社会科学版) 2014 年第 8 期。

22. 李涛:《近代工商同业公会组织治理探析——以云南下关同业公会为

例》，《经济问题探索》2009 年第 2 期。

23. 李勇军、李双：《以商促政：国民政府发展汉藏商贸的举措与意义》，
《青海民族研究》2014 年第 2 期。

24. 黎虹：《鸦片与民国时期的西南社会》，《西南民族学院学报》（哲学社
会科学版）2001 年第 12 期。

25. 梁宏志：《蒙自开关与近代云南市场结构变迁》，《云南师范大学学报》
（哲学社会科学版）2005 年第 4 期。

26. 林文勋、马琦：《近代云南省际贸易研究》，《中国边疆史地研究》
2011 年第 4 期。

27. 刘云明：《试析清代云南商人群体的整合》，《思想战线》1996 年第 2 期。

28. 刘云明：《清代云南境内的商贾》，《云南民族学院学报》1996 年第 2 期。

29. 刘云明：《清代云南商业资本的运动》，《云南社会科学》1996 年第 2 期。

30. 刘永刚：《龙云主政时期云南的基层建政与社会控制》，《中央民族大
学学报》（哲学社会科学版）2013 年第 5 期。

31. 罗群：《从会馆、行帮到商会——论近代云南商人组织的发展与嬗变》，
《思想战线》2007 年第 6 期。

32. 罗群：《论晚清改革的制度变迁》，《历史教学》2008 年第 14 期。

33. 罗群：《近代云南商人资本的历史构成及经营》，《中国经济史研究》
2010 年第 1 期。

34. 马敏：《试论晚清绅商与商会的关系》，《天津社会科学》1999 年第 5 期。

35. 马敏：《近代中国的商业启蒙》，《中国社会科学》2014 年第 2 期。

36. 彭南生：《近代工商同业公会制度的现代性刍论》，《江苏社会科学》
2002 年第 2 期。

37. 彭南生：《近代中国行会到同业公会的制度变迁历程及其方式》，《华
中师范大学学报》（人文社会科学版）2004 年第 3 期。

38. 王春英：《官商互动中的多元图景呈现：清末商会成立形式在探》，
《华中师范大学学报》（人文社会科学版）2005 年第 5 期。

39. 王笛：《试论清末商会的设立与官商关系》，《史学月刊》1987 年第 4 期。

40. 王笛：《关于清末商会统计的商榷》，《中国近代经济史研究资料》第 7
辑，上海社会科学院出版社，1987。

41. 王红梅：《近代商会法律制度与中国法制近代化》，《社会科学辑刊》

2007 年第 1 期。

42. 王福明：《近代云南区域市场初探（1875—1911）》，《中国经济史研究》1990 年第 2 期。

43. 王静：《中国近代商会法的演进与影响》，《天津社会科学》2012 年第 5 期。

44. 王振卯：《近代商会与中国的民族主义》，《内蒙古社会科学》（汉文版）2006 年第 2 期。

45. 魏文享：《制约、授权与规范：试论南京国民政府时期对同业公会的管理》，《华中师范大学学报》（人文社会科学版）2004 年第 4 期。

46. 魏文享：《商人团体与抗战时期的经济统制》，《中国经济史研究》2006 年第 1 期。

47. 魏文享：《专业与统战：建国初期中共对工商同业公会的改造策略》，《安徽史学》2008 年第 2 期。

48. 魏文享：《"党规"与"国法"：国民党民众组训体系中的社团制度分析》，《华中师范大学学报》（人文社会科学版）2014 年第 2 期。

49. 魏文享：《国家税政的民间参与——近代中国所得税开征进程中的官民交涉》，《近代史研究》2015 年第 2 期。

50. 谢溶：《近代云南商人的分布及其特点》，《河南机电高等专科学校学报》2010 年第 6 期。

51. 徐鼎新：《旧中国商会溯源》，《中国社会经济史研究》1983 年第 1 期。

52. 徐鼎新：《商会与近代中国社会经济发展》，《上海经济研究》1999 年第 1 期。

53. 杨煜达：《滇西民族商业资本的转化与近代云南社会》，《云南社会科学》2001 年第 4 期。

54. 严昌洪：《中国近代社会转型与商事习惯变迁》，《天津社会科学》1998 年第 2 期。

55. 严建苗、刘伟峰：《近代中国商会的制度分析》，《商业研究》2002 年第 16 期。

56. 虞和平：《近代商会的法人社团特质》，《历史研究》1990 年第 5 期。

57. 虞和平：《清末民初商会的商事仲裁制度建设》，《学术月刊》2004 年第 4 期。

58. 张东刚：《商会与近代中国的制度安排与变迁》，《南开经济研究》2000 年第 1 期。

59. 张福记：《抗战前南京国民政府与商会关系》，《史林》2001 年第 2 期。

60. 张原：《历史人类学与西南民族地区商会史研究范式的构建》，《中央民族大学学报》（哲学社会科学版）2015 年第 2 期。

61. 赵鸿娟：《试论鸦片对近代云南社会经济的影响》，《思想战线》2000 年第 4 期。

62. 赵善庆：《抗战时期企业内迁与近代云南工业的跨越》，《求索》2015 年第 7 期。

63. 赵善庆：《清末民初云南"商绅"阶层的变动及与近代商业的转型》，《云南民族大学学报》（哲学社会科学版）2015 年第 4 期。

64. 赵善庆：《统制与嬗变：抗战时期云南商会的组织演进述论》，《暨南学报》（哲学社会科学版）2016 年第 4 期。

65. 郑成林：《近代中国商事仲裁制度演变的历史轨迹》，《中州学刊》2002 年第 6 期。

66. 郑成林：《清末民初商事仲裁制度的演进及其社会功能》，《天津社会科学》2003 年第 2 期。

67. 郑成林：《1927—1936 年国民政府与商会关系述论》，《近代史研究》2003 年第 3 期。

68. 郑成林：《1950 年代中国共产党对工商团体的改造》，《华中师范大学学报》（人文社会科学版）2007 年第 2 期。

69. 郑成林：《抗战时期国民党对商会的管理与控制》，《华中师范大学学报》（人文社会科学版）2011 年第 6 期。

70. 郑成林：《抗战前夕中国商会的政治参与》，《河南大学学报》（社会科学版），2012 年第 1 期。

71. 郑成林、张世慧：《控制与依赖：南京国民政府时期商会商事仲裁制度述论》，《江汉论坛》2015 年第 5 期。

72. 郑成林、史慧佳：《南京国民政府度量衡改制中的商会参与》，《历史研究》2017 年第 4 期。

73. 周智生：《云南商人与近代滇藏商贸交流》，《西藏研究》2003 年第 1 期。

74. 周智生：《历史上的滇藏民间商贸交流及其发展机制》，《中国边疆史地研究》2007 年第 1 期。

75. 周智生：《族际商贸交流与近代西南边疆民族的经济生活——以滇西北为中心》，《中南民族大学学报》（人文社会科学版）2007 年第 3 期。

76. 周智生：《抗日战争时期的云南商人与对外民间商贸》，《抗日战争研究》2009 年第 2 期。

77. 周智生、王玉惠：《边疆与民族之间：近代边疆社会转型中的民族商人政治参与的地方性轨迹——以滇西北为例》，《西南民族大学学报》（人文社科版）2018 年第 9 期。

78. 朱英：《清末商会"官督商办"的性质与特点》，《历史研究》1987 年第 6 期。

79. 朱英：《清末商会的成立与官商关系的发展演变》，《社会科学战线》1990 年第 2 期。

80. 朱英：《再论国民党对商会的整顿改组》，《华中师范大学学报》（人文社会科学版）2003 年第 5 期。

81. 朱英：《关于近代中国商会领导群体几个问题的再探讨》，《江汉论坛》2006 年第 8 期。

82. 朱英：《商民运动期间国民党对待商会政策的发展变化》，《江苏社会科学》2010 年第 1 期。

83. 朱英：《商民运动时期商民协会与商会的关系：1926—1928》，《中国经济史研究》2010 年第 3 期。

84. 朱英：《"革命"与"反革命"：1920 年代中国商会存废纷争》，《河南大学学报》（社会科学版）2012 年第 5 期。

85. 朱英：《二十世纪二十年代商会法的修订及其影响》，《历史研究》2014 年第 2 期。

86. 朱英：《近代中国商会的"联动"机制及其影响》，《史学集刊》2016 年第 3 期。

87. 朱英：《近代商会史研究的缘起、发展及其理论与方法运用》，《近代史研究》2017 年第 5 期。

88. 朱英：《从清末民初商界"论说"看转型时期的商人世界》，《武汉大学学报》（哲学社会科学版）2018 年第 5 期。

后　记

　　该书是我的博士论文的修订稿。从博士论文的选题、定稿到现在成书，已近六载。回首六年前，初入桂子山，对于读书治学，真可谓如履薄冰，这虽不能说是人生中的一次蜕变，但确实影响了一生，影响了现在和未来。攻读博士学位的三年时光是无限漫长的，现在回想起来，不禁感慨万千。这是我人生中最值得纪念和回味的时光，痛苦而享受。学习是一个需要耐得住寂寞、肯于付出的"苦差事"，但当苦尽甘来，一切开始慢慢步入正轨，曙光初露时的激动心情是永远也无法重复的。

　　我本愚钝，竟有如此机缘在导师郑成林教授门下学习三年。郑师为人正直，性格爽朗，学风严谨，待人真诚。三年时光里，郑师定期组织的学习交流会为师门之一大"亮点"，无论是对平日阅读或课程学习的思考，还是对每一届同学开题报告或单篇专题论文的激烈讨论，抑或对下一阶段学习任务的计划和引导，都让我受益匪浅。郑师点拨我们言简意赅，无不切中要害，总使学生的疑惑云开雾散。同门之间也会就相关问题畅所欲言，自由论辩。一番"交锋"过后，总会使每个人都有"红红脸，出出汗"的体悟。三年时光，最让我肃然起敬、对我影响最大的是郑师敏捷的思维、敏锐的问题意识、富有激情的论辩和开阔的学术视野。无奈我天资不甚聪慧，功夫不够深入，师从三年只习得其中皮毛。然就本文的构思和写作而言，从问题意识的凝练和明晰、行文的逻辑架构、资料的搜集，再到修改完善，与郑师的悉心教导密不可分。进入工作岗位后，也依然时常得到郑师的指导和关心关怀。拙著尚有诸多问题和不足，吾感十分愧疚！

　　在三年求学期间，离不开诸多师长的点拨和教导。此生能在华中师范大学中国近代史研究所这样的学术重镇求学，为人生之一大幸事。无论是其底蕴深厚的学术土壤，还是浓厚热烈的学术研究氛围，都使我受益终身。从课程学习、选题计划到开题报告的论证，再到论文答辩，都凝聚着各位老师的悉心指导与帮助。感谢朱英教授、虞和平研究员、魏文享教授、李培德教授等，你们在我学习的过程中都提供了不少指导、意见和建议，学生将永远铭记！感谢硕士生导师郭飞平教授和云南大学罗群教授一直以来的关怀和鼓励，你们的支持也给了我学习的动力。

已入而立之年的我，顺利完成学业，走上工作岗位，有了自己的"小家庭"，一路走来，少不了幸运的眷顾。但这些幸运的降临并非偶然，而是源于父母的恩赐。父亲与母亲都年逾半百，出身贫寒，初中学历，一辈子在农耕生活中辛勤劳作。但在他们看来，念好书、学到知识是唯一能够永远脱离农耕生活的出路。因此，父母都坚定地支持我在学习生涯中长达二十余年的求索，父母从来不会教我如何念书、如何赚钱，但他们教会我的是追求上进、以诚待人、知恩图报和家庭和睦。在此，对伟大的父母表达最崇高的敬意。工作一年之余，我步入了婚姻的殿堂，感谢妻子何俊丽一直以来的陪伴、支持和鼓励，激励着我一直向前。还有妹妹一家和大姑妈等亲人，谢谢你们对我的关怀和支持。

幸遇良师，幸得良朋。本书的写作离不开诸多好友的鼎力相助，感激之情难以言尽。若没有与学友们在一起时的欢笑、交流与论辩，优美的华中师范大学校园无疑会失去几分姿色。感谢在博士生涯中认识的诸位学友和"郑门"后学弟子，大家来自天南地北，相聚桂子山就是缘分，更是值得珍藏的记忆。我会铭记与你们相处的一点一滴，并永远为你们祝福！再次感谢硕士同门的各位师兄弟和师姐妹"童鞋"，每逢在昆明的短暂相聚，不仅有你们的热情相待和鼓励，更让我感受到师门的"温暖"，相信我们的友谊将在人生中延续！此外，昆明市档案馆、云南省档案馆、大理白族自治州档案馆、保山市档案馆、腾冲县档案馆和云南省图书馆地方文献室等，在我多次查阅资料的过程中，热心提供咨询和服务，在此深表敬意和感谢！

这本拙著凝聚着我的心血和诸多人的帮助，学术生涯也掺杂着欢笑和坎坷。博士论文成稿了，博士生涯再也不会有了。这种经验不像电影和磁带，不能倒退，不能快进，更不能抹掉。我深知，生活往往在拐弯，而非一条直道，等醒悟过来，却又不能继续已经到头的原路，只能义无反顾地向前。"前方无绝路，希望在转角"，希望和所有人一起共勉。珍重！

我也很荣幸回到自己家乡的最高学府——大理大学工作，在这里，一切都是那么的熟悉和亲切，在"山水中的大学、大学中的山水"这样美景如画的高校接续自己的教学科研事业，我将不忘治学初心，踏踏实实走好每一步。这是我的第一本著作，也是我学术生涯的起点，借此机会也向诸位帮助、关心和扶持我成长的师友、领导和同事表示诚挚的谢意，谢谢你们！

赵善庆

二零一九年初冬 于理大和苑

图书在版编目（CIP）数据

形塑滇商：变动社会中的近代云南商会：1906—
1950 / 赵善庆著. -- 北京：社会科学文献出版社，
2020.5

ISBN 978 - 7 - 5201 - 6274 - 6

Ⅰ.①形… Ⅱ.①赵… Ⅲ.①商会 - 研究 - 云南 -
1906 - 1950 Ⅳ.①F729.5

中国版本图书馆 CIP 数据核字（2020）第 028670 号

形塑滇商：变动社会中的近代云南商会（1906—1950）

著 者 / 赵善庆

出 版 人 / 谢寿光
责任编辑 / 王玉霞
文稿编辑 / 李帅磊

出 版 / 社会科学文献出版社·城市和绿色发展分社（010）59367143
地址：北京市北三环中路甲 29 号院华龙大厦 邮编：100029
网址：www.ssap.com.cn

发 行 / 市场营销中心（010）59367081 59367083
印 装 / 三河市东方印刷有限公司

规 格 / 开 本：787mm × 1092mm 1/16
印 张：26.25 插 页：0.5 字 数：422 千字
版 次 / 2020 年 5 月第 1 版 2020 年 5 月第 1 次印刷
书 号 / ISBN 978 - 7 - 5201 - 6274 - 6
定 价 / 88.00 元